社区矫正理论与实务

（第二版）

主　　编：连春亮

副 主 编：张传伟　吴艳华
　　　　　姚　峰　芦麦芳

编写人员：（以撰写章节先后为序）
　　　　　刘　毅　连春亮　芦麦芳
　　　　　安　宁　张传伟　姚　峰
　　　　　吴艳华　郑　艳　周世军
　　　　　陈书成　常伟谊

法律出版社
LAW PRESS · CHINA

主编简介

连春亮　男，汉族，河南司法警官职业学院教授、副调研员、二级警监，司法行政管理系副主任，1987年从事教学至今，主要从事监狱学、法制心理学和社区矫正研究。先后在《河南大学学报》《河南社会科学》《山东警察学院学报》《犯罪与改造研究》《中国监狱学刊》等学术刊物上发表专业论文130多篇，其中，被人大报刊复印资料《刑事法学》全文转载2篇；出版专著（含合著）15部，主编、副主编著作、教材17部，参编著作、教材5部；主持或参与省部级研究课题24个，获得厅级以上奖励18项。现为河南财经政法大学刑事司法学院客座教授，河南省教育厅学术技术带头人，河南省教育系统优秀教师，河南省优秀教师。主要社会兼职：河南省心理学会法制心理研究会副会长、河南省犯罪学会副秘书长、河南省监狱法学会常务理事、河南省社会矛盾调解法治研究会常务理事。代表性著作有《第三代囚犯研究——现代监狱矫正教育囚犯的基本策略》《罪犯矫正契约化论纲》《监狱学新视点》《罪犯矫正形态论》《罪犯矫正模式论》《人文关怀下的罪犯心理矫治》《社区矫正理论与实务》《社区矫正管理实务》《社区矫正基础理论》等。

前　言

社区矫正作为我国现代刑罚文明和进步的标志，在中国的广泛开展既是我国经济、政治和法治进步的体现，也是历史发展的必然选择。社区矫正工作从试点到全面铺开，不仅是我国刑罚制度的一项具有里程碑意义的重大改革，也是我国在运用刑罚方法控制犯罪策略上的方向性转变。这一工作的深入与发展，将对我国传统刑罚理念带来一场革命，使刑事适用模式从以监禁为主导向非监禁为主导过渡和转变；惩罚犯罪将由保卫社会为主导转向保卫社会与保卫犯罪人和受害人权利同时兼顾。为我国最终确立以刑事一体化思维模式、刑事一体化行刑体系和刑事一体化运作机制为标志的刑事一体化埋念奠定坚实基础。

自 2014 年以来，一系列的法律法规和刑事政策相继出台或者修订，包括：2014 年 8 月 27 日，最高人民法院、最高人民检察院、公安部、司法部（以下简称“两高两部”）发布了《关于全面推进社区矫正工作的意见》；2014 年 9 月 26 日，司法部、中央综治办、教育部、民政部、财政部、人力资源和社会保障部联合发布了《关于组织社会力量参与社区矫正工作的意见》；2014 年 10 月 24 日，“两高两部”和国家卫生计生委等联合发布了《暂予监外执行规定》；2016 年 8 月 30 日，“两高两部”联合发布了《关于进一步加强社区矫正工作衔接配合管理的意见》；2016 年 9 月 19 日，最高人民法院对《关于办理减刑、假释案件具体应用法律的规定》进行了修订；2019 年 12 月 28 日，十三届全国人大常委会第十五次会议通过了《社区矫正法》，自 2020 年 7 月 1 日起施行；2019 年 12 月 30 日，最高人民检察院修订了《人民检察院刑事诉讼规则》；2020 年“两高两部”联合发布了《社区矫正法实施办法》等。特别是《社区矫正法》的出台，在中国的社区矫正历史上，具有里程碑的意义，是新时代中国特色的刑事执行制度建设史上的重大事项，是社区矫正法治化建设的逻辑起点和社区矫正对象人权保障的“大宪章”。在这样的背景下，河南司法警官职业学院连春亮教授、陈书成副教授，河北司法警官职业学院吴艳华教授，山东政法学院张传伟教授，四川司法警官职业学院安宁教授，山西司法警官职业学院芦麦芳副教授，安徽司法警官职业学院姚峰博士、副教授，湖南司法警官职业学院周世军副教授、常伟谊讲师，浙江警官职业学院郑艳副教授，江苏司法警官高等职业学校刘毅副教授等院校的专家学者共同参与，编写了《社区矫正理论与实务》一书的教材大纲，围绕《社区矫正法》的立法精神进行撰写。

2020 年版《社区矫正理论与实务》由连春亮教授任主编，张传伟教授，吴艳华教授，姚峰博士、副教授，芦麦芳副教授任副主编。全书在编写过程中，由连春亮拟定教材大纲、审查初稿内容、修订协调结构体系，对部分作者的撰写内容进行了技术调整。以撰写章节先后为序，各章撰稿人为：

刘　毅　（江苏司法警官高等职业学校）：第一章
连春亮　（河南司法警官职业学院）：第二章、第五章、第十三章
芦麦芳　（山西司法警官职业学院）：第三章
安　宁　（四川司法警官职业学院）：第四章
张传伟　（山东政法学院）：第六章、第七章
姚　峰　（安徽司法警官职业学院）：第八章
吴艳华　（河北司法警官职业学院）：第九章、第十四章
郑　艳　（浙江警官职业学院）：第十章
周世军　（湖南司法警官职业学院）：第十一章
陈书成　（河南司法警官职业学院）：第十二章
常伟谊　（湖南司法警官职业学院）：第十五章

2020 年 3 月 15 日

目　录

第一章

绪　　论

社区矫正制度诞生于19世纪30年代的欧美国家，尤其是在美国，在20世纪60年代末和70年代曾一度获得了美国公民的广泛支持，在回归社会理论的指导下，在一些主管委员会的倡导和联邦资金的支持下，社区矫正几乎在美国的每个州都得到了迅速发展。随后，社区矫正制度在世界很多国家被作为社区刑事执行制度，以法律的形式确立下来。我国社区矫正工作只有十几年的历史，但是发展很快，已经成为我国刑事执行制度的重要组成部分。

第一节　社区矫正概述

一、社区

“社区”一词源于拉丁语，意思是共同的东西和亲密的伙伴关系。1881年德国社会学家斐迪南·滕尼斯将“gemeinschaft”一词用于社会学领域，并在1887年Gemeinschaft und Gesellschaft（中文译为《社区与社会》）一书中作了初步阐述，他认为社区是通过血缘、邻里和朋友关系建立起来的人群组合。传统的农村村庄就是社区的代表。此后，美国学者查尔斯·罗密斯在翻译滕尼斯的著作时，将德文“gemeinschaft”一词译成英文“Community”。1993年，费孝通先生在翻译美国社会学家帕克的社会学论文时又将英文的“Community”译成中文“社区”一词，后为大多学者广泛援用并形成通用术语。

“社区”概念的出现，为学者探索人类社会提供了一个重要的概念和方法，中外学者纷纷从自己的研究视角和理论背景出发，寻求对社区最精准的定义。目前理论界存在的关于社区的概念有一百多种，成为社会学理论中概念最复杂，歧义最多的词。第一次给“社区”下定义的美国芝加哥大学社会学家罗伯特·E.帕克（Robert Ezra Park）认为，社区是“占据在一块被或多或少明确地限定了的地域上的人群汇集”，“一个社区不仅仅是人的汇集，也是组织制度的汇集”，从地域和功能两个角度对社区进行了界定。随着学者们研究的深入，目前被广泛认同的观点主要有两类：一类强调精神层面，即人群的共同体，如成员必须具有共同的传统价值等；另一类强调地域的共同体，即具有共同的居住地，“在一个地区内共同生活的人群”。

在我国，“社区”一词虽然引进较早，但真正在官方文件中使用是在进入21世纪以后。为了对当时行政管理性质过浓的居民委员会进行职能转变，2000年11月19日中共中央办公厅、国务院办公厅《关于转发〈民政部关于在全国推进城市社区建设的意见〉的通知》（中办发〔2000〕23号）指出，“社区是指聚居在一定地域范围内的人们所组成的社会生活共同体”，“目前城市社区的范围一般是指经过社区体制改革后作了规模调整的居民委员会的辖区”。由此，我国城市社区的范围被界定为经过社区体制改革后作了规模调整的居民委员会的辖区。2009年10月中共山东省委、山东省人民政府发布的《关于大力推进新型城镇化的意见》中明确提出，“以中心村为核心，以农村住房建设和危房改造为契机，用5年左右时间实现农村社区建设全覆盖。以新型农村社区建设为抓手，积极稳妥推进迁村并点，促进土地节约、资源共享，提高农村的基础设施和公共服务水平”，从而明确了农村地区的新型社区建设。因此可以确定，我国的社区是以一定地域为基础的、关系密切的社会生活群体或社会生活共同体。这是目前对“社区”的官方界定。

二、社区矫正

社区矫正是一个“舶来品”，其产生与发展深受早期启蒙思想家和近代新派教育刑理论的影响。20世纪80年代，“社区矫正”一词始译成中文。学者龙学群在翻译美国犯罪学家克莱门斯·巴特勒斯的《罪犯矫正概述》中，论述了“以社区为基础的矫正”，并使用“社区矫正”一词。2002年8月，上海、北京在全国率先进行社区矫正试点工作。2003年7月，“两高两院”联合印发了《关于开展社区矫正试点工作的通知》，确定在北京、上海、天津、江苏、浙江和山东6个省（市）先行开展社区矫正试点工作，拉开了新世纪我国全面开展社区矫正工作的帷幕。同时，将社区矫正界定为：社区矫正是与监禁矫正相对的行刑方式，是指将符合社区矫正条件的罪犯置于社区内，由专门的国家机关在相关社会团体、民间组织以及社会志愿者的协助下，在判决、裁定或决定确定的期限内，矫正其犯罪心理和行为恶习，并促进其顺利回归社会的非监禁刑罚执行活动。2004 年 5 月 9 日司法部颁行《司法行政机关社区矫正工作暂行办法》，对社区矫正的工作机制、工作原则、矫正对象范围、矫正措施、司法行政机关职能、任务以及相关机关的配合协调工作等作出了规定。2005 年，全国试点省区扩大到 18 个省区市。2006 年，党的十六届六中全会明确要求实施宽严相济刑事司法政策，积极推行社区矫正。2008 年 12 月，中央政法委员会下发《关于深化司法体制和工作机制改革若干问题的意见》，明确要推进社区矫正立法工作。2009 年，社区矫正工作在全国全面试行。2011 年 2 月，《刑法修正案（八）》规定，对判处管制、缓刑以及假释的罪犯，依法实行社区矫正。2012 年 1 月“两高两院”联合颁发了《社区矫正实施办法》，同年 3 月、10 月，全国人大常委会还对《刑事诉讼法》《监狱法》相关条款进行了修订，以理顺其衔接机制。2014 年，“两高两院”联合颁发了《关于全面推进社区矫正工作的意见》，2016 年，又出台了《关于进一步加强社区矫正工作衔接配合管理的意见》。各地根据地区实际情况，也纷纷开展探索性实践。2019 年 6 月 25 日，《社区矫正法（草案）》首次提请全国人大常委会审议。2019 年 10 月 24 日，第十三届全国人大常委会第十四次会议对《社区矫正法（草案）》进行了二次审议。2019 年 12 月 28 日，十三届全国人大常委会第十五次会议通过了《社区矫正法》，自 2020 年 7 月 1 日起施行。其中，第 1 条规定：“为了推进和规范社区矫正工作，保障刑事判决、刑事裁定和暂予监外执行决定的正确执行，提高教育矫正质量，促进社区矫正对象顺利融入社会，预防和减少犯罪，根据宪法，制定本法。”明确将社区矫正界定为刑事执行制度。2020 年“两高两院”联合颁布《社区矫正法实施办法》。据此，本书将社区矫正的概念界定为：社区矫正是指将符合条件的社区矫正对象置于社区内，由专门的国家机关在相关社会团体和民间组织以及社会志愿者的协助下，在判决、裁定或决定确定的期限内，通过监督管理和教育帮扶工作，矫正其犯罪心理和行为恶习，并促进其顺利回归社会的非监禁刑事执行活动和制度。

三、社区矫正工作的定位

社区矫正是一种刑事执行制度，从性质上看，它是一种刑事执行活动，那么，其与监禁刑相比较有着怎样的本质差别，对其定位就显得尤其重要。

（一）社区矫正工作是一项刑事执行活动

社区矫正的对象最初包含缓刑、假释、管制、暂予监外执行和剥夺政治权利的罪犯，但随着《刑法》和《刑事诉讼法》的修订，剥夺政治权利的罪犯不再成为社区矫正对象。在缓刑、假释、管制和暂予监外执行这四类罪犯中，虽然扩大假释的呼声较高，但实际假释人员在社区矫正工作中所占比例较低，缓刑和暂予监外执行的罪犯占有绝对多数。因此，对于这些人员来说，是以刑事执行为前提的。对于社区矫正对象在社区矫正期间违反法律法规或者监督管理规定，符合收监条件的，就会收到监狱服刑。因此，对社区矫正对象的社区矫正活动，是建立在刑事处罚的前提下所进行的监督管理和矫正教育，在法律属性上是刑事执行活动。

（二）社区矫正工作是以社区为基础的社会工作

在我国，社区矫正是以社区为单位的，社区是社区矫正的基本依托，这是其区别于监狱行刑最重要的方面，监狱行刑将罪犯限制在监狱大墙之内，和社会是完全隔离的，而社区矫正的执行地点是社区矫正对象的居住地，这样的设置不仅为社区矫正对象提供熟悉的矫正环境，更快地适应社会，实现再社会化，更是通过社区的矫正教育修复被其损害的社会关系，修复其对被害人或被害群体造成的侵害，缓和因犯罪而形成的社区矛盾和冲突。除此之外，还可以充分利用社区资源、社会工作的方法和技巧，协助社区矫正执行机构更好地行使教育帮扶职能。

（三）社区矫正工作是一种矫正教育工作

社区矫正工作在其价值追求上，自始至终都贯彻着矫正教育理念。社区矫正设置的初始目的就是对那些危险程度比较低，或者社会危害性较低的罪犯，实行非监禁刑事执行措施。在社区环境中，通过社会公众和社会团体的广泛参与，使社区矫正对象得以矫正教育，转变其不良习惯和错误的思想，规制其社会行为，使其能顺利回归和融入社会。因此，矫正教育既是显性的，也是隐性的，是整个社区矫正工作的灵魂所在。

四、社区矫正研究的基本范畴

（一）研究社区矫正的基本理论问题

社区矫正的基本理论主要包括社区矫正概念和定位；社区矫正的功能和目的；开展社区矫正工作的意义；社区矫正的立法问题；社区矫正的研究对象；社区矫正的基本原理；社区矫正的动力基础；社区矫正的原则、任务和研究方法；社区矫正机制与队伍建设；社区矫正的价值；我国社区矫正存在的问题和发展方向等。

（二）研究社区矫正的基本程序、内容和制度

社区矫正的基本程序包括对社区矫正对象的接收、日常监督管理、社区矫正的解除等监督管理的基本程序；社区矫正的基本内容包括对社区矫正对象进行形势政策教育、法律与道德教育、行为矫正、社会适应性训练与指导等矫正教育的基本内容。社区矫正的基本制度包括矫正前调查评估制度、社区矫正工作制度、社区矫正管理制度、社区矫正救济制度等。

（三）研究社区矫正的基本矫正技术

包括组织社区矫正对象参加公益活动、培育社区矫正对象社会责任的相关问题；个案矫正技术中的人身危险性分类技术；与社区矫正对象的沟通技术、与社区矫正对象的交流技术、沟通中的影响技术、沉默与多话的应对技术；心理矫正技术中的心理健康教育、心理矫治技术等。

（四）研究特定的社区矫正对象

主要是研究未成年社区矫正对象、老年社区矫正对象、女性社区矫正对象的社区矫正问题；研究病残型社区矫正对象、吸毒成瘾型社区矫正对象、智障型社区矫正对象、艾滋病社区矫正对象等的社区矫正问题。

（五）研究社区矫正的评估问题

主要包括社区矫正评估的类型和特征；社区矫正评估的原则；社区矫正评估的功能和作用；社区矫正评估方案；社区矫正评估的基本内容；社区矫正评估的指标体系；社区矫正评估的技术和方法等。

（六）研究社区矫正中现代技术的应用问题

主要是现代信息技术的发展，社区矫正工作如何借助现代科技提高管理水平，促进社区矫正工作信息化、科技化、智慧化建设。

第二节 社区矫正的基本理念

综观国内外形势，社区矫正的勃兴是刑罚轻缓和人道在非监禁刑领域的重要体现，也是刑罚文明从野蛮走向文明的重要转折，更是行刑社会化的最好诠释。由此可以推断，社区矫正的基本理念包含了刑罚人道主义、行刑社会化思想、行刑的效益理念和行刑文明化观念等。

一、刑罚人道主义

“人道主义”一词源于拉丁文 Humanistas，本意是一种能够促使个人的才能得到最大限度发展的具有人道精神的教育制度，① 具有尊重人、善待人、关怀人的价值追求。这种思想始于文艺复兴时期，各学派虽然观点不一，也未形成一个统一的概念，但随着历史的发展，这种人道思想逐渐具体化为对自由、平等、博爱、人权的价值追求。体现在刑事执行领域，是近代西方进步思想家对封建主义

① 吴宗宪：《社区矫正导论》，中国人民大学出版社 2011 年版，第 43 页。

制度下罪刑擅断、滥施酷刑、监狱黑暗等种种反人道现象的批判和反思。1764年，意大利著名刑法学家贝卡利亚在他的论著《论犯罪与刑罚》中构建了罪刑法定原则、罪刑均衡原则和刑罚人道主义原则三大公理性原则，奠定了现代刑罚文明的理论基础，也为社区矫正刑罚人道主义提供了理论来源。

刑罚人道主义，是贝卡利亚竭力提倡并确立的刑法原则。西方中世纪以前的刑罚是野蛮的，允许刑讯逼供以获取犯罪事实和同案犯，对数百种罪行几乎都适用死刑。审前关押的时期很长，甚至根本不审判，凡被监禁的人就推定为有罪。① “纵观历史，目睹由那些自命不凡、冷酷无情的智者所设计和实施的野蛮而无益的酷刑，谁能不触目惊心呢？目睹帮助少数人、欺压多数人的法律有意使或容忍成千上万的人陷于不幸，从而使他们绝望地返回到原始的自然状态，谁能不毛骨悚然呢？”② 贝卡利亚从人道主义出发，坚定地主张刑法的宽和，刑罚的谦抑。

几个世纪过去了，在国际国内强调罪犯人权，推行刑罚轻缓化、人道化的今天，刑罚人道化得到进一步的诠释。通常认为，刑罚人道包含三重含义：③

第一，尊重和保护犯罪人的人格，即犯罪人首先是人，然后才是犯罪的人，所以犯罪人作为一个公民所享有的基本权利理应得到保护。

第二，禁止把人当作实现刑罚目的的工具，即犯罪人在刑事司法中是作为伦理道德上独立自主的人格主体而存在的，并非作为手段，如作为惩戒社会公众的先例而受刑罚的。

第三，禁止使用残酷而不人道的，即蔑视人权的刑罚手段，对犯罪人处以刑罚制裁并非将其作为刑罚的客体，而是以积极的态度对其予以教育或矫治，使其复归社会。

社区矫正是刑罚轻缓化在行刑领域的有效探索，对危险性较低，不至于危害社会的罪犯实施社区矫正的方式，使其不脱离原来的生活，满足其自然需求和社会需求，更是体现了刑罚的人道和宽容。因此，从制度本身来说，社区矫正是刑罚人道化的极佳体现。而从其实施角度来说，在行使监督管理、教育帮扶的职能时，更应当注意执法的人道化，以有益于矫正其违法行为为原则，尊重和保护罪犯的人格，给予其人性化关怀。

二、行刑社会化理论

社会化本属于社会学的范畴，费孝通先生曾对其做这样的阐述：社会化是个

① 陈兴良：《刑法的启蒙》，法律出版社1998年版，第52页。
② ［美］贝卡利亚：《论犯罪与刑罚》，黄风译，中国大百科全书出版社1993年版，第42页。
③ 贾宇：《社区矫正导论》，知识产权出版社2010年版，第76页。

人取得社会资格、发展自我的过程，即个人努力融入社会，实现社会化的过程。行刑社会化是在行刑领域增强监狱与社会互动的现象，是罪犯从监狱走向社会的过渡。由此可见，行刑社会化最初的视角起源于监狱，是罪犯从“监狱人”走向社会人的蜕变过程。

但追溯行刑社会化的起源，17、18 世纪启蒙运动提出了理性、人道、民主的理念，随之诞生的刑事古典学派，特别是以贝卡利亚为代表的刑法学家极力倡导刑罚的宽和人道，大力推行自由刑，以替代原先残酷的死刑。18 世纪监狱改革家约翰·霍华德，主张改善监禁条件，通过宗教、劳动等手段来改造罪犯，从而推动了监狱改革运动，为行刑社会化的发展奠定了基础。19 世纪以龙勃罗梭、菲利为代表的实证学派关注具体的犯罪现象，强调刑罚的目的不在于报应而在于教育、矫正犯罪人并使其回归社会。这些名家的刑罚思想都是行刑社会化的应有之意。20 世纪 50 年代，以安塞尔为代表的新社会防卫思想是行刑社会化形成的基础。安塞尔倡导运用剥夺自由刑对罪犯进行“重新社会化治理”，如加强罪犯与外部世界尤其是与家庭间的各种联系等。① 同时，他还提出了“非刑事化”思想，涵盖非犯罪化、非刑罚化、受害人化、社会化四个方面。② 由此，行刑社会化思想由孕育走向成熟。

行刑社会化思想主要包含两方面内容：一方面是监狱行刑的社会化，帮助罪犯快速融入社会；另一方面是刑罚的非监禁化，即通过非监禁的方式对罪犯进行教育矫正。社区矫正正是在此理念下应运而生的，是行刑社会化的必然结果。

从理论上来说，行刑社会化更倾向于行刑，以行刑为重，因而国内对行刑社会化的研究以监狱行刑居多。但行刑社会化与社区矫正有着密切的联系。

（一）行刑社会化是社区矫正形成的根本原因

刑罚执行的目的是矫正罪犯的不良行为，从而完成罪犯再社会化的过程，使其顺利回归社会。但是，罪犯在监禁期间，由于自由被剥夺，与社会相隔离，缺少社会化的社会环境、社会关系等。行刑社会化大多体现在社会力量的参与及出狱前的社会化训练，而真正与社会化紧密结合的是非监禁刑，通过社会力量参与，利用社会资源帮助罪犯服刑，从而实现从犯罪人到社会人的过渡。这一过程的最佳选择就是将罪犯置于社区进行矫正。

（二）社区矫正促进行刑社会化的发展

如前所述，行刑社会化促进了社区矫正的形成，是行刑社会化在非监禁刑领域的拓展。社区矫正对象是危险程度较低的罪犯，他们以地域为单位，在居住地

---

① 袁登明：《行刑社会化研究》，中国人民公安大学出版社 2005 年版，第 65 页。

② 马克昌主编：《近代西方刑法学说史略》，中国检察出版社 1996 年版，第 23 页。

通过受矫正教育和参与社会公益劳动，来修复业已损害的社会关系。这是减少社会矛盾，促进社区良性发展，增强罪犯与社会互动的一种刑事执行方式。同时，由于矫正场所的开放性，矫正方式的人性化，社会力量的多元参与，其重新犯罪率要远远低于监禁行刑，也因此为进一步扩大非监禁刑，加强行刑社会化进程起着重要的促进作用。

三、行刑效益理念

效益最初是一个经济学概念，指效果和利益，即投入与产出、成本与效益之间的关系。随着法经济学的发展，开始使用经济分析的方法研究监狱行刑，效益一词逐渐进入刑罚执行领域。马克昌认为，"在刑罚执行过程中，力求以最小的投入来获得有效的预防和控制犯罪的最大社会效益，以不执行、减少执行及不实际执行刑罚来达到刑罚执行的效果，寻求刑罚执行的多效益"①。即以最低的成本获得最好的行刑效果。

行刑效益起源于刑事古典学派早期的经济思想。边沁认为刑罚是一种恶，并创造性地提出了五个具体操作的规则：第一，刑罚之苦必须超过犯罪之利；第二，刑法的确定性越小，其严厉性就该越大；第三，当两个罪行相联系时，严重之罪应适用严厉之刑，从而使罪犯有可能在较轻阶段停止犯罪；第四，罪行越重，适用严厉之刑以减少其发生的理由就越充足；第五，不应该对所有罪犯的相同之罪适用相同之刑，必须对可能影响感情的某些情节予以考虑。② 这种功利主义刑罚观是计算结果的，从而促进了经济分析法学的发展。20 世纪中叶，以波斯纳为代表的法经济学家开始用经济分析的方法分析监禁成本，从而提出了反对监禁刑。受此影响，适用替代刑罚，减少监禁刑的适用成为各国刑罚执行的新潮流，进而确立了行刑效益理论。

与监禁刑相比，社区矫正的运行成本要低很多。监禁刑的行刑成本是非常高的，波斯纳认为，"建筑、维修、管理监狱存在着成本花费（而其中只有部分可以通过罪犯不在监狱时引起的生活费用以外的节省而得以弥补），还存在着被监禁的个人在监狱期间的合法生产（如果有的话）损失、监禁期间对他产生的负效用（这也不会与罚金一样对国家产生相应的收益）和他获释后合法活动生产率的减弱"③。也就是说，监狱的运行成本除了可见的监狱本身的硬软件设施等

① 马克昌：《刑罚通论》，武汉大学出版社 1999 年版，第 497 ~ 498 页。

② ［美］杰米里·边沁：《论道德与立法原则》，程立显、宇文利译，陕西人民出版社 2009 年版，第 130、142 页。

③ ［美］理查德·A. 波斯纳：《法律的经济分析》（上），蒋兆康译，中国大百科全书出版社 1997 年版，第 297 ~ 298 页。

直接成本外，还包含着间接成本，包括由于罪犯被监禁而对原来工作单位造成的损失、与罪犯家属有关的资源耗费、与社会贡献率的减弱有关的资源耗费等。[①]与社区矫正相比较，运行成本明显降低，不仅不需要建造大规模的监禁场所，而且人员配备、罪犯的生活费用，甚至间接成本都大幅度减少。根据司法部基层司提供的数据，一名社区矫正对象的年矫正经费仅为监狱服刑罪犯监管经费的1/10。[②] 也正因此，非监禁刑越来越盛行，社区矫正也因其行刑经济成为各国最重要的刑事执行活动。

四、行刑文明化观念

社会在不断向文明化方向发展，与社会的发展相适应，行刑的文明化趋向也是十分明显的。

刑罚的产生意味着同态复仇观念的确立，报复刑即是这种观念的延续与演变。几千年来，古今中外都经历过在报复刑观念主宰下对犯罪人的野蛮行刑的阶段。在统治者乃至普通民众中，认为犯罪人侵犯了国家、社会或者个人的权益，对他们就应当严刑峻法，使其在经过行刑所带来的肉体和精神的极大痛苦之后，反思自己的罪行。死刑执行的残酷和不人道自不必说，即使是监禁刑，也是以给罪犯造成最大的肉体和精神痛苦为宗旨。

鉴于历代统治者在行刑方式上的野蛮和残酷，资产阶级革命时期才针锋相对地提出“刑罚人道主义”的响亮口号，并成为资产阶级重要的刑法基本原则之一。刑罚人道主义这一原则所具有的重要的进步意义是显而易见的，它对根深蒂固的报复刑理论提出了挑战。总的来看，行刑人道化、文明化既是资产阶级在同封建阶级作斗争时提出的主张，也是历史发展的必然趋向。1955 年第一届联合国预防犯罪和罪犯待遇大会通过了《囚犯待遇最低限度标准规则》；1975 年第五届联合国预防犯罪和罪犯待遇大会又通过了《保护人人不受酷刑和其他残忍、不人道、有辱人格的待遇或处罚的宣言》等。这些都表明了在世界范围内文明行刑已经成为不可逆转的潮流。

我国 1954 年颁布的《劳动改造条例》[③]、1982 年颁布的《监狱、劳改队管教工作细则》及 1994 年颁布的《监狱法》，都贯穿着文明行刑的主导思想。几十年来，我们之所以能成功地改造大批的日本战犯、国民党战犯、伪满战犯及其他

① 吴宗宪、陈志海、叶旦生、马晓东：《非监禁刑研究》，中国人民公安大学出版社 2003 年版，第 96 ~ 97 页。

② 王比学、王珏：《改造在高墙之外，矫正不只是监管》，载《人民日报》2009 年 11 月 2 日。

③ 该条例已被 1994 年 12 月 29 日全国人大常委会通过并公布的《监狱法》、1990 年 3 月 17 日国务院公布的《看守所条例》代替。

形形色色的刑事犯，使他们与过去的自我彻底决裂，除了其他各种因素之外，文明行刑不能不说是一个非常重要的原因。① 我国自 2003 年在全国倡导的创建现代化文明监狱活动，就是行刑文明化在国家层面的重要举措。

随着社会的文明化程度不断提高，行刑的文明化程度也会不断提高，社区矫正就是基于这样的国际趋势和我国进入新时代中国特色社会主义的背景而诞生的。

第三节　社区矫正的特征、功能和目的

一、社区矫正的特征

性质是界定特征的重要考量因素。关于社区矫正的性质，不同的学者有不同的看法，特别是目前国内研究社区矫正的学者趋向于两派：一派以法学研究为基础的刑事法学者和地方实务工作者为代表，他们倾向于社区矫正的惩罚性质，即刑事制裁性，认为社区矫正是非监禁性的刑罚执行方式，惩罚性是其重要的属性；另一派以具有社会学背景的学者为代表，他们更强调社区矫正的社会服务性质，而弱化惩罚的属性。从国内社区矫正十几年的发展来看，我们的社区矫正工作已不再是最初仅仅借鉴西方经验的一种舶来品，更多地融入了本土的内容，因而不能仅仅强调中国传统的刑罚惩罚理念而忽视社会属性，也不能全盘照抄西方做法完全成为一种社会工作。据此考察社区矫正，它是兼具刑事制裁、社区参与、社会服务等特征的。

（一）刑事制裁性

社区矫正是对罪行轻微或经过一定刑期的执行后不需要继续在监狱服刑的罪犯实施的非监禁性的刑事执行方式。《社区矫正法》第 2 条对社区矫正的适用范围作了明确规定："对被判处管制、宣告缓刑、假释和暂予监外执行的罪犯，依法实行社区矫正。对社区矫正对象的监督管理、教育帮扶等活动，适用本法。"由此可见，社区矫正的刑事制裁性体现在两个方面：一方面，社区矫正的对象是罪犯，这就决定了其必须具有惩罚的属性，刑罚惩罚是前提；另一方面，社区矫正进行的监督管理、教育帮扶等活动，是在限制社区矫正对象人身自由基础上进行的，具有刑事制裁性质。

① 邵名正主编：《监狱学》，法律出版社 1996 年版，第 119 ~ 120 页。

（二）非监禁性

社区矫正的历史演变源于监禁刑罚的人满为患，为了解决这一问题，西方国家探索适用假释、中途之家等制度，以期缓解监禁压力。社区矫正由此应运而生，形成在社区进行矫正教育的矫正模式。与传统的监狱服刑不同，这种不采取监禁服刑的方式，罪犯不需要与社会隔离，仍然可以生活在自己的家庭之中，享受较大的自由，工作和日常生活也不会因为受到刑事处罚而受到很大干扰。因此，非监禁性是其最重要的属性，也是根本区别于监狱服刑的重要特征。

（三）社区参与性

社区矫正的基本特点是立足于社区、依赖于社区，强调社会力量对矫正的多元参与，使罪犯在不与社会隔离的环境中实现再社会化。这种与社区高度融合的特点凸显了社区的参与性。这是一种双向互动的过程：一方面，罪犯参与社区活动，即社区矫正对象积极参与所在的社区中的各项公益活动，修复社会关系；另一方面，社区矫正机构通过广泛利用社区资源开展对社区矫正对象的教育帮扶，实现再社会化。

（四）社会福利性

社区矫正与社会福利既有历史的渊源，又有现实的联系。从历史渊源来看，社区矫正思想崛起的理论根基之一就是20世纪60年代盛行的“大社会观念”和社会福利思想。就现实联系而言，社区矫正的目标是通过和社区矫正对象一起解决他们面临的各种问题，恢复他们受损的社会功能，使之顺利融入社会，实现社区矫正对象的自我发展。这一目标客观上要求在实施社区矫正时，国家必须以福利的方式在他们的生存和生活方面予以帮助。

二、社区矫正的功能

《现代汉语词典》对“功能”一词的解释是“所发挥的有力作用”。因而，功能即效能、功效之意，重在强调其积极作用。社区矫正的功能，亦是社区矫正的效用，即社区矫正的积极作用。具体而言，从社区矫正立法的脉络看，社区矫正是对社区矫正对象进行监督管理、教育帮扶等活动，由此明确了社区矫正对罪犯的规训功能，对社会、受害人的损害修复功能，加之其固有的刑罚替代功能，共同构成了社区矫正的功能体系。

（一）刑罚替代功能

如前所述，社区矫正是在行刑社会化的基础上建立起来的，是刑罚经济的必然产物，因而，自产生起就承担着刑罚替代的功能。具体而言，是指社区矫正替代监禁刑，对被判处管制、宣告缓刑、假释或者暂予监外执行的罪犯在社区实行监督管理和矫正教育，从而避免了监禁所带来的监狱化、标签化和高成本化等不利后果。

首先，避免监狱化。“监狱化”一词是由美国社会学家唐纳德·克莱默在其1940年出版的《监狱》一书中首先提出的。他认为，监狱化是指罪犯对监狱文化的学习和内化过程。罪犯“或多或少地沾染上监狱的生活方式、习惯和一般文化”①。主要有：（1）对罪犯群体内部的非正式规则和制度的学习与接受；（2）对监狱当局制定的正式规则和制度的学习和接受；（3）对监狱普通文化的学习和内化。克莱默断言，几乎所有罪犯都会在不同程度上经历监狱化的过程，刑期越长，监狱化程度越深。台湾学者蔡墩铭认为，对于一个监狱化了的罪犯来说，其人格会发生下列变化：依赖性增强、受暗示性强、思考能力下降、惰性增强。② 由此形成的罪犯人格是不利于罪犯出狱后顺利回归社会的。因此，社区矫正的设置避免了将罪犯监禁在与社会隔离的场所带来的监狱化，虽然限制了罪犯的行为自由，但罪犯不再成为一个监狱人，而是与社会有着正常的互动与交往，并通过教育帮扶重塑适应社会的健全人格，完成再社会化的过程。

其次，避免标签化。犯罪社会学的标签理论萌芽于20世纪上半叶的美国，是一系列试图说明人们在初次越轨或犯罪行为之后为什么会继续进行越轨或犯罪行为，从而形成犯罪生涯的理论观点。③ 标签理论从对行为解释角度来认识罪犯，认为人的行为并不取决于事物内在性质，而是取决于社会解释方式，即它们被称作什么以及由其名称所引起的含义；任何行为本身都不是有罪的，而是社会把某些行为确定为犯罪行为，并给它们贴上犯罪的标签。④ 也就是说，罪犯被贴上标签，源于社会的看法。与监禁行刑不同，社区矫正对象特别是被宣告缓刑、被判处管制及暂予监外执行的罪犯，虽然同为罪犯，但由于其依然在社区生活，社会关系未曾中断，这些社区矫正对象并没有像监禁刑的罪犯那样，贴上罪犯的标签，因而也不会被监狱交互感染产生再犯的心理，重新犯罪率较低。

最后，避免高成本。监狱的运作需要的是高成本，社区矫正的运作不仅缓解了监狱人满为患、警力严重不足的现状，更是从刑罚经济的角度，降低了行刑成本，通过依托社会力量，矫正罪犯，使其成为守法公民，成为当下替代监狱行刑的最广泛使用的刑罚执行方式。

（二）规训功能

1975年福柯出版的《规训与惩罚》中，使用了英文“discipline”一词，刘

① ［美］理查德·霍金斯：《美国监狱制度》，孙晓雳、林追译，中国人民公安大学出版社1991年版，第276页。

② 章恩友：《罪犯心理矫治技术》，中国物价出版社2002年版，第16页。

③ 吴宗宪：《西方犯罪学史》（第四卷），中国人民公安大学出版社2010年版，第1174页。

④ 许章润：《犯罪学》（第四版），法律出版社2016年版，第34页。

北成将其翻译成中文“规训”，其有纪律、教育、训练、训诫的含义。中文的译文遵循作者原意，将其译为规范化训练之意，较之单纯的训练更加契合监禁行刑的状态。监禁行刑为了实现惩罚的目的，将规训作为一种新的权力运行方式。福柯认为，规训有四种方式：其一，分配技术。将每个人分配到闭锁的独立空间，通过“一览表”使全体人员组织化。其二，活动管制。将身体的行动按时间细分，使动作周密而规范化。其三，阶段形成的编排。将晋级过程分成阶段或系列，并配上相应的训练。其四，各种力量的组装。将身体各要素进行组合，将其当成作品纳入一个复合装置。①

尽管社区矫正是一种社会化的行刑方式，但不可否认的是社区矫正的前提是刑罚执行，在法律属性上具有惩罚功能。《社区矫正法》第 28 条规定：“社区矫正机构根据社区矫正对象的表现，依照有关规定对其实施考核奖惩。社区矫正对象认罪悔罪、遵守法律法规、服从监督管理、接受教育表现突出的，应当给予表扬。社区矫正对象违反法律法规或者监督管理规定的，应当视情节依法给予训诫、警告、提请公安机关予以治安管理处罚，或者依法提请撤销缓刑、撤销假释、对暂予监外执行的收监执行。对社区矫正对象的考核结果，可以作为认定其是否确有悔改表现或者是否严重违反监督管理规定的依据。”《社区矫正法实施办法》第 34 条规定：“社区矫正对象具有下列情形之一的，执行地县级社区矫正机构应当给予训诫：（一）不按规定时间报到或者接受社区矫正期间脱离监管，未超过十日的；（二）违反关于报告、会客、外出、迁居等规定，情节轻微的；（三）不按规定参加教育学习等活动，经教育仍不改正的；（四）其他违反监督管理规定，情节轻微的。”第 35 条规定了警告的情形，第 36 条规定了社区矫正对象违反监督管理规定或者人民法院禁止令，应当及时提请同级公安机关依法给予治安管理处罚。无论是社区矫正法，还是实施办法，都对刑罚惩罚问题进行了详细的规定，对于违规的社区矫正对象，要给予相应的处罚，这就是惩罚职能。

社区矫正虽然并没有将罪犯分配到闭锁的独立空间，但是其人身自由受到相应的限制，并有规定的监督管理的流程和定期的矫正教育活动要求。通过监督、规范化检查来完成规训。所不同的，监禁是通过限制物理空间的形式，利用狱警对囚犯、囚犯对囚犯、囚犯对自身的监视，达到对规训对象全方位无死角的控制。而社区矫正则将物理空间扩大到整个社区，利用现代技术设备随时掌控社区矫正对象的活动轨迹，社区矫正工作者不定期到访监视，同时社会力量加入规训

① 张凤阳：《政治哲学关键词》，江苏人民出版社 2014 年版，第 356 页。

过程，实施监视。[①] 除此之外，虽然没有监狱劳动那样的高强度训练，但定期的教育与适量的公益劳动也成为规训的重要手段。

（三）损害修复功能

损害修复源于恢复性司法理念。20 世纪后半期非监禁刑发展迅猛，与传统的报应刑不同，非监禁刑倡导的是刑罚的宽和和谦抑。犯罪行为是非正义的，它不仅是简单地违反了法律，而且在大多数情况下也给被害人和社区造成了实际的损害，犯罪人与被害人、犯罪行为和社区的关系极为密切。因此，要伸张社会正义，必须恢复犯罪行为对被害人和社区造成的损害。这就要求在处理犯罪人和犯罪行为的过程中，应当考虑被害人和社区的需要。[②] 这就是恢复性司法兴起的缘由。

1990 年，美国学者凡尼斯在一篇题为《恢复性司法》的文章中，论述了恢复性司法的基本信念主要包括三个方面：（1）犯罪造成对被害人、犯罪人本身和社区的伤害；（2）不仅政府，而且被害人、犯罪人和社区都应当积极地参与到刑事司法过程中；（3）在促进正义的过程中，政府应当担负起维护秩序的责任，而社区应当担负起建立和平的责任。[③]

尽管后来诸多学者对恢复性司法有不同的概念界定，但不能否认的是，虽然我国并没有明确的恢复性司法制度，但社区矫正的设置蕴含了恢复性司法的基本信念，特别是对犯罪所造成的对被害人、犯罪人及其亲属以及社会造成的伤害，通过社区矫正来进行修复，是促使其顺利回归社会，最大限度降低重新犯罪率的最优方案。人在本质上是一切社会关系的总和，修复犯罪人与社会的全方位联系，也是增强其适应社会能力的最佳方式。

三、社区矫正的目的

无论是西方还是中国刑法理论界，对刑罚的目的研究有很多，观点纷纭，主要有报应主义、相对主义（一般预防、特殊预防、一般预防和特殊预防）、折中主义等。社区矫正作为一种刑事执行活动，其目的必然包含报应、一般预防、特殊预防等刑罚目的。

（一）直接目的

社区矫正的直接目的，是恢复与发展罪犯的社会功能，矫正其社会人格，使其能顺利回归社会。社区矫正适用的对象是罪行较轻，主观恶性不大，社会危害性相对较小，经过教育改造后不致再伤害社会或已经丧失了危害社会能力的犯罪

① 曹小明：《社区矫正功能的再认识》，载《湖北经济学院学报》2018 年第 6 期。

② 吴宗宪：《吴宗宪文集》，中国法制出版社 2016 年版，第 496 页。

③ 吴宗宪：《吴宗宪文集》，中国法制出版社 2016 年版，第 500 页。

分子，将其放置于开放性的社区而非封闭的监狱，不割断其与社会的联系，依然保持其比较完善的社会人属性，对其在社会中进行矫正教育，利用社会资源和社会力量实施矫正，最大可能地消除罪犯回归社会的心理障碍和行为障碍，加速其再社会化进程。

（二）间接目的

社区矫正的间接目的是增强社区公民的法律意识和社会责任感，实现一般预防的目的。一般预防在于预防社会上一般人犯罪的发生。犯罪大多起源于贪念，制刑、量刑、行刑的目的在于使人们知道受刑之苦，进而有所敬畏。社区矫正虽然没有监禁刑那样的警戒和心理强制作用，但其矫正对象毕竟是罪犯，虽然行刑不影响其日常生活，但是与普通公民依然存在差别，行动自由依然受到限制。如此产生的痛苦对其本人来说是预防再犯，对其家人及社区居民来说，通过积极参与对社区矫正对象的教育改造和监督管理，起到一般预防的效果，使之不敢也不愿意触犯刑法，同时增强社区居民的社会责任感，加强居民的法律意识。

（三）根本目的

社区矫正的根本目的是预防犯罪和减少犯罪。《社区矫正法》第 1 条对社区矫正的目的作了详尽诠释，明确规定，“为了推进和规范社区矫正工作，保障刑事判决、刑事裁定和暂予监外执行决定的正确执行，提高教育矫正质量，促进社区矫正对象顺利融入社会，预防和减少犯罪”。一方面，预防一般人犯罪的发生，另一方面是预防已被科处刑罚的人再次犯罪。简言之，即通过对罪犯适用社区矫正，消除其继续犯罪的可能，并通过社会力量参与实施监督管理和矫正教育，矫正其不良心理及行为，将其教育改造为守法公民，顺利回归社会，减少重新犯罪。

第四节 社区矫正的原则、任务和研究方法

一、社区矫正工作的指导思想

社区矫正的研究虽然是微观的、社会机制的研究，但它离不开社会的视野与宏观的指导，尤其离不开马克思主义哲学所揭示的事物普遍规律及其方法论的指导。对于我国的社区矫正工作，更要从历史、文化背景、法治氛围和社会关系上来认识社会公众及社区矫正对象的心理，不能孤立地从抽象的人性上来认识；在研究方法上，要综合运用社会科学的调查研究、经验总结方法与自然科学的实验

方法，不能片面强调实验室研究和停留在浅层次的个别现象研究上。

对社区矫正对象实行社区矫正，是维护社会稳定，构建社会主义和谐社会，保障社会主义经济建设的重要举措，因此，社区矫正工作在根本上必须坚持马列主义、毛泽东思想和中国特色社会主义理论体系，这是社区矫正工作的根本指导思想。

2006 年 10 月，在中共中央十六届六中全会《关于构建社会主义和谐社会若干重大问题的决定》中专门提出了要“积极推进社区矫正”的要求；2011 年 2 月，时任中共中央总书记胡锦涛在省部级主要领导干部社会管理及其创新专题研讨班上提出，要“建立适应宽严相济刑事政策要求的社区矫正工作体系，减少重新违法犯罪”。2011 年 6 月，中共中央、国务院发布的《关于加强和创新社会管理的意见》对社区矫正提出了明确要求：“社区矫正就是社会管理创新在刑事司法领域最大亮点”，“社区矫正就是在开放的社区环境下矫正和管理罪犯的活动”，“社区矫正的刑罚执行性质和充分依靠社会力量参与罪犯矫正的优势和做法，是对刑罚执行和社会管理服务的有机结合，其本身与社会管理创新有着内在的联系，对按照中央要求抓好源头治理、着力减少社会对抗、促进社会和谐有着重要意义”。这表明了中央对社区矫正工作的认可和支持，也说明了社区矫正工作对构建我国和谐社会的重要意义。

二、社区矫正的原则

社区矫正工作的原则，是指社区矫正工作中应当遵循的工作准则。它是社区矫正工作所特有并贯穿于社区矫正工作自始至终的基本准则。由于社区矫正法律制度的创建是我国刑罚执行制度改革的重要举措，是一项非常严肃的刑事执行活动，在社区矫正工作中政策性强，涉及面广，社会影响大，因此必须遵循统一的原则，以确保社区矫正工作健康开展，达到预期效果。

2009 年 9 月 2 日，经中央政法委批准，最高人民法院、最高人民检察院、公安部、司法部决定，从 2009 年起在全国试行社区矫正工作。提出的全面试行社区矫正工作的基本原则是：坚持党对社区矫正工作的领导，认真贯彻中央关于司法体制和工作机制改革的决策部署，确保社区矫正工作的正确方向；坚持从我国国情出发，坚持社区矫正工作的非监禁刑罚执行性质，不断完善中国特色刑罚执行制度；坚持各有关部门分工负责、相互支持、协调配合，确保社区矫正工作有序开展，坚持专群结合，充分调动社会资源和有关方面的积极性，不断增强社区矫正工作的社会效果；坚持从实际出发，分类指导，确保社区矫正工作各项措施符合实际、取得实效；坚持与时俱进、改革创新，努力探索社区矫正工作方法，不断提高社区矫正工作水平。由此，可以提炼出社区矫正工作的以下四项原则：

第一，坚持党的领导原则；第二，坚持分工负责，协调配合原则；第三，坚持专群结合，社会参与原则；第四，坚持与时俱进，改革创新原则。

《社区矫正法》第3条规定："社区矫正工作坚持监督管理与教育帮扶相结合，专门机关与社会力量相结合，采取分类管理、个别化矫正，有针对性地消除社区矫正对象可能重新犯罪的因素，帮助其成为守法公民。"第4条第2款规定："社区矫正工作应当依法进行，尊重和保障人权……"从这些规定看，社区矫正工作的原则包括监督管理与教育帮扶相结合原则、专门机关与社会力量相结合原则、尊重和保障社区矫正对象合法权益原则、刑事执行个别化原则等。

（一）监督管理与教育帮扶相结合原则

在执行刑罚的前提下，监督管理、矫正教育和适应性帮扶是社区矫正工作的三大任务。监督管理是社区矫正工作对社区矫正对象存在危险性的控制行为，这是保障社会安全的法定手段和措施。矫正教育是社区矫正工作的主导价值追求，也是社区矫正工作的主要内容，只有通过矫正教育，消除社区矫正对象的犯罪心理和行为恶习，并养成良好的社会所倡导的善的行为，才能使社区矫正对象成为符合社会要求的守法公民，真正实现回归社会的目的。适应性帮扶是对社区矫正对象所存在的问题和困难的"救助行为"或者"救济行为"，这一行为可以是公力的，也可以是私力的。社区矫正的这三项工作是相对独立又相互协作的，但是，在实务工作中，只有监督管理与教育帮扶相结合，才能效益最大化。

（二）专门机关与社会力量相结合原则

在社区矫正机制建构中，政府在社区矫正中的主要作用是主导和指导社区矫正工作，审查和督导社区对社区矫正对象的矫正过程和矫正效果，维护社会的公平和正义。

在社区矫正领域，不仅国家权能是有边界的，而且所拥有的资源也是有限的，不可能渗透到社区矫正的各个领域。政府"提供公共服务"的形式受到罪犯的需求和"市场的检验"，也必须选择多元化途径，将矫正服务项目的"购买者"与"提供者"分开，从原来的"划桨者"转向"掌舵者"，才能满足社区矫正的需要，才是科学配置资源的明智选择。在这里，社区矫正机构是社区矫正工作的国家专门机关，代表政府负责制定社区矫正基本政策，主导、落实和推进社区矫正的基本准则，动员社会多方力量，协调各方矛盾。

在社区矫正工作中，社会力量与政府的司法行政部门共同组成社区矫正的主体。专门机关与社会力量相结合原则体现在政府"应是掌舵而不是划桨"，是社区矫正政策的制定者，司法行政机关行使的是管理职能。社会力量是社区矫正政策实施的"划桨者"。社会力量参与到对社区矫正对象的矫正教育之中，改变了传统的刑事执行方式的格局，使社会的人力资本、组织资源、物质资源、环境资源、文化资源、技术资源等成为社区矫正的有力支撑。

（三）尊重和保障社区矫正对象合法权益原则

保障社会公共安全是刑事执行的本质属性，也是社会公平正义的必然要求；维护社区矫正对象合法权益是现代刑事执行的内在品质，也是刑罚文明化、谦抑性的重要标志。在现代刑罚框架下，常常出现保障社会公共安全和维护社区矫正对象合法权益之间的矛盾冲突。因此，社区矫正工作既要求保障社会公共安全，也要求维护社区矫正对象合法权益。保障社会公共安全是社区矫正工作的前提和质的要求，没有社会安全作为保障，社区矫正工作就失去了合法性和合理性。

在我国法治国家、法治社会、法治政府一体化建设中，尊重和保护人的自由与尊严始终是其重要的价值目标和原则。在社区矫正工作中，保障社区矫正对象的权利，立足于以下三个方面的逻辑预设：一是保障社区矫正对象的权利是基于社区矫正对象是人这样一个基本客观事实决定的，是刑法人道主义的内在要求。二是社区矫正对象的权利源自现代法律的确认和设定，保障社区矫正对象的权利是对社区矫正工作的法定要求，也是社区矫正工作的法定职责，任何侵害社区矫正对象合法权益的行为，都是法律所不容的。三是刑罚人权理念，首先是对罪犯合法权益的保护。在社区矫正对象接受应有惩罚的基础上，应充分考虑在刑罚的方法和种类、刑罚量的调整、刑罚执行方式等方面，有利于社区矫正对象回归社会，适应社会，和与社会相结合，以巩固改造成果。所以，保障社会公共安全和维护社区矫正对象合法权益的有机结合和并重，是社区矫正工作必须坚守的原则。

（四）刑事执行个别化原则

个别化，简单地说就是指承认和尊重人的差异性。刑事执行个别化有学者也称为刑罚个别化、行刑个别化、矫正个别化或处遇个别化，是刑事执行机关对罪犯的矫正和处遇个别化。[①] 这里要注意的是，刑罚个别化是从行刑机构的国家权力属性涉指的刑罚实现的个别化；行刑个别化则突出了刑罚实现方式的个别化；矫正和处遇个别化，则是从刑罚实现的内容和目的上的个别化。但矫正个别化和处遇个别化有所不同，前者更强调是对犯罪人的治疗个别化，后者尽管也有治疗之意，但更强调的是对犯罪人采取的各种处理和对待措施的个别化。

刑事执行个别化是在尊重和维护社区矫正对象个性的基础上，在矫正教育中以社区矫正对象为中心，以个性化需求为目标，关注社区矫正对象的潜能开发和个性发展，开展适应性教育，培育社区矫正对象适合现代社会的健康人格。

---

① 陈兴良：《刑法的价值构造》，中国人民大学出版社 1998 年版。

三、社区矫正的任务

按照“两高两部”《关于开展社区矫正试点工作的通知》及司法部《司法行政机关社区矫正工作暂行办法》第4条的规定，社区矫正工作的任务，主要包括以下三个方面：

第一，依照有关法律、法规和规章的有关规定，加强对社区矫正对象的管理和监督，确保刑罚的顺利实施。

第二，采取多种形式，对社区矫正对象进行思想教育、法制教育和道德教育，矫正其不良思想和行为，促使其成为守法公民。

第三，帮助社区矫正对象解决在就业、生活和心理等方面遇到的困难和问题，以利于其顺利适应社会生活。

同时要求在试点工作中，各地要根据社区矫正工作任务的需要，进一步探索和创新社区矫正工作的具体内容、方式方法、工作流程和工作制度，努力提高教育改造质量。

《社区矫正法》第2条第2款规定：“对社区矫正对象的监督管理、教育帮扶等活动，适用本法。”由此可以看出，社区矫正工作的任务包括了执行刑罚、监督管理、矫正教育和适应性帮扶。在这里，虽然没有明确列明“执行刑罚”，但是社区矫正对象是罪犯的法律属性决定了“执行刑罚”的任务属性。

本书认为，社区矫正的基本任务至少可以细化为执行刑罚、监督管理、矫正教育、危机干预、社会救助和恢复秩序六个方面。

(一) 执行刑罚

执行刑罚不仅是社区矫正存在的依据和保证，而且也是社区矫正工作的首要任务。这是因为，目前我国社区矫正对象的范围还很有限，社区矫正对象均为法律意义上的罪犯，因此，对社区矫正对象而言，刑罚的惩罚性仍然是其最主要的特性，作为社区矫正对象的罪犯必须服完法定的刑期，必须承受法定的身份，必须履行法定的义务。执行刑罚是社区矫正的首要任务，这一权限只能由执法主体和具有行刑权的机关和人员来行使。

(二) 监督管理

监督管理包括两个层面：一是执行刑罚的监督管理，是对社区矫正对象在履行法定义务方面的监督管理，严格说来，属于执行刑罚的一部分。其中，作为没有刑罚执行权的社区矫正工作人员，在履行这部分监督管理权时，只能是辅助执行。二是依据社区矫正工作规范对社区矫正对象的监督管理，是依照社区矫正的有关规定，社区矫正工作者所共同行使的一项权能。

（三）矫正教育

之所以将社区矫正对象置于社区中进行矫正，是为了有效利用社区的资源，让更多的社会力量参与进来，为社区矫正对象创造更为宽松的矫正环境，更有利于教育感化社区矫正对象。因此，教育改造社区矫正对象是社区矫正的根本任务，最终使社区矫正对象悔过自新，弃恶从善，成为守法公民，顺利回归社会。

（四）危机干预

社区矫正对象在社区矫正的条件下会遭遇各种各样的危机，及时地对这些危机进行干预是社区矫正的任务之一。

危机干预是对处于危机状态中的社区矫正对象“提供帮助”，以恢复或维持社区矫正对象的“安全”，并由此保障社区的安全。从危机干预的这一性质出发，社区矫正对象的焦虑以及丧失和哀痛等危机状态也理所当然地成为恢复或维持社区矫正对象“安全”所要解决的重要方面，因为这些状态不仅对个体身心有极大的伤害，而且也成为自杀、愤怒等破坏性行为的促成因素或转移性后果。

（五）社会救助

社区矫正对象在社区矫正中是社会中的弱势群体，会遇到各种各样的问题，会遭遇各种各样的挫折，这些都直接影响到社区矫正对象的矫正教育。为此，社区矫正工作者要帮助社区矫正对象解决在就业、学习、人际交往等方面所遇到的困难，为社区矫正对象提供力所能及的服务，其本身也是一种矫正教育活动。

社区矫正的社会救助是建立在社区矫正目的之上而派生的，社区矫正的目的之一，就是要帮助社区矫正对象增强社会适应性，与社会重新结合。要达到这一目的，对社区矫正对象这个弱势群体而言，就有必要建立社会救助制度，对社区矫正对象实施救济。要实现对社区矫正对象的社会救助，主要靠建立社区扶助制度、法律援助制度、社会保障制度等来实现。

（六）恢复秩序

恢复秩序是指基于恢复性司法的理念，在社区矫正过程中，立足于被害人权益的保障，旨在通过被害人、社区及其他人员的主动参与，来恢复因犯罪而被破坏的社会秩序。因此，“对恢复任务的实现，已成为在世界范围内社区矫正任务中一个更高层次的追求”①。

在恢复性司法看来，刑罚不是以简单的报应或教育为归趋，而是致力于犯罪人人格和社会角色的复归，致力于社会关系的修复。恢复秩序包括四个方面：一是对社区矫正对象的再社会化；二是对社区矫正对象社会谋生技能的训练或修复；三是社区矫正对象健全人格的修复和教育；四是社会道德与良知的恢复和社会安全机

① 刘强主编：《社区矫正制度研究》，法律出版社2007年版，第74页。

制的营造。

四、社区矫正的研究方法

(一) 调查法

调查法是社区矫正中使用最广泛的一种资料搜集的方法。社区矫正的审前调查评估制度、个案管理都离不开调查。一般而言，调查法可分为访问法和问卷法两种。访问法是由社区矫正工作人员或者社会工作者以口头方式直接面对面或经由电话把问题说出，社区矫正对象回答。问卷法则是在特定的时间地点在社区矫正工作人员的协助下，完成问卷表上的问题。访问法与问卷法最主要的区别在于：前者有社区矫正工作人员的引导，访问时有问有答，不清楚时可以提供解说；后者是由社区矫正对象自己完成，除特别需要社区矫正工作人员协助的除外。

调查法问卷中所提问题的结构有两种：结构式问题和无结构式问题。前者类似选择题，有固定的几个答案让社区矫正对象从中挑选一项或数项。后者则以开放式的问题由社区矫正对象凭自己的经验、想法、意愿充分自由地回答。结构式问题的优点是项目清楚，容易计量处理，但不够深入。无结构式问题较能深入，但答案可能比较琐碎。因此，二者相结合的调查问卷法是目前社区矫正机构正在使用的有效方法，既避免了不够深入的问题，又能够计量处理。

访问法由于研究数量易控制、被访问者对问题的误解机会较小、能对样本进行追踪的优点，而成为目前社区矫正工作中经常使用的研究方法。当然，访问的时候要注意访问语气和态度，因为这些也可能影响受访者的回答。

(二) 观察法

观察法，是指调查者以亲眼观察的结果作为研究载体，并加以分析的方法。观察可以分为参与观察和非参与观察。前者是指调查者亲身参与研究的一切活动，以“局内人”的角度观察；后者是指观察者并不亲身参与，而是以“局外人”的角度来观察。

观察法是社区矫正工作中最常使用的一种方法，特别是在对社区矫正对象进行教育管理的过程中，社区矫正工作者是以一种“局外人”的身份进行观察，也就是非参与观察。参与观察仅仅存在于学者的纯学术研究（譬如某学者通过隐藏身份以“罪犯”的身份参与社区矫正进行观察）之中。而非参与观察的最大优点在于可以把当场发生的事件或行为实时描述出来以供参考。但其也有缺点，主要表现在：第一，研究者个人的喜好偏见可能影响观察对象的选择与观察结果。社区矫正工作人员的工作身份，不可避免地会因为事先进行了审前调查而对社区矫正对象有先入为主的看法，这种看法很大可能影响其对社区矫正对象的观察结果，甚至可能影响其矫正计划与矫正方案。但有些地方采用了民间社会力量介入的方式，通过第三方机构来进行观察，效果要优于执法人员亲自管理。第二，研究者只能观察少数社区矫正对象，可能以偏概全，导致错误的报告。每个基层司法机构管理的社区矫正对象数量是各不相同的，有的地区数量较多，特别是那些建立社区矫正中心，实行队建制管理的社区矫正机构，管理的社区矫正对象相对较多，集中观察的也只能是部分社区矫正对象，对于大部分社区矫正对象，还是会有观察疏漏之处，影响判断结果。由此对社区矫正工作人员的数量和管理体制提出了更高的要求。

（三）实验法

实验法是心理学的主要研究方法。社会心理学家对小团体的研究大多会采用此方法。在社区矫正工作的探索中，特别是在对社区矫正对象进行个案管理的过程中，这种方法是经常被使用的。一般会依据一定的标准对社区矫正对象进行筛选，并对筛选后的社区矫正对象进行分组：一组是实验组，另一组是对照组。[①]被研究的、特定的矫正方案加诸实验组，而对照组则无。经过一段时间的风险评估、需要评估，制定矫正计划、实施矫正方案，再比较两组在行为或心理上是否因矫正项目的介入而有所改变。这种实验法确实对矫正工作有很大的帮助，也确实起到较好的效果，但是这种实验对人数的要求非常严格，数量不可能很多。同时对研究者的要求也非常高，需要花费大量的时间和精力来实施矫正项目。因而，这种方法仅仅在部分地区针对部分社区矫正对象所实施，以期突出代表性。

（四）个案研究法

个案研究法是对某一事件、行为、事务或个人做彻底的研究分析，这种方法在社区矫正研究中是一种常见方法，是根据每个社区矫正对象的具体情况而组织开展的方法和活动。

1. 个案评估

个案评估是通过恰当的方法了解社区矫正对象的有关情况并作出评价结论的工作。个案评估主要包括风险评估和需求评估。风险评估是指对社区矫正对象进行危险性评估，判断其是否具有再犯的风险。评估的方法主要采用量表测试、功能问卷调查、结构化与半结构化面谈等方式。需求评估主要是对社区矫正对象的个人需求进行系统性的评价，主要采取观察法、调查法、谈话法、需求评估量表测试等方式进行。

2. 制定矫正计划

制定矫正计划是建立在对罪犯的犯因性问题分析基础之上的，通过对社区矫正对象自身的情况进行分析，了解其犯罪的动因，从而制订个别化的矫正计划。

---

① 江苏省苏州市目前正在试点的循证矫正项目正在使用此种方法。

在制定的矫正计划中，应当包含社区矫正对象的基本情况（人口统计学信息、犯罪与刑罚、其他相关信息）、社区矫正工作人员的基本情况（矫正负责人、矫正小组）、社区矫正对象的问题和需求、具体实施矫正计划（要有针对性）。

3. 实施矫正方案

实施矫正方案是根据已制订的矫正计划进行分步骤实施，具体应涵盖对社区矫正对象依据危险等级的不同而制定的不同行为监督方案、教育矫正方案和帮困扶助方案。在实施的过程中，可以根据社区矫正对象的情况进行矫正计划的修正与更改。通过后测与前测的对比，对危险性程度降低的社区矫正对象，修改矫正计划，减少管控的力度，对危险性程度有所提高的社区矫正对象，要加大行为监督的力度。

延伸阅读

美国社区矫正情况

在美国，根据2001年12月31日的统计，缓刑犯为383.9532万人，假释犯为72.5527万人，两项合计为456.5059万人；同一天美国被监禁的犯人总数为138.1892万人，被监禁的犯人总数仅为缓刑和假释犯人总数之和的30.27%。这也就是说，被监禁的犯人总数不到社区矫正犯人总数的1/3。因此，如果仅仅从管理的犯罪人数量而言，可以说美国的社区矫正占据美国矫正的主导地位。

根据2004年7月美国司法部的一项最新统计资料，当年处于监禁刑和缓刑、假释的罪犯有690万人，其中缓刑人数为407万人，假释人数为77万人，社区矫正的比例约占70%。可见，美国社区矫正目前适用广泛，使用率大大高于监禁率，其良好的发展态势表明，社区矫正是美国罪犯矫正的主要方式，并且朝着理性化的趋势发展。

近年来，在美国，兴建一个新的单人牢房需要7.5万美元，监禁一个犯人每年花费约2万美元；美国缓刑的平均花费是每天2美元，佐治亚州的强化监督每天花费4.36美元，监禁是30.43美元，缓刑是0.78美元；家庭监禁花费是每天2.86美元，电子监控是每天3~4美元。

——摘自吴宗宪：《关于社区矫正若干问题思考》，
载《中国司法》2004年第7期

第二章

社区矫正法

2019 年 12 月 28 日，《社区矫正法》经十三届全国人大常委会第十五次会议上通过。该法的出台是对十多年来社区矫正工作成果的立法总结，是社区矫正工作发展中的标志性事件。《社区矫正法》成为我国社区矫正工作法治化的逻辑起点，是尊重和保护社区矫正对象人权的大宪章，开启了我国社区矫正工作的法治化新时代。

第一节　我国社区矫正的立法进程

一、社区矫正试点试行期间的规范性指导文件

社区矫正试点期间从 2003 年 7 月到 2009 年 9 月，共发布规范性指导文件和司法部行政规章 4 个。

第一，2003 年 7 月 10 日，“两高两部”联合下发了《关于开展社区矫正试点工作的通知》，确定北京、天津、上海、江苏、浙江和山东 6 省（市）为我国首批进行社区矫正工作的试点地区。由此可见，社区矫正工作在我国司法实践中正式启动!

第二，2004 年 5 月 9 日，司法部印发了《司法行政机关社区矫正暂行办法》。该办法的出台，目的是推动社区矫正试点工作积极稳妥地开展，确保这项改革依法规范地进行。该办法也成为社区矫正试点工作制度化、法制化建设的重要组成部分，对各级司法行政机关开展社区矫正工作起到了重要的指导作用。

第三，2005 年 1 月 20 日，“两高两部”联合发布了《关于扩大社区矫正试点范围的通知》，将河北等 12 个省（自治区、直辖市）确定为第二批社区矫正

试点地区。

第四，2009 年 9 月 2 日，“两高两部”联合发布了《关于在全国试行社区矫正工作的意见》，将社区矫正工作推向全国。

二、社区矫正发展时期的指导性文件和司法解释

社区矫正发展时期从 2009 年 9 月到 2014 年的全国推进，共发布 8 个规范性指导文件、司法部行政规章和司法解释。

第一，2012 年 1 月 10 日，“两高两部”联合制定了《社区矫正实施办法》，对社区矫正管理部门职责分工、执行机构及人员、矫正对象及方法、工作程序、责任机制、奖惩办法等内容加以具体规定，从而完善并细化了《刑法》《刑事诉讼法》对社区矫正的原则性表述，使司法实践中对被判处管制、缓刑、裁定假释及决定暂予监外执行的罪犯的社区矫正真正做到了有法可依。

第二，2013 年 5 月，司法部发布《关于进一步加强社区矫正执法工作的通知》，针对社区矫正对象不断增加，要求社区矫正工作要加强监督管理，规范执法行为，提高执法水平。

第三，2014 年 8 月，“两高两部”联合发布了《关于全面推进社区矫正工作的意见》，提出了全面推进社区矫正工作的指导思想和基本原则，指出了全面推进社区矫正工作的任务，并就全面推进社区矫正工作的组织领导作出了明确规定。

第四，2014 年，“两高两部”和国家卫生计生委联合发布了《暂予监外执行规定》，要求暂予监外执行工作严格依法规范进行，进一步完善了暂予监外执行制度，对暂予监外执行社区服刑人员的检察监督问题进行了详细的规定。

第五，2014 年 9 月 26 日，司法部、中央综治办、教育部、民政部、财政部、人力资源和社会保障部联合发布了《关于组织社会力量参与社区矫正工作的意见》，对社会力量参与社区矫正在健全社区矫正制度、落实社区矫正任务等方面提出了具体要求。

第六，2016 年 8 月 30 日，“两高两部”联合发布了《关于进一步加强社区矫正工作衔接配合管理的意见》，专门就公检法司在社区矫正工作中衔接配合的问题作出了规范。这个意见重点就社区矫正适用前、社区服刑人员交付接收、对社区服刑人员监督管理以及对社区服刑人员收监执行方面如何衔接配合作出较为具体的规定。

第七，2011 年 4 月 28 日，“两高两部”联合印发了《关于对判处管制、宣告缓刑的犯罪分子适用禁止令有关问题的规定（试行）》，对判处管制、宣告缓刑的犯罪分子适用禁止令的有关问题进行了规定。一是管制刑的禁止令。《刑

法》第38条第2款规定：“判处管制，可以根据犯罪情况，同时禁止犯罪分子在执行期间从事特定活动，进入特定区域、场所，接触特定的人。”该条第4款规定：“违反第二款规定的禁止令的，由公安机关依照《中华人民共和国治安管理处罚法》的规定处罚。”《治安管理处罚法》（2006年3月1日起施行）第60条第4项规定，被依法执行管制、剥夺政治权利或者在缓刑、暂予监外执行中的罪犯或者被依法采取刑事强制措施的人，有违反法律、行政法规或者国务院有关部门的监督管理规定的行为。处5日以上10日以下拘留，并处200元以上500元以下罚款。二是缓刑的禁止令。《刑法》第72条第2款规定：“宣告缓刑，可以根据犯罪情况，同时禁止犯罪分子在缓刑考验期限内从事特定活动，进入特定区域、场所，接触特定的人。”为了确保禁止令这项新制度得到正确适用和执行，“两高两部”于2011年4月28日印发了《关于对判处管制、宣告缓刑的犯罪分子适用禁止令有关问题的规定（试行）》，其中明确禁止令由司法行政机关指导管理的社区矫正机构负责执行。为严格依法执行禁止令，司法部又印发了《关于贯彻最高人民法院、最高人民检察院、公安部、司法部〈关于对判处管制、宣告缓刑的犯罪分子适用禁止令有关问题的规定（试行）〉做好禁止令执行工作的通知》，对各级司法行政机关做好禁止令执行工作提出了明确要求。

第八，2016年11月14日最高人民法院对2012年的发布的《关于办理减刑、假释案件具体应用法律的规定》进行了修订，完善了办理减刑、假释案件具体应用法律的相关内容。

第九，2020年“两高两部”联合颁布《社区矫正法实施办法》，对社区矫正工作的具体操作流程作出了制度性安排。

三、刑事法律中对社区矫正的规定

（一）刑法中的规定

2011年2月25日，全国人大常委会通过《刑法修正案（八）》，其中规定：“对判处管制的犯罪分子，依法实行社区矫正。”这是我国法律首次对社区矫正制度进行确认，充分体现了对近10年来社区矫正实践的肯定。由此，社区矫正的立法工作进入了“加速期”，社区矫正制度的发展走向及立法问题，也再度引起了社会各界的广泛关注。其中，涉及社区矫正的主要条款有：

1.《刑法》第38条第3款、第76条、第85条明确规定了对管制刑、缓刑、假释等刑种、刑制“依法实行社区矫正”。

2.《刑法》第72条第1款第4项明确规定“宣告缓刑对所居住社区没有重大不良影响”；第81条第3款规定“对犯罪分子决定假释时，应当考虑其假释后对所居住社区的影响”。

3. 明确规定了对管制刑、缓刑特别适用的禁止令。

4. 进一步规定和修改了缓刑、假释应当撤销的条件。《刑法》第77条第1款进一步规定了缓刑期间漏罪与新罪数罪并罚的规定，“被宣告缓刑的犯罪分子，在缓刑考验期限内犯新罪或者发现判决宣告以前还有其他罪没有判决的，应当撤销缓刑，对新犯的罪或者新发现的罪作出判决，把前罪和后罪所判处的刑罚，依照本法第六十九条的规定，决定执行的刑罚”。《刑法》第77条第2款补充修改为，“被宣告缓刑的犯罪分子，在缓刑考验期限内，违反法律、行政法规或者国务院有关部门关于缓刑的监督管理规定，或者违反人民法院判决中的禁止令，情节严重的，应当撤销缓刑，执行原判刑罚”。《刑法》第86条第1、2款进一步规定了假释期间新罪与漏罪的应当撤销假释及数罪并罚的规定。《刑法》第86条第3款规定了违反假释监管法规和监督规定，尚未构成新罪的，应当依照法定程序撤销假释的规定，仅将“公安部门”改为“有关部门”。具体内容是：“被假释的犯罪分子，在假释考验期限内，有违反法律、行政法规或者国务院有关部门关于假释的监督管理规定的行为，尚未构成新的犯罪的，应当依照法定程序撤销假释，收监执行未执行完毕的刑罚。”

5. 根据宽严相济的刑事政策，明确了缓刑的条件。《刑法》第72条第1款规定了四项具体条件：“（一）犯罪情节较轻；（二）有悔罪表现；（三）没有再犯罪的危险；（四）宣告缓刑对所居住社区没有重大不良影响。”同时，在该条第1款后半部分明确规定了对未成年人、怀孕妇女、75周岁老人的特殊缓刑要求，“对于被判处拘役三年以下有期徒刑的犯罪分子，同时符合下列条件的，可以宣告缓刑，对其中不满十八周岁的人、怀孕的妇女和已满七十五周岁的人，应当宣告缓刑。”①

（二）刑事诉讼法中的规定

《刑事诉讼法》第269条规定：“对被判处管制、宣告缓刑、假释或者暂予监外执行的罪犯，依法实行社区矫正，由社区矫正机构负责执行。”这是在刑事诉讼法上正式确立了社区矫正制度，对其进行了原则规定，并将司法行政机关管理下的社区矫正机构作为一种新的刑罚执行机关，与监狱、看守所、拘役所、公安机关和人民法院等传统意义上的刑罚执行机关相并列，主要负责被判处暂予监外执行、缓刑和假释、管制这四种罪犯的执行。其中，“社区矫正机构”指的是基层司法行政机关的社区矫正机构。

---

① 本部分内容参照了王顺安教授在2012年司法部和中国政法大学联合举办的“全国司法警官院校学科带头人、骨干教师培训班”上的讲课课件，特此说明，并表示感谢。

（三）监狱法中的规定

1994 年 12 月 29 日颁布实施的《监狱法》，2012 年 10 月 26 日十一届全国人大常委会第二十九次会议进行了修改，自 2013 年 1 月 1 日起施行。

1. 关于暂予监外执行罪犯适用社区矫正的规定

第 17 条规定："罪犯被交付执行刑罚，符合本法第十六条规定的，应当予以收监。罪犯收监后，监狱应当对其进行身体检查。经检查，对于具有暂予监外执行情形的，监狱可以提出书面意见，报省级以上监狱管理机关批准。"第 25 条规定："对于被判处无期徒刑、有期徒刑在监内服刑的罪犯，符合刑事诉讼法规定的监外执行条件的，可以暂予监外执行。"第 26 条第 1 款规定："暂予监外执行，由监狱提出书面意见，报省、自治区、直辖市监狱管理机关批准。批准机关应当将批准的暂予监外执行决定通知公安机关和原判人民法院，并抄送人民检察院。"第 27 条规定："对暂予监外执行的罪犯，依法实行社区矫正，由社区矫正机构负责执行。原关押监狱应当及时将罪犯在监内改造情况通报负责执行的社区矫正机构。"第 28 条规定："暂予监外执行的罪犯具有刑事诉讼法规定的应当收监的情形的，社区矫正机构应当及时通知监狱收监；刑期届满的，由原关押监狱办理释放手续。罪犯在暂予监外执行期间死亡的，社区矫正机构应当及时通知原关押监狱。"

2. 关于假释罪犯适用社区矫正的规定

第 33 条第 2 款规定："对被假释的罪犯，依法实行社区矫正，由社区矫正机构负责执行。被假释的罪犯，在假释考验期限内有违反法律、行政法规或者国务院有关部门关于假释的监督管理规定的行为，尚未构成新的犯罪的，社区矫正机构应当向人民法院提出撤销假释的建议，人民法院应当自收到撤销假释建议书之日起一个月内予以审核裁定。人民法院裁定撤销假释的，由公安机关将罪犯送交监狱收监。"

四、社区矫正的立法进程

从 2012 年开始，从中央和地方层面对社区矫正的立法工作全面展开，其中具有代表意义的事件有：

2012 年，国务院立法工作计划将《社区矫正法》列入需要抓紧工作、适时提出的立法项目，由司法部负责起草。

2013 年 2 月，《社区矫正法》草案提请国务院审议。同年，国务院将《社区矫正法》列入 2013 年立法工作计划，十二届全国人大常委会将《社区矫正法》列入五年立法规划。在地方层面，重庆、浙江、江苏等省份也均将社区矫正地方立法提上日程，或开展调研论证、或开展起草工作、或列入立法计划。2013 年

12 月，党的十八届三中全会通过《中共中央关于全面深化改革若干重大问题的决定》，明确提出要“健全社区矫正制度”。

2014 年 1 月，江苏省十二届人常委会第八次会议通过《江苏省社区矫正工作条例》，这是我国首部社区矫正地方立法。同年，国务院将《社区矫正法》再次列入立法工作计划。3 月，司法部会同国务院法制办、中央政法委牵头成立了由中央 12 个有关部门组成的社区矫正立法工作协调小组和社区矫正法草案审查工作专班，开展立法调研，对社区矫正立法涉及的重大问题进行了研究论证。10 月，党的第十八届四中全会通过《中共中央关于全面推进依法治国若干重大问题的决定》，明确提出“制定社区矫正法”。

2015 年，国务院将社区矫正立法列为力争年内完成的项目。全国人大常委会立法工作计划将社区矫正立法作为重点领域立法的预备项目。在地方层面，四川、河北、黑龙江、河南等省份或开展社区矫正地方立法调研论证、或列入立法规划、或列入当年立法计划。4 月，中办、国办联合印发的《关于贯彻落实党的十八届四中全会决定进一步深化司法体制和社会体制改革的实施方案》中明确提出制定社区矫正法，并作为重点领域立法。

2016 年，国务院将社区矫正立法列为全面深化改革急需的立法项目。同年，全国人大常委会将社区矫正法列入 10 月初次审议的法律案。2016 年 12 月，国务院法制办向社会公开《社区矫正法（征求意见稿）》及其说明，并公开向社会征求意见。

2017 年，国务院再次将社区矫正立法列入全面深化改革急需的立法项目。同年，全国人大常委会将社区矫正法列入 12 月初次审议的法律案，但当年未能列入初审。

2018 年 3 月 7 日，全国政协委员、司法部副部长刘振宇接受采访时表示：社区矫正立法已形成共识，还有“最后一公里”的问题需要解决。社区矫正执法主体有待明确，社区矫正的职责、机构设置、队伍正规化、专业化、职业化等问题需要进一步深入研究。3 月 11 日下午，时任全国人大常委会委员长张德江在十三届全国人大一次会议上作全国人大常委会工作报告。张德江委员长提出，要研究编制十三届全国人大常委会立法规划，统筹安排今后五年立法工作，要加强社会、文化、生态等方面立法，制定社区矫正法。2018 年 3 月，国务院 2018 年立法工作计划将《社区矫正法》列入立法计划，由司法部起草。2017 年 12 月 14 日十二届全国人大常委会第 105 次委员长会议原则通过《全国人大常委会 2018 年立法工作计划》，4 月 17 日十三届全国人大常委会第 2 次委员长会议进行了修改。4 月 27 日，全国人大网刊发《全国人大常委会 2018 年立法工作计划》。根据该立法计划，全国人大常委会将于 2018 年 10 月初次审议《社区矫正法》。

2019年1月29日，司法部召开2019年首场新闻发布会，熊选国副部长介绍，在立法起草过程中，各方面对社区矫正问题的认识也基本一致。2019年能够顺利地提交全国人大常委会来审议。2月，司法部立法一局副局长赵晖介绍：《社区矫正法》《监狱法》等多项重要法律法规的制定和审查工作都已提上今年的工作日程。3月8日下午，十三届全国人大二次会议上，栗战书委员长提出，2019年全国人大常委会主要集中力量落实好党中央确定的重大立法事项，包括审议社区矫正法等立法调研、起草，确保如期完成。根据《国务院2019年立法工作计划》，要围绕加强和创新社会治理，提请全国人大常委会审议《社区矫正法（草案）》等。6月25日，全国人大常委会进行了审议。7月5日，中国人大网向社会公开征求意见。10月24日，十三届全国人大常委会第十四次会议对《社区矫正法（草案）》进行了二次审议。10月31日，中国人大网公开征求意见的《社区矫正法（草案二次审议稿）》。12月28日，十三届全国人大常委会第十五次会议通过了《社区矫正法》，自2020年7月1日起施行。

第二节　《社区矫正法》出台的意义和主要特征

《社区矫正法》的颁布是社区矫正工作纳入法治化轨道的重要标志。该法的出台，在中国的社区矫正历史上，既具有里程碑的划时代意义，也是新时代中国特色的刑事执行制度建设史上的重大事项。

一、《社区矫正法》出台的意义

（一）我国历史上首部《社区矫正法》具有划时代意义

《社区矫正法》的颁布实施，是新时代中国特色社会主义法治建设史上的一件大事，是社区矫正发展史上的里程碑，为推进国家治理体系和治理能力现代化建设注入了新的活力。

《社区矫正法》是我国十几年来社区矫正工作成就的结晶，是中外社区矫正工作历史经验的科学概括和总结，凝聚着从事社区矫正理论研究工作者的科研成果和实务工作者积累的丰富经验和聪明才智。《社区矫正法》的实施，是我国社区矫正工作进入新时代的标志，也是全面进入法治时代的开始。

（二）《社区矫正法》是社区矫正法治化建设的逻辑起点

“法治最基本的前提是有法之治”①，规则之治，“良法”“善治”，仅有社区矫正法治的理念，没有实在法的确认；仅有依法社区矫正的要求，没有严格的程序规范；仅有保障和尊重社区矫正对象人权的意识，没有法律的宣言，那么，这一切都是枉然。②

《社区矫正法》的颁布为依法社区矫正提供了实在法的依据，使社区矫正工作摆脱了十几年以来无法可依的尴尬局面。《社区矫正法》确认了社区矫正法治化的理念，不仅是社区矫正实体公正的法，而且也是程序公正的法，为社区矫正工作提供了法律上的保障，更是社区矫正对象人权尊重与保护的“良法”和“善法”。因此，它是社区矫正法治化的逻辑起点，是社区矫正工作经验的总结、结晶与升华，为社区矫正工作依法开展对社区矫正对象的执行刑罚、监督管理、危险控制和矫正教育等提供了明确而又具体的法律依据，使整个社区矫正工作有法可依，有章可循。具体体现：一是树立社区矫正工作权威。《社区矫正法》是建立在法律和法律授权基础上的权威，天然具有法理型权威的强制力。二是整合社区矫正工作的价值追求。由于社区矫正工作参与主体多元化，价值取向多元化，利益诉求多元化，矛盾和冲突在所难免。《社区矫正法》就成为培育价值取向、调和价值冲突、达成价值共识的价值引导。三是协商对话参与主体，使社区矫正参与各方权利与义务对等，责任与风险共担，共同追求社区矫正效益最大化。四是领悟社区矫正法治的内涵。社区矫正法治化“是一个内涵民主、自由、平等、人权、理性、秩序、正义、效益与合法性等诸多社会价值的综合观念”③。

（三）《社区矫正法》的制定和实施完善了我国刑事立法与司法体系

首先，在立法层面弥补了我国社区矫正刑事执行法的空白，形成了以《刑法》、《刑事诉讼法》、《监狱法》和《社区矫正法》为代表和主体的较为完整的刑事法律体系。一般来说，一个国家的刑事法律体系由三大部分组成：以《刑法》为主体，规定犯罪与刑罚的刑事实体法；以《刑事诉讼法》为主体，确保程序公正的程序法；以《监狱法》《社区矫正法》为主体，规范刑事执行活动的刑事执行法。我国的刑事法律体系中有《刑法》《刑事诉讼法》《监狱法》，但没有统一规范社区刑事执行的社区矫正法，使在社区执行的管制犯、拘役犯、暂予监外执行犯长期没有规范的法律进行规制，成为我国刑事法律体系的盲点。《社

① 周介昆、陈柏安：《监狱法的法律地位及价值评估》，载 http：//www. 148com. com/html/501/370751. html. ，最后访问时间：2020 年 1 月 22 日。

② 周介昆、陈柏安：《监狱法的法律地位及价值评估》，载 http：//www. 148com. com/html/501/370751. html. ，最后访问时间：2020 年 1 月 22 日。

③ 张文显：《法哲学通论》，辽宁人民出版社 2009 年版，第 370 页。

区矫正法》的颁行可以说是弥补了我国刑事执行体系存在的法律缺陷，并成为我国社区矫正工作的法律支撑。

其次，在运作机制方面确立了社区矫正机构独立的主体地位，以法律形式宣告了中国也有专门的社区矫正执行机关，实现了刑事执行权能较为合理的专业化分工。应当说《社区矫正法》的颁布和实施远远超出了其本身的独立意义，而且直接地表现为其对刑事立法和刑事司法的重大作用。

最后，《社区矫正法》使中国刑事法律建构起了以刑事实体法、刑事程序法和刑事执行法为基本框架的刑事法律体系；这些法律的全面实施则使中国的刑事司法开始进入整体或全体性的法治状态。

（四）《社区矫正法》是社区矫正对象人权保障的“大宪章”

《社区矫正法》的制定和实施有利于保障社区矫正对象的人权，促进社区矫正对象的矫正教育。社区矫正对象的人权也同样应受到法律的尊重与保护，在司法界已经形成了现代人权共识：“犯人首先是一个人，然后才是一个犯人。”① 作为一个人的本性和本质，也必然享有所应享有的权利，“法律也应当尊重其作为人本身的价值，尊重其语言、交流、观察、推理、想象和创造的能力”②。《社区矫正法》规定了社区矫正对象享有没有被法律剥夺或者限制的所有权利，并以法律监督的形式使之得以实现。

二、《社区矫正法》的主要特征

从《社区矫正法》的框架结构上，这次立法把社区矫正的立法目的、立法总体思路、工作原则、社区矫正工作的体制机制、社区矫正工作程序，以及对未成年人社区矫正的特别规定等主要内容都作了具体规定。其主要特征表现在：

（一）立法目的明确

《社区矫正法》第1条规定了立法目的和立法依据。从这一规定所蕴含的精神实质来分析，《社区矫正法》所确立的社区矫正制度，在性质上是刑事执行制度，而非立法之前在学术界和实务界争议较大的刑罚执行制度。这就意味着社区矫正工作的重心不在于以前所强调的以安全和秩序为价值取向的“刑罚执行”，而是以社会潜在的危险管控和社区矫正对象的矫正教育为主导性的工作要求。很明显，这是经过十几年的社区矫正实践，在各地经验归纳总结的基础上，契合我国国

① 上海市监狱管理局党委书记在《监狱法》颁布13周年接受记者采访时如是说。载 https：//www.docin.com/p-1506977695.html，最后访问时间：2020年1月22日。

② 周介昆、陈柏安：《监狱法的法律地位及价值评估》，载 http：//www.148com.com/html/501/370751.html.，最后访问时间：2020年1月22日。

家治理体系与治理能力现代化建设，对社区矫正工作的价值转向和新的定位。

（二）立法总体思路明晰

在《社区矫正法》二次审议时，就提出了社区矫正立法要关注未来“大矫正”制度建设之间的关系协调。这次出台的《社区矫正法》仍然体现了这一精神。一是确立社区矫正刑事执行制度与“大矫正”制度的发展创新建构空间关系。明确社区矫正的性质是刑事执行，而不是刑罚执行或社区刑罚执行，为今后扩大适用社区矫正对象留下了空间。我国的社会危险管理问题已经成为社会治理的重要内容，而社区矫正作为社会危险管控的新型社会治理制度，代表着新时代预防犯罪、控制犯罪、教育改造罪犯的发展方向。实践证明，我国传统的重刑主义打击犯罪、惩罚犯罪的治理理念，不能够真正保卫社会。而矫正教育犯罪者，使犯罪者回归社会，并修复被犯罪所破坏的社会关系才能够真正地维护社会安全和秩序。因此，在“大矫正”思想主导下，建构充满柔性的社区矫正制度成为大势所趋。二是社区矫正法与刑事基本法律之间的关系。在目前的刑事法律建构中，《社区矫正法》必须严格与《刑法》《刑事诉讼法》中规定的社区矫正适用范围保持一致，明确社区矫正的适用范围为管制、缓刑、假释、暂予监外执行四类罪犯。没有将试点和试行时已经纳入社区矫正范围的剥夺政治权利的罪犯回归其中，这是社区矫正制度建设的法定要求。三是坚持问题导向，注重解决社区矫正工作中的突出问题。在这次立法中，对社区矫正工作中反应比较强烈的各部门之间的衔接配合、工作要求、工作程序、权利（权力）责任义务等问题，都作出了明确规定，自此，真正使社区矫正工作有法可依。

（三）明确规定了社区矫正的工作原则

在《社区矫正法》第3条和第4条，至少规定了社区矫正工作的四项原则：一是坚持尊重和保障人权原则；二是坚持监督管理与教育帮扶相结合原则；三是坚持专门机关与社会力量相结合原则；四是坚持分类管理与个别化矫正原则。在这四项原则中，尊重和保障人权是总要求，也是现代法治的基本精神，是社区矫正工作的前提和保证；监督管理与教育帮扶相结合是社区矫正工作的基本内容，也是社区矫正工作的价值取向；专门机关与社会力量相结合是社区矫正工作本质特征和基本模式，体现了社区矫正工作的政府主导性与多元开放性特征；分类管理是对社区矫正对象在管理措施上的宏观设计，个别化矫正是社区矫正工作在具体方法上的要求。这四项原则成为社区矫正工作的基本规范。

（四）确立了社区矫正的体制机制

《社区矫正法》对社区矫正工作机制和机构设置进行了规定。从宏观设计上，建构了党委政府统一领导、司法行政部门组织实施，公安机关、检察机关、审判机关、监狱机关等部门密切配合，社会力量广泛参与的社区矫正工作体系，明确了社区矫正工作的管理体制和工作机制。明确规定国务院司法行政部门主管全国的社区矫正工作；县级以上地方人民政府司法行政部门主管本行政区域的社区矫正工作；地方人民政府根据需要设立社区矫正委员会，负责统筹协调和指导本行政区域内的社区矫正工作；司法所根据社区矫正机构的委托，承担社区矫正相关工作。① 相较于2012年"两高两部"的《社区矫正实施办法》，这一规定更为明晰，尤其是对司法所在社区矫正中的定位更为准确。

（五）规范了社区矫正程序

《社区矫正法》是程序法和实体法的结合体。为增强实务工作中的可操作性，《社区矫正法》细化了社区矫正的程序性规则，特别是各部门衔接配合的内容，明确了社区矫正的实施程序。从《社区矫正法》规定的整个工作流程看，对社区矫正程序的规范设计可以分为三个阶段：一是社区矫正前期。从《社区矫正法》第17～22条来看，在内容上，从社区矫正对象执行地的认定，到社区矫正对象的委托调查评估，再到法律文书的送达、报到移送，直到接收宣告，都进行了规范。二是社区矫正中期。从《社区矫正法》第23条到第34条。规定了矫正小组的成立、分类教育、日常管理、执行地变更、考核奖惩的种类和条件、电子定位、脱管处理、禁制令执行、减刑等。三是社区矫正后期。从《社区矫正法》第44条到第51条。规范了解除矫正、撤销缓刑假释的程序、逮捕的条件和程序、收监执行的程序、追逃、矫正终止和死亡处理。基本实现了各个程序和各个环节的无缝对接。

（六）对未成年人社区矫正作了特别规定

参与社区矫正的未成年人是一个特定的社会群体，按照国际规则和国际惯例，必须予以特别的规定。从《社区矫正法》的规定看，其特性表现在：一是拓展了规定范围。《社区矫正法》由一审稿的4条扩大到最后的7条；由限定在未成年人拓展到准未成年人，即第58条规定："未成年社区矫正对象在社区矫正期间年满十八周岁的，继续按照未成年人社区矫正有关规定执行。"保证了对未成年人社区矫正保护的连续性。二是丰富了规定的内容。《社区矫正法》从对未成年人的工作要求、监护责任、保密义务、义务教育与就业帮扶、辅助机构、权利保护、特殊规定等方面进行了全面规定，内容涵盖了未成年人社区矫正的各个层面。三是对未成年人社区矫正参与者的义务、责任、职责等作出了硬性规定。从《社区矫正法》第52～57条的规定中，都使用了法律上的"应当"，而没有使用具有可选择性的"可以"，从而明确了相关主体必须履行法律规定的责任和义务。四是在社区矫正措施和方法上进行了特殊规定。《社区矫正法》规定，应

① 参见2019年12月28日通过的《社区矫正法》第8、9条规定。

当根据未成年社区矫正对象的年龄、心理特点、发育需要、成长经历、犯罪原因、家庭监护教育条件等情况，采取针对性的矫正措施；对矫正小组应当吸收熟悉未成年人成长特点的人员参加；对未成年人的社区矫正，应当与成年人分别进行；对未成年社区矫正对象要给予身份保护，对其宣告不公开进行，其矫正档案应当保密；督促未成年社区矫正对象的监护人履行监护职责，承担抚养、管教等义务；协调有关部门为其完成义务教育提供条件等[①]。如此一来，就在立法层面将未成年人社区矫正相关重要制度予以固定和明确，对于健全防范未成年人犯罪制度体系将起到积极的推动作用等。

三、《社区矫正法》的基本定位

首先，《社区矫正法》具有独立于《刑法》《刑事诉讼法》《监狱法》的法律地位。《社区矫正法》是依据宪法而制定的法律，和《刑法》《刑事诉讼法》没有派生关系，只有衔接关系；在调整的对象上，是刑事执行法律关系；在调整的方法上，刑罚制裁是执行的方法，而非调整的内容，社区矫正的内容是监督管理、矫正教育和社会帮扶；从法的性质和任务来看，《社区矫正法》是刑事执行法。

其次，《社区矫正法》是刑事执行法的有机组成部分，也是我国刑事法律体系的重要组成部分。从《社区矫正法》所具有的刑事执行法的实际意义来考察，其作为确保刑罚实施和实现的刑事执行法，应当与《监狱法》一起应当成为与刑事实体法和刑事程序法同等的国家基本部门法。以《社区矫正法》和《监狱法》为主体，共同构成了我国的刑事执行法律体系。

最后，《社区矫正法》是我国刑事执行双轨制的法律依托。传统上，我国的刑事执行制度是以监禁刑为主导的单一制。在历史发展过程中注重监禁刑的社会价值，而非监禁刑事执行常常被忽略。《社区矫正法》的颁布实施，使社区矫正制度以法律的形式固定下来，这既是历史的必然，也是我国社会管理制度创新在刑事执行制度层面的体现。自此，从法律意义上，我国刑事执行制度就形成了监狱监禁执行和社区矫正的双轨制。《社区矫正法》成为社区矫正这一刑事执行方式的法律依托和支撑。

四、执行中应该注意的问题

（一）社区矫正的性质问题

社区矫正的性质直接牵涉到整个制度的设计。在《社区矫正法》出台之前，

---

① 参见2019年12月28日通过的《社区矫正法》第七章“未成年人社区矫正”特别规定。

关于社区矫正的性质问题是争议的核心问题，学者从不同的视角、不同的价值取向、不同的学科基础等方面出发，曾经有不同的定性，有单一性质的刑罚执行说、社区刑罚说、社区性刑罚说、社区刑罚执行说、社会处遇说、社区制裁说、处遇说、教育说、监督救助说等，也有多重性质的刑罚执行和社区活动说、刑罚执行活动和矫正教育活动说、刑罚执行属性和社会工作属性说、刑罚性和恢复性并重说、矫正和社会福利性质说、混合说等，尤其是混合说，即“社区矫正是与监禁矫正相对的行刑方式，是指将符合法定条件的服刑人员置于社区内，由专门的国家机关在相关社会团体和民间组织以及社会志愿者的协助下，在判决、裁定或决定确定的期限内，矫正其犯罪心理和行为恶习，并促进其顺利回归社会的非监禁刑罚执行活动”[①] 的定性。其中，关于对缓刑犯如何定性成为社区矫正是否是非监禁刑罚执行活动的关键问题。依照我国法律规定，被宣告缓刑的罪犯，由公安机关交所在单位或者基层组织予以考察。缓刑考验期满，如果没有再犯新罪或者未被发现有漏罪或者没有违反法律、法规及有关规定或者没有违反人民法院判决书中的禁止令的，原判刑罚就不再执行的一种刑罚制度。缓刑不是独立的刑种，理论界有学者称其为“有条件的不执行”。也就是说，缓刑考验期不是刑罚执行活动，也不是非监禁刑罚执行活动。《社区矫正法》规避了这些争议，将社区矫正定性为刑事执行，由此，社区矫正制度就界定为具有中国特色的刑事执行制度。显然，刑事执行制度外延更大，包含了刑罚执行。当然，在可以预料的时期内，社区矫正的性质之争还将继续下去。

（二）“社区矫正对象”称呼问题

自开展社区矫正工作以来，官方文件对于社区矫正对象的界定飘忽不定，先后使用过“罪犯”“社区服刑人员”“社区矫正人员”等概念，不同的名称内含着社区矫正的价值取向和社会公众对于社区矫正文化的追求。其实，名称就是社区矫正的文化符号，昭示着社区矫正的发展方向。对于管制犯、拘役犯、暂予监外执行犯是社区服刑人员，在学界基本没有争议，但是，缓刑犯是否属于社区服刑人员争议很大。《社区矫正法》采纳了更为中性的、不具有标签效应的“社区矫正对象”的名称，这就表明社区矫正的价值取向更为强调追求个别正义，与社区矫正的矫正教育、社会帮扶、回归社会、恢复性司法等价值追求高度契合。尤其是 2020 年 1 月 17 日最高人民法院、最高人民检察院《关于缓刑犯在考验期满后五年内再犯应当判处有期徒刑以上刑罚之罪应否认定为累犯问题的批复》（高检发释字〔2020〕1 号）确认，被判处有期徒刑宣告缓刑的罪犯，因判处的

① 参见 2003 年 7 月 10 日最高人民法院、最高人民检察院、公安部、司法部《关于开展社区矫正试点工作的通知》（司发〔2003〕12 号）。

有期徒刑并未执行，所以，缓刑考验期不属于“刑罚执行”范畴，彻底否定了缓刑犯的“社区服刑”性质。

（三）执行地认定的规范问题

按照原来的社区矫正工作规定，社区矫正对象的居住地是实施社区矫正的执行地，也就是说社区矫正对象在居住地接受社区矫正。但是，怎么认定社区矫正对象的居住地，出现了诸多困惑和冲突。原有社区矫正规则规范中关于“居住地”的确认问题没有具体的规定，因此，在实务工作中存在的问题较多。特别是随着我国社会经济的发展，社会人口的流动加剧，人们所拥有的居住场所较多，因此，出现了户籍地、工作地、临时居住地、经常居住地等与居住地相类似的概念，同时，有的社区矫正对象还有多个居住地，这就使得对“居住地”的界定非常困难。同时，在涉及跨省区的社区矫正对象的居住地认定上，社区矫正决定机关在判决、裁定、决定社区矫正时都比较保守。对于社区矫正的接收地而言，由于监督管理上的困局而不愿接收，使社区矫正对象由于居住地的原因而不能受到法律上同等的宽容对待。

《社区矫正法》第 17 条对社区矫正对象执行地认定的规定相对比较具体：“社区矫正决定机关判处管制、宣告缓刑、裁定假释、决定或者批准暂予监外执行时应当确定社区矫正执行地。社区矫正执行地为社区矫正对象的居住地。社区矫正对象在多个地方居住的，可以确定经常居住地为执行地。社区矫正对象的居住地、经常居住地无法确定或者不适宜执行社区矫正的，社区矫正决定机关应当根据有利于社区矫正对象接受矫正、更好地融入社会的原则，确定执行地……”即使如此，社区矫正执行地问题在实际操作中，仍有诸多不易克服的障碍。所以，至少有两个问题有必要在《社区矫正实施细则》中细化：一是在省、自治区、直辖市范围内，应当统一对社区矫正执行地的认定标准。二是对社区矫正执行地存在争议的，由省、自治区、直辖市社区矫正机构负责协调。

（四）信息化建设问题

信息化建设是我国国家治理体系和治理能力现代化的重要举措和标识。《社区矫正法》第 5 条对信息化建设和共享作出了规定：“国家支持社区矫正机构提高信息化水平，运用现代信息技术开展监督管理和教育帮扶。社区矫正工作相关部门之间依法进行信息共享。”在原有的公、检、法、司等参与主体信息化建设中，各个主体自成体系、互设壁垒，严重阻碍了信息的互联互通，导致实务工作中相互扯皮，效率低下。《社区矫正法》的这一规定从法律层面打破了原有的信息化格局，为信息化建设和共享奠定了法律基础。但是，我们必须看到，参与主体的惯性思维或者思维定式，在相当长的一段时间内，还会成为信息化建设和共享的障碍，因此，建议对社区矫正的信息化建设在《社区矫正实施细则》中进一步细化，成为规范各个参与主体的刚性规定。

（五）参与主体分工协调增加了新的内容

首先，《社区矫正法》关于职责、权力（权利）义务的规定，特别强调：一是《社区矫正法》是规范司法行政部门开展社区矫正工作的法。不仅仅是“管社区矫正的法”和“管社区矫正工作人员的法”，同时也是“保障社区矫正依法开展的法”和“保护社区矫正机构公正执法的法”。客观实践证明，只要我们的社区矫正机构和社区矫正工作人员切实地按照《社区矫正法》的要求行使自己的权利和履行自己的义务，就会受法律的保护。二是《社区矫正法》是规范所有参与者的法。司法行政部门主管社区矫正工作，人民法院、人民检察院、公安机关和其他有关部门依照各自职责，分工负责、相互配合、相互制约，依法开展社区矫正工作。三是在社区矫正实施程序中明确了社区矫正执行地，明确了调查评估程序，对法律文书送达、社区矫正对象报到、接收等程序作了细化规定。四是明确规定了对社区矫正对象实施考核奖惩，以及提请减刑、撤销缓刑、撤销假释、执行收监等情形时的衔接配合程序。五是在监督管理中，也明确了社区矫正机构、公安机关和有关单位和个人的衔接配合。

其次，关于衔接配合的新内容。一是逮捕。《社区矫正法》第 47 条规定：“被提请撤销缓刑、假释的社区矫正对象可能逃跑或者可能发生社会危险的，社区矫正机构可以在提出撤销缓刑、假释建议的同时，提请人民法院决定对其予以逮捕。人民法院应当在四十八小时内作出是否逮捕的决定。决定逮捕的，由公安机关执行。逮捕后的羁押期限不得超过三十日。”这是收监执行之前最严厉的强制措施。二是设立社区矫正委员会。《社区矫正法》第 8 条第 3 款规定：“地方人民政府根据需要设立社区矫正委员会，负责统筹协调和指导本行政区域内的社区矫正工作。”设立的目的是组织、协调、指导本行政区域内的社区矫正工作，它是地方人民政府设立的、由社区矫正相关部门负责人参加的综合协调机构。笔者认为社区矫正委员会应由本级人民政府或党的机构有关负责人、人民法院、人民检察院，公安、司法行政、财政、民政、教育、人力资源社会保障等部门，工会、共青团、妇联等单位代表组成，负责制定社区矫正工作规划，研究解决社区矫正工作的重大问题。三是禁止令的执行。《社区矫正法》第 31 条关于禁止令执行的规定，进一步进行了规范，具有较强的可操作性。社区矫正机构根据执行禁止令的需要，可以要求有关的部门、单位、场所协助配合执行禁止令。同时做了例外规定：对人民法院禁止令确定需经批准才能进入的特定区域或者场所，社区矫正对象确需进入的，应当经县级社区矫正机构批准，并通知原判人民法院和执行地县级人民检察院。这使《社区矫正法》更加人性化。四是社区矫正机构进一步在法律层面固定下来，使司法行政机关的“社区矫正中心”成为社区矫正机构的法定符号。

（六）社区矫正对象权利义务保障问题

《社区矫正法》第10条和第34条等规定了社区矫正对象的权利和义务，把尊重和保障人权作为社区矫正工作的基本原则。社区矫正对象的法定权利包括依法享有的人身权利、财产权利、就业权、就学权、享受社会保障权、不受歧视权、申诉、控告和检举权，以及其他权利等。法定义务包括：社区矫正对象必须严格遵守法律、法规和监规纪律，服从管理，接受教育等。另外，在日常管理、执行地变更、电子定位、禁制令执行等方面规定了社区矫正对象应尽的义务。

在这里，在社区矫正对象的权利义务理解上，还应该在更高的层面上与《宪法》《民法典》《知识产权法》等法律法规结合起来。从理论上讲，社区矫正对象的法定权利包括了两大部分：一是社区矫正对象的一般权利，包括生命健康权、人身自由权、人格权、住宅权、通信权、婚姻家庭权、财产权和继承权、知识产权、政治权利、宗教信仰自由、获得国家赔偿权、获得物质帮助权、批评、建议、申诉、控告、检举的权利等。除此之外，社区矫正对象依照宪法和法律还享有劳动的权利、教育的权利、文化娱乐的权利，以及各种诉讼的权利等。总之，凡是社区矫正对象未被依法剥夺或者限制的权利都是应该享有的权利。二是社区矫正对象的特殊权利，是指社区矫正对象在社区矫正过程中特别享有的权利。包括社区矫正对象享有依法接受刑事处罚的权利，在社区矫正过程中的知情权和有依法获得减刑的权利。[①] 在这里特别强调的是社区矫正对象的辩护权、就学和就业权、享受社会保障权、不受歧视权、依法获得减刑权、未被依法剥夺或者限制的权利等权利。社区矫正对象的义务可以概括为九项：社区矫正对象有遵守国家法律法规的义务；社区矫正对象有遵守社区矫正规章制度和纪律的义务；社区矫正对象有服从社区矫正机构依法管理的义务；有劳动能力的社区矫正对象有参加公益劳动的义务；社区矫正对象有接受思想、文化和技术教育的义务；社区矫正对象有爱护国家财产，保护公共设施的义务；社区矫正对象有维护正常矫正教育秩序，自觉接受改造的义务；社区矫正对象有检举违法犯罪活动的义务；社区矫正对象有法律法规规定的其他义务等。

（七）关于时效的规定

由于《社区矫正法》是刑事执行中实体法和程序法的统一，因此，社区矫正工作的各个环节就必然涉及时效的规定。在《社区矫正法》出台之前，关于社区矫正的时效，规定得特别混乱，不仅存在省、自治区、直辖市规定的不一致，也存在地方文件的规定与“两高两部”的规定相冲突的情况，在具体执行

① 吴宗宪主编：《社区矫正导论》，中国人民大学出版社2011年版，第139～140页。

中，常常产生矛盾甚至各行其是。在这次出台的《社区矫正法》中，统一进行了规范，可以说这也是《社区矫正法》的亮点之一。《社区矫正法》第20条将通知和文书送达的时间分别规定为5日和10日。“社区矫正决定机关应当自判决、裁定或者决定生效之日起五日内通知执行地社区矫正机构，并在十日内送达有关法律文书，同时抄送人民检察院和执行地公安机关”；第21条将社区矫正对象报到移送的时效规定为10日；第33条将人民法院裁定是否减刑的时效规定为30日；第47条规定人民法院对提请逮捕的社区矫正对象作出是否逮捕的决定是48小时，逮捕后的羁押期限不得超过30日；第48条规定人民法院对于撤销缓刑、假释作出裁定的时间是30日；第49条规定社区矫正决定机关对于暂予监外执行的社区矫正对象作出决定的时间是30日等。这些规定对社区矫正参与主体起到了统一的规范作用。

（八）关于电子定位的限制性规定

《社区矫正法》第29条对社区矫正对象需要电子定位的五种情形、装置的期限、电子定位的程序、信息保密等进行了规定。和《社区矫正法》出台前相比，出现了新的变化：一是由过去电子定位对社区矫正对象的普及化控制，转变为限制性、选择性控制。二是规定了电子定位适用的条件、批准程序和期限等情形。在规定的使用电子定位的五种情形中，使用时必须经县级司法行政部门负责人批准，对于期限届满后，经评估仍有必要继续使用的，经过批准，期限可以延长，每次不得超过三个月。三是电子定位的限制性，昭示着《社区矫正法》在法律的价值目标上，主要方向趋向于柔性的监督管理和矫正教育，以及恢复被犯罪所破坏的社会关系，而不是单纯的刑罚执行，或者在刑罚执行中的教育改造。同时电子定位是限制人身自由的措施，按照《立法法》规定只能由立法机关才有权规定，如果在本法中规定，虽未违反《立法法》，但是和全国人大制定的“前位法”《刑法》《刑事诉讼法》相冲突。在“前位法”没有相关规定的前提下，电子定位的普遍使用，势必违背罪刑法定的原则，大有法外加刑之嫌。

当然，不否认这一规定还存在诸多漏洞，在社区矫正对象的人身控制上将带来新的问题。一是对于期限届满后，经评估仍有必要继续使用的，经过批准，期限可以延长，每次不得超过三个月。那么，由谁来评估，评估的依据和指标体系是什么？二是电子定位都包括哪些电子设备？就目前来看，除了腕带GPS定位之外，是否包括手机信号定位？如果包括，那么，第26条中的“通信联络、信息化核查”是否也包括手机定位模式？三是将给社区矫正工作对社区矫正对象的有效管控带来新的冲击。《社区矫正法》出台前，一直追求电子定位率100%，也确实使社区矫正的管控工作落到了实处。但是，《社区矫正法》的这一新规定，对社区矫正的管控工作提出越来越高的工作要求，将不得不抽调更多的人来对社区矫正对象进行联系、走访，以确保不出现脱管失控，甚至重新犯罪的情形。

基于我国国家治理体系和治理能力现代化建设，社区矫正工作在《社区矫正法》的规范之下，总的发展目标必然是社区矫正工作现代化，构建社区矫正治理体系，提升社区矫正治理能力，将是社区矫正工作的核心任务，也是社区矫正工作深化改革和转型提质的要求。在《社区矫正法》的规范和主导下，以社区矫正法治化为目标，构建“党委领导、政府主导、多元合作”的参与主体间的合作共治共享的结构体系；构建法律规则和道德规范相结合的社区矫正教育方法体系；构建以法治化为核心的社区矫正功能体系、制度体系、运行体系和监督体系，将成为社区矫正工作的主要任务。

第三节　社区矫正法律关系

社区矫正法律关系属于社会关系中法律关系的范畴。法律关系是法律规范在确认和调整人们行为的过程中所形成的具有权利义务内容的社会关系，包括法律关系的主体、法律关系的内容、法律关系的客体三大要素。其中，法律规范和法律事实是决定法律关系形成、变更和消失的主要条件。法律规范是法律关系形成、变更和消失的法律依据；法律事实是法律规范所规定的、能够引起法律关系形成、变更和消失的客观条件。因此，研究社区矫正的法律关系必须明确一般法律关系的概念。

一、社区矫正法律关系的概念和特点

社区矫正法律关系是指社区矫正法律法规所调整和规范的社区矫正主体之间的权责义务关系。包括社区矫正机构因社区矫正活动而形成的社区矫正机构与社区矫正对象之间、社区矫正机构与其他机关之间、社区矫正机构与其他组织或公民之间的权利义务关系。由此可见，社区矫正法律关系包括：第一，社区矫正法律关系是社区矫正法律法规所调整和规范的社会关系，即根据社区矫正法律规范而产生的主体之间的特定的权利义务关系。第二，社区矫正法律关系是基于社区矫正机构对社区矫正对象执行刑罚、监督管理、矫正教育、社会帮扶等活动而产生的社会关系。第三，社区矫正法律关系是社区矫正机构与社区矫正对象、其他机关、其他组织或公民之间产生的社会关系。所以，社区矫正法律关系具有以下特点：

（一）参与主体的多元化

社区矫正法律关系包含着多重法律关系，参与主体十分广泛。首先，社区矫正法律规范所调整的法律关系的参与者在政府机构和法律机构层面涵盖面广，包括了社区矫正机构、司法行政机关、人民法院、公安机关、监狱机关、人民检察院，以及相关的财政、教育、卫生等政府机构。其次，从社会支持系统来看，参与主体也具有多元化，包括社区矫正对象亲属、基层组织、社会团体、社会组织、企事业单位、社会志愿者等。最后，社区矫正对象作为社区矫正法律关系的当然一方参与进来。在这些众多的主体之间，彼此形成了多重的、具有主次地位序列的法律关系的统一体。《社区矫正法》中，将社区矫正机构工作人员、居民委员会、村民委员会、社区矫正对象的监护人、家庭成员，所在单位或者就读学校、社会工作者、志愿者、企事业单位、社会组织等，都列入了社区矫正参与者的范畴。

（二）性质的双重性

从社区矫正的性质来看，并不是单一的刑事执法活动，是兼具刑罚执行和行政管理的双重属性，因而社区矫正法律关系既具有刑罚执行的刑事法律关系，也具有监督管理和矫正教育的行政法律关系。其中，社区矫正刑罚执行机构和社区矫正对象之间由于刑罚执行活动而产生的法律关系属于刑事法律关系；由于社区矫正中以管理、教育和帮扶活动而产生的法律关系属于行政法律关系。社区矫正活动是两种性质不同的法律关系的有机统一。

（二）位阶的层次性

社区矫正法律关系内部存在多重具体的法律关系，但是，这些具体的法律关系在社区矫正中的地位并不是平等的，是有主次之分的，最重要的法律关系是特定的，即社区矫正机构与社区矫正对象之间依照社区矫正法律法规而产生的执行刑罚、监督管理、矫正教育、社会帮扶等为主要内容的具体的法律关系，才是第一性的社区矫正法律关系，其他的法律关系都是以此而衍生出来的保障社区矫正机构顺利实现社区矫正目标而产生的。所以，这里所强调的位阶的层次性，在社区矫正法律关系中，主导型法律关系是特定的，是指社区矫正机构与社区矫正对象之间基于社区矫正法律法规所产生的权利义务关系，它不依赖于其他法律关系而存在，并在诸多法律关系中居于支配地位，是社区矫正法律关系中最基础、最主要的法律关系。

二、社区矫正法律关系的种类

社区矫正法律关系的种类取决于社区矫正机构的性质和职能。社区矫正法律关系是由多重法律关系共同构成的，依照不同的标准，可分为不同的类型。

（一）按照社区矫正法律法规规定的基本任务进行分类

按照社区矫正法律法规规定的基本任务进行分类，可以分为社区矫正行刑关系、监督管理关系、矫正教育关系、社会帮扶关系、组织管理关系等。

1. 社区矫正行刑关系。社区矫正刑罚执行机构依照刑事判决或者裁定、决定对社区矫正对象执行刑罚过程中所产生的权利义务关系。执行刑罚是社区矫正法律关系产生的法律前提，社区矫正法律关系中的多重法律关系基本都是围绕社区矫正刑罚执行机构的刑罚执行活动而发动、开展、变化、变更和消灭的。其中主要包括：因适用假释、缓刑、暂予监外执行等而形成的社区矫正刑罚执行机构与社区矫正对象之间的权利义务关系；因社区矫正对象的接收所形成的社区矫正机构与监狱机关、人民法院、人民检察院、公安机关、社区矫正对象等之间的权利义务关系；因社区矫正对象违规违纪、又犯罪、有余罪和出现法定事由需要收监执行而形成的社区矫正刑罚执行机构与社区矫正对象之间的权利义务关系；因处理社区矫正对象申诉、控告、检举及减刑等而形成的社区矫正机构与监狱机关、人民法院、人民检察院、公安机关、社区矫正对象等之间的权利义务关系；因社区矫正对象回归社会而形成的社区矫正机构与公安机关、当地政府和社区矫正对象等之间的权利义务关系；因禁止令的执行而形成的社区矫正刑罚执行机构与社区矫正对象之间的权利义务关系。

2. 监督管理关系。监督管理关系是社区矫正中的主导关系之一，是指社区矫正机构对社区矫正对象实施监督管理行为而形成的、与参与各方之间的权利义务关系。监督管理是社区矫正工作中最基本的工作方式，贯穿于社区矫正对象社区矫正的自始至终，在其地位上是刑罚执行和矫正教育的中间媒介，体现于社区矫正工作的各个方面。主要包括社区矫正宣告、设立矫正小组、建立矫正档案、日常检查与定期走访、学习管理、请假与销假、迁居管理、会客管理、考核奖惩、报告与审批、信息通报、危险控制、公益劳动、禁止令执行等。社区矫正机构在日常监督管理活动中和社区矫正对象，以及其他参与者依法形成的权利义务关系，都属于监督管理关系范畴。

3. 矫正教育关系。矫正教育关系是指社区矫正机构对社区矫正对象实施矫正教育行为而形成的、与参与各方之间的权利义务关系。社区矫正的核心价值就在于将社区矫正对象置于社区之内，广泛应用丰富的社区资源，对社区矫正对象开展全方位的矫正教育，以实现社区矫正的目的。所以，矫正教育是社区矫正工作的主导内容，在社区矫正法律关系中居于支配地位。社区矫正的矫正教育活动主要包括形势政策教育、法律教育、道德教育、行为矫正、心理矫治、个案矫正、社会态度教育、社会技能培训、就业指导与设计、社会生活指导、危机干预等。社区矫正机构在矫正教育活动中所形成的与社区矫正对象，以及其他参与主体之间的权利义务关系，都属于矫正教育关系范畴。

4. 社会帮扶关系。社会帮扶关系是指社区矫正机构对社区矫正对象实施社会帮扶行为而形成的、与参与各方之间的权利义务关系。社会帮扶是对社区矫正对象的救济行为，目前主要有法律帮助、就业就学帮助、医疗救助、生活救助、社会保障、危机干预、社会生活指导等。社区矫正机构在社会帮扶活动中所形成的与社区矫正对象，以及其他参与主体之间的权利义务关系，都属于社会帮扶关系范畴。

5. 组织管理关系。组织管理关系主要是指社区矫正机构与参与社区矫正工作的相关国家机构之间的关系；社区矫正机构内部之间的层级管理之间的关系；社区矫正机构平级之间的横向协调关系；社区矫正机构与行使刑罚执行权的警察之间的关系；社区矫正机构与社区矫正工作者之间的行政隶属关系等。

（二）以参与主体的社会形态进行分类

以参与主体的社会形态进行分类，分为职业型法律关系、职能型法律关系、志愿型法律关系、互利型法律关系等。

1. 职业型法律关系。主要是指政府聘用的社会工作者，或者是政府购买服务参与到社区矫正工作中的社会工作者，从事社区矫正工作是以实现职业理想为目的，由此与社区矫正机构和社区矫正对象之间所形成的权利义务关系。

2. 职能型法律关系。主要是指依附于政府参与社会管理活动的社会组织和社会团体在社区矫正活动中，与社区矫正机构和社区矫正对象之间所形成的权利义务关系。就目前而言，我国职能型的基层组织包括村（居）民委员会、企事业单位、司法所法律服务机构的法律工作者、人民调解机构的调解员、关心下一代协会等。

3. 志愿型法律关系。主要是指以志愿者身份参与社区矫正的社会力量，在社区矫正活动中，与社区矫正机构和社区矫正对象之间所形成的权利义务关系。

4. 互利型法律关系。除上述社会力量之外，以互利共赢为目的的参与社区矫正的社会力量，在社区矫正活动中，与社区矫正机构和社区矫正对象之间所形成的权利义务关系。如社区矫正对象家属、参与社区矫正的企业、对社区矫正对象实施法律援助的律师等。

（三）以参与主体构成进行分类

以参与主体构成界分，分为依附型法律关系、自治型法律关系、单元型法律关系、多元型等法律关系等。

从当前我国社区矫正法律法规所调整的社区矫正参与主体间的权利与义务关系的整体状况看，是以社区矫正机构为主导，社会力量多元主体参与的格局，彼此之间所形成的法律关系也复杂多样。依附型法律关系是指社会力量参与主体和社区矫正机构之间所形成的法律关系，在享有的权利和应履行的义务上，社区矫正机构居于法律关系的主导地位，而社会力量参与主体则处在依附地位，是依附于社区矫正机构的权利与义务关系而存在。自治型法律关系是指参与社区矫正的社会自治组织之间，在享有的权利和应履行的义务上不具有法定性。单元型法律关系是指参与社区矫正的社会力量主体在和社区矫正机构的法律关系上是单元的。多元型法律关系是指以社区矫正机构为主导的社区矫正参与主体，在和其他参与主体之间是多元型的法律关系。

（四）以主要参与主体和行刑主体进行分类

以主要参与主体和行刑主体为切入点，可以将社区矫正法律关系区分为平权型、合同型、惩治型、隶属型和融入型等理想类型。①

1. 平权型法律关系。这种法律关系中各行为主体间的地位平等，相互之间并没有基于权力规定的服从或隶属关系，主要体现为社区矫正机构与平级的人民法院、人民检察院、监狱机关、公安机关及民政、人力资源与社会保障等部门之间以及跨区域的同级社区矫正机构之间的关系。在这种法律关系中，各个主体都代表国家利益，并依法行使一定的公权力。但是，平等的公权力主体各方所行使的权力相互间并无对应关系，即一方要求另一方履行的责任，若对方不履行，其往往缺乏及时有效的应对手段或措施；反之亦然。除同一辖区内各公权力主体之间存在的平权型法律关系外，在社区矫正工作实践中，还存在跨区域的社区矫正机构之间的平权型法律关系。跨区域平权型社区矫正法律关系又包含两种类型，即同一省、市、自治区内地级、县级社区矫正机构之间的平权型法律关系和跨越省市区之间的平权型社区矫正法律关系。

2. 隶属型法律关系。这种法律关系中的行为主体在社区矫正的业务上存在管理与被管理、命令与服从、监督与被监督的关系，主要体现为中央、省、市、县四级司法行政机关之间的业务指导与管理关系。各级社区矫正机构在具体工作中既离不开上级主管部门的业务指导，又必须依赖当地党委政府及相关部门在人、财、物等诸多方面的支持。

3. 合同型法律关系。又称合作型法律关系，社区矫正机构与企事业单位、社会组织、社会志愿者等社会力量之间的合同（合作、协助）型法律关系是行刑社会化与人本化的具体体现。这种法律关系的行动主体往往通过政府购买社会服务或自愿承担社会责任的方式，以合同或帮教协议的形式建立起相应的民事法律关系，并在合同或协议规定的条款范围内享有相应的权利并承担一定的义务，

---

① 本部分内容参见哈洪颖：《试论我国社区矫正法律关系的结构性元素》，载《贵州师范大学学报（社会科学版）》2018 年第 5 期。

主要体现为县级社区矫正机构与社会组织间的合同关系、社区矫正机构与矫正小组、社区矫正志愿者间的帮教协议关系等。这是一种基于平等主体间的法律关系，在这种法律关系中，权利与义务的规定往往比较具体，这种法律关系的双方通常依照合同等形式对双方形成约束，以实现自身的利益或目的。在实践中，这种法律关系以民事法律关系为主，主要表现为平权私法主体间相互约束的权利与义务关系。

4. 惩治型法律关系。主要依据人民法院等裁决机关的生效法律文书而产生，并从属于将社区矫正对象改造成守法公民的目的，兼具惩罚、矫正、帮扶等内容，主要表现为县级社区矫正刑罚执行机构与社区矫正对象之间的刑罚执行法律关系。从性质上说，两者之间的关系是不平等主体间的法律关系。在这种关系中，通常一方代表国家利益而在立法、司法、执法过程中都处于强势地位，另一方依照法律规定要履行相应的义务或遵守相应的禁止性规定。虽然社区矫正对象在接受矫正的过程中仍享有不被剥夺或限制的部分权利与自由，但在刑罚执行法律关系中的双方处于明显的不对等地位。

5. 融入型法律关系。体现为社会力量帮扶社区矫正对象，使之顺利回归社会、融入社会的过程。这种法律关系具有社会力量参与的多元性、社区矫正对象的主体性与互动性、融入关系的平等性等特征。专业社会工作者、社会志愿者、社会团体、各类民间组织和企事业组织等社会力量参与社区矫正工作不仅具有法律的依据，而且契合了这项工作的人本化、人性化与社会化的演化趋势。

三、社区矫正法律关系的要素和构成

（一）社区矫正法律关系的要素

社区矫正法律关系的要素包括社区矫正法律关系的主体、内容和客体。

社区矫正法律关系的主体派生于法律关系的主体，法律关系的主体是法律关系的参加者，是依法享有权利和承担义务的当事人，即在法律关系中，一定权利的享有者和一定义务的承担者。社区矫正法律关系的主体是指社区矫正法律关系的参与者，其中，最主要的、居于支配地位的参与者是社区矫正机构和社区矫正对象，其他社区矫正法律关系的参与者也是社区矫正法律关系的主体。

社区矫正法律关系的内容是由社区矫正法律规范所规定的社区矫正法律关系主体所享有的权利和所应承担的义务的总和。在这里，权利和义务是对等的、统一的、密切相连的。对于社区矫正法律关系的参与者而言，没有无义务的权利，也没有无权利的义务。权利义务的分配，依据法律规范而设定，在社区矫正法律关系参与者中，由于主体不同，权利义务的内容和范围也有很大差别。其中，社区矫正法律关系的最主要内容是社区矫正机构和社区矫正对象的权利义务体系。

社区矫正法律关系的客体是社区矫正法律关系主体的权利义务所指向的对象，包括行为、物、精神财富。社区矫正法律关系的客体主要是指行为，包括作为和不作为，而且是社区矫正机构和社区矫正对象的行为。

（二）社区矫正法律关系的构成

社区矫正法律关系是由主体、客体和内容三个要素构成的。在这一结构关系中，主体表达社区矫正决定、执行和参与社区矫正的行刑、管理、教育、帮扶等社会治理关系，是社区矫正法律关系的主要承载者；客体是社区矫正权利义务关系所指向的对象；内容是指社区矫正法律关系中权利义务的总和。

1. 社区矫正法律关系主体

社区矫正法律关系的主体是指社区矫正法律关系的参与者，即社区矫正法律规范所确定的权利的享有者和义务的承担者。从类别上可以分为国家机关、社会力量和社区矫正对象。在法律法规和行政规章的规范下，承担社区矫正的立法、司法、执法、监督、保障、扶助等国家机关承担的公共责任。

（1）国家机关。

第一，社区矫正机构。社区矫正机构依据国家法律法规的规定或授权对社区矫正对象予以执行刑罚、监督管理、矫正教育、社会帮扶、危机干预、恢复司法等。在实际执行中，具体的执行者就是在社区矫正机构工作的公职人员，也即狭义的社区矫正工作者。这类人员的身份具有法定性，按照法律法规和政策的规定，他们在享有权利的同时，必须履行法定的义务。《社区矫正法》第 8 ~ 10 条规定了社区矫正机构和社区矫正机构工作人员。

第二，公安机关。公安机关是对看守所、拘役所关押罪犯适用暂予监外执行提出意见的机关。依照《刑法》《刑事诉讼法》《监狱法》《社区矫正法》等法律法规的规定，以及《社区矫正法实施办法》的规定，公安机关对看守所留所服刑罪犯拟暂予监外执行的，可以委托开展调查评估；对看守所留所服刑罪犯拟暂予监外执行的，核实并确定社区矫正执行地；对符合暂予监外执行条件的，批准暂予监外执行；对符合收监执行条件的，作出收监执行的决定；对看守所留所服刑罪犯批准暂予监外执行的，进行教育，及时通知并送达法律文书；依法将社区矫正对象交付执行；对社区矫正对象予以治安管理处罚；到场处置经社区矫正机构制止无效，正在实施违反监督管理规定或者违反人民法院禁止令等违法行为的社区矫正对象；协助社区矫正机构处置突发事件；协助社区矫正机构查找失去联系的社区矫正对象；执行人民法院作出的逮捕决定；被裁定撤销缓刑、撤销假释和被决定收监执行的社区矫正对象逃跑的，予以逮捕；对裁定撤销缓刑、撤销假释，或者对人民法院、公安机关决定暂予监外执行收监的社区矫正对象，送交看守所或者监狱执行；执行限制社区矫正对象出境的措施；其他依法应当履行的职责等。

第三，人民法院。人民法院是对社区矫正对象实施社区矫正的主要决定机关。依照《刑法》《刑事诉讼法》《监狱法》《社区矫正法》等法律法规的规定，以及《社区矫正法实施办法》中的规定，人民法院拟判处管制、宣告缓刑、决定暂予监外执行的，可以委托社区矫正机构或者有关社会组织对被告人或者罪犯的社会危险性和对所居住社区的影响，进行调查评估，提出意见，供决定社区矫正时参考；对执行机关报请假释的，审查执行机关移送的罪犯假释后对所居住社区影响的调查评估意见；核实并确定社区矫正执行地；对被告人或者罪犯依法判处管制、宣告缓刑、裁定假释、决定暂予监外执行；对社区矫正对象进行教育，及时通知并送达法律文书；对符合撤销缓刑、撤销假释或者暂予监外执行收监执行条件的社区矫正对象，作出判决、裁定和决定；对社区矫正机构提请逮捕的，及时作出是否逮捕的决定；根据社区矫正机构提出的减刑建议作出裁定；其他依法应当履行的职责等。

第四，监狱机关。监狱机关包括监狱管理机关和监狱执行机构。监狱管理机关是对监狱关押罪犯适用暂予监外执行的决定机关。监狱管理机关以及监狱依法履行以下职责：对监狱关押罪犯拟提请假释的应当委托进行调查评估；对监狱关押罪犯暂予监外执行的，可以委托开展调查评估；对监狱关押罪犯拟暂予监外执行的，监狱管理机关依法核实并确定社区矫正执行地；对符合暂予监外执行条件的，作出暂予监外执行决定；监狱管理机关对监狱关押罪犯批准暂予监外执行的，进行教育，及时通知并送达法律文书；监狱依法将社区矫正对象交付执行；监狱管理机关对暂予监外执行罪犯决定收监执行的，原服刑或者接收其档案的监狱应当立即将罪犯收监执行；其他依法应当履行的职责等。

第五，检察机关。依据《社区矫正法》《社区矫正法实施办法》《人民检察院刑事诉讼规则》的明确规定，人民检察院对社区矫正各执法环节依法实行法律监督。同时要求检察机关应当健全工作机制，明确工作机构，配备专门工作人员，落实工作经费，切实加强对社区矫正执法工作的法律监督。

检察机关作为社区矫正法律关系的主体，主要是行使法律监督的职权，对社区矫正活动是否合法依法实施监督，这是宪法和法律赋予检察机关的重要职责。保障社区矫正工作依法、公正进行。

监督的范围主要有：一是交付执行法律监督。即人民检察院对判处管制、宣告缓刑、裁定假释和决定暂予监外执行的法律文书送达情况和对人民法院、监狱、看守所交付执行活动的监督。二是监管活动法律监督。即人民检察院对社区矫正机构监督管理社区矫正对象的活动是否合法实行的监督。三是对社区矫正对象及其亲属的申诉、控告、检举进行受理，并进行处理。四是对社区矫正对象的又犯罪提起公诉。五是对社区矫正公职人员职务犯罪案件实施侦办等。

第六，其他国家机关。在我国社区矫正工作的具体操作中，其他机构也从不同的角度参与到社区矫正工作中，比如全国人大通过制定、修改法律的形式对社区矫正活动予以法律规定、规范、确认和限制等；地方人大制定涉及社区矫正的地方性法规和规章。虽然没有直接参与社区矫正的具体实践，但在间接的参与社区矫正的整个过程。这些机构主要有：[①] 一是民政部门。民政部门需要对家庭特别困难的社区矫正对象开展救济等工作。同时，民政部门还要解决非政府社区矫正组织和团体成立时的登记注册问题，为完善社区矫正的组织体系开展工作。二是人力资源与社会保障部门。人力资源与社会保障部门需要解决社区矫正对象在社会保障、职业技能培训、劳动报酬支付、劳动争议解决等方面的问题。还要在推荐社区矫正对象就业方面开展工作。三是医疗卫生部门。医疗卫生部门需要解决社区矫正对象的卫生防疫、疾病治疗等方面的问题。四是教育部门。教育部门需要解决社区矫正对象的学历教育和其他教育等方面的问题，特别是要解决从监狱中释放的符合条件的假释犯的就学等问题。还需要解决对社区矫正对象进行文化教育和职业技能培训中的质量监督等问题。五是工商行政管理部门。工商行政管理部门在社区矫正中要从事多方面的工作，例如，为社区矫正对象从事工商活动颁发营业执照，监督他们开展合法的经营活动；为非政府性社区矫正组织和团体开展经营性活动提供证照，对经营活动进行日常监督和年度审核等工作。

总之，在社区矫正适用过程中，社区矫正机构负责指导管理、组织实施社区矫正工作；人民法院对符合社区矫正适用条件的被告人、罪犯依法作出判决、裁定或者决定；人民检察院对社区矫正各执法环节依法实行法律监督；公安机关对违法治安管理规定和重新犯罪的社区矫正对象及时依法处理。这就要求各级人民法院、人民检察院、公安机关、社区矫正机构应加强对社区矫正工作的组织领导，健全工作机制，明确工作机构，配备工作人员，落实工作经费，各司其职，分工合作，保障社区矫正工作的顺利开展。

（2）社会力量。依照《社区矫正法》的规定，社会力量包括社区矫正工作人员、社会工作者、社会志愿者、企事业单位、有关部门、村（居）民委员会、社区矫正对象所在单位、社区矫正对象就读学校、社区矫正对象家庭成员或者监

---

① 吴宗宪：《论中国社区矫正中服刑人员处遇的协调与参与机构》，载《法律适用》2005 年第 10 期。

护人等，协助社区矫正机构开展社区矫正工作。

（3）社区矫正对象。社区矫正对象是社区矫正法律关系的主要参加者，是社区矫正法律关系的主要主体。在我国社区矫正历史上，对“社区服刑人员”这一概念，还使用过“犯罪分子”“罪犯”“社区矫正对象”“社区矫正人员”等名称。《社区矫正法》中，使用了“社区矫正对象”这一名称。从名称的性质来看，具有“中和”特质，试图平衡各种名称所产生的争议。

2. 社区矫正法律关系的客体

社区矫正法律关系客体是指社区矫正法律关系主体权利义务共同指向的对象，是社区矫正法律关系发生和存在的前提。主要包括行为、物和精神财富3种。具体到社区矫正工作，“主要包括刑罚、犯罪心理与行为恶习、特定行为结果等方面的内容”①。

（1）行为。社区矫正法律关系主体的权利义务大多是通过一定的行为来实现的，所以行为是社区矫正法律关系最主要的客体。在社区矫正法律关系中，由于社区矫正法律关系主体具有法定性和特定性，致使行为也有特定性和特殊性，即互为义务人的社区矫正机构和社区矫正对象完成其行为所产生的能够满足互为权利人利益要求的结果。这个过程带有法定性和强制性。

依据不同的标准，对行为有不同的分类。按照行为的表现样态，可以分为作为和不作为。作为，是一种积极主动的行为，即社区矫正法律关系主体按照法律规范的要求去实施一定的行为。这是社区矫正法律关系主体实现权利义务的最基本的形式。如社区矫正机构对社区矫正对象的矫正教育、组织社区矫正对象从事社区服务等。不作为，是一种消极的、抑制的行为，或者叫禁止的行为，即社区矫正法律关系主体按照法律规范的要求不得实施的行为。如社区矫正工作者不得侮辱社区矫正对象人格的行为，社区矫正对象不得实施违犯社区矫正纪律的行为或者拒绝接受矫正教育的行为。按照社区矫正法律关系的主体，行为可分为社区矫正机构的行为和社区矫正对象的行为。按照行为的性质，行为可分为合法行为和违法行为。按照行为的法律属性，可以分为刑事法律行为和行政法律行为。总之，社区矫正法律关系客体中的行为是主体按照社区矫正法律规范的规定实施的有意识、有目的行为，违法行为是社区矫正法律规范所抑制的行为，违法行为不可能实现社区矫正法律关系主体的权利和义务，所以，违法行为不属于社区矫正法律关系的客体。

从社区矫正中社区矫正机构的行为来看，包括了刑罚执行行为、监督管理行

① 哈洪颖：《试论我国社区矫正法律关系的结构性元素》，载《贵州师范大学学报》（社会科学版）2018年第5期。

为、矫正教育行为、危机干预行为、社会帮扶行为、恢复性司法行为等。从社区矫正对象的行为来看，社区矫正对象的行为是和社区矫正机构的行为相对应的，共同构成对称关系。

（2）物。物，是指社区矫正工作中可以作为社区矫正法律关系主体权利义务指向的对象的物品和其他物质财富。这是因为社区矫正刑罚执行机构对社区矫正对象的执行刑罚，社区矫正机构对社区矫正对象的监督管理和矫正教育等活动，需要依赖一定的物质基础，否则，社区矫正的职能就无法实现。因此，社区矫正机构在工作中的执法开支、矫正教育经费、办公设备、通信设备、远程监控设备、交通工具等，都是社区矫正法律关系主体权利义务共同指向的对象，即社区矫正法律关系的客体。

（3）精神财富。精神财富，主要指从事智力活动所取得的成果，又称智力成果，如著作权、发明权。在这里，主要指社区矫正对象的智力成果，经过社区矫正法律规范的调整，也可以成为社区矫正法律关系的客体。很明显，社区矫正法律关系客体中的智力成果主要是社区矫正对象在社区矫正期间的智力活动和发明创造所获得的智力成果，主要是通过民法、专利法、著作权法、商标法等民事法律来保护，社区矫正机构应当保护社区矫正对象的智力成果以及相应的合法财产权益。

3. 社区矫正法律关系的内容

社区矫正法律关系的内容，是指社区矫正法律关系中权利义务的总和。包括社区矫正参与者的权利与义务、社区矫正对象的权利与义务。社区矫正法律关系的权利，是主体依法享有的实现愿望和利益的可能性。享有权利的主体为实现愿望和利益可以自己作出或者不作出一定行为，也可以要求他人作出或者不作出一定行为。社区矫正法律关系的义务，是社区矫正法律规范对主体为一定行为，或不为一定行为，或抑制一定的行为。一般情况下，社区矫正法律关系主体双方的权利和义务是相对应的，在享有权利的同时，就必须承担相应的义务。其中，主要体现在社区矫正执行机构和社区矫正对象的权利义务总和。依据《社区矫正法》的规定，社区矫正执行机构包括社区矫正刑罚执行机关和社区矫正机构。社区矫正刑罚执行机关包括公安机关、人民法院、人民检察院、监狱机关等。这里所讲的社区矫正执行机构特指社区矫正机构（社区矫正对象的权利义务将放在“社区矫正对象法律地位”中详细讲述，在此中列出权利义务名称）。

（1）社区矫正执行机构的权利。社区矫正机构所拥有的权利是一种公权力，主要是基于职权法定而产生的。这里特指社区矫正机构依法享有的权利，主要有：①刑罚执行协助权，包括对判处管制、宣告缓刑、裁定假释和决定暂予监外执行的法律文书的核查权；社区矫正宣告权；禁止令审批权；居住地变更审批权；撤销缓刑与假释的建议权；暂予监外执行收监执行建议权；缓刑与假释的收监执行建议权；减刑建议权；提请逮捕权；社区矫正的解除宣告权。②监督管理权，包括调查评估权、对社区矫正对象的监管权、免除社区服务等批准权、管理等级调整权、办理接收权、考核权、表扬权、警告权、治安管理处罚建议权等。③矫正教育权，包括形势与政策教育权、法律教育权、道德教育权、行为矫正权、心理矫治权、个案矫正权、社会态度教育权、社会技能培训权、就业指导与设计权、社会生活指导权等。④社会帮扶权，包括危机干预权、生活救济权、法律帮助权、就业就学帮助权、社会保障救助权等。

（2）社区矫正机构的义务。社区矫正机构的义务主要有：①正确执行人民法院判决或者裁定的义务；②依法协助执行刑罚和监督管理社区矫正对象的义务；③依法矫正教育社区矫正对象的义务；④维护社区矫正对象合法权利，给予社区矫正对象人道待遇的义务；⑤为社区矫正对象提供帮扶的义务；⑥服从上级机关领导和管理的义务；⑦接受检察机关法律监督的义务；⑧接受相关国家机关和社会公众监督的义务等。

（3）社区矫正对象的权利。我国《宪法》第 13、33～41、45、49 条规定了社区矫正对象作为公民应该享有的一般权利。在这里我们重点介绍社区矫正对象在社区矫正中的特殊权利。依据《社区矫正法》的规定，社区矫正对象的权利包括：人格不受侮辱权、人身安全不受侵犯权、合法财产不受侵犯权、辩护权、申诉权、控告权、检举权、就学和就业权、享受社会保障权、不受歧视权、受教育权、劳动权、休息权、依法获得减刑权、未被依法剥夺或者限制的权利等。

（4）社区矫正对象的义务。社区矫正对象的义务包括：社区矫正对象必须严格遵守法律、法规和监规纪律，服从管理，接受教育，参加公益活动。可以概括为九项基本义务：社区矫正对象有遵守国家法律法规的义务；社区矫正对象有遵守社区矫正规章制度和纪律的义务；社区矫正对象有服从社区矫正机构依法管理的义务；社区矫正对象有参加公益活动的义务；社区矫正对象有接受思想、文化和技术教育的义务；社区矫正对象有爱护国家财产，保护公共设施的义务；社区矫正对象有维护正常矫正教育秩序，自觉接受改造的义务；社区矫正对象有检举违法犯罪活动的义务；社区矫正对象有法律法规规定的其他义务。

（三）社区矫正法律关系变动

1. 社区矫正法律关系的发生

社区矫正法律关系的发生应具备以下条件：一是具有法律关系的主体和客体；二是具有法律依据；三是具有相应的法律事实。社区矫正法律规范是引起社区矫正法律关系发生、变更和消灭的前提条件。社区矫正法律事实是基于法律事实而产生的，是法律规范与法律关系的媒介，包括法律行为和法律事件，是能够引起社区矫正法律关系发生、变更或者消灭的客观情况或者现象。社区矫正法律事实是法律事实的一种表现形式，是由社区矫正法律规范所确认和调整的，一旦社区矫正的法律法规对社区矫正进行确认和调整时，社区矫正法律事实就形成了。法律行为是指人的有意识的活动；法律事件是指社区矫正活动中出现的客观现象，如社区矫正对象患有严重疾病、死亡等，就属于法律事件。在社区矫正法律关系中，社区矫正执行机构和社区矫正对象的行为是引起社区矫正法律关系发生的主要因素，如社区矫正对象的接收、监督管理、考核奖惩、脱管漏管、矫正教育、公益活动、电子监控等，能够导致主体之间一系列权利义务的发生。在此需要说明的是，引起社区矫正法律关系发生的行为可以是合法行为，也可以是非法行为，都会引起相应的社区矫正法律关系得发生。

2. 社区矫正法律关系的变更

社区矫正法律关系的变更，是指社区矫正法律关系的要素或法律事实发生变化，包括主体变更、内容变更和客体变更。如社区矫正对象在社区矫正过程中违法犯罪，被判刑后收监执行，就会引起社区矫正法律关系主体、内容和客体的变更，主体的权利和义务也会产生相应的变化。

3. 社区矫正法律关系的消灭

社区矫正法律关系的消灭包括主体的消灭和权利义务的消灭。如社区矫正对象的死亡，或者社区矫正期满解除矫正，就会使社区矫正法律关系归为终止。

延伸阅读

1. 《社区矫正法》（2019年12月28日第十三届全国人大常委会第十五次会议通过，自2020年7月1日起施行）

2. 2020年“两高两部”《社区矫正法实施办法》

3. “两高两部”《关于进一步加强社区矫正工作衔接配合管理的意见》

4. 《人民检察院刑事诉讼规则》（2019年12月2日最高人民检察院第十三届检察委员会第二十八次会议通过，自2019年12月30日起施行）

5. 最高人民法院、最高人民检察院、公安部等《关于印发〈暂予监外执行规定〉的通知》（司发通〔2014〕112号）

6. 最高人民法院《关于办理减刑、假释案件具体应用法律的规定》（法释〔2016〕23号）

第三章

社区矫正对象

2011 年 2 月 25 日通过公布的《刑法修正案（八）》和 2018 年 10 月 26 日通过公布的第三次修正的《刑事诉讼法》，都对社区矫正对象作了明确规定。尤其是《刑事诉讼法》第 269 条规定：“对被判处管制、宣告缓刑、假释或者暂予监外执行的罪犯，依法实行社区矫正，由社区矫正机构负责执行。”这是法定的社区矫正对象的适用范围。《社区矫正法》第 2 条规定：“对被判处管制、宣告缓刑、假释和暂予监外执行的罪犯，依法实行社区矫正。”对社区矫正对象的范围进行了规范。

第一节　判处管制的罪犯

一、管制的概念

管制是由人民法院判决后，对犯罪人不实行关押，但限制其人身自由，由社区矫正机构负责执行的刑罚方法。

管制是一种自由刑，是我国刑罚体系中最轻的主刑，其主要特点表现在三个方面：一是对犯罪人不实行关押，不剥夺其人身自由，只限制其一定的人身自由；二是被管制的犯罪分子虽然有人身自由，但其活动应受到社区矫正机构的管束和人民群众的监督，人身自由受到一定的限制；三是管制由人民法院依法判处，交由社区矫正机构执行。

二、管制的适用对象

管制是我国刑罚体系主刑中的一种轻刑，它的适用对象是虽然实施了犯罪行为，但根据其犯罪的事实、性质、情节、后果、对社会的危害程度以及认罪悔罪的态度，不予关押也不致再对社会造成损害的犯罪人。或者说，管制的适用对象只能是犯罪较轻的犯罪人。

三、管制的期限

按照我国《刑法》第 38 条第 1 款的规定："管制的期限，为三个月以上二年以下。"判处管制，可以根据犯罪情况，同时禁止犯罪分子在执行期间从事特定活动，进入特定区域、场所，接触特定的人。对判处管制的犯罪分子，依法实行社区矫正。第 69 条规定，在数罪并罚时，管制的期限最高不超过 3 年。第 41 条规定："管制的刑期，从判决执行之日起计算；判决执行以前先行羁押的，羁押一日折抵刑期二日。"

四、管制的执行

根据《刑法》第 38 条第 3 款的规定，对判处管制的犯罪分子，依法实行社区矫正。《刑法》第 40 条规定，被判处管制的犯罪分子，管制期满，执行机关应即向本人和其所在单位或者居住地的群众宣布解除管制。管制既然是一种轻刑，又是对罪犯不予关押而放在社会上执行刑罚，这就对判处管制的罪犯提出了必须遵守的特殊规定。按照我国《刑法》第 39 条的规定，被判处管制的犯罪分子在管制期间必须遵守以下规定：

1. 遵守法律、行政法规，服从监督；
2. 未经执行机关批准，不得行使言论、出版、集会、结社、游行、示威自由的权利；
3. 按照执行机关规定报告自己的活动情况；
4. 遵守执行机关关于会客的规定；
5. 离开所居住的市、县或者迁居，应当报经执行机关批准。

判处管制，可以根据犯罪情况，同时禁止罪犯在执行期间从事特定活动，进入特定区域、场所，接触特定的人。违反《刑法》第 38 条第 2 款规定的禁止令的，由公安机关依照《治安管理处罚法》的规定处罚。2011 年 4 月 28 日，最高人民法院、最高人民检察院、公安部、司法部联合发布了《关于对判处管制、宣告缓刑的犯罪分子适用禁止令有关问题的规定（试行）》，对判处管制的罪犯的管理进行了更为具体的规范。

五、对管制犯实施社区矫正的意义

管制刑是具有中国特色的主刑轻刑，对其实行社区矫正，既符合刑罚就近原则，也符合罪刑相当原则和区别对待的刑事政策；既符合我国行刑目的，又符合行刑社会化原则和刑罚的发展方向。但长期以来，管制刑的适用率极低，一个很重要的原因就是《刑法修正案（八）》出台之前的刑法规定，被判处管制的犯罪分子由公安机关管束，由于公安机关维护社会治安的职能繁杂，因而在司法实践中，出现了管制犯监督失控现象，使管制刑成为“不管不制”。如果按照修订后的刑法规定，对判处管制的犯罪分子依法实施社区矫正，就不仅克服了管制刑目前所处的尴尬处境，使其日臻完善，而且也实现了管制刑的价值，因而管制刑是最适合社区矫正的一种刑罚。

第二节　宣告缓刑的罪犯

一、缓刑的概念

缓刑是对判处一定刑罚的犯罪分子，在其具备法定条件时，在一定期间附条件地不执行原判刑罚的一种制度。我国是指对判处拘役、三年以下有期徒刑的犯罪分子，根据其犯罪情节和悔罪表现，认为暂时不执行原判刑罚，确实不致再危害社会的，规定一定的考验期，如果在缓刑考验期限内，依法实行社区矫正，没有《刑法》第 77 条规定的情形，缓刑考验期满，原判的刑罚就不再执行的刑罚制度。

缓刑本身不是一种独立的刑种，而是依附于原判刑罚而存在的一种缓用刑罚的制度。它的实行有利于犯罪分子的改造，因为对犯罪分子宣告缓刑，本身就体现了法律的宽大，既有利于避免罪犯可能产生的对抗心理，调动其自我改造的主动性；也由于保持继续执行原判刑罚的可能性，对罪犯起到了约束作用，避免其重新犯罪。同时，被宣告缓刑的罪犯可以不离开家庭和原工作单位，如果没有被宣告剥夺政治权利，在缓刑期间可以连续计算工龄，退休职工可以继续享受退休待遇。因此，缓刑有利于家庭和社会，有利于国计民生。

二、缓刑的适用条件

被判处缓刑的犯罪分子纳入社区矫正的对象范围，是由其自身的适用条件所决定的。根据《刑法修正案（八）》第 11、12 条和《刑法》第 72、74、449 条的规定，缓刑分为一般缓刑和战时缓刑两种。

（一）一般缓刑

一般缓刑是指人民法院对于被判处拘役、三年以下有期徒刑的犯罪分子，根据其犯罪情节较轻，有悔罪表现，没有再犯罪的危险，宣告缓刑对所居住社区没有重大不良影响的，规定一定的考验期，暂不执行原判刑罚的制度。一般缓刑的适用，应当具备以下条件：

第一，犯罪分子被判处的刑罚是拘役、三年以下有期徒刑。这是适用一般缓刑的前提条件。这里的刑罚，指的是宣告刑。

第二，犯罪分子同时符合犯罪情节较轻、有悔罪表现、没有再犯罪的危险、宣告缓刑对所居住社区没有重大不良影响四个条件，这是适用一般缓刑的实质条件。有的犯罪分子虽然被判处拘役或者三年以下有期徒刑，但犯罪情节恶劣，或者没有悔罪表现，或者有再犯罪的危险，或者宣告缓刑对所居住社区没有重大不良影响的，仍然不能宣告缓刑。“犯罪情节较轻”，是指犯罪人的行为性质不严重、犯罪情节不恶劣。“有悔罪表现”，是指犯罪人对于其犯罪行为能够认识到错误，真诚悔悟并有悔改的意愿和行为，比如积极向被害人道歉、赔偿被害人的损失、获取被害人的谅解等。“没有再犯罪的危险”，是指对犯罪人适用缓刑没有再犯罪的可能，这是对犯罪分子将来再犯的预测，可根据其罪前的一贯表现，罪中的犯罪情节，罪后的认罪、悔罪表现，综合判断其社会危险性。“宣告缓刑对所居住社区没有重大不良影响”，是指对犯罪人适用缓刑不会对其所居住的社区的安全、秩序和稳定带来重大的、现实的不良影响，具体情形由法官根据个案情况来判断。适用缓刑的上述四项条件必须同时具备，缺一不可。

第三，犯罪分子不是累犯和犯罪集团的首要分子。这是适用缓刑的排除条件。罪犯屡教不改，主观恶性较深，有再犯可能性，适用缓刑难以防止其再危害社会等。犯罪集团的首要分子，是指在犯罪集团中起组织、策划、指挥作用的犯罪分子，没有这种首要分子，也就不可能有犯罪集团，所以这种首要分子社会危害性极大，是我国刑法打击的重中之重，排除适用缓刑。

第四，对宣判时不满18周岁的人、怀孕的妇女和已满75周岁的人，只要符合缓刑条件的，应当宣告缓刑。这是《刑法修正案（八）》第11条的补充规定，其目的是发扬人道主义精神，更好地保护未成年人、怀孕的妇女和老年人的利益。这是硬性规定，只要以上三类人符合缓刑的条件，就必须适用缓刑，无一例外。

（二）战时缓刑

是指在战时，对于被判处三年以下有期徒刑没有现实危险宣告缓刑的犯罪军人，暂缓其刑罚执行，允许其戴罪立功，确有立功表现时，可以撤销原判刑罚，不以犯罪论处的制度。适用战时缓刑，必须具备以下条件：

第一，时间条件。必须是在战时适用。战时，是指国家宣布进入战争状态、部队领受作战任务或者遭敌突然袭击时，以及部队执行紧急状态任务或者处置突发性暴力事件时。

第二，对象条件。只能是被判处三年以下有期徒刑的犯罪军人。不是犯罪军人，或者虽是犯罪军人，但被判处的刑罚为三年以上有期徒刑的，不能适用战时缓刑。

第三，实质条件。必须是在战争条件下没有现实危险。是否有现实危险，应根据犯罪军人所犯罪行的性质、危害程度、情节、犯罪军人的悔罪表现和一贯表现综合评判。

三、缓刑的考验期限

我国《刑法》第73条规定："拘役的缓刑考验期限为原判刑期以上一年以下，但是不能少于二个月。有期徒刑的缓刑考验期限为原判刑期以上五年以下，但是不能少于一年。缓刑考验期限，从判决确定之日起计算。"

四、对缓刑犯的考察和处理

（一）对缓刑犯的考察

按照我国《刑法》第75条的规定，被宣告缓刑的犯罪分子，在缓刑考验期内，应当遵守下列规定：

1. 遵守法律、行政法规，服从监督；
2. 按照考察机关的规定报告自己的活动情况；
3. 遵守考察机关关于会客的规定；
4. 离开所居住的市、县或者迁居，应当报经考察机关批准。

《刑法》第72条规定，可以根据犯罪情况，同时禁止犯罪分子在执行期间从事特定活动，进入特定区域、场所，接触特定的人。2011年4月28日，最高人民法院、最高人民检察院、公安部、司法部联合发布了《关于对判处管制、宣告缓刑的犯罪分子适用禁止令有关问题的规定（试行）》，对宣告缓刑的罪犯的管理进行了规范。

（二）对缓刑犯的处理

1. 根据缓刑犯在缓刑考验期内不同表现，对其作出不同处理

（1）被宣告缓刑的犯罪分子，在缓刑考验期内，犯新罪或者发现判决宣告以前还有其他罪没有判决的，应当撤销缓刑，对新犯的罪或者新发现的罪作出判决，把前罪和后罪所判处的刑罚，依照《刑法》第69条的规定，数罪并罚决定执行的刑罚。

（2）被宣告缓刑的犯罪分子，在缓刑考验期内，违反法律、行政法规或者

国务院有关部门关于缓刑的监管规定，或者违反人民法院判决中的禁制令，情节严重的，应当撤销缓刑，执行原判刑罚。

（3）被宣告缓刑的犯罪分子，在缓刑考验期内，没有上述情形，缓刑考验期满，原判的刑罚不再执行，并公开予以宣告。而战时缓刑考验的内容就是犯罪军人戴罪立功，确有立功表现时，可以撤销原判刑罚，不以犯罪论处。

这里应当注意的是，缓刑的效力只及于主刑。《刑法》第 72 条第 3 款规定，被宣告缓刑的犯罪分子，如果被判处附加刑，附加刑仍须执行。

2. 被宣告缓刑的犯罪分子违反禁止令的处理

（1）被宣告缓刑的犯罪分子违反禁止令尚不属情节严重的，由负责执行禁止令的社区矫正机构所在地的公安机关依照《治安管理处罚法》第 60 条的规定处罚。

（2）被宣告缓刑的犯罪分子违反禁止令，情节严重的，应当撤销缓刑，执行原判刑罚。原作出缓刑裁判的人民法院应当自收到当地社区矫正机构提出的撤销缓刑建议书之日起一个月内依法作出裁定。人民法院撤销缓刑的裁定一经作出，立即生效。

这里应当认定为"情节严重"的情形包括：①三次以上违反禁止令的；②因违反禁止令被治安管理处罚后，再次违反禁止令的；③违反禁止令，发生较为严重危害后果的；④其他情节严重的情形。

依据《刑法》第 76 条规定："对宣告缓刑的犯罪分子，在缓刑考验期限内，依法实行社区矫正，如果没有本法第七十七条规定的情形，缓刑考验期满，原判的刑罚就不再执行，并公开予以宣告。"

五、缓刑犯适用社区矫正的意义

对缓刑犯依法实施社区矫正，具有多方面的意义：

（一）考察监督机构具体化

对缓刑犯的考察是一项十分严肃的执行刑罚的工作，它需要有充分的人力、物力和机构来保障。由社区矫正机构对缓刑犯进行考察，确定缓刑犯是否具备撤销的条件，一旦缓刑犯出现了撤销缓刑的情形，可以对已宣告的缓刑及时撤销，确保了刑罚的严肃性，同时也保障了在缓刑考验期限内刑罚对于缓刑犯的威慑作用。

（二）完善了对缓刑犯的实际执行程序，是监督考察得到了具体落实

将缓刑犯纳入社区矫正机制后，不仅在机构、人员上对其刑罚的执行得到具体落实，而且，可以以立法的形式对缓刑犯的执行程序、考察措施、考察方式、文书制作进行规范；对缓刑犯所在单位、基层组织、社区应承担的职责、缓刑犯

在考察期间内的权利义务等作出具体规定。

（三）符合经济化原则

对缓刑犯依法实施社区矫正，可以以最少的投入，实现惩罚犯罪和改造罪犯的效益最大化，可以减少对其监狱行刑的许多环节和投入，节省大量的人力、物力和财力，对这些罪犯，既实现了对其教育改造的目的，也体现了刑罚的严肃性和规范性。

（四）可以促进缓刑犯再社会化，避免其人格的“监狱化”

监狱的封闭性，虽然实现了刑罚惩罚的功能，但是往往带来的副作用是罪犯人格的“监狱化”。刑罚执行完毕以后，由于长期脱离了社会生活，往往变得与社会格格不入。实践证明，罪犯刑满释放回归社会后，又重新犯罪的原因之一，就是社会生活的不适应。为此，在联合国所通过的诸多决议中，为了促进罪犯的再社会化，要求使用监禁刑的替代措施和其他不用直接剥夺人身自由而采取非监禁措施的中间刑罚。而社区矫正作为监禁刑的主要替代措施，对罪行轻微，人身危险性小、不需要监禁或不需要继续监禁的罪犯进行教育矫正，将极大地促进罪犯再社会化，促进罪犯早日融入社会。

第三节　裁定假释的罪犯

一、假释的概念

我国刑法规定的假释，是指对于被判处有期徒刑或者无期徒刑的犯罪分子，在执行一定的刑期之后，因其认真遵守监规、接受教育改造，确有悔改表现，不致再危害社会，而附条件地将其提前释放的制度。

简单地说，假释就是有条件的将罪犯提前释放，至于有什么条件，和缓刑一样，规定一定的考验期，暂时离开监狱，被裁定假释的犯罪分子，在考验期内，如果不再犯新罪，未被发现漏罪，也没有违反法律、行政法规或者国务院有关部门有关假释的监督管理规定，就认为原判刑罚已全部执行完毕。

假释在我国刑法中是一项重要的刑罚执行制度，正确地适用假释，把那些经过一定服刑期间确有悔改表现、没有必要继续关押改造的罪犯放到社会上进行改造，可以有效地鼓励犯罪分子服从教育和改造，使之早日复归社会、有利于化消极因素为积极因素。

二、假释的适用条件

（一）对象条件

假释只适用被判处有期徒刑或者无期徒刑的犯罪分子。并不是所有的罪犯都可以适用假释。根据我国刑法规定，被判处有期徒刑的犯罪分子、被判处无期徒刑的犯罪分子可以假释。

（二）时间条件

假释只适用于已经执行了一定期限刑罚的犯罪分子。根据《刑法》第 81 条第 1 款规定：“被判处有期徒刑的犯罪分子，执行原判刑期二分之一以上，被判处无期徒刑的犯罪分子，实际执行十三年以上，如果认真遵守监规，接受教育改造，确有悔改表现，没有再犯罪的危险的，可以假释。”当然，这个规定具有一定的灵活性，同时规定：“如果有特殊情况，经最高人民法院核准，可以不受上述执行刑期的限制。”根据 2017 年施行的最高人民法院《关于办理减刑、假释案件具体应用法律的规定》第 17 条规定：“刑法第八十一条第一款规定的‘特殊情况’，是指有国家政治、国防、外交等方面特殊需要的情况。”

（三）实质条件

假释只适用于认真遵守监规、接受教育改造，确有悔改表现，没有再犯罪的危险的犯罪分子。这是适用假释的关键性条件。依据 2017 年施行的最高人民法院《关于办理减刑、假释案件具体应用法律的规定》第 22 条规定：“办理假释案件，认定‘没有再犯罪的危险’，除符合刑法第八十一条规定的情形外，还应当根据犯罪的具体情节、原判刑罚情况，在刑罚执行中的一贯表现，罪犯的年龄、身体状况、性格特征，假释后生活来源以及监管条件等因素综合考虑。”第 26 条规定：“对下列罪犯适用假释时可以依法从宽掌握：（一）过失犯罪的罪犯、中止犯罪的罪犯、被胁迫参加犯罪的罪犯；（二）因防卫过当或者紧急避险过当而被判处有期徒刑以上刑罚的罪犯；（三）犯罪时未满十八周岁的罪犯；（四）基本丧失劳动能力、生活难以自理，假释后生活确有着落的老年罪犯、患严重疾病罪犯或者身体残疾罪犯；（五）服刑期间改造表现特别突出的罪犯；（六）具有其他可以从宽假释情形的罪犯。罪犯既符合法定减刑条件，又符合法定假释条件的，可以优先适用假释。”第 31 条规定：“年满八十周岁、身患疾病或者生活难以自理、没有再犯罪危险的罪犯，既符合减刑条件，又符合假释条件的，优先适用假释；不符合假释条件的，参照本规定第二十条有关的规定从宽处理。”第 20 条是关于病残罪犯减刑的规定，按照立法的实质精神，要求对患严重疾病罪犯或者身体残疾罪犯在假释时，应当主要考察其认罪悔罪的实际表现。对基本丧失劳动能力，生活难以自理的，假释幅度可以适当放宽，或者假释起始时间、间隔时间可以适当缩短，但放宽的幅度和缩短的时间不得超过本规定中相应幅度、时间的1/3。

（四）程序条件

法律对适用假释规定了严格的司法程序，非经法定程序不得假释。根据《刑法》第82条规定："对于犯罪分子的假释，依照本法第七十九条规定的程序进行。非经法定程序不得假释。"《监狱法》第32条规定："被判处无期徒刑、有期徒刑的罪犯，符合法律规定的假释条件的，由监狱根据考核结果向人民法院提出假释建议，人民法院应当自收到假释建议书之日起一个月内予以审核裁定；案情复杂或者情况特殊的，可以延长一个月，假释裁定的副本应当抄送人民检察院。"第33条规定："人民法院裁定假释的，监狱应当按期假释并发给假释证明书。"

（五）限制条件

我国《刑法》同时对假释的适用对象进行了限制性规定。《刑法》第81条第2款的规定，2017年施行的最高人民法院《关于办理减刑、假释案件具体应用法律的规定》第23、25、27、28条的规定，罪犯假释的限制条件包括：

1. 重大犯罪的罪犯不得假释。《刑法》第81条第2款的规定，对累犯以及因故意杀人、强奸、抢劫、绑架、放火、爆炸、投放危险物质或者有组织的暴力性犯罪被判处十年以上有期徒刑、无期徒刑的犯罪分子，不得假释。2017年施行的最高人民法院《关于办理减刑、假释案件具体应用法律的规定》第25条规定："对累犯以及因故意杀人、强奸、抢劫、绑架、放火、爆炸、投放危险物质或者有组织的暴力性犯罪被判处十年以上有期徒刑、无期徒刑的罪犯，不得假释。因前款情形和犯罪被判处死刑缓期执行的罪犯，被减为无期徒刑、有期徒刑后，也不得假释。"

2. 重大犯罪的罪犯在假释时服刑时间的限制。2017年施行的最高人民法院《关于办理减刑、假释案件具体应用法律的规定》第23条第2、3款规定："被判处无期徒刑的罪犯假释时，刑法中关于实际执行刑期不得少于十三年的时间，应当从判决生效之日起计算。判决生效以前先行羁押的时间不予折抵。被判处死刑缓期执行的罪犯减为无期徒刑或者有期徒刑后，实际执行十五年以上，方可假释，该实际执行时间应当从死刑缓期执行期满之日起计算。死刑缓期执行期间不包括在内，判决确定以前先行羁押的时间不予折抵。"

3. 对服刑罪犯履行财产性判项的限制。2017年施行的最高人民法院《关于办理减刑、假释案件具体应用法律的规定》第27条规定："对于生效裁判中有财产性判项，罪犯确有履行能力而不履行或者不全部履行的，不予假释。"

4. 对服刑罪犯假释的间隔时间限制。2017年施行的最高人民法院《关于办理减刑、假释案件具体应用法律的规定》第28条规定："罪犯减刑后又假释的，间隔时间不得少于一年；对一次减去一年以上有期徒刑后，决定假释的，间隔时间不得少于一年六个月。罪犯减刑后余刑不足二年，决定假释的，可以适当缩短间隔时间。"

5. 法定概念限制。2017年施行的最高人民法院《关于办理减刑、假释案件具体应用法律的规定》第39条规定，本规定所称"老年罪犯"，是指报请假释时年满65周岁的罪犯。本规定所称"患严重疾病罪犯"，是指因患有重病，久治不愈，而不能正常生活、学习、劳动的罪犯。本规定所称"身体残疾罪犯"，是指因身体有肢体或者器官残缺、功能不全或者丧失功能，而基本丧失生活、学习、劳动能力的罪犯，但是罪犯犯罪后自伤致残的除外。这样，对这三类罪犯在适用范围上进行了限制。

三、假释的考验期限

我国《刑法》第83条规定："有期徒刑的假释考验期限，为没有执行完毕的刑期；无期徒刑的假释考验期限为10年。假释考验期限，从假释之日起计算。"被假释的罪犯，除有特殊情况外，一般不得减刑，其假释考验期也不能缩短。确定罪犯被假释时，还应考虑下列因素：

1. 被判处有期徒刑的罪犯假释时，执行原判刑期1/2的时间，应当从判决执行之日起计算，判决执行以前先行羁押的，羁押1日折抵刑期1日。

2. 被判处无期徒刑的罪犯假释时，刑法中关于实际执行刑期不得少于13年的时间，应当从判决生效之日起计算。判决生效以前先行羁押的时间不予折抵。

3. 被判处死刑缓期执行的罪犯减为无期徒刑或者有期徒刑后，实际执行15年以上，方可假释，该实际执行时间应当从死刑缓期执行期满之日起计算。死刑缓期执行期间不包括在内，判决确定以前先行羁押的时间不予折抵。

四、假释犯的行为规则

根据现行《刑法》第84条的规定，假释犯在假释考验期内应当遵守下列规定：

1. 遵守法律、行政法规，服从监督；
2. 按照监督机关的规定报告自己的活动情况；
3. 遵守监督机关关于会客的规定；
4. 离开所居住的市、县或者迁居，应当报经监督机关批准。

五、假释的撤销

假释是附条件提前释放，如果罪犯在假释考验期内，不符合所附的条件要求，就要被撤销假释。《刑法》第86条对撤销假释作了具体规定：

（一）被假释的罪犯，在假释考验期内又犯新罪

依照《刑法》第86条第1款的规定："被假释的犯罪分子，在假释考验期限内犯新罪，应当撤销假释，依照本法第七十一条的规定实行数罪并罚。"假释犯在假释考验期间再犯新罪，说明其并没有真正悔罪，其人身危害性并没有消除，也就不具备"没有再犯罪的危险"的假释实质条件，当然应当撤销假释。至于在假释期满之后才发现假释犯在假释考验期内犯有新罪，只要没有超过追诉时效期限，仍然撤销假释，将前罪没有执行的刑罚与新罪所判的刑罚，按照数罪并罚的规定，决定应当判处的刑罚。

（二）发现漏罪

《刑法》第86条第2款规定："在假释考验期限内，发现被假释的犯罪分子在判决宣告以前还有其他罪没有判决的，应当撤销假释，依照本法第七十条的规定实行数罪并罚。"罪犯有意隐瞒自己的罪行，说明其并未有悔改表现，也说明其人身危险性并没有消失，当然应该撤销假释。

（三）罪犯在假释考验期内有违法行为，也应撤销假释

《刑法》第86条第3款规定："被假释的犯罪分子，在假释考验期限内，有违反法律、行政法规或者国务院有关部门关于假释的监督管理规定的行为，尚未构成新的犯罪的，应当依照法定程序撤销假释，收监执行未执行完毕的刑罚。"《监狱法》第33条第2款规定："对被假释的罪犯，依法实行社区矫正，由社区矫正机构负责执行。被假释的罪犯，在假释考验期限内有违反法律、行政法规或者国务院有关部门关于假释的监督管理规定的行为，尚未构成新的犯罪的，社区矫正机构应当向人民法院提出撤销假释的建议，人民法院应当自收到撤销假释建议书之日起一个月内予以审核裁定。人民法院裁定撤销假释的，由公安机关将罪犯送交监狱收监。"

六、假释犯纳入社区矫正对象范围的意义

与管制一样，《刑法修正案（八）》之前的《刑法》规定，对假释犯的监督和考察主要是由公安机关进行的，而公安机关的主要职能并不具有监督考察的条件，因此，罪犯一旦被假释后，就形成了实质上的"刑满释放"。一旦进入社会就等于放任自流，即使违反了法律、行政法规和国务院公安部门有关假释的规定，也无人过问，至于是否有漏罪，更无从考证，甚至有了犯罪行为，只要情节

不是很严重，也常常被忽略。只有假释犯有了严重的犯罪行为，在社会上引起极大影响，才会引起公安部门的重视。同时，根据法律的规定，罪犯假释的决定权在罪犯服刑所在地的中级以上人民法院，而人民法院对假释罪犯的情况可以说是一无所知，是否具备了假释的条件，中级以上的人民法院也只能是依据罪犯服刑的监狱所呈报的材料进行书面审理。从某种意义上说，决定某一罪犯是否假释，完全取决于监狱是否呈报以及呈报的材料，人民法院对假释的审理完全流于形式。一旦被假释的罪犯在社会上又犯罪，人民法院往往把责任推给监狱。在这种情况下，监狱为了避免因假释罪犯而承担风险，只好减少假释罪犯的呈报数量，宁肯将符合条件的罪犯关押在监狱中，也不愿承担无谓的责任，这也是近几年来假释罪犯所占比例越来越少的主要原因之一。

针对以上情况，《刑法》第 85 条已明文规定将假释犯纳入社区矫正体系。“对假释的犯罪分子，在假释考验期限内，依法实行社区矫正，如果没有本法第八十六条规定的情形，假释考验期满，就认为原判刑罚已经执行完毕，并公开予以宣告。”具有以下实践意义：

（一）明确了对假释犯的监督考察机构

公安机关对假释犯进行监督考察之所以存在诸多问题，其中一个关键的因素，就是混淆了公安机关的法定职能，导致其职能不清，不能有效地将监督考察工作落到实处。反之，如果将公安机关对假释犯的监督考察职能分离出来，赋予社区矫正机构来行使，就实现了专门机关的职能明晰化，使权利义务达到有机和谐的统一，社区矫正机构就能充分有效地利用自身的资源全面地监督考察假释犯。

（二）体现了刑事司法一体化，加大了监督考察力度

按照《监狱法》规定：“监狱是国家的刑罚执行机关。”《刑事诉讼法》也赋予社区矫正机构对假释犯的执行权，这样，对罪犯假释后，监狱机关就有了相应的联络部门，将假释犯直接交由当地的社区矫正机构进行教育、监督和考察，对假释犯的监督考察工作就能够落实到位，使监督考察的内容、形式、方法更加充实和丰富多彩，其监督考察结果更具可信性。

（三）可以扩大刑事执行中假释使用的数量

由于法律规定的缺陷和司法实践中的弊端，使监狱机关不敢也不愿意去大胆地使用假释制度，使这种极具社会积极意义的刑罚制度发挥不了应有的作用。社区矫正制度进入刑罚执行体系后，就克服了以往假释执行中的弊端，加快了刑罚社会化进程。监狱机关可以克服顾虑，放下包袱，大胆适用假释制度，优化监狱资源，促进假释犯的社会化和社会适应能力，真正体现假释这一刑罚执行制度的优越性。

（四）可以有效完善对假释的执行、监督内容，使对假释犯的监督考察法制化、规范化和制度化

在以往对假释犯的监督考察的法律规定中，只是一些原则规定，对假释犯如何执行，如何进行管理、监督和教育改造，缺乏相应的法律规范，甚至假释犯应该如何遵守假释考验期间的规定，也没有一个具体措施，这就造成了对假释犯监督考察人员机构不落实，使大部分假释犯处在无人监督的管理失控状态，至于监督管理制度就更无从谈起。反之，如果将其纳入社区矫正机制之后，不仅从人员、机构上得以落实到位，而且在未来的社区矫正立法中，必将假释犯在社区矫正中的地位、权利与义务、监督考察的方式、管理制度、档案的建立等问题予以确认，这样，就使社区矫正机构对假释犯的管理真正实现了法制化、制度化和规范化。

第四节　暂予监外执行的罪犯

一、暂予监外执行的概念

暂予监外执行，是指对依照法律规定不适宜在监狱或者其他执行机关执行刑罚的罪犯，暂时采用不予关押的方式执行原判刑罚的变通方法。《刑事诉讼法》第265条至第269条对暂予监外执行做了详细而系统的规定。根据我国刑事诉讼法的规定，暂予监外执行包括两种：一是在交付执行前，由人民法院决定的暂于监外执行；二是在交付执行后，由省级以上监狱管理机关或者设区的市一级以上公安机关批准的暂于监外执行。

暂予监外执行是一项重要的刑罚执行制度。这一制度的设立体现了中国惩罚罪犯与改造罪犯相结合和人道主义的刑事政策，有利于对罪犯的教育、感化、挽救。

二、暂予监外执行的适用对象

适用暂予监外执行的对象，是被判处有期徒刑或者拘役的罪犯。其中，“被判处有期徒刑”也包括罪犯从无期徒刑减刑为有期徒刑的情形。由于被判处无期徒刑的罪犯所犯罪行一般较之被判处有期徒刑或拘役的罪犯更为严重，可能导致的社会危害性更大，因此，根据《刑事诉讼法》的规定，被判处无期徒刑的罪犯，只有怀孕或者正在哺乳自己婴儿的妇女，可以暂予监外执行，这一规定体现了人道主义的行刑原则。

三、暂予监外执行的适用条件

根据《刑事诉讼法》第265条的规定，被判处有期徒刑、拘役的罪犯有下列情形之一的，被判处无期徒刑的罪犯有下列第二种情形的，可以暂予监外执行。

（一）有严重疾病需保外就医

对于罪犯确有严重疾病，必须保外就医的，由省级人民政府指定的医院诊断并开具证明文件，依照法律规定的程序审批。对于适用保外就医可能有社会危险性的罪犯，或者自伤自残的罪犯，不得保外就医。其中“严重疾病”是指按照医学界通行的标准所界定的病情严重程度、继续监禁服刑难以维系其生命或将对其身体健康带来不可逆转的重大损害的疾病。“省级人民政府指定的医院”是指省级人民政府事先指定对罪犯是否符合保外就医条件进行诊断并出具证明的医院，并非针对某一具体罪犯临时指定的医院。受指定的医院应当按照规定的诊断程序对受检罪犯进行检查，认为其患有符合需要保外就医的严重疾病的，应予开具相关证明。“两高两部”和国家卫计委《暂予监外执行规定》（司发通〔2014〕112号）第5条规定，暂予监外执行罪犯“患有属于本规定所附《保外就医严重疾病范围》的严重疾病，需要保外就医的”，《保外就医严重疾病范围》从医学的角度进行了严格的界定。

（二）怀孕或者正在哺乳自己婴儿的妇女

这一规定是对怀孕妇女和哺乳期婴儿的保护。我国立法以刑罚执行变更的方式来保障女犯罪人的健康权、女犯罪人的生育权和无辜婴儿的健康权，这既是人道主义的要求，也是刑法谦抑性的人文关怀。

依照“两高两部”和国家卫计委《暂予监外执行规定》（司发通〔2014〕112号）第9条的规定，对罪犯妊娠检查，应当委托省级人民政府指定的医院进行。医院出具的检查证明文件，应当由两名具有副高以上专业技术职称的医师共同作出，经主管业务院长审核签名，加盖公章，并附化验单、影像学资料和病历等有关医疗文书复印件。

在这里，哺乳期限按婴儿出生后1年计算，即罪犯哺乳自己的出生后未满1周岁的婴儿。

（三）罪犯生活不能自理，适用暂予监外执行不致危害社会

《监狱法》第25条规定：“对于被判处无期徒刑、有期徒刑在监内服刑的罪犯，符合刑事诉讼法规定的监外执行条件的，可以暂予监外执行。”依照“两高两部”和国家卫计委《暂予监外执行规定》（司发通〔2014〕112号）第9条的规定，对罪犯的病情诊断，应当委托省级人民政府指定的医院进行。医院出具的

病情诊断或者检查证明文件，应当由两名具有副高以上专业技术职称的医师共同作出，经主管业务院长审核签名，加盖公章，并附化验单、影像学资料和病历等有关医疗文书复印件。对罪犯生活不能自理情况的鉴别，由监狱、看守所组织有医疗专业人员参加的鉴别小组进行。鉴别意见由组织鉴别的监狱、看守所出具，参与鉴别的人员应当签名，监狱、看守所的负责人应当签名并加盖公章。

四、适用暂予监外执行的情形、决定或批准机关及程序

根据《刑事诉讼法》第 265 条第 1 款是关于对那些被判处有期徒刑或者拘役的罪犯可以暂予监外执行的规定。其中，“暂予监外执行”指的是对依照法律规定不适宜在监狱或其他执行机关执行刑罚的罪犯，暂时采用不予关押的方式执行原判刑罚的变通方法。根据本款规定，对于被判处有期徒刑或者拘役的罪犯，如果该罪犯属于患有严重疾病符合保外就医条件的，或者该罪犯是正在怀孕或正在哺乳自己婴儿的妇女，或者生活不能自理、适用暂予监外执行不致危害社会这三类情形的，可以暂予监外执行。“正在哺乳自己婴儿”，指的是罪犯哺乳自己的出生后未满 1 周岁的婴儿。“被判处有期徒刑”，也包括罪犯从无期徒刑减刑为有期徒刑后的情形。同时，本款的表述是“可以暂予监外执行”，而不是“应当”。也就是说，即使罪犯符合本款规定的条件之一，决定或批准机关也可以在综合考虑之后，作出不予暂予监外执行的决定或不批准暂予监外执行。

《刑事诉讼法》第 265 条第 2 款是关于对那些被判处无期徒刑的罪犯可以暂予监外执行的规定。根据本款规定，由于被判处无期徒刑的罪犯所犯罪行一般较之被判处有期徒刑或拘役的罪犯更为严重，可能导致的社会危害性更大，因此本款规定属于正在哺乳自己婴儿的妇女的情形下，才可适用暂予监外执行。同样，本款规定的也是“可以”暂予监外执行。

《刑事诉讼法》第 265 条第 3 款是关于不得保外就医的两种情形的规定。对于适用保外就医可能有社会危险性的罪犯，或者自伤自残的罪犯，不得保外就医。其中“可能有社会危险性”，包括可能重新犯罪或者有打击报复等严重违法犯罪行为。“自伤自残”指的是罪犯为逃避服刑，故意伤残自己肢体、吞食异物等情形。

《刑事诉讼法》第 265 条第 4 款是关于保外就医的规定。被判处有期徒刑或者拘役的罪犯是否患有严重疾病，需要保外就医，由指定的医疗机构予以诊断并出具证明书。指定的医疗机构为“省级人民政府指定的医院”，即省级人民政府事先指定对罪犯是否符合保外就医条件进行诊断并出具证明的医院，并非针对某一具体犯罪临时指定的医院。受指定的医疗机构应当按照规定的诊断程序对受检罪犯进行检查，认为其患有符合需要保外就医的严重疾病时，应予开具相关证

明。其中“严重疾病”指的是按照医学界通行的标准所界定的病情程度严重、继续监禁服刑难以维系其生命或对其身体健康带来不可逆转的重大损害的疾病。

《刑事诉讼法》第265条第5款是关于暂予监外执行的决定或批准机关，以决定或批准程序的规定。根据本款规定：在交付执行前，由人民法院在判处刑罚的同时决定暂予监外执行。在交付执行后，暂予监外执行由执行机关提出书面材料和意见，在监外执行的报省级以上监狱管理机关批准，在看守所执行的报设区的市一级以上公安机关批准。“两高两部”和国家卫计委《暂予监外执行规定》（司发通〔2014〕112号）第2条规定：对罪犯适用暂予监外执行，在交付执行前，由人民法院决定；在监狱服刑的，由监狱审查同意后提请省级以上监狱管理机关批准；在看守所服刑的，由看守所审查同意后提请设区的市一级以上公安机关批准。对有关职务犯罪罪犯适用暂予监外执行，还应当依照有关规定逐案报请备案审查。

应当指出，对于不符合暂予监外执行条件的罪犯，并非不予治疗或照顾，对于有疾病的罪犯应当在监狱等执行机关设置的医院进行治疗，病情复杂严重的，可以聘请专家前往诊治，对其饮食起居也应给予适当的照顾。

五、关于终止暂予监外执行的情形和程序

关于终止暂予监外执行的情形和程序，合法性上有问题的暂予监外执行的期间不计入执行刑期的情形以及罪犯在暂予监外执行期间死亡的情形。《刑事诉讼法》第268条第1款规定：“对暂予监外执行的罪犯，有下列情形之一的，应当及时收监：（一）发现不符合暂予监外执行条件的；（二）严重违反有关暂予监外执行监督管理规定的；（三）暂予监外执行的情形消失后，罪犯刑期未满的。”此款明确规定了对暂予监外执行的罪犯应予及时收监的三种情形，具体包括：

第一，发现不符合暂予监外执行条件的。即原决定暂予监外执行的人民法院、原批准暂予监外执行的监狱管理机关和公安机关，或者负有法律监督职责的人民检察院，发现原来作出的适用暂予监外执行的决定不当，存在不符合本法第265条所规定的暂予监外执行条件的情况，应当终止对罪犯的暂予监外执行，按照本条第2款及相关法律规定予以收监。

第二，严重违反有关暂予监外执行监督管理规定的。“严重违反有关暂予监外执行监督管理规定”的行为，指的是被暂予监外执行罪犯从事相关法律规范及司法解释中规定的禁止性行为，如不遵守社区矫正机构的监督管理，或者擅自离开居住地外出经商，且达到严重程度的行为。

第三，暂予监外执行的情形消失后，罪犯刑期未满的。如果被暂予监外执行

的情形消失，如罪犯身体恢复健康，规定的婴儿哺乳期已满，且刑期未满的，应当及时收监。

《刑事诉讼法》第268条第2款规定：“对于人民法院决定暂予监外执行的罪犯应当予以收监的，由人民法院作出决定，将有关的法律文书送达公安机关、监狱或者其他执行机关。”这是关于对人民法院决定暂予监外执行的罪犯应当予以收监的应当如何处理的情形。由于《刑事诉讼法》第265条第5款增加规定了人民法院对交付执行前应予暂予监外执行的罪犯的决定程序，本款相应地增加规定在暂予监外执行消失且罪犯刑期未满的情况下，应由人民法院作出决定，将有关的法律文书送达公安机关、监狱或者其他执行机关。其中，“其他执行机关”指的主要是负责暂予监外执行的社区矫正机构。另外，如果该罪犯的暂予监外执行决定是由罪犯居住地的社区矫正机构通知原执行该罪犯刑罚的监狱或看守所，及时将该罪犯收监。

《刑事诉讼法》第268条第3款规定：“不符合暂予监外执行条件的罪犯通过贿赂等非法手段被暂予监外执行的，在监外执行的期间不计入执行刑期。罪犯在暂予监外执行期间脱逃的，脱逃的期间不计入执行刑期。”根据本款规定，为确保刑罚执行的严肃性，确保暂予监外执行制度预期目的的实现，不符合暂予监外执行条件的罪犯通过贿赂等非法手段被暂予监外执行的，在监外执行的期间不计入执行刑期，应按照原判刑期在原执行场所予以执行；罪犯在暂予监外执行期间逃脱的，逃脱的期间不计入执行刑期，执行刑期从其被抓获或主动投案之日起继续计算。

《刑事诉讼法》第268条第4款规定：“罪犯在暂予监外执行期间死亡的，执行机关应当及时通知监狱或者看守所。”这是关于罪犯在暂予监外执行期间死亡应如何处理的规定。根据本款规定，负责暂予监外执行的机关社区矫正机构应当及时通知原执行该罪犯刑罚的监狱或看守所，并向其告知罪犯死亡的原因及经过。其中，“死亡”既包括自然死亡，如年老衰亡、病亡等，也包括非正常死亡，如自杀、他杀、事故死亡等。

《监狱法》第28条规定：“暂予监外执行的罪犯具有刑事诉讼法规定的应当收监的情形的，社区矫正机构应当及时通知监狱收监；刑期届满的，由原关押监狱办理释放手续。罪犯在暂予监外执行期间死亡的，社区矫正机构应当及时通知原关押监狱。”

六、暂予监外执行的罪犯实行社区矫正的意义

《刑事诉讼法》第269条规定：“对被判处管制、宣告缓刑、假释或者暂予监外执行的罪犯，依法实行社区矫正，由社区矫正机构负责执行。”《监狱法》

第27条规定："对暂予监外执行的罪犯，依法实行社区矫正，由社区矫正机构负责执行。原关押监狱应当及时将罪犯在监内改造情况通报负责执行的社区矫正机构。"这是暂予监外执行的罪犯依法实行社区矫正的主要法律依据。

暂予监外执行的社区矫正对象具有以下几方面的意义：

（一）使执行和审批能够达到无缝对接

无论是人民法院决定暂予监外执行的社区矫正对象，还是监狱管理机关或其他刑罚执行机关决定暂予监外执行的社区矫正对象，其交付有了明确的对象，有了固定的机构，克服了当前实践中存在的审批机关和执行机关关系不畅，互相扯皮，无专门机构管理的缺陷。

（二）对暂予监外执行社区矫正对象的管理工作将进一步具体化

由社区矫正机构按照法定程序对暂予监外执行的社区矫正对象进行矫正教育、监督管理以及帮困救助，将使对暂予监外执行社区矫正对象的执行有效化、具体化，克服了长期以来对暂予监外执行社区矫正对象的管理失控状态。而且随着社区矫正工作法制的不断健全和完善，对这部分社区矫正对象的管理监督、教育矫正工作将会出现质的飞跃。

（三）对保外就医社区矫正对象的保证人起到了督促作用，强化了其担保职责

长期以来，无论是人民法院，还是监狱管理机关或其他刑罚执行机关，对于保外就医社区矫正对象的保证人很少监督落实其是否尽到了担保职责。尤其是经由监狱决定保外就医的社区矫正对象，有些监狱距离罪犯居住地上百公里甚至上千公里，对保证人是否尽到了担保责任，无力进行考察。反之，社区矫正机构均在社区矫正对象居住地，具有地理优势，除了直接对保外就医人进行监督考察外，还可以有效地督促保证人尽到担保责任，对于未尽到担保责任的保证人，可以依法给予制裁。

典型案例剖析

案例分析一：2010年2月，4名犯罪嫌疑人被移交贺家土街道司法所进行社区考察矫正。他们也成为芦淞区检察院在全省率先试行"附条件不起诉"后的首批对象。"附条件不起诉"，是指检察机关对符合起诉条件的刑事案件，根据案件性质和情节、犯罪嫌疑人的自身状况和因犯罪事实行为而遭受破坏的社会关系的修复状况，对犯罪嫌疑人设立一定的考察矫正期限；根据其在考察矫正期限的表现，对其作出不起诉或者起诉决定。该院设定的社区考察矫正期为半年以上，一年以下。

该院负责人介绍，"附条件不起诉"的适用范围为：法定刑期在三年以下，

犯罪嫌疑人是初犯、偶犯，主观恶性较小，社会危害不大。“附条件不起诉”的案件，犯罪嫌疑人必须做到：自我悔过，向被害人赔礼道歉；向被害人履行损害赔偿义务，取得被害人谅解；或者全部退赃，所在单位提出从轻处理意见；有具体帮教责任人，并提出具体帮教措施；自愿接受芦淞区司法行政部门组织的社区矫正，服从管理；在校学生每月向班主任老师写出思想汇报；参加学校班级公益活动；认真学习，完成学业。

据介绍，这4名嫌疑人，3人涉嫌抢劫罪，1人涉嫌盗窃罪，年龄为16岁至17岁，3人为在校学生。如果在社区矫正期内表现合格，他们4人将不被起诉。

对于检察院决定的“附条件不起诉”犯罪嫌疑人，能否纳入社区矫正对象范围？

案例分析二：对刘某某社区矫正合法吗？

2010年7月24日，巴东县野三关司法所所长、镇社区矫正办主任邓某某将1100元钱交到社区矫正对象刘某某手中，叮嘱他赶快住院治疗。

刘某某系该镇铺坪村十一组人。2004年因土地发生纠纷，刘某某将其兄故意伤害致死，获刑11年；2008年因患急性粟粒性肺结核被准予监外执行。刘某某回家后，居无定所，生活无着。野三关司法所迅速向镇民政部门反映，妥善解决了他的住房和生活问题，并将其纳入低保。

案例中刘某某犯故意伤害（致死）罪，被判11年有期徒刑，作为社区矫正对象合法吗？

第四章

社区矫正的理论基础

社区矫正是刑罚文明和进步的必然选择。但是，任何事物的产生、发展和变化，都有自身的原因和存在的价值。社区矫正理念的产生以及社会实践的不断变化，正是基于刑法思想的嬗变而逐步确立的，立足于心理学、社会学等学科理论和思想在行刑中的应用，也无形中成为社区矫正潜在的推动力。这也是本章研究社区矫正动力基础的因由。

第一节　关于社区矫正理论依据的研究

一、社区矫正思想的演变过程

（一）近代学派是社区矫正思想的渊源

1. 近代学派概述

近代学派又称新派、实证学派，产生于19世纪后半叶，充分反映资产阶级刑法思想及刑事政策的刑法学派。其间，社会人口向城市流动的态势加剧，社会贫富悬殊进一步加大，贫困、失业等社会问题层出不穷，犯罪，尤其是青少年犯罪急剧增加。面对如此的社会情势，早于近代学派的古典学派显得无能为力，近代学派的刑法理论便应运而生。近代学派又分为人类学派和社会学派。我国的刑法理论通常将其称为刑事人类学派和刑事社会学派，而并不称其为近代学派。

人类学派重视犯罪的生物学原因，其创始人是意大利的龙勃罗梭，故有人又称其为龙勃罗梭学派。代表人物还有菲利、加罗法洛等人，因为该学派主要人物都是意大利人，又被称为意大利学派。

社会学派重视犯罪的社会原因，其创始人为比利时的凯特莱（1796—

1874），他在1869年出版的《社会物理论》一书中指出，犯罪的原因不在于个人而在于社会。犯罪的发生、消灭和增减，莫不受社会的影响，甚至气候的寒暖、年景的丰歉等因素都极大地影响着犯罪。其代表人物有德国的李斯特等，后来，菲利也转入社会学派。

2. 近代学派的主要观点

近代学派都采用“实证”的方法进行研究，即以确定的事实为依据进行研究。其主要观点如下：

（1）犯罪原因论。该学派都注意研究现实社会的犯罪现象，并注重研究犯罪产生的原因。尽管他们的观点、主张不尽一致，但是，在力图揭示犯罪的原因上存在共性。

（2）意思必至论，又叫决定论。该学派主张世间任何事物（件）都毫不例外地受因果法则的支配，犯罪亦然；认为我们身体的要素和社会环境的要素共同左右我们的行为，“而我们绝没有成为意思自由之物”①；旗帜鲜明地反对古典学派的意思自由观点。

（3）社会责任论。该学派主张犯罪人之所以要负担刑事责任，不是因为道义上对他应加以谴责，而是为了防卫社会的需要。明确地反对古典学派的道义责任论。

（4）主观主义，又叫人格主义。该学派认为对犯罪人处以刑罚的重要标准之一是犯罪人的性格。如龙勃罗梭就主张，对犯罪人判处刑罚的轻重，应根据罪犯人身危险性的大小来决定。坚决地反对古典学派的客观主义。

（5）目的刑主义。该学派主张刑罚不是对犯罪的报应，而是对一定目的的追求。认为刑罚是以预防再犯、防卫社会为目的的。明确反对古典学派的报应刑主义。

（6）保安处分论。这是近代学派主张的预防犯罪的方法。比如，菲利在1921年起草的《意大利刑法典草案》中，就取消了刑罚于责任的概念，而代之以“危险性于制裁”。他认为，作为镇压手段的刑罚具有一种消极的作用，应该采用刑罚的替代措施即保安处分。

我们认为，对于近代学派必须实事求是地加以评价，既要认识到它的理论本身的缺陷，如犯罪原因论在总体上的不科学，又要看到其合理的因素以及对近代刑法与刑罚的发展所产生的积极影响，如着力于犯罪原因的研究并揭示犯罪的社会原因。

---

① ［意］恩里科·菲利：《实证派犯罪学》，许桂庭译，商务印书馆1936年版，第20页。

（二）社会防卫论促进了社区矫正思想的发展

1. 社会防卫论

社会防卫论的主要观点如下：

（1）龙勃罗梭的社会防卫论。他强调刑罚替代措施对犯罪人行为的矫治，主张刑罚的正义在于因其他人可能随后实施的行为而处罚，不在于因某人已实施的行为而处罚。在他看来，报应、威慑都是空话，刑罚存在的唯一根据就是防卫社会。“我们的前人曾经竖立过耻辱柱，割去犯罪人的耳朵和鼻子，搞五马分尸，把人扔进油里或滚水中，把灼热的铅液滴在罪犯的脖子上，从活人身上割去腰肌。但是，结果又怎么样？出现了更多、更残酷的犯罪。因为刑罚的频繁和严峻使人变得麻木”①。

（2）菲利的社会防卫论。针对道义责任论“责任的本质是道义的非难……因而应对（犯罪）行为进行道义观念上的评判，并让行为人负担一定的刑事责任”② 的主张，菲利强调刑事责任的本质是防卫社会。他认为，对于实施犯罪行为，具有刑事责任能力的人，应给予刑罚处罚；对于实施犯罪行为，没有刑事责任能力的人如精神病人、幼儿，也应给予防卫社会的处分，只是这个处分不是刑罚，而是保安处分。他不仅提出了刑罚替代措施，还提出了建立实证社会防卫制度的基本标准。他指出，“可以将上述基本标准（建立实证社会防卫制度的基本标准）归纳成下列三类：①不确定罪犯隔离时间；②具有公共和社会性质的强制赔偿；③对各种罪犯都适用防卫措施”。③ 晚年的菲利还提出了保安处分与刑罚方法一体化的理论。

（3）李斯特的社会防卫论。理解李斯特的社会防卫论观点，最好的角度就是理解目的性主义的刑罚目的观。他认为，刑罚不是对犯罪行为的事后报复，也不是对其他人的恐吓，而是对那些危险状态的体现者采取的预防措施，具有对犯罪侵犯社会进行防卫的目的。只有“法益保护”或“社会防卫”才是刑罚的目的和刑罚的正当化根据。他还认为，刑罚的另外一个目的是改造和教育犯人，消除其危险性，使之重返一般市民生活之中。

2. 新社会防卫论

进入 20 世纪以后，古典学派与实证学派思想合流。理论界开始探讨熔二者为一炉，形成刑法的基本原则，科学地界定刑罚的价值、功能，促使刑事政策的

① ［意］切萨雷·龙勃罗梭：《犯罪人论》，黄风译，中国法制出版社 2000 年版，第 325 页。

② 马克昌等主编：《刑法学全书》，上海科学技术出版社 1993 年版，第 631 页。

③ ［意］恩里科·菲利：《犯罪社会学》，郭建安译，中国人民公安大学出版社 2004 年版，第 271 页。

发展进入一个崭新的阶段。

很多教科书或者学者认为，新社会防卫论以格拉马蒂卡和安塞尔为代表。其实，二者的区别是很大的。

意大利学者格拉马蒂卡，针对在战争时期被忽视的对人的尊严的保护及对个人的尊重，在“二战”后日益得到世人普遍关注的现实，大力倡导“社会防卫”运动，提出以“社会防卫法”取代“刑法”；倡议用“反社会性”“反社会性的指标及其程度”等概念替代“犯罪”“刑罚”等概念；主张社会防卫的最终目的不是对其行为加以制裁，而是使反社会的人适应社会秩序，进而复归社会。被人称为“激进的社会防卫论”。

法国学者马克·安塞尔针对格拉马蒂卡的激进主张，提出了“新社会防卫论”。他强调，应该根据健全的刑事政策修改刑法，使社会防卫运动统一到刑法之中，以保障复归社会者的自由与权力。他特别强调国家具有使犯罪人复归社会的义务；犯罪人具有复归社会的权利。

马克·安塞尔的“新社会防卫论”主要观点包括以下几点：(1) 刑事政策的基础在于保护个人，犯罪人也具有“再社会化的权利”，由此承认了“人权”的存在。(2) 对于刑罚和保安处分的关系，他认为应该采取有效地组织与犯罪的斗争（预防累犯）的所有手段，刑罚与保安处分同样起作用；抹杀刑罚，只用治疗性、改善性处分来代替是完全不必要的。(3)“责任论”的存在是“社会防卫论”存在的前提。责任是人与生俱来的责任观念，它包括“责任的感觉”和“责任的意识”。责任的感觉是所有人都有的，但责任的意识却不是。大部分犯罪人缺乏或减弱了这种意识，使犯罪人恢复这种意识是“新社会防卫论”的刑事政策的重要课题。(4) 刑事诉讼程序中还必须进行更彻底的人格调查，为此有必要对传统的刑事诉讼程序进行若干修改。

马克·安塞尔所倡导的新社会防卫论，在西方国家的刑事政策的实际工作者、犯罪学者、刑法学者等广大阶层中，获得了众多的赞同。可以这样说，新社会防卫论，就其本质而言是对社会防卫论进行了必要的修改，但这一理论所提示的思想是可以超学派通用的。因为新社会防卫论是一场思想运动，而不是追求创立一种教条。它作为一场运动，现在正以国际规模向前发展。

3. 新社会防卫论简评

新社会防卫论坚决反对传统的报复性的刑罚，主张超越刑法建构对犯罪的控制与反应。但是，它并不否定个人的权利，而是积极主张保护个人的权利和自由，充分尊重人的价值。一定意义上说，新社会防卫思想是现代意义的刑事政策，它超越刑法学狭隘的规范的界限，也超越犯罪学的纯理论研究或者说对策研究阶段，更接近刑事政策学本身，立足于刑事一体化的视角关注犯罪、刑事责任与刑罚，从优化刑法机制的角度来思考犯罪防控。新社会防卫思想在思考各国治理犯罪的方法、措施，批判性地研究犯罪及其对策，在维护社会安定和个人权利自由之间寻求合理的协调方式。

我们认识新社会防卫思想，不能把它视为一个单纯的刑事政策学派或者思潮。它是一项刑事政策的思想运动、立法运动和改革运动。新社会防卫运动的滥觞，标志着现代刑事政策进入鼎盛时期。刑事政策开始主导国家和社会组织对犯罪的反应与控制。新社会防卫运动的产生、发展与重大国际组织如联合国、欧洲议会、联合国经济与社会发展理事会、世界卫生组织有重要联系。联合国就有相应的负责犯罪应对的社会防卫司，而且它被各国广泛接受进而得到全面而深入的发展。从目前来看，英美法系、大陆法系的刑法制度与新社会防卫思想都有密切联系，如缓刑假释、监狱改革、社区矫正。我们现在还在探索新社会防卫思想及其实践，对它的局限性正在不断认识和不断克服。目前显现的是，如何处理尊重个人权利自由与防卫社会的紧张关系？二者的冲突如何化解？应当说，刑事古典学派重视个人权利的保障，而刑事实证学派重视防卫社会的需要。新社会防卫论则寻求在两者之间的平衡，一定意义上它偏重犯罪人的复归社会。从国际社会来看，日益严重的青少年犯罪、有组织犯罪、跨国犯罪和国际恐怖主义活动迫使各国重新恢复对严重犯罪的严厉的法律制裁。新社会防卫论偏重犯罪人复归社会的权利、轻视对犯罪实施必要的惩罚。正如马克·安塞尔指出：这场重要的使刑事司法制度人道主义化和非刑罚化的运动，在其发展的最后阶段与犯罪本身的变化产生了对立。这一冲突有赖于刑事政策思想的进一步发展。

二、国外有关学说

（一）教育刑理论

19 世纪前，在报应主义理论的指导下，重刑主义、监禁刑无疑是理所当然的最佳选择。19 世纪后，随着刑事人类学派的兴起和刑事政策学的滥觞，刑事法学者逐步重视对犯罪人的研究。刑法演进的历史表明，刑法理论沿着两条主线发展着：一是强调客观之罪，注重报应之刑，学界称为客观主义的刑法理论、刑事古典学派、旧派；二是强调主观之罪，注重教育之刑，学界称为主观主义的刑法理论、刑事近代学派、新派。

教育刑理论把刑罚当作教育犯人的一种方法，认为人的可塑性很大，在一定的条件下既可以为善，也可以作恶，必须扩大教育力量、巩固其为善方面，缩小、防止其作恶方面。对于违法犯罪者，必须加强教育和矫正的力度，使其弃恶从善，重新做人，并防止再犯。因而，为达到教育和改造犯罪人的目的，就应当选择各种适宜的方法，不仅运用监狱的措施，而且广泛施用监外的处遇方法；在其获释后的一段时间内，对其进一步加强教化保护，真正起到巩固行刑成果和预防再犯的作用。

教育刑理论由以李斯特为首的刑事社会学派创立。一般来说，教育过程是从根本上培养造就被教育人从事社会生活的过程。教育刑理论可以说是培养、造就罪犯回归社会从事正常社会生活所依据的理论基础。人适应环境生存的同时被生存环境所塑造。罪犯不是天生的犯罪人，往往是由于不良因素的影响才走上犯罪道路的。人具有很大的可塑性，绝大多数罪犯都可以通过教育感化改造成守法公民。因此，在刑罚执行过程中贯彻教育刑理论，对罪犯重新找到正确的人生观和社会生活方式有很大的帮助作用。从教育罪犯改邪归正的角度看，可以说教育刑理论是现代社会行刑社会化的重要理论基础。

（二）深化的复归理论

19 世纪下半期和 20 世纪上半期是复归理论占统治地位的时期。复归理论认为，所有罪犯都是可复归的；监狱是一个提供矫正罪犯的富有建设性的地方，而不是一个惩罚罪犯、剥夺犯罪能力的场所。有学者在此基础上反思和检讨复归理论及其在实践中的作用，延伸和深化了有关理论，认为“将一个人数年之久关押在高度警戒监狱里，告诉他每天睡觉、起床的时间和每日每分钟应做的事，然后再将其抛向街头并指望他成为一名模范公民，这是不可思议的！”① 因此，“矫正的任务包括在犯人和社区之间建立或重新建立牢固的联系，使罪犯归入或重归社会生活中去，恢复家庭关系，获得职业的教育。就广泛的意义而言，即在于为犯人在社会政党生活中获得一席之地提供帮助。这不仅要求必须努力改变每一名罪犯——这一点曾经是复归模式的唯一目标，而且还需要发动和改造社会及其各类机构”②。

犯罪是社会多种因素综合作用的产物，改造罪犯必须使其置于由多种社会关系构成的特定环境中，从事多方面社会实践的体验。在罪犯复归社会前后，只有充分调动社会一切积极因素，合力救助、教育改造和防范犯罪分子，才能保证和巩固刑罚执行的效果，确保行刑目的的实现。由此可见，从依靠社会力量教育改造、防范罪犯的角度，深化的复归理论是行刑社会化重要的理论基础之一，正是复归理论的延伸和深化促成了行刑的社会化。

（三）刑事补偿理论

正如贝卡利亚所言：“有些人免受刑罚是因为受害者方面对于轻微犯罪表示

① ［美］克莱门斯·巴特勒斯：《矫正导论》，孙晓雳等译，中国人民公安大学出版社 1991 年版，第 130 页。

② ［美］克莱门斯·巴特勒斯：《矫正导论》，孙晓雳等译，中国人民公安大学出版社 1991 年版，第 22 页。

宽大为怀，这种做法是符合仁慈和人道的，但却是违背公共福利的。受害的公民个人可以宽免侵害者的赔偿，然而他难道也可以通过他的宽恕，同样取消必要的鉴戒吗?！使罪犯受到惩罚的权利并不属于某个人，而属于全体公民，或属于君主。某个人只能放弃他那份权利，但不能取消他人的权利。”① 因此，犯罪行为侵犯了直接受害人与社会的利益。按照刑事补偿理论，使罪犯受到惩罚的权利并不属于某个人，而属于全体公民。在判令罪犯对犯罪行为的直接受害者进行补偿的同时，还应判令犯罪分子对社会进行补偿。但传统的执行方法很难对社会做补偿，只有在社区矫正的情况下，犯罪分子为社区提供无偿或低酬的社区公益性劳动，或参加社会化生产等，才具有社会补偿的性质。由此可见，从补偿社会的公正角度，行刑社会化与刑事补偿理论相符合，而且刑事补偿理论是其坚实的理论基础之一。

（四）行刑经济化观念

行刑经济化讲求以最小的投入来获得有效的预防和控制的最大社会效益。这一观念与行刑社会化有着密切的联系，尤其是经济学分析方法引入法学、社会科学领域之后，经济分析法学成为当今法学理论的一个重要流派，行刑的经济化观念也正是这一法学理论在行刑过程中的充分体现。行刑的经济化成为当今行刑社会化理论与实践所不得不考虑的因素。

当然，行刑经济化不能背离罪刑法定和罪责刑相一致的原则。对于犯罪行为作出“经济化”考虑的同时，应当依照法律的规定，绝不能无限扩大。行刑经济化是有严格规定的：要求首先考虑可否适用非监禁刑，如果依照事实和法律不适用，则考虑可否适用缓刑、假释等；对于必须适用自由刑的，也要求尽量适用短的刑期，以便留给罪犯重返社会的最大机会。行刑社会化既保持了定罪量刑的严格标准，在客观上又减少了入狱人数，降低了监禁刑的副作用，有利于将罪犯早日改造成功、重返社会。这样既合法又“经济”，充分体现了行刑效益。可以说，行刑经济化观念是行刑社会化的理论依据之一。

上述诸多理论学说和思想观念在不同时期、不同国家先后为行刑社会化的实践提供了理论支撑；同时这些理论一旦产生之后又相互影响，彼此作用，进一步强化了行刑社会化的合理性根基。因而从沿革意义上，上述四种理论共同构成了行刑社会化的理论基础，但是具体到一国，上述理论是否都可以直接作为本国实践行刑社会化的理论基础，则还需要有一个具体问题具体分析的态度。

---

①［意］贝卡利亚：《论犯罪与刑罚》，黄风译，中国大百科全书出版社1993年版，第59页。

三、我国的理论基础

关于我国行刑社会化的理论基础，我们认为大致可以概括为以下几点：我国长期实行教育改造罪犯的方针政策，是对刑罚人道化思想的贯彻和体现。刑罚人道化思想是我国教育改造罪犯、使之顺利回归社会成为守法公民所一贯遵循的原则，是行刑社会化基本的理论基础之一。我国政府一向重视对犯罪分子的教育改造，坚信劳动创造了人和人类世界，强制罪犯劳动、接受监督的本身就是思想教育的过程，体现了与西方国家的教育刑理论的不同之处。我国监狱法所规定的依靠社会力量改造罪犯的原则，就是行刑社会化的具体体现。通过建立监所内部与社会各方面的联系，或依法在一定条件下将罪犯放到监所外执行刑罚，使被释放者缩短与社会的距离，尽快适应社会，也让社会在短期内接受被释放者以巩固刑罚执行的效果。

我国监狱实行“惩罚与改造相结合，以改造人为宗旨”的工作方针，“将罪犯改造成为守法公民”“以改造人为宗旨”的本质决定了行刑的社会化。而且犯罪是在社会多种因素支配下产生的独特社会现象，罪犯来自社会又必须回归社会，因而救助、矫正罪犯和教育改造罪犯，必须使其置身于由多种社会关系所构成的特定社会环境中，从事多方面社会实践的体验，最终融入社群生活之中。同时，监狱改造罪犯必须适应快速发展的社会，适应社会主义市场经济对人们的需求变化，这就需要依靠社会力量对罪犯进行教育改造和防范，在其复归社会前后，都要坚持社会化原则。行刑社会化为罪犯提供了亲自接触社会、适应社会的机会，并能逐步使他们重新参与社会、顺利地回归社会，成为适应社会规范的劳动者。行刑社会化在这样的情况下实际上已经成为当代社会尤其我们国家刑罚执行中的一项重要原则。

第二节　社会学、心理学理论在社区矫正中的应用

一、社会互动理论

社会互动就是人与人、个人与群体、团体与团体之间为了满足某种需要而进行的交互作用和相互影响的活动。社会互动是一种人与人之间的关系，只不过是一种动态关系。社会互动，首先，交往者双方相互沟通的过程。交往双方通过交往彼此交流感情与信息。例如，男女两人之间的恋爱，这是一种社会互动。通过

交往，他们都可以获得对方的年龄、政治面貌、家庭状况、经济收入等信息；还可以增进感情，由彼此相互好感到相互倾慕，再到相互爱恋。其次，社会互动是一个相互作用的过程，交往者双方能够相互影响。

社会互动不仅指个人与个人之间的相互作用，也指群体与群体之间、国家与国家之间、民族与民族之间的相互沟通、相互了解、相互作用，还包括个人与集团之间的相互作用。公司之间的协作与竞争、国家领导人之间的相互会见与友好访问、国与国之间的战争等都属此列。

符号相互作用论是一种解释人们相互作用的发生、作用方式与特征，强调人类交往中的象征、符号和意义的重要性的理论。这种理论认为人们相互作用得以发生的媒介是符号。人们通过运用大家都能够懂得的、表达共同意义的符号进行交往与沟通。

符号相互作用论强调人类创造和运用符号的能力。人与动物的区别之一就在于人能够运用创造出来的符号来表示客体、思想和生活中的各种事物。比如，象征符号创立以后，人们交往时不再直接指具体的椅子、树或其他东西，而是建立椅子等的一般概念。当人们提到这个概念时，彼此都明白它是指不同于桌子的可以坐的物体。象征符号的运用使人们的交往不只局限于此时此地的直接交往，而且可以在时空相距很远的情况下进行。人类利用符号相互作用的能力意味着人类生存的世界不仅仅是一个自然的世界，而且是一个被设计出来的符号世界。

美国社会心理学家米德是符号相互作用论的开创者。他不仅提出了这一理论的基本假设，而且对人类创造和使用象征符号的能力进行了深入分析。米德指出，人类的相互作用是为享有的文化意义所规定的；而许多文化意义是用符号象征的，如旗杆上一块带颜色的布象征某个国家。中国银行的行徽，它的外观像一枚古钱币，象征着中国银行历史悠久；中间是一个中字，象征着它是国家银行；外围是一个圆圈，象征着中国银行是一家面向世界的涉外银行。在人们日常生活中，大家都在不断地学习各种符号的象征意义。在米德看来，人类的相互作用就是以共有意义的象征符号为基础的行为过程。

布卢默对符号相互作用论作了进一步的阐发。他用三个基本原理总结了符号相互作用论的观点：第一，人们是根据他们赋予客观事物的意义来决定对他所采取的行动的。第二，人们所赋予事物的意义是社会相互作用的结果。第三，人们在交往时对所处的环境总是不断地进行一种内部的解释，以便决定下一步的行动。

对符号相互作用论作出贡献的另一位美国社会学家叫托马斯（W. L. Thomas，1863—1947）。他强调个人主观的情景定义在社会互动中的作用。他认为人类行为不是对环境刺激的简单的反射反应。相反，在刺激和反应之间，通常要插入一个主观定义的过程。人们在相互作用的过程中，并不是完全依赖彼此的行动而产生反应，而是依据对彼此行动所作的主观解释而进行反应。由于人们对情景的定义不同，因此相同的情景所引起的反应也不同。正如托马斯所说，“行为的任何自我决定的活动的开始，总是有一个考察阶段，即可以称为情景定义的一个审慎考虑的阶段”。因此，情景定义是指人们在行动前对所处的既定环境或在交往前对将要面临的情景所做的主观解释。这种解释不仅影响交往的方式、手段，而且影响交往的程度和结果。

一般来说，在社会认可的情景定义和个人的自我定义之间总存在差异。为了缩小个人定义与社会定义、主观解释与客观情景的实际差异，人们在社会化的过程中逐步学习并领会他们可能遇到的典型情景的标准文化定义。这样，每个人的主观解释并不是凭空想象，总是受到他们的社会和文化环境的制约，总是以个人所处社会、文化的总的评价作基础。

托马斯的情景定义可以用来解释为什么在不同的文化环境中被社会化了的人并不以相同的方式对同样的刺激作出反应。这说明人们行为的差异不仅根源于不同的文化环境，而且涉及人们对环境所做的不同定义。如果说马克思的社会互动理论侧重于从宏观层次上分析社会互动产生的条件及原因的话，那么，符号相互作用论则侧重于从微观层次上分析社会互动产生的机制及心理基础。

二、标签理论

标签理论是以社会学家莱默特和贝克尔的理论为基础而形成的一种社会工作理论。这种理论认为每一个人都有“初级越轨”，但只有被贴上“标签”之后，初级越轨者才有可能走上“越轨生涯”。一个人是否被贴上“标签”，是与周围环境中的社会成员对他及其行为的定义过程或标定过程密切相关的。因此，社会工作的一个重要任务，就是要通过一种重新定义或标定的过程，使那些原来被认为是有问题的人恢复为“正常人”。

（一）标签理论的基本内容

1. 对越轨行为成因的重新解释

社会越轨，亦称越轨行为、离轨行为或偏离行为。较为一致的解释是指社会成员（包括社会个体、社会群体和社会组织）偏离或违反现存社会规范的行为。然而，为什么会产生违背社会规范的越轨行为呢？则各家之见解大相径庭。

张德胜归纳各种解释越轨行为的理论，提出越轨行为的成因有三：其一，越轨行为是病态的产物。在个人病态方面，有先天的生理缺陷论，有后天的社会化不良论；在社会病态方面，则有越轨次级文化论、社会解组论、社会失范论、社会制度论。其二，越轨行为是适应的手段，又可分为不自觉的心理自卫（包括挫折侵犯论、反应形成论、自我增进论）及自觉的理性决定论。其三，越轨行为是界定的结果，又可分为个人界定（包括差异结合论、化解论）与社会界定（是标签理论的界定方式）两种。

贝克尔采用社会界定的观点来解释越轨行为的成因，有其历史背景的因素存在。20 世纪 60 年代的美国社会，保守的思想渐渐失去力道，和谐的理论也不再深入人心。代之而起的是激进、反叛的冲突理论。不满现实的人群乃群起离经叛道，作出许多不见容于传统的行径出来。同时，在 20 世纪 60 年代早期，吸食大麻是一种亚文化中的边缘行为，而不是像现在一样是一种生活方式的选择。贝克尔发现，一个人是否吸食大麻，取决于他对亚文化的接受程度、与有经验的吸食者的关系密切程度和他对非吸食者的态度。贝克尔目睹诸如吸食大麻等越轨行为，更坚实了他用标签理论来加以解释越轨行为的信心。

从社会界定的观点看，越轨行为并非先天的性格使然，也非社会化的结果。过去的人从生理学、心理学等观点来看越轨行为，皆难免有以管窥天之失。标签理论企图把注意的争点由越轨行为本身移转到它们如何被人界定，以及社会尤其是具有控制能力的机构对它们如何反应。贝克尔认为，社会的反应（尤其是公开地贴上标签）才是越轨行为的成因。贝克尔在《圈外人》一书中写道："社会团体经由指定规范同时创造越轨，因为奉行规范的反面即是越轨。应用规范来界定某些人，并指称他们为圈外人。越轨不全是个人品质所决定的，而是他人应用规范及制裁于违反者的结果。越轨者是那些被武断地指称为越轨的人，而越轨行为是被扣上越轨这顶帽子的行为。"

依据贝克尔的观点，世界上并无"越轨行为"的本身，而是人们通过社会规范界定之后，某种特定行为才成为越轨行为。社会团体制定了规范，并把破坏规范的人界定为越轨行为者，然后再以标签将他们公开地标示为"越轨者"，从而使"圈外人"踏上"越轨生涯"。因此，标签理论认为越轨行为的成因来自社会反映，越轨行为是被社会建构而形成的。

2. 标签的张贴是有选择性的

贝克尔认为并非所有的越轨行为皆会被贴上标签。换句话说，标签的张贴是依人、依事、依地、依情况而有所差异的。例如，赤身裸体本身并没有什么不妥，其是否越轨要看地点而定，在自家的卧室、浴室里，没有人会因不穿衣服而受到指责；但在公共场所，不穿衣服便会遭到指责、斥骂。又如，虽然法律上规定杀人是刑事犯罪，但士兵在战场上，或刽子手在刑场上，杀人则不视为犯罪。由此可见，越轨行为的界定取决于特定的时空和特定的情况，不可一概而论。这一点正好印证了越轨行为是通过社会反映而界定出来的观点。

贝克尔进一步指出，同样的行为或事件在一些社会中被视为正当的，而在另一些社会中则被视为问题；就是在同一社会中，对于同样的现象，人们也会贴上不同的标签。为什么会有这种区别呢？贝克尔在解释这种现象时引入了一些冲突论的思想。他指出，原因在于贴上不同的标签会分别有益于不同社会中的社会势力，或有益于同一社会中的不同社会势力。贝克尔认为，那些凭借权力占据了统治地位的集团可以通过贴标签、宣布被统治者为“越轨行为者”，来歧视、控制和镇压被统治者。因此，这种贴标签经常是不公平的。例如，在美国同属超速违规的刑事案件，警察对白人医生的儿子超速及对黑人超速的认定可能会有不同，通常对黑人的处罚要比白人医生的儿子重。因此，贝克尔说：“越轨行为的认定，是行为者与反应者之间互动的结果。”这是符号互动论的基本主张。他们重视的是行为的磋商过程及互动的效果。

综上所述，标签理论认为标签的张贴是有选择性的，这主要表现在两个方面：（1）标签的张贴因人、因事、因时间的不同而有所差异；（2）标签的张贴的选择性表现在标签的张贴在社会阶层中的不公平，社会的弱势群体更容易被张贴上标签。

3. 越轨行为的养成是一种被辱的过程

标签理论突出地强调越轨是相对的，集中探究的是越轨行为的过程。标签理论者把越轨行为理解为越轨行为者和非越轨行为者之间的一种互动过程，而不是个人或群体所具有的一套特征。

在《社会病理学》一书中，莱默特将越轨划分为“初级越轨”和“次级越轨”。初级越轨，即偶尔卷入违反社会规范的行为，并未对个人的心理形象和社会角色扮演发生持续的影响。例如，一个人偶尔向税务机关隐瞒了真实收入，一个小孩偶尔受同伴怂恿在集市上偷了烧饼，一个人出于好奇而尝了尝大麻是什么滋味，等等。每个人都有初级越轨行为，只不过这类行为中大部分是暂时的、出于好奇的、微不足道的或者是易于掩饰而不被人看见的。正因为初级越轨行为可能不被人觉察，当事人不会认为自己在越轨，同样也不会引起他人的看法。不过，如果这类行为碰巧被某些重要的人发现并被公布于众，情况就会发生急剧的变化。凡有过失的人，更确切地说是那些不幸被发现的初级越轨者，就不得不面对证人，在类似赫·加芬克尔（Harold Garfinkel）的“约定俗成”（又称“贬黜仪式”）下受到指责、训斥、责骂和惩罚。更重要的是，这个人就会被人公开贴上各种越轨者的标签，如疯子、偷税者、婊子、无赖、同性恋、小偷或吸毒者。周围的人会开始根据这一标签对他做出种种反应，如歧视、轻蔑。这样时间一长，初级越轨者就会在有意无意之中接受这一标签，形成新的自我概念，甚至对别人的看法表示认同，认定自己是越轨者，并开始作出相应的行动，表现为次级越轨。所谓的次级越轨，是指卷入违反社会规范的行为，并被其他人标签为越轨而且越轨者本人也这么接受了。一旦越轨标签被进一步证实，越轨行为就会逐渐成为“习惯性越轨”，开始踏入其“越轨生涯”。

在越轨行为的养成过程中，我们要注意到的是越轨者自我形象和自我角色的转变。库利（Charles Horton Cooley，1864—1929）提出的“镜中自我”概念可以解释越轨者自我形象和自我角色的转变。“镜中自我”就是以其他人的看法为镜子来认识自己，也即想象他自己是如何出现在他人的意识中的。这种自我感觉决定于对想象的他人的意识的态度。贝克尔认为，当初级越轨者被权威者或关系密切的人觉察到其越轨行为后，就会被贴上标签，并马上以此标签作为他“最有力的身份”，并且取代了他所有的其他角色，终至产生“自行应验的预言”，使其走上不归路。

实际上，这个越轨行为的标签或身份使个人成为“圈外人”。作为一个“圈外人”，个人再没有选择的机会，只有忍受他人所强加的观念。被迫承担与遵从“越轨者”的角色并表现在行为上。依照贝克尔的看法，越轨身份与越轨生涯的最后阶段，就是个人投入一个有组织的越轨团体，以获得情绪支柱、赞成及鼓励，与其成员彼此认同，而安于越轨行为，提供他继续履行越轨行为的合理化基础。所以，我们认为标签的公开张贴在越轨行为的养成过程中具有重要的催化作用，这是因为被张贴上标签，“圈外人”才受到社会的排斥反应，开始被原先的社会环境所“隔离”，开始在互动过程中形成新的自我形象，并开始扮演“正常的人”所界定的越轨者的社会角色。

由此可见，越轨行为的养成是一个被辱的过程。它的过程大致分为三个步骤：第一步是权威者或关系密切的人对越轨行为的觉察；第二步是越轨者的标签；第三步是越轨群体或越轨亚文化为加入该群体或文化的人提供越轨的社会化支持。一旦经历了这三个步骤，他或她就放弃不了越轨的方式，并回到遵从上来。这样个体就开始了他的越轨生涯，也即接受了越轨亚文化中的越轨认同与生活方式。

（二）标签理论的贡献

标签理论在社会学中是一项崭新的发明。他们重新分析越轨行为的社会成因，并把重点由个人移转到社会的脉络及社会的反应，由规则的破坏者移转到规则的制定者，由接受社会规范及法律为中立的性质移转到它们皆是优势团体为了巩固自己既得的利益所制定的产物。它使我们了解到越轨行为并非少数人的行为，而是普遍存在的现象，但只有少数人会因此而付出代价。这些人往往是弱势团体的组成分子，缺乏磋商能力，容易成为社会的牺牲品。它更使我们了解到一个被社会遗弃的人，所经历的是多么不人道的历程。标签理论的提出，对整个社会来说是一大震撼，不仅为犯罪学者打开了一个新的窗口，也为医学、种族、教育、女性主义等领域找到新的思考点。

贝克尔在1974年一篇名为《重新考虑标签理论》的文章中，对其贡献再加评估。第一，符号互动论者的标签理论认为越轨行为的界定不是一个简单的历程。举例来说，司法人员并非单纯地逮捕、起诉、判刑。如果我们看得够深够远，终会发现他们有时会如此地做，但不是永远如此；会对某些人如此地做，但放过了某些其他人；会在某些地方如此地做，却省去了某些其他的地方。第二，标签理论已注意到“贴标签”所造成的严重后果。尽管越轨行为者必先有某些越轨行为才会被贴上标签，看似罪有应得，但是偶尔犯错并不等于是自甘堕落，标签却阻断了犯错者浪子回头的机会，使人越陷越深，终至不能自拔。第三，标签理论指出社会规则的订定其实是操在优越团体的手里，其游戏规则并非绝对的公平。

（三）标签理论对社区矫正工作的启示

理论的价值不在于它的完美性和学术性，而在于它的实用性。社区矫正工作是一种实务性很强的学科，标签理论在社区矫正工作领域中的价值是巨大的，我们应该深切体会其实用性。标签理论对社区矫正工作有如下启示：

1. 标签理论强调给“越轨者”张贴标签的过程对越轨者的重要催化作用

从“越轨者”被“贴标签”的前后，我们可以深切地体会到“贴标签”是一种反社区矫正工作的行为，甚至是一种不道德的行为。社区矫正工作的目的是社区矫正对象，而不是在先伤害社区矫正对象后再极力地去补救和治疗。所以标签理论对社区矫正工作的第一个启示就是要深刻体会社会的变迁与时代的脉动，抛弃不当的权威观念，重建民主式的社会伦理，尽量避免对社区矫正对象进行张贴标签。

2. 标签理论注重“越轨者”在被张贴标签后的社会反应

标签理论认为社会反应，如冷漠、轻视都会促使越轨者踏上“越轨生涯”。所以在社区矫正工作的辅导过程中，社区矫正工作者不应对不幸被贴上标签的矫正对象另眼相看，表现出轻蔑和嘲讽的态度；同时社区矫正工作者也不应对社区矫正对象表现得太过殷勤，这样会使社区矫正对象认为社区矫正工作者对自己的帮助是一种同情和怜悯，从而确定自己真的是坏人。所以社区矫正工作者在辅导社区矫正对象的时候要采取适中的态度，本着“人人平等”的价值观；否则不适当的工作态度会适得其反地促使社区矫正对象新的不正常的自我形象的形成。

3. 加强社区矫正工作机构的建设，积极发挥其功能

加强社区矫正工作机构的建设，通过社区矫正工作机构，帮助触犯法律的社区矫正对象去面对以前的过失性越轨行为，帮助社区矫正对象重新定义自我形象，摆脱越轨行为的阴影，从而避免遵从大众的指责而踏上“越轨生涯”。

总之，标签理论的可贵在于指出许多原可平安度过一生的人，由于被不幸地

贴上标签，从而踏上万劫不复的“越轨生涯”。标签理论强调的是社会反应对被不幸地贴上标签的社区矫正对象的催化作用。

三、亚文化理论

亚文化，又称集体文化或副文化，指与主文化相对应的那些非主流的、局部的文化现象；指在主文化或综合文化的背景下，属于某一区域或某个集体所特有的观念和生活方式。一种亚文化不仅包含着与主文化相通的价值与观念，也有属于自己的独特的价值与观念。亚文化是一个相对的概念，是总体文化的次属文化。一个文化区的文化对于全民族文化来说是亚文化，而对于文化区内的各社区和群体文化来说则是总体文化，而后者又是亚文化。研究亚文化对于深入了解社会结构和社会生活具有重要意义。那就是在都市处于非中心或者说处于边缘地位的人，共同创造与享有的特殊文化，而且它是相对于主流文化而言的。一般来看，这些文化极少被专业出版物、媒体与展示单位所介绍，甚至也不为专业的文化学者所重视。在外国的历史上，著名的爵士乐与摇滚乐都曾经是亚文化，但随着专业人士与文化学者的不断介入，它们到后来都成了正规文化的一部分。昨天的亚文化可能就是今天的主流文化，今天的亚文化可能就是明天的主流文化。这也表明，所谓正规文化，总是在吸收亚文化的过程中发展起来的。近年来，在世界的范围内，已经出现了研究都市亚文化热的趋势。

亚文化是整体文化的一个分支，它是由各种社会和自然因素造成的各地区、各群体文化特殊性的方面。例如，因阶级、阶层、民族、宗教以及居住环境的不同，都可以在统一的民族文化之下，形成具有自身特征的群体或地区文化即亚文化。

最具代表性的是青年亚文化，代表的是处于边缘地位的青少年群体的利益，它对成年人社会秩序往往采取一种颠覆的态度。所以，青年亚文化最突出的特点就是它的边缘性、颠覆性和批判性。问题在于这种处于破坏、颠覆状态的亚文化容易使涉世未深的青少年产生错觉，从而将全部媒体上的青年亚文化内容当作主流文化来接受，把亚文化宣扬的价值观念当作主流的健康的价值观念来吸收。其实，青少年就是借助使用媒介这一活动来实现对成年人掌控世界的逃避和抵抗。青年亚文化研究的历史可以追溯到20世纪六七十年代，英国伯明翰大学的学者集体撰写了一部叫《仪式抵抗》的著作，对英国工人阶级青少年的亚文化给予了广泛的关注。研究者认为，青少年中流行的亚文化构成了对体现中产阶级价值观的英国主流文化的反抗。在当时的社会情景下，阶级的对立也表现在文化领域，平民阶层的青少年因无法进入主流文化而自创了一种时尚文化，这一文化富有反抗的象征意味。例如，光头仔的行为表面上是在追求一种粗犷彪悍的形象或风格，但在其背后却隐藏着一种意识形态企图。S. 霍尔指出，尽管这种离经叛道的亚文化缺乏明确的政治目标，但它仍是“对一种前革命的社会、政治和组织问题的后革命的文化反应”。“但是，一些亚文化仅仅是在特定的历史时期出现：它们浮出水面，变得可辨认并被贴上标签；它们一度控制公众注意的舞台，然后它们淡出、消失或被广泛传播以至于失去了它们的独特性。这里，正是亚文化结构的后一种，主要与我们有关，无赖青年、摇滚客或光头族的奇特、前卫的着装风格、关注点和环境等等。”迪斯科夜总会、光头党、朋克、嬉皮士、摇滚乐……直至群居、吸毒、同性恋等从文化到生活各个层面，这些一度成为英、美20世纪60年代的一道文化景观。青少年就是通过这些活动来创造新的大众文化形式，因而，这种带有反叛色彩的青年文化具有后现代的倾向。

青年亚文化在当代的变化，突出地表现为那种“充满愤怒”的抗争意识弱化，即反叛阶级、种族、性别主流文化的意识弱化了，取而代之的是以狂欢化的文化消费来抵制成年人文化。

四、社会学习理论

（一）艾伯特·班杜拉（A. Bandura）的社会学习理论

社会学习理论是与犯罪学关系最为密切的行为理论。班杜拉将自己的理论称为社会认知学习理论。班杜拉的社会学习理论主要内容如下：

1. 观察学习

班杜拉认为观察学习包括四个部分，即：

（1）注意的过程。人们要向某个模型学习，就必须集中注意力，准确地感知对方的行为。注意过程一方面与要模仿的对象有关，如其行为的有效性、特点及行为价值；另一方面与观察者本人的特点有关，如其感知的能力、唤醒水平、感知习惯和过去所受过的强化的情况。

（2）保持的过程。人们为了有效地进行模型学习，必须能记得所要模仿的行为。这包括了对象和信息的双重存储，通常要利用言语进行编码。保持的目的是能够重新提取出来并付诸行动。

（3）运动再现的过程。在某些阶段，对所要模仿的行为，其言语信息的呈现需要有一个把它们翻译为有效的行为的过程。影响这一过程的因素有观察者的生理能力，其反应是否已包括了必要的反应成分在内，以及在尝试采用新的行为时是否具有正确的调适能力。

（4）动机建立的过程。学习和操作性行为的一个重要区别是在从事他们所学来的行为时是否具有明显的动机。观察者在下列情况下更愿意通过模仿习得行为：第一，可以得到内部的奖励；第二，内心认为是值得的；第三，已经见到过这种行为给模型带来过好处。

2. 自我调控

随着社会化程度的不断加深，人们对外部奖励与惩罚的依赖越来越少，更多的是依靠自己的内在标准对自己的行为进行奖励和惩罚，即对行为进行自我调控。自我调控包括自我观察、自我评价和自我强化三种成分。人们进行自我评价的标准是怎样获得的呢？班杜拉认为，既是奖励与惩罚的产物，同时也是榜样影响的结果。

为自己制定高标准的人通常都是勤奋努力的人，努力也会带来成就。但同时，要达到高标准也是相当困难的。为自己设立高目标的人，更易体验到失望、挫折和抑郁。为避免抑郁，班杜拉建议把长远目标分成若干子目标。这些子目标应该是现实的、可实现的，当达成子目标时即对自己进行奖励。

3. 自我效能

外在奖赏及榜样对高标准的设定和维持有重要影响是毫无疑问的。班杜拉认为自我控制和坚持严格的成就标准的原始动机来自个体的内心，而非外在的环境。当人们实现了追求的目标时，就会觉得有能力，就会感到自豪、骄傲；如果无法达到标准时，就会感到焦虑、羞愧和没有能力。这种从成功的经验中衍生出来的能力信念叫作自我效能。自我效能影响人们对任务的选择、遇到困难时的坚持性及努力的程度。自我效能信念不仅影响了我们选择什么样的活动，也决定了我们是什么样的人，以及将成为什么样的人。

个体的效能信念主要受到四个方面的影响：第一，掌握的经验。这是形成高效能信念的最有效途径。成功有助于建立较高的效能信念，失败则会降低效能信念，尤其是个体稳定的效能信念尚未建立起来时，失败对效能的负面影响就更大。通过掌握的经验来发展自我效能，并不是运用已经形成的习惯完成任务从而获得成功的体验，而是要运用认知的、行为的以及自我调控的工具来管理不断变化的生活环境。如果人们只体验到简单的成功，就会急功近利，并很容易因失败而气馁。真正能经受住失败考验的效能信念必须有经过持久的努力从而克服困难取得成功的体验。第二，通过观察榜样而得到的替代性体验也能影响个体的效能信念。看见与自己相似的人通过不懈的努力而取得成功，会令人们相信自己也具有掌握活动的能力。同样，观察到别人通过努力而失败也会降低自己的效能信念，并降低动机水平。榜样对个人效能信念的影响主要取决于个体与榜样之间的相似程度，相似性越大，榜样成功与失败的事例越具有说服力；如果榜样与个体很不同的话，个体的效能信念就不会受榜样的强烈影响。第三，社会说服也是增强个体取得成功信念的重要因素。用语言说服人们相信自己具有掌握给定任务的能力，会使个体在遇到困难时付出更大的努力。但是社会说服不仅会提升个体的效能信念，同时也会降低效能信念。不现实地提升效能信念很快会被令人失望的结果所粉碎，使个体放弃努力。所以成功地建立效能信念不只是要传递正面的效能信息，而且要建构带来成功避免失败的情境，并鼓励个体根据自己的进步来衡量成功而不是与他人进行比较。第四，效能信念还部分依赖于进行能力判断时的生理和情绪状态。人们把自己的紧张反应和紧张程度作为表现不佳的信号。正面的情绪能增强自我效能信念；失望的情绪状态会降低自我效能信念。所以可以通过增强身体状态，减少紧张和负面的情绪倾向，以及纠正对身体状态的错误解释来改变效能信念。

（二）巴甫洛夫、华生和斯金纳的学习理论

俄国生理学家巴甫洛夫堪称现代学习心理学之父，他通过对动物条件作用形成过程的研究为学习理论奠定了科学的基础。美国心理学家华生把巴甫洛夫的原则应用于心理学并使其成为心理学的主流。斯金纳（B. F. Skinner）看到了经典条件作用的不足，发展了操作条件作用理论。他们不像其他发展心理学家那样认为发展是内部成熟的过程或受个体的认知结构的制约，而是认为行为乃外部环境塑造而成，儿童的发展是由其所处的环境与教育决定的。

1. 巴甫洛夫的经典条件作用

巴甫洛夫的经典条件作用实验是把一条狗放在一间黑暗的屋子里，打开灯，30 秒后把食物放在狗的嘴里，诱导出分泌唾液的反射。开灯并提供食物，这个程序重复几次后，灯光，这个原本与分泌唾液无关的刺激，也会引起分泌唾液的反应。巴甫洛夫把食物叫作无条件刺激，而灯光是条件刺激，因食物引起的分泌唾液叫作无条件反射，灯光引起的唾液分泌叫作条件反射，整个过程叫作条件作用。

经过实验研究，巴甫洛夫提出了条件作用的几个原则：

（1）条件刺激的呈现应在无条件刺激之前，如先开灯后给食物。巴甫洛夫及其学生发现如果条件刺激在无条件刺激之后呈现，很难对动物形成条件作用。其他的研究则发现条件刺激在无条件刺激呈现之前的 1 ~ 5 秒呈现，最易形成条件作用。

（2）消退。条件作用的形成并不是一劳永逸的。如果只呈现条件刺激，而不伴随无条件刺激，几次以后，动物将不会再作出条件反应，即反应消退了。

（3）刺激的泛化。条件作用的形成往往是针对某一特定刺激的，但是动物有能力对与条件刺激相似的一些刺激作出条件反应。如狗被训练对某一声调的铃声作出条件反应后，它也会对不同声调的铃声作出反应。这种现象叫作泛化。

（4）分化。泛化最终让位给分化的过程。如果继续呈现不同音调的铃声而不伴随食物，狗就开始更有选择性地作出反应，只对与最初的条件刺激最相似的刺激作出反应，这叫作刺激的分化。

（5）高级条件作用。当条件作用形成后，可单独用条件刺激与另一中性刺激建立起联结。如巴甫洛夫的学生曾用铃声建立起狗的条件作用，然后在铃声出现时伴随着一个黑色的方形，几次以后，黑色的方形独自也可以引起狗分泌唾液。这种情况叫作二级条件作用，巴甫洛夫发现有时甚至可建立三级条件作用。

2. 华生的环境决定论

华生是把学习理论的原则应用于儿童发展问题研究的最主要的心理学家。他认为儿童是被动的个体，其成长决定于所处的环境。儿童成长为什么样的人，教育者负有很大的责任。当他读到巴甫洛夫的研究成果后，开始认为经典条件作用的原则不仅适用于动物，人类的大部分行为也服从经典条件作用原理，并致力于儿童情绪的研究。

华生认为婴儿出生时只有三种情绪反应：恐惧、愤怒和爱。引起这些情绪的无条件刺激一般只有一两种，但是年长的儿童可以对很多的刺激产生这些情感反应，因此对这些刺激所产生的反应一定是习得的。例如，华生认为对婴儿来说只有两种无条件刺激可以引起恐惧，一种是突然的声响，另一种是失去支持物（如从高空落下）；但年龄大点儿的儿童对很多事物如陌生人、猫、狗、黑暗都感到恐惧。对这些事物的恐惧一定是习得的。例如，一个小孩对蛇的恐惧是因为当他看到蛇时听到了尖叫声，蛇因而成为一种条件刺激。华生等以一个 11 个月大的小男孩为被试，看能否通过条件作用让他对小白鼠产生恐惧。实验之初，小孩对小白鼠并不害怕，但经过条件作用后，小孩发生了很大变化。实验过程如下：在小白鼠出现在小孩面前的同时，在小孩的背后用力击打一个物体发出巨响，引起孩子的惊吓反应。反复几次后，当只有小白鼠出现时，小孩也表现出害怕、逃避的反应。几日后，小孩对所有带毛的物体如狗、皮毛大衣等都感到害怕。可见，他的恐惧已经泛化。

华生的研究在实践中一个主要的应用是发展了一套对恐惧进行去条件作用的方法。这种方法在当代来说即是一种行为矫正或称为系统脱敏法。这个研究是针对一个叫皮特的三岁小男孩进行的，他是一个健康活泼的孩子，但对兔子等动物感到害怕。华生等为消除其恐惧采用了如下程序：在皮特喝下午茶时，将关在笼子里的兔子放在距离皮特较远且不会对他产生威胁的地方；第二天，将兔子拿到较近的距离，直到皮特感到一丝不安；接下来的每一天，兔子都被移近一点儿，但在实验者的关照下，并不会给皮特带来太多的麻烦。终于，皮特可以做到一边吃东西一边与兔子一起玩。用同样的方法，心理学家消除了皮特对其他物体的恐惧。

基于经典条件作用理论，华生对养育孩子也提出了独到的见解。他认为父母应避免拥抱、亲吻婴儿，因为这样做很快就会让婴儿把看见父母与纵容的反应联系起来，就不会学习离开父母独自探索世界。他主张把孩子当成小大人般对待，用良好的方式训练他们，从而使儿童从小养成好的习惯。

3. 斯金纳的操作条件作用

从学习理论的观点看，经典条件作用似乎只限于对某些反射或先天的反应进行条件作用。对于人们是如何学习复杂的技能及进行主动学习的，经典条件作用很难进行解释，于是心理学家开始研究其他形式的条件作用。斯金纳就是其中最有影响的一位。同华生一样，他也是一位行为主义心理学家，但他研究的条件作用并不是巴甫洛夫式的。在斯金纳看来，巴甫洛夫所研究的反应其实是一种应答，是由刺激自动引起的，大多数这样的应答都是简单的反射。斯金纳感兴趣的是操作性的行为，是对环境的主动操作。个体在环境中可能有多种反应，哪些行为保留下来或更可能再次发生，取决于行为发生之后所得到的强化。

为了研究操作性条件作用，斯金纳发明了一种仪器，叫作斯金纳箱。动物在里面可以自由活动，当它无意中压了杠杆时，会得到食物作为奖励。以后，动物就会更经常地挤压杠杆。反应的比率作为测量学习的指标，当反应受到强化时，它发生的比率也会增加。

斯金纳认为，操作性行为在人类生活中比应答性行为扮演更为重要的角色。如读书并不是由某一具体刺激引起的，而在于读书曾给我们带来的结果。如果读书得到的是奖励如好成绩，人们就更可能投入这种行为。因此行为是由其结果决定的。

操作性行为的保持及去除与强化有直接关系，因此如何对行为进行强化就显得至关重要。形成操作性条件作用应注意以下原则：

（1）强化与消退。可充当强化的事物有很多，有些强化如食物或去除痛苦叫作一级强化，它们本身就带有强化的属性。有些强化如成人的微笑、表扬或注意则是条件性强化。它们的效能取决于与一级强化的联结频率。当行为得不到强化时，就会渐渐消退。例如，有些孩子的讨厌行为仅仅是为了得到成人的注意，如果对这些行为不予注意，这些不受欢迎的行为就会逐渐消失。

（2）及时强化。对反应及时给予强化，它才会保留下来。这一点对教育孩子有特别重要的意义。对好的行为及时表扬，这种行为再次发生的可能性就高。如果强化延迟了，行为将不会得到加强。

（3）操作性行为的获得并不是按照“全或无”的法则进行的，通常是逐步学会的。儿童的行为获得也是如此。当儿童的行为向正确的方向发展时，就会得到强化、肯定，并对他提出进一步要求，每取得一定的进步都会得到强化，通过这种方式，儿童最终掌握了完全正确的行为。

(4) 强化的时间安排。人们的日常行为很少受到连续强化，大多是间歇强化，如并不是每次看电影都会感到赏心悦目。间歇强化的不同安排会有不同的效果。一种安排是固定间隔式，即每隔一段时间给予一次强化，这种安排下的反应速度是相当低的。另一种安排是固定比率式，即反应每达到一定的次数就会获得奖励，这种安排能带来较高的反应速度。但这两种安排在有机体得到强化后都会表现出一个反应安静期，仿佛他们知道距下一次强化还远着呢！这种安静期可以通过不定期强化或不定比率强化得到避免。前者是将奖励的时间间隔进行灵活变动，后者是将能够得到奖励的反应次数设为可变的。在这两种情况下反应的速度都相当快，之所以能保持反应是因为奖励随时都可能来。间歇强化形成的行为要比连续强化获得的行为更不易消退。当我们希望教会学生一个好的行为时，最好由连续强化开始；但是要想使行为保持下去，最好使用间歇强化。

(5) 负强化和惩罚。前面提到的强化都是正强化，强化意味着提高了反应的速度或可能性。正强化是通过给予一些正面的结果如食物、表扬、注意的方式加强行为；负强化是通过去掉某些不好的、不愉快的刺激令反应得到增强。例如，学生为了避免受到教师的批评而认真学习，教师的批评就是负强化。负强化与惩罚不同。惩罚不是为了增强而是试图去掉某些行为反应。当发生了某些不好的行为后，给予不愉快的刺激，这就是惩罚。但是惩罚往往不一定有效，并会带来一定的负面的结果。首先，惩罚往往是将不良行为压抑下去，但并没有教导出新的行为。儿童并没有因惩罚而学会更有建设性的行为。其次，惩罚易使人产生怀恨心理，对惩罚者心怀不满，并常常表现出攻击行为。最后，在成人眼里是惩罚，在儿童眼里可能变成奖励。例如，儿童作出不良行为，可能就是为吸引成人的注意，成人加以惩罚，正是对儿童的注意，儿童不但不会改变行为，反而变本加厉。

斯金纳的操作条件理论在实践中主要应用于行为矫正和程序教学。在行为矫正方面，对不良行为给予惩罚或不予注意，对好的行为给予奖励，坏的行为就会逐渐消退，而好的行为就会渐渐保留。程序教学允许学生选择短文，回答问题，然后再按按钮看是否正确。它遵循几个原则：①小步子原则，行为的获得是循序渐进的；②学习者是主动的，这是有机体的自然条件；③要及时反馈。

斯金纳与传统的发展心理学家有以下几个方面的不同：第一，发展心理学家常讨论内部事件，皮亚杰讨论复杂的心理结构，弗洛伊德谈论无意识，这些都是无法直接观察的内部过程；斯金纳认为这些概念使我们远离科学。第二，对于发展阶段的含义和重要性，斯金纳与发展心理学家也不同。例如，在皮亚杰的理论中，阶段是一个关键的变量，是预测儿童可以学习哪些经验的一个指标；但斯金纳认为环境对行为的塑造是以一种渐进的、连续的方式进行的，年龄只是对研究者确定如何塑造或保持行为时有帮助。第三，也是最重要的分歧，是行为变化的源泉问题。发展心理学家认为儿童的思想、情感和行动是来自内部的自动发展过程，儿童的好奇心或内部成熟时间表决定或促进了儿童的发展；斯金纳则认为行为是受制于环境的。

（三）社会学习理论对社区矫正的意义

1. 班杜拉社会学习理论对社区矫正的意义

社会学习理论认为通过观察榜样的行为就可获得学习，因此榜样对人有重要影响。在社区矫正工作中，对社区矫正对象来说，不仅社区矫正工作者、父母、同伴是重要的榜样，大众传媒也是重要的榜样。这就要求社区矫正工作者和父母以身作则，为社区矫正对象树立正面的榜样；同时要注意社区矫正对象与哪些人交往，阅读的书籍、观看的电影、电视、录像是否健康等。

社区矫正对象的行为由外塑而逐渐内发，这既是个体逐渐成熟的结果，也是教育引导的结果。不仅要用各种标准来规范社区矫正对象的行为，更重要的是引导社区矫正对象认同、采纳这些标准，并对自己的行为进行调节，成长为具有自我调控能力的人。

自我效能是一种期望结构，具有动机的性质。社区矫正对象自我效能的高低，影响他对任务的选择、投入、努力的大小及遇到困难时的坚持性。我们应帮助社区矫正对象保持相对准确但却是较高水平的期望和效能，避免让社区矫正对象产生无能的错觉。要培养社区矫正对象具有能力是可变的信念，减少相对能力信息。通过给社区矫正对象布置有相当挑战性但难度又合理的任务，让他们在这些任务上取得成功来提升社区矫正对象的自我效能信念往往比说教更有说服力。

2. 巴甫洛夫、华生和斯金纳的学习理论对社区矫正的意义

尽管人们对行为主义的学习理论有诸多批评，但却不能不承认，时至今日，强化与惩罚仍是社区矫正中社区矫正工作者用来控制社区矫正对象行为的重要手段。作为社区矫正工作者，掌握强化的作用和原则将有助于塑造社区矫正对象良好的行为习惯和矫正社区矫正对象的不良行为。当社区矫正对象表现出好的行为时要及时给予强化加以肯定，但要注意的是，强化应以表扬、微笑等精神性奖励为主，少用物质性奖励，以免使社区矫正对象养成为了获得外在奖赏而自我矫治的习惯。因为心理学的研究表明，外在奖赏可能会降低社区矫正对象的自我矫治兴趣和内在动机。注意了解社区矫正对象行为的真正目的，避免将对社区矫正对象行为的惩罚变成对其行为的强化，以致社区矫正对象的不良行为得以继续保持。鉴于惩罚的负面作用，所以要谨慎使用。

一种在行为主义刺激—反应学习原理基础上发展起来的理论认为人的品德是

在社会环境中学习的。米勒和道拉德以社会刺激（他人的行为）取代了物理刺激，依靠动因—线索—反应—报偿四项模式来说明模仿现象。班杜拉等人主张把依靠直接经验的学习（传统的学习理论）和依靠间接经验的学习（观察学习）综合起来以说明人类的学习。强调人的思想、感情和行为不仅受直接经验的影响，而且也受间接经验的影响。社会学习理论具有以下的特点：强调行为与环境的交互作用。理论的焦点集中在个人为应付环境而习得的行为模式上；强调认知过程的重要性；强调观察学习，认为许多行为模式都是通过观察别人的行为及其后果而学来的；强调自我调节过程，某个特定的行为会产生外在的后果，也会产生自我评价的反应。

社会学习理论认为，行为是通过观察的过程和奖励与处罚的运用习得的。例如，一方面，如果一个社区矫正对象的某种行为受到表扬，那么这个社区矫正对象和其他社区矫正对象就会在将来得到同样的表扬而追随这种行为。另一方面，如果一个社区矫正对象的行为被忽视或者一个社区矫正对象因为行为不当而受到惩罚，那么这个社区矫正对象和其他社区矫正对象为了避免否定的结果，在一定程度上就不会仿效这种行为。

概括而言，社会学习理论展示了一种社会化的过程。个人在社会互动过程中，经由观察、模仿、认同与社会增强作用而学习。社区矫正工作在为社区矫正对象提供专业协助的过程中，也可以运用这个理论以及相应的行为改变技术来实现案主自我决定的原则，促进社区矫正对象自我调适与自我增强，从而改善其社会适应不良状况。

延伸阅读

巴甫洛夫

巴甫洛夫·伊凡·彼德罗维奇（1849—1936），苏联生理学家、心理学家、医师、高级神经活动学说的创始人，苏联科学院院士。1849 年 9 月 26 日（俄旧历 9 月 14 日）出生于俄罗斯的梁赞。

他的科学贡献大致分为三个时期，属于三个领域，即心脏生理、消化生理和高级神经活动生理。他提出了两个信号系统学说。他的高级神经活动学说对于医学、心理学以至于哲学等方面都有影响。

巴甫洛夫从事生理学研究 60 余年，为人类作出了不可磨灭的贡献。巴甫洛夫于 1936 年逝世，有《巴甫洛夫全集》6 卷（苏联科学院出版）传世。

巴甫洛夫在心理学界的盛名首先是由于他关于条件反射的研究，而这种研究却始于他的老本行——消化研究。正是对狗的消化研究实验将他推向了心理学研究领域，虽然在这一过程中他的内心也充满了激烈的斗争，但严谨的治学态度终于还是使他冒着被同行责难的危险，将生理学研究引向了当时并不那么光彩的心理学领域。而后来，该项研究的成果——条件反射理论又被行为主义学派所吸收，并成为制约行为主义的最根本原则之一。巴甫洛夫对心理学界的第二大贡献在于他对高级神经活动类型的划分，而这同样始于他对狗的研究。他发现，有些狗对条件反射任务的反应方式和其他狗不一样，因而他开始对狗进行分类，后来又按同样的规律将人划分为四种类型，并和古希腊希波克拉底提出的人的四种气质类型对应起来。由此，他又向心理学领域迈进了一步。

巴甫洛夫的主要著作有：《心脏的传出神经》(1883)、《主要消化腺机能讲义》(1897)、《消化腺作用》(1902)、《动物高级神经活动（行为）客观研究20年经验：条件反射》(1923)、《大脑两半球机能讲义》(1927)等。

第五章

社区矫正的价值

价值是指事物的效用或意义，是值得人们追求和向往的“善”，它可以区分内在价值和外在价值。社区矫正的内在价值是指社区矫正本身所具有的独立的优秀品质，而社区矫正的外在价值是指其作为刑事执行的一种方式，对于实现刑事执行目标的作用。

第一节　社区矫正价值的多维分析

一、刑罚意义上的社区矫正的价值

现代刑法的基本品质是其矫正和教育，为此，社区矫正通过设定规范，划定社区矫正对象适当正当行为的自由空间，并做到禁止、惩罚社区矫正对象在社区矫正中的违规违纪甚至是违法行为，鼓励、肯定、奖励社区矫正对象的正当行为、公益行为，从而达到维护法律正义、社会正义，增强社区矫正对象社会适应性，转化思想，纠正恶习之目的。因此，刑罚意义上的社区矫正主要体现为使社区矫正对象在社区矫正中具体判断自己适当、正当行为的自由空间提供划一的标准，从而确定自己行为的价值取向，既有价值和无价值。有价值，则为社会所认可、所肯定、所倡导、所接受；无价值，则为社会及社会公众所否定、所批判、所摒弃、所拒绝，并以社会规范为标准，塑造社会认可的自我，在此基础上实现和保障实现真善美的教化，惩治假恶丑，伸张和保障法律的和社会的公平、正义。刑罚意义上的社区矫正本质上是自由的守护神，公平正义的使者和象征，是现代刑法专制、暴行的谦抑性、宽容性的体现。孟德斯鸠曾言：“刑罚是从事物的性质产生出来的，是从理性和善恶的本原引申出来的。”① “如果刑法的每一种刑罚都是依据犯罪的特殊性质去规定的话，便是自由的胜利，一切专断停止了，刑罚不是依据立法者一时的意念，而是依据事物的性质产生出来的；这样，刑罚就不是人对人的暴行了。”② 从这些名家经典的论述来看，社区矫正的发动本身是“良好的刑罚”的结果。它的理论基础是刑罚人权观和教育刑。

二、社会学意义上的社区矫正的价值

从一定意义上来说，社区矫正是防止社会失范、无序的调节器和控制器的组成部分。社会的有序是以社会成员、社会组织的行为适范为标志，而社区矫正对象作为社会成员的一部分，行为是否失范必须依据一定的标准、模式去考量，社区矫正规范便是这种标准、模式的体现。因此，从社会学意义上说，社区矫正实际上是防止社会失范、无序的一种社会规范。

从另外一种意义上来看，社区矫正又是行刑社会化的必然要求和现代刑罚的发展趋势。时任司法部部长张福森在2002年12月26日召开的全国司法厅（局）长会议上提出：“要积极稳妥地开展社区矫正试点工作。”“开展社区矫正试点工作是实行刑罚执行社会化的有益尝试，是对我国现行刑罚执行制度的一个重要补充，是探索完善刑罚执行制度和提高罪犯教育改造质量的需要。”社区矫正工作已作为司法行政工作改革的重要内容，也是社会治理创新的重要举措。这就意味着，由过去完全封闭的、隔离于社会的刑罚执行，向现代化的开放、半开放、社会化的刑事执行方向发展，促进监狱的进一步开放，对部分罪犯进行社区矫正，充分利用社会力量，服务于罪犯的矫正工作。

实践证明，对犯罪者科以一定的刑罚，并将其关进监狱，向社会昭示违法犯罪的后果，这是实现社会正义的需要。但是，监狱里关押的罪犯，由于长期服刑，也带来了许多负面影响，其主要表现之一，就是影响罪犯的社会化，形成罪犯的“监狱人格”，影响其回归社会后对社会的适应。因此，要克服这一问题，就需要罪犯在最大限度的范围内接触社会，要增加监狱的开放度。这是刑事执行社会化的必然要求，也是探索完善刑事执行制度，提高改造质量，减少重新犯罪的需要。③

三、文化学意义上的社区矫正的价值

社区矫正是一种文化现象，是法律文化、矫正文化、管理文化在社区中的体

① ［法］孟德斯鸠：《论法的精神》（上册），张雁深译，商务印书馆1961年版，第191页。
② ［法］孟德斯鸠：《论法的精神》（上册），张雁深译，商务印书馆1961年版，第189页。
③ 连春亮：《社区矫正价值的多维解说》，载《安徽警官职业学院学报》2006年第1期。

现。实践证明，法律现象作为人类发展历史长河中的现象之一，其本身及其将来永远都是人类发展进步过程中所形成的文明成果的组成部分，即法律文化、刑法文化、刑罚文化、矫正文化等。按照马克思主义法学理论："法也和宗教一样是没有自己的历史的。"① 在社会发展的每一个阶段上，在社会交往的历史进程中，都有与其适应的法律形式，法律进步本身是社会发展所形成的文明的重要组成部分，在一定意义上说是社会文明进程的指示器，人类刑罚的变革和进步，无不是体现了人类文明的进步。② 近代西方法学家所提出的罪刑法定、罪刑均衡、刑罚人道三原则，不仅成为刑法的原则，而且远远超出了刑法理论上的意义，更多地具有凝重深厚的社会文明进步的历史文化蕴涵。西方著名法学家庞德指出："法律不仅是通向文明的工具，而且也是文明的产物。法律对过去来说它是文明的产物；对现在来说，它是维系文明的工具；对未来来说，它是促进文明的工具。"③ 为此，我们有理由认为，文化学意义上的社区矫正，其本质是人类文明的组成部分，并以自身文明的进步来促进和体现人类文明的进步和发展。这就是现代意义上的行刑文明化。社会在不断向文明化方向发展，与社会的发展相适应，行刑的文明化趋向也是十分明显的。

四、社区矫正符合经济性原则

从经济学意义上讲，社区矫正本身的存在就是一种社会资源。社区矫正的资源性主要表现在两个方面：一是社区矫正自身运作具有成本效益的核算。因为"首先法律的遵守不是理所当然的。一部分公共资源和私人资源通常用来防止犯罪和逮捕罪犯……其次，法律的执行需要作用于一定规模的资源和惩罚。"④ 因而便存在防止、打击、惩罚、矫正罪犯的直接和间接成本及其控制犯罪运转成本最小化问题。二是社区矫正在对外部社会资源配置效益中的作用。社区矫正从本质上而言是一种制度。通过对社区矫正对象在社区矫正过程中有关权利、义务、责任等内容方面的规则、制度设定和安排，为社区矫正对象的活动范围、权利的行使方式划定清晰的空间和条件，从而使社会资源流向合法的领域，进行合理有效的配置，促进社会发展、进步。

刑法的谦抑性是指我们在选择适用刑罚的方式时，应选择以最小的支出，即少用或不用刑罚或使用其他刑罚替代措施，以获取最大的社会效益，即最优化的

---

① 《马克思恩格斯全集》（第三卷），人民出版社 1956 年版，第 17 页。

② 陈正云：《刑法的精神》，中国方正出版社 1999 年版，第 11 页。

③ [美] 罗斯科·庞德：《法律史解释》，曹玉堂、杨知译，华夏出版社 1989 年版，第 140 页。

④ [美] 加里·S. 贝尔：《人类行为的经济分析》，王业宇等译，上海三联书店 1993 年版，第 55～56 页。

预防和控制犯罪。刑法谦抑思想源于贝卡利亚、边沁和卢梭等思想家的论述。如今随着经济学分析方法和效益观念对刑法的渗透，刑法谦抑的经济原则以其数理逻辑为底蕴，拥有广泛的信服力。

（一）追求实现刑罚效益的最大化

根据经济学分析，犯罪主体作为理性人，其行为的动机都是追求自身利益最大化。时间的机会成本、犯罪行为的利润和刑罚的代价是主要的影响犯罪行为代价和收益的因素。犯罪概率与从事犯罪行为所得的利润成正比，而与时间的机会成本和刑罚代价成反比。根据犯罪饱和法则，“在一定的自然和社会环境下，我们必然会发现一定数量的犯罪”，而且我们“也确认犯罪是社会健康的一个因素，是健康的社会整体的一个组成部分”。但要有效地对社会上的犯罪行为进行控制，必须对犯罪和刑罚进行成本分析。犯罪成本有直接成本和间接成本之分。直接成本指犯罪所造成的物质上和精神上的损害、经济损失与财产的毁坏等。间接成本指为防止犯罪的私人成本。刑罚是社会对罪行要付出代价的必然，是罪犯实施犯罪行为必须付出的代价，提高刑罚的强度和加大犯罪的代价而减少犯罪，是为了对犯罪进行有效的控制，必须使犯罪活动的成本包括刑罚对罪犯的惩罚和犯罪的机会成本大于犯罪给罪犯带来的利润。但国家用于控制犯罪的刑罚资源是有限的，因为其投入的成本，包括公、检、法、监狱等价值很大。因此，以有限的刑罚资源控制犯罪必然要求以最小的刑罚成本支出达到最大地遏制犯罪的效果，即实现刑罚效益的最大化。

（二）社区矫正是一种非刑罚化方式的经济选择

“在刑法中，我们的宗旨是使犯罪的直接成本和间接成本以及刑事审判制度的运转成本最小化。”因此，缩小刑罚圈，将能不投入监狱的罪犯放入社区矫正机构，以集中有限的刑罚资源打击严厉的犯罪是成本—效益分析所得出的科学结论。在美国的科罗拉多州，对于非监禁在监狱的罪犯放在社区进行管理，政府当局采用了一种电子监控系统的科学管理方式。该系统由一种配有发射器的踝环构成，按照发射器发射的电波，接收机和电脑可以追踪罪犯的行迹，假如罪犯获得假释的条件是夜间8时以后不得离家外出，踝环可以向当局报告被假释人是否遵守。这一系统的成本大约为每个罪犯每天10～100美元的监禁成本。① 根据有关资料的显示，我国关押改造一个罪犯的年费用已达到近10，000元人民币，在城市地区高达20，000元。② 目前，我国监狱的在押犯数量已由1982年的62万人增加到2002年的154万人，20年间增长了近2.5倍，各级政府用于监狱的经费

① 高芸：《社区矫正的价值论》，载《犯罪与改造研究》2003年第4期。

② 吴宗宪：《关于社区矫正若干问题思考》，载《中国司法》2004年第7期。

也逐年大幅度增加，2002 年全国监狱执法经费支出 144 亿元，平均关押一个罪犯年费用为 9300 多元，根据财政部和司法部联合下达的监狱经费支出标准测算，全国监狱系统实际需要经费高达 210 亿元才能正常运转。① 在现今中国生产力并不十分发达的情况下，能否大力挖掘其他较低的刑罚成本且又利于罪犯重新社会化，如社区矫正的刑罚措施，这种低成本输入同样达到较高效率产出的刑罚经济成本分析，是符合目前我国基本国情的。

（三）社区矫正可以降低行刑成本

社区矫正可以降低行刑成本，符合社会主义初级阶段强化罪犯改造工作，提高改造质量的需要。社会经济发展水平的提高，使罪犯个体的平均行刑成本不断攀升，而罪犯数量的不断增加，又必定会使行刑成本的总量居高不下。就全国而言，国家对监狱系统的财政拨款虽逐年增加，由 1992 年的 14 亿元增加到 2001 年的 108 亿元，9 年间增长了 7.7 倍仍不能满足实际需要。以北京监狱局为例，近几年每年的财政拨款均在 3 亿元以上，2002 年为 3.374 亿元，但每年仍有近 2000 万元的经费缺口。北京市监狱管理局平均管理罪犯 17，000 人，如果仅以市财政拨款的口径计算，每个罪犯的年行刑成本在 2 万元左右。②

我国是一个发展中国家，正处在社会主义发展的初级阶段，我们的经济还不发达，国家不可能拿出更多的财力，完全满足监狱发展的需要。另外，随着罪犯改造工作的不断深入，相对封闭的监狱，迫切需要利用大量社会资源来强化罪犯的教育改造工作，提高改造质量。而将罪犯放置社区进行矫正，既可以节约国家对监狱硬件设施的投入，又可以充分利用社会资源进行罪犯的教育改造工作。既降低了行刑成本，也能使监狱机关集中财力、人力、物力矫正那些恶习深且必须予以监禁的罪犯。

因此，无论从我们的国情实际出发，还是从新时期深化罪犯的教育改造工作、提高教育改造质量的要求出发，我们都应顺应行刑发展的大趋势，吸收世界各国行刑制度的精华，进一步建立和完善社区矫正的刑事执行方法。

---

① 王琼等：《行刑社会化（社区矫正）问题之探讨》，载《中国司法》2004 年第 5 期。

② 许冷、王祖明：《北京实行罪犯“社区矫正”的设想》，载《犯罪与改造研究》2003 年第 9 期。

第二节　社区矫正的价值体现

一、人道

人道与人权是人类共同的价值准则。随着人道人权精神普遍意义的实现，在不同的方面也表现为不同框架构建和实践运行，因此，人道、人权早已超出了观念、理论范畴而成为普遍的现实运动，在更广泛的范围内得到贯彻和实现。人道立足于人性，而人性的基本要求乃是指人类出于良知而在其行为中表现出善良和仁爱的态度与做法，即任何一个人都当作人来看待。① 因此，人道充满了伦理和道义色彩。而人权则是出于人性而实际地、系统地通过法律或其他规范表现出来的各种具体的权利。

我国学者陈士涵从监狱行刑的角度将行刑实践中的人道主义划分为三个层次：第一，关心和改善罪犯的物质生活，包括衣、食、住、医疗、卫生、体育等，这是行刑人道主义的最基本的层次。第二，尊重罪犯的人格，维护罪犯的人权等，这是行刑人道主义的较高层次。第三，使罪犯的人格得到改造并健康发展，实现其作为人的价值，这是行刑人道主义的最高层次。② 上述第三个层次的行刑人道主义，实际上蕴含着社区矫正思想，因为人格改造的目标正是使罪犯复归社会。以人格矫正为前提、罪犯复归社会为目标的社区矫正，集中体现着行刑的人道价值，可以说是行刑人道化的深层展开和必然归宿。

社会学研究表明，人是社会中的人，人的发展就是逐步社会化的过程，即个人学习其所生活其中的那个社会长期积累起来的知识、技能、观念和规范，并把这些知识、技能、观念和规范内化为个人的品格和行为，在社会中加以再创造的过程。人的社会化是个人同社会之间双向互动的过程，是个人与社会随时交换的持续过程。由于罪犯对监狱规则的习得以及受监狱亚文化的影响，罪犯监狱化现象严重，从而导致了监狱行刑目标与手段之间的背离。监狱行刑对罪犯的需要，会形成不同程度的负面影响。在现代社会生活中，自由的剥夺意味着其与社会生活的联系被人为阻隔，罪犯原有的社会地位、生活方式都被彻底的改变，而且整个行为选择都会由此带来极大的钳制，监禁生活无论期限的长短都会对罪犯重返

① 赵秉志等主编：《中国刑法的运用与完善》，法律出版社 1989 年版，第 344 页。转引自张苏军主编：《中国监狱发展战略研究》，法律出版社 2000 年版，第 135 页。

② 陈士涵：《人格改造论》（下卷），学林出版社 2001 年版，第 677 页。

社会的需要造成长久的影响，社区矫正通过弱化监狱封闭的特性，在保持必要的惩罚力度的前提下实现刑罚正义，从而向社会展示其公正价值取向的同时，兼顾到更深意义上的社会发展需要，通过改造行为反映人性良知和社会善意。现代行刑的变化与发展所体现的对人道价值的追求正是一个从低层次的人道主义向高层次的人道主义不断跃升的过程，从这个意义上说，使罪犯复归社会无疑是社会对社区矫正人道价值的合理定位。

社区矫正的人道价值的关键并不只是其基本意旨的确立，即对罪犯人格的尊重和利益的关怀。更根本的实际问题有以下三个方面：

首先，社区矫正人道价值的目的性问题。人道是社区矫正的价值起点，人道价值具有终极性意义，不能在工具意义上理解人道主义，在人道之上再设置其他目的。曲新久教授精辟地指出：刑罚人道主义，作为一项原则，作为一项伦理精神，它不仅不是一种手段，而且还不是一种功利目的，相反，它是判断功利目的与手段是否合理与正义的尺度。①

其次，社区矫正人道价值的逻辑结构。社区矫正的人道价值的逻辑结构如同寻常公民一样，最低层面的是人作为动物必需的人道待遇，也就是说社区矫正对象人道的生物性需要；社区矫正对象一般性的或社会性方面的需要，即社区矫正对象作为人与其他社会成员相同的人道要求；特殊的人道要求，就是基于社区矫正对象特殊身份和处境产生的人道要求。②

最后，社区矫正人道价值的实践体系。要理性地看待行刑人道主义，把握好社区矫正的惩罚性同社区矫正的人道性之间的关系。惩罚性是刑罚的内在属性，刑罚总是意味着对罪犯的某些权利、自由的剥夺或限制，必然会给社区矫正对象带来一定程度的痛苦。社区矫正人道性同社区矫正惩罚性之间是一种辩证、互动的关系，它们在社区矫正对象矫正过程中相互依存、相互作用、相辅相成。单纯地惩罚降低了社区矫正对象作为人的价值和尊严，抑制了他们人格完善的原动力，甚至于加剧国家与犯罪人之间的对立，强化其反社会心理；而人道主义的感化能在一定程度上减弱惩罚的负效应，激活社区矫正对象悔过自新的进取心。但是，不能片面地、过分地强调社区矫正的人道性，尤其是不能脱离整个社会的经济发展水平去追求社区矫正对象物质待遇的提高，否则便会损害刑罚的惩罚机能，背离社会的正义要求。

---

① 曲新久：《刑法的精神与范畴》，中国政法大学出版社2000年版，第559页。
② 张苏军主编：《中国监狱发展战略研究》，法律出版社2000年版，第136页。

二、民主

“民主”一词，原意是指“民众主权”或“多数人的统治”，本意是指同专制相对立的一种国家形式，是人类社会用以安排政治关系的一种制度设计。随着社会的进步和发展，民主的内涵已经超出了政治领域的局限，成为社会的普遍精神，甚至成为人们的思维方式和生活方式。刑事执行是涉及国家如何对待罪犯的具有明显价值色彩的活动，而民主是社区矫正的重要价值内涵之一。对社区矫正的民主价值的解读，应从两个方面入手：

（一）民主是一种主体性的宽容精神

从国家及社会对待犯罪人的态度看，民主首先意味着一种宽容精神，对实施了反社会行为的社区矫正对象，国家和社会并不抛弃他们，而给予他们重返社会的希望和机会，这正是宽容性的体现。其次，民主是一个主体性的概念，社区矫正的民主性以肯定社区矫正对象的主体地位为前提，不仅承认其作为人类一员的资格，而且承认其社会公民的地位。社区矫正对象不仅是义务的主体，而且是权利的主体，其未被依法剥夺的权利仍受法律保护，社区矫正过程中应认真考虑和对待社区矫正对象的意见和诉求，甚至在一定范围内让社区矫正对象参与对一些事务的管理。正如澳大利亚学者鲍博·塞蒙斯指出，犯人除应知晓对自己的行为负责外，还应知道，民主权利及其程序，像对待其他人那样，也同样向他们敞开着；民主教育带来的较强的归属感，会减低其对于法律的敌视程度和违犯率，有助于增强社会重新整合刑释者的能力。[①] 最后，民主虽有多数之治的含意，但同时强调对少数人意见的尊重，对少数人利益的保护。少数服从多数的民主决策原则并不等于简单地牺牲少数人的利益。民主越发达，越重视对少数群体或弱势群体的保护。社区矫正对象属于社会中的少数群体，同时在强大的国家暴力机器控制下处于弱势地位，因而现代各国刑法都极为重视对社区矫正对象权利的特殊保护，这正是法律民主的纵深体现。

（二）民主意味着开放和参与

从国家和社会在行刑过程中的相互关系看，民主意味着开放和参与，即社区矫正活动对社会的适度开放和社会对社区矫正过程的积极参与。从某种意义上讲，社区矫正就意味着行刑民主化，而行刑民主化是法律民主化的表现形式之一。英国学者罗杰·科特威尔指出：“法律民主化对于不同的学者而言，可能意指许多不同的事物。然而，在这里我们可以提出有关民主化的一个简单而又非常基本的工作定义，即每一个人像所有其他的人一样在确定影响他或她的生活的条

---

① 许章润、徐平：《法律：理性与历史》，中国法制出版社2000年版，第429~430页。

件时，在相同程度上自主行动的能力。这样，法律民主化的可能性是指公民能够以这种方式行动来影响法律学说内容以及借以产生、解释、应用和实施法律学说的各种机构的可能性。”①

社区矫正打破了监狱的完全封闭状态，通过社会力量对矫正过程的参与，有助于增强社区矫正的公开性和透明度，有助于监督和制约刑事执行权的规范运作，使社区矫正对象的合法权利得以维护和实现。应当说，社区矫正既是法律民主价值的具体体现，又是在行刑领域实现法律民主价值的重要手段。

三、效益

效益的基本含义是：从一个给定的投入量中获得最大的产出，即以最少的资源消耗获取最大的有用效果。效益的内涵包括两个方面，即效率加收益，效率是指事物过程的经济性、节省性；收益则是讲结果的有用性、利益性。效益是法律的基本价值目标之一，“法律对于人们的重要意义，应当是以其特有的权威性的分配权利和义务的方式，实现效益的极大化”②。

在一些刑法学论著中，刑罚的效益价值又表述为刑罚的经济性、节俭性或谦抑性。“谦抑”一词本义指缩减或者压缩，引申而言，刑法的谦抑性是指应当以最小的支出——少用甚至不用刑罚（而用其他刑罚替代措施），获取最大的社会效益——有效地预防和抑制犯罪。

行刑效益是刑罚效益的重要构成部分，通过行刑活动，刑罚的效益价值才由立法上的规范形态、裁判时的宣告形态演化为现实形态。可以说，刑罚的效益能否发挥，发挥到什么程度，行刑是关键因素，而社区矫正是合理配置刑罚资源促进刑罚效益最大化的有效途径。通过社区矫正的实践，监禁刑的适用受到合理的限制，这使刑罚的运作成本有所降低，刑罚的负效应也得到相当程度的抑制，同时，社会公众的参与为社区矫正机构充分利用社会资源，巩固和提高矫正教育的效益创造了有利条件。

积极推进社区矫正也成为实现行刑效益化的基本途径。一方面，社区矫正可以降低行刑成本。例如，扩大缓刑的适用，因不需要固定的监管设施及监管人员，可节约行刑的保障成本，可防止监狱人满为患，为国家节省大量人力、物力和财力，有利于监狱集中精力对其他罪犯的改造。③ 另一方面，社区矫正可提高

---

① ［英］罗杰·科特威尔：《法律社会学导论》，潘大松等译，华夏出版社 1989 年版，第 346 页。

② 张文显主编：《马克思主义法理学》，吉林大学出版社 1993 年版，第 273 页。

③ 杜强：《监狱社区矫正：现实与必然》，载《上海警苑》1998 年第 8 期。

行刑收益。例如，拓宽社会帮教途径，动员、组织社会各方面力量对社区矫正对象进行帮教，除了可以充分利用社会资源矫治社区矫正对象以弥补监管改造专业人员的不足，更主要的是，强化社区矫正对象与社会的关系，促使社区矫正对象改过自新，回归社会。

社区矫正正是在不影响刑罚实质运作的前提下，通过整合各种社会力量并对刑事执行权不断渗透而创造的一种行刑模式。社区矫正模式在改变以往罪犯由于受到监狱亚文化影响以及对监狱规则的习得而表现出“监狱人格”的病态方面，无疑具有更高的效益价值。

四、自由

自由是法发展到现代其所应当具有的精神内核，是人类走向彻底解放与全面发展的动力、途径和始终相随的法律精神。自由是一个高贵的字眼，它的主体是人。从整个刑罚史来看，刑罚和自由已经形成了历史悖论，监狱对失去自由的罪犯进行严厉的管束和控制并非监狱发展甚至改革的方向，相反，整个刑罚史却昭示我们：监狱发展的方向是在其消亡之前，让罪犯获得越来越多的自由。人作为一种社会动物，只有在一个合乎人性的环境中，人性才能得以健康发展，才能使人取得主体地位，才能获得自由。传统的监狱采取封闭的行刑模式，罪犯的主体地位由于权力的压制而逐渐消弭，从而成了病态的“监狱人”，自由对他们来说只是一种奢侈品，而获释后他们发现自己被社会所抛弃，无法与社会进行规范性交往。社区矫正的倡导者深刻认识到：人只有以社会生活为中介才能发现他自己，才能意识到他的个体性。但是对人来说，这种中介并不只是意味着一种外部规定力量。人并非像动物一样，他还能积极地参与创造和改变社会生活形成的活动。

社区矫正模式的构想正是立足于人的这种特性要求，努力使刑事执行环境的安排符合社区矫正对象人格发展的需要，使社区矫正对象能够在其中认识和领会到真正合乎人性的东西，使社区矫正对象在矫正教育中获得最大限度的自由，同时，由于社区矫正的主要目标是为社区矫正对象复归社会创造条件，因而从自由的角度来看，这无疑是对行刑自由价值前所未有的扩张。

五、科学

社区矫正可以增进社区矫正对象与社会的联系，避免监禁刑执行方式对社区矫正对象心理和行为的负面影响，提高教育改造效果。

社区矫正对象的改造，实际是一种人格重新社会化的过程。传统的监禁刑，其目的是使罪犯通过改造，最终回归社会，成为守法公民。但是，由于罪犯被监禁在监狱内，与社会关系长时间分离，其职业、家庭关系、社会关系等都不可避免地受到负面影响。这将极大地延缓罪犯人格重新社会化的进程。同时，由于长时间与社会分离，信息闭塞，观念落伍，刑满释放后实然进入一个全新的世界，无法很快适应。一旦接茬帮教、就业安置等后续工作跟不上，很可能会重蹈覆辙，令其走上重新违法犯罪的道路。而将罪犯放在社区进行改造，可以使罪犯减少或避免受到这些损害和影响，也有助于促进罪犯的社会责任感和公民觉悟的提高，使他们在与社会交往中，逐渐在不同程度上学会做人、处事。罪犯刑满时，可以很快地自然融入社会，完成其人格重新社会化的过程，减少罪犯刑满重返社会时对社会的不适应，有效地防止重新犯罪。

在实现行刑效益的目标下，就必然对刑事执行方式进行选择，而社区矫正是刑事执行方式的科学选择。

六、公正

公正，又称公平、正义、合理、正直等，他具有不偏不倚的含义。公正是人们追求的一个崇高的价值、理想和目标。正如罗马法学家查士丁尼在其《法学总论》中所言："正义是给予每个人他应得的部分这种坚定而恒久的愿望。"[①] 但是，公正又"是一张普洛秀斯似的面孔，变幻无常、随时可呈不同形状，并具有极不相同的面貌"[②]。公正的含义在不同时代有着不同的内涵，在不同的领域有各自的重点，但这并不意味着公正的非现实存在性，恰恰说明了公正是一个极富有生命力的社会性事物，是现代国家和社会须臾不可缺少的价值准则。

监狱公正来源于国家的政治正义和国家刑罚的公正。监狱公正的本体包括行刑的目的与手段的正当、合法等。社区矫正作为一种刑事执行模式也需要体现刑事执行的公正价值。在目的性层面上，社区矫正是伴随行刑合理化运动的出现而产生的。刑罚合理化运动的兴起，要求废除死刑和一切残酷刑罚，而代之以自由刑为中心的合理化刑罚；要求立足于教育改造罪犯，变刑罚的原始报应和消极回顾的限制机能为矫正犯人的积极促进和展望的机能，一切以最大可能地矫正犯人为转移。在过程性层面上，社区矫正体现对社区矫正对象权利的尊重与保障，强调对于社区矫正对象处遇条件的改善与保护，从而有力地保障了刑罚公正的实现。社区矫正与行刑合理化、刑罚执行的教育化、行刑人道化、行刑个别化、行刑民主化、行刑的目的性、行刑的合法性等行刑原则和趋势相互融通、相互促

---

① ［古罗马］查士丁尼：《法学总论》，张企泰译，商务印书馆 1989 年版，第 5 页。

② ［美］博登海默：《法理学——法哲学及其方法》，潘汉典译，华夏出版社 1987 年版，第 238 页。

动，一方面这些原则和趋势基于同一历史缘起，以新派教育刑罚哲学为基础，以矫正为基本目的。另一方面体现上述原则和趋势的各个具体制度之间相互交叉、重叠、包含和吸收。当然，随着新旧两派刑罚理论的盛衰交替，折衷合流，社区矫正的发展动向并没有抛弃其刑罚报应功能的原始正义性，又因其侧重于矫正功能而更具现实合理性。

实践证明，失去了公正依托的社区矫正，其效益价值最终也无从体现。从根本上讲，刑罚的公正价值和效益价值是统一而不可分割的关系，公正就是最大的效益，社区矫正的效益价值，应是“体现社会正义的效益”。

第三节　社区矫正的实质属性

现代刑罚的品质之一，就是应该具有宽容性，即社会公众在刑罚观念、刑罚方式和刑罚的价值理想上存在多样性的认可和提倡。实际上，多样性正是刑罚本身的价值和意义之所在。社会公众在对待刑罚的适用时，需要的是海纳百川式的宽容心态。也就是说，它只有在尊重多样性的基础上，才能对目前我国的社区矫正工作作出合理的引导。

从一定意义上来说，社区矫正是现代刑罚对犯罪的宽容，是现代社会对犯罪人的宽容。因此，宽容性是社区矫正的本质属性。

一、社区矫正宽容性的内涵

所谓宽容，是指容许别人有行动和判断的自由，对不同于自己或传统观点的见解的耐心公正的容忍。① 宽容对于个人来说，是一种优秀的品质，但是，宽容往往是从某种制度、社会是否应具有的品性来说的。在制度、社会宽容中，以制度构建载体和保障体系—法律的宽容是最为典型的内容。一个制度是否宽容，一个社会是否宽容，往往决定其所拥有的法律制度是否宽容，并以其为外在表征。② 在法律宽容中，又以刑法宽容性是否具备最为要当。在刑罚执行中，其宽容性的主要形式之一是社区矫正，它直接决定着社区矫正对象回归社会的社会适应性训练和处在社区之中，实现心理转化和恶习矫治。

社区矫正的宽容性，就是指社区矫正介入社会生活，介入人类行为领域时，

① 房龙：《宽容》，三联书店 1985 年版，第 13 页。

② 陈正云：《刑法的精神》，中国方正出版社 1999 年版，第 200 页。

应以人为本，应具有尊重、保护、扩大、关注社区矫正对象基本需要，法定自由和权利的极大同情心、自觉性和责任心，对于人性，人的价值和尊严，社区矫正对象的现实生活和幸福，社区矫正对象的发展和社会适应给予极大的关注并以此为自己的发展方向和奋斗目标。可以说，社区矫正的宽容性最本质的价值内涵在于对社区矫正对象要具有人道性，社区矫正宽容性的规范内容体现就是要求社区矫正规范的制定和适用尽可能与社区矫正对象的人性相符合，尽可能地宽缓，表现出立足于人类的良知而维护、追求、弘扬、增进人类的善良、仁慈、信任和博爱的特性与倾向。

社区矫正的宽容性实际上是一个关系概念，它的存在意义是在把握社会秩序、社会发展和社区矫正对象个体自由、权利界限时得以凸显的。社区矫正的宽容性实质上是对社会宽容性的确认、延伸、拓展和维护，因此，对于社区矫正的宽容性的考察必须立足于社会，即要将社区矫正宽容与政治宽容、法律宽容、宗教宽容、文化宽容、道德宽容联系起来进行。

社区矫正宽容隶属于法律宽容，是法律宽容的有机组成部分。由于法律宽容离不开政治宽容，在任何社会样态下，没有政治上的宽容，绝不可能存在法律上的宽容，那么，社区矫正之宽容也无所依从，所以说，政治宽容决定社区矫正宽容。

社区矫正具备宽容性，对社区矫正自身的存在、发展是必需的，对刑罚的发展、进步是必需的，对整个社会文明的发展、进步来说，也是必需的，因为一个社会的发展关键在于社会的创新、创造能力的具备，而社会的创新、创造能力的有无、强弱依赖于社会成员自由的享有程度和个性的发挥程序，而社区矫正的宽容性的根本目的就是尊重、维护、关注、扩大社区矫正对象发挥创造潜能的行为自由和个性，防止其与社会长期隔离而形成“监禁人格”。增强社会适应性而使之融入社会之中。作为社区矫正对象而言，他的潜能的实现，以其独特个性的发挥为必要条件，二者成正相关变化：社区矫正对象的个性发挥得越充分，他的创造潜力便越能得到实现；他的个性越是被束缚，创造潜能便越难以实现。而越是不能容忍个性的社会，就越缺乏首创精神。

一个人个性的发挥和实现程度，取决于他所得到的自由的程度。一个人只有拥有自由，能够按照自己的意志行动，他所创造的自我，才是具有自己独特个性的自我。反之，若丧失自由，听任别人摆布，按照别人的意志去行动，那么，他所创造的便是别人替自己选择的，因而也就不可能具有自己独特个性的自我。所以，创新的根本条件是个性的发挥，而个性发挥的根本条件是自由，二者成正相关变化。这个比例关系对于社会成员如此，对社区矫正中的社区矫正对象也同样使然，即社区矫正对象越自由，他的个恶性发挥得便越充分，他的创造潜能便越得到实现；社区矫正对象越不自由，他的个性发挥便越不充分，他的创造潜能便越得不到实现。

自由是每个人发挥创造潜能的根本条件，同时也是社会繁荣进步的根本条件。每个人的创造潜能实现得越多，社会就越富有创造性，每个人的能力发挥得越充分，社会就越繁荣昌盛，每个人的自我实现越完善，社会就越进步。自由不是社会进步的唯一要素，科学技术的发展、技术的发明、生产工具的改进、政治的民主化、道德素养的提高等，都是社会进步的要素。但是，所有社会进步的要素，统统不过是人的活动的产物，不过是人的能力发挥之结果，因而说到底，无不以自由——潜能发挥为根本条件，因此，自由虽不是社会进步的唯一要素，却是社会进步的最根本要素，最根本的条件，所以穆勒把自由精神叫作“前进精神”或“进步精神”，并一再说，进步的唯一可靠而永久的源泉还是自由。[①] 社区矫正的宽容性正是这种“唯一可靠而永久的源泉”的保证者和提供者，使其永久不枯竭，相反，使其不断扩大，增强和丰富。

就社区矫正规范本身而言，其宽容性具体包括：社区矫正实施的善意性，社区矫正调控目标的现实性，社区矫正调控范围的谦抑性和社区矫正调控程度的人道性。同时，我们所追求的社区矫正的宽容性，是以社会和社区矫正对象利益得到充分保护且社会和社区矫正对象又可以达到充分、和谐发展为前提的，是以推进社会进步，行刑文明为出发点的，而不是为了表面的社区矫正规范的减少这一虚假的“文明宽容”，更不是相反，因追求社区矫正的宽容性而致使社会和社区矫正对象利益得不到有效的法律保护或者社会及社会公众利益由此遭受损失。

二、社区矫正实施的善意性

社区矫正实施的善意性，既是要求国家法律惩罚权动用的目的和旨趣在于尊重、维护、关注、扩大社区矫正对象的权利和自由，在于促进社会进步和法律文化的文明发展，注重社区矫正本身的建设作用和经济功能，而不是强调社区矫正的刑罚、威慑的作用和效果。

社区矫正实施的善意性，是社区矫正自身得以存在和发展的需要。现代社会的现代刑罚需要社区矫正，它不在于追求社区矫正对于社会中极少数社区矫正对象的惩罚与制裁。也不在于过多地缩小社区矫正对象的自由活动领域，削弱社区矫正对象所享有的权利，而在于使社区矫正对象的权利和自由得到尊重、维护、关注和扩大。因为“人进入社会并不是要使自由的处境比以前更坏，也不是要

---

① 陈正云：《刑法的精神》，中国方正出版社 1999 年版，第 210 页。

使自己具有的权利比以前更小，而是要让那些权利得到更好的保障”。[①]“法律的目的不是废除或限制自由，而是保护和扩大自由”。[②] 因此，社区矫正实施的目的只能是善意的，只能以社区矫正对象的发展、幸福的追求和社会进步为己任。相反，如果是出于恶意或偏私的，只能是维护某个人、某个集团、某个阶层之利益或持权的话，这样的社区矫正不会为社会公众所接受和容纳，更不会使社会组织、社会志愿者参与其中，也不可能代表现代刑罚的先进性，其结果只能是被人们逐出历史舞台。

社区矫正实施的善意性，也是社会发展的需要。人类社会需要法律，不在于单纯地追求法律维护社会的安全和有序，而是在此基础上维护和促进社会有序有效地发展，使人类社会的文明获得进步，使人类福祉得到增进。人类社会的法律制度的更替进化的内在原因和根据无不在此。

要树立社区矫正实施的善意性，首先就是要明确和坚持社区矫正介入社会生活所遵从的原则和指导观念只能是“效用与便利”。[③]“效用”就是促进社会进步和人类幸福，“便利”就是扩大公民的自由。要求社区矫正介入、干预社会生活时应最大限度地给社会和社区矫正对象留置最大限度的自由空间，以保证社会主体的积极性、创造力、想象力的发挥，努力做到“从最大的机构到最小的单位，社会体制将会得到调整，从而使人类行为并不总是无益地为镇压所威慑而被不知不觉地导向非犯罪的轨道上，为在最小限度地导致暴力滋扰和违法机会的条件下发挥个人能力和满足个人需要留下充分的余地”[④]。

要树立社区矫正实施的善意性，其次还要深刻认识和把握社区矫正的作用和功能。对于社区矫正作用和功能的认识，人们常常习惯于或狭隘地将其等同于刑罚的功能，将其归结为刑罚、改造、威慑等这些消极性、破坏性、强制性这一点上。事实上，对社区矫正作用和功能的深刻而又全面准确的认识和把握，必须将社区矫正置于人类社会进步和刑罚人权观、教育刑这一大背景下去进行，应充分地认识到社区矫正的存在和发展的价值不在于对社区矫正对象的惩罚、改造和对潜在的犯罪者的威慑，而在于尊重社区矫正对象的人格尊严，强化其社会适应性，促使其悔过自新和发展向上，使法制化水平走向文明、人道、完善和完美。

社区矫正表面上所具有的以法律为前提的惩罚、威慑只不过是社区矫正实现真正终极的作用、功能和追求目的必然而又自然所必须的严厉手段而已。即使如

---

① ［美］潘恩：《潘恩选集》，马清槐等译，商务印书馆 1981 年版，第 142 页。

② ［英］洛克：《政府论》（下册），叶启芳、瞿菊农译，商务印书馆 1981 年版，第 636 页。

③ ［美］博登海默：《法理学——法哲学及其方法》，潘汉典译，华夏出版社 1987 年版，第 368 页。

④ ［意］菲利：《犯罪社会学》，郭建安译，中国人民公安大学出版社 1990 年版，第 81 页。

此，人们也没有停止过对其他不具有惩罚、镇压、威慑因素或具有上述因素程度较少而又能充分实现上述真正的目的的功能方法和途径的追求、探寻和尝试，并在此内在动因下促使法治的进步和社区矫正自身的进化。现代行刑价值理论中的目的刑、教育刑理论的出现，保安处分制度的诞生与实践，社区矫正历史上矫正手段的演变，行刑社会化的实施等，无不是人们这种追求、探寻和尝试的结果，也体现了人们对社区矫正作用和功能认识的深化、全面和深刻，反映了人们对社区矫正实施的善意性的关注与追求。

社区矫正实施的善意性追求，是国际行刑制度发展的趋势，正为世界诸多国家所普遍采用。

三、社区矫正调控目标的现实性

所谓社区矫正的调控目标，是指国家通过运用社区矫正的方式所要求达到的控制社会犯罪数量的程度。社区矫正调控目标的设定虽然属于主观预期，但是它直接关系到社区矫正介入社会生活的宽容度。因为一般来说，社区矫正调控目标水平确定的过高，必然意味着社区矫正介入社会生活的强度和深度比较大，社区矫正干预度高，因而社区矫正的宽容性也就减少。

关于社区矫正调控目标的水平，有人主张是通过对社区矫正对象适用监狱行刑的方式，将他们教育改造成为新人，从而达到预防犯罪。但是，如果这样的话，我们只要拥有监狱即可，没有必要再设立社区矫正机构对社区矫正对象进行矫正。所以，在确立社区矫正的调控目标时，必须实事求是，讲究现实性，并在此基础上保持宽容性，那就是社区矫正的目标只能是最大限度地将犯罪控制在一定的合理的范围之内，使之不危及社会的根本生存条件，将社区矫正对象再社会化为当今社会真正合格的社会成员，不仅使之不再犯罪，而且能成为社会的积极因素。为此，社区矫正的调控目标确立为最大限度地控制犯罪，其原因是：

第一，一定社会必然存在一定数量的犯罪。有犯罪就要有一定的控制犯罪的手段，打击犯罪是手段，在监狱里改造罪犯是手段，那么在社区矫正机构内对社区矫正对象进行矫正同样是控制犯罪的手段，只是场所不同，控制的强度不同而已。社区矫正作为一个具有极大宽容性的控制犯罪的场所，不管它以何种样态出现，其目的只有一个，那就是控制犯罪。

第二，社区矫正自身的属性决定着它是介于监狱和社会之间的控制犯罪的中介过渡机构，是对犯罪的社会预防措施。无论是其性质，还是其功能，它都不可能有更强的调控目标，只是法律对社会调控的一个组成部分，其作用是有限的，但是，对社区矫正对象自身来说，影响力是深远的。

综上所述，由于犯罪在一定社会一定时期的产生和存在具有其内在的根据和必然性，由于社区矫正在调控犯罪这一社会现象上具有局限性，为此，我们应该将社区矫正的调控目标确立在一定的合理限度上，那就是说，控制犯罪和在治理犯罪中的社会预防措施。

在这里，我们有必要强调一点，在社区矫正工作中，如果将社区矫正的调控目标确定得过高，追求不可能存在或难以实现或虽能实现但代价过高的目标水平，其结果只能造成社区矫正投入量的过剩或浪费，而且造成对社会和社会公众的不必要的侵害；如果将社区矫正的调控目标确定得过低，不去追求可以低成本实现的预期的社区矫正效益，必然导致社区矫正投入不足，从而产生对社会和社会公众的利益保护不充分的不利成果，这从实质上来说，也是社会和社会公众的利益一种变相的侵害。因此，"我们所能合理预期的只是减少犯罪的发生。我们实际是预期犯罪要发生，而是通过威胁潜在的犯罪人，从而希望把犯罪控制在一定限度之内，尽管这样做可能不那么令人愉快"①。但我们只能这样做，社区矫正只能做到这一步，这就是社区矫正的调控目标的现实性。

四、社区矫正调控范围的谦抑性

所谓社区矫正的调控范围，是指社区矫正介入社会生活广度水平和深度水平，即立法者应将哪些违法犯罪行为纳入社区矫正并以社区矫正相威胁。

社区矫正调控的范围从不同的角度，可以被划分为不同的种类：

（一）社区矫正的实质调控范围和形式调控范围

社区矫正的实质调控范围是指从社会公共利益保护的需要出发，立法者应将有关行为规定为违法犯罪并以社区矫正相威胁的范围。社区矫正所保护的利益虽然从总体上可以划分为国家利益、社会利益和个人利益三类，但是，在社区矫正的具体实践上，表现为一种社会公共利益。违法犯罪所造成的损害实质上是对社会公共利益的侵害，即使某一违法犯罪是针对某一个人的，在本质上它是一种"公共损害"。

社区矫正的形式调控范围是指一个国家刑事法律及其他相关法律中所规定的可以构成违法犯罪应被追究刑事责任和行政责任的行为范围，它具体又可分为刑事责任的形式调控范围和行政责任的形式调控范围两种。前者是指按照刑事法律应被追究刑事责任而被社区矫正的社区矫正对象，它是以刑事犯罪为基础的社区矫正的形式调控范围；后者是指按照行政法律应被追究行政责任而被社区矫正的对象，它是以行政处罚为基础的社区矫正的形式调控范围。社区矫正的形式调控范围是以社区矫正的实质调控范围为基础且是其在社区矫正上的体现和反映，但

---

① ［美］戈尔丁：《法律哲学》，齐海滨译，生活·读书·新知三联书店 1987 年版，第 152 页。

并不一定就与社区矫正的实质调控范围相一致，相反，往往存在着对其偏离。具体表现为社区矫正的形式调控范围小于社区矫正的实质调控范围。即社区矫正的形式调控范围过窄和大于社区矫正的实质调控范围，即社区矫正的形式调控范围过宽两种情况。

（二）社区矫正的广度调控范围和深度调控范围

社区矫正的广度调控范围是指社区矫正介入、干预社会生活的合理的空间领域，即社区矫正可以对哪些社会关系、主体行为进行调整且具有适应性。

社区矫正的深度调控范围是指社区矫正对可以介入、干预的社会关系、主体行为，应该调控至合理的程度。社区矫正的深度调控范围是以社区矫正的广度调控范围合理为前提和基础的社区矫正调控范围的第二次确定，即在确定社区矫正的广度调控范围的基础上再确定社区矫正的调控程度。如果社区矫正对不应干预的领域进行了干预，即使这种干预程度是很低的，也是错误的。社区矫正的广度调控范围和深度调控范围在社区矫正的实质调控范围和社区矫正的形式调控范围内都可以存在，并且可分为实质的广度调控范围、形式的广度调控范围和实质的深度调控范围、形式的深度调控范围。

由于受制于和适应于社会发展和人类文明的进步，透过社区矫正的调控范围嬗变的历史表面，我们不难看出社区矫正的调控范围在其演变的历史轨迹中所呈现出的规律性特征，总的来说，就是走向科学。社区矫正的调控范围演变的规律性特征主要有如下几点：

第一，社区矫正的调控范围由不合理走向合理。社区矫正的调控范围的不合理主要是指其调控范围过宽或过窄，没有正确反映客观社会的实际情况和需要，从而造成社区矫正自身成本投入过量或不足的后果，影响社区矫正获得最佳程度的效益。社区矫正的调控范围过宽是指立法者将一些根本不属于犯罪范围的行为作为犯罪来处理，置于社区矫正中，致使社区矫正调控范围不合理的扩大。

社区矫正的调控范围过窄是指立法者将一些应以社区矫正加以调控的行为排除在社区矫正调控范围之外，造成社区矫正调控范围的不合理的缩小。社区矫正调控范围过窄同样也影响社区矫正的效益的获得，因为它致使社区矫正自身成本投入不足，从而使预期可合理地获得的社区矫正效益丧失。如符合社区矫正条件应置于社区矫正中的罪犯，而仍置于监狱内服刑改造，就是如此。

第二，社区矫正的调控范围由模糊走向明晰。以社区矫正对象的范围为例，在2003年7月社区矫正试点之初，确定的社区矫正对象包括了被判处管制、缓刑和剥夺政治权利的罪犯，被裁定假释的罪犯，被决定暂予监外执行的罪犯。同时，学界一直在讨论是否扩大社区矫正对象的范围问题。但是，随着社区矫正工作的全面推行，社区矫正由最初的“政策化”主导，逐步走向了“法治化”主导，逐步认识到剥夺政治权利的罪犯不适宜纳入社区矫正的范畴，因此在修订《刑法》《刑事诉讼法》，制定《社区矫正法》过程中，都将剥夺政治权利的罪犯排除在社区矫正对象之外，以法律的形式加以明晰化。

第三，社区矫正的调控范围由不确定走向确定。

社区矫正的调控范围的扩张或缩小的演变，从表面上看似乎是国家刑罚权尤其是制刑权的约束程度的变化的反映，但其实质上是体现着立法者对有关利益得失成本与效益的衡平及其宽容性。

社区矫正调控范围必须具有谦仰性，其原因在于：一是社区矫正的目的决定其调控范围必须具有合理的限度。二是违法犯罪现象存在的规律性决定着社区矫正的调控范围必须具有合理的限度。三是国家治理社会不能也不应该仅依靠社区矫正调控和扩大其调控范围。四是社区矫正的特性决定其调控范围必须具有合理的限度。

坚持社区矫正调控范围的谦抑性，首先就是要坚持社区矫正调整的最后性和补充性原则。这就是在是否运用社区矫正时，必须考虑其他手段的优先适用，即对于一个社区矫正对象，应首先考虑其他法律调整适用的可能性，只有其他法律手段已适用或适用社区矫正更合适时才运用社区矫正。由此可见，所谓社区矫正调整的最后性、补充性，就是指社区矫正在干预社会生活时，在法律体系的调整动态序列上，处于其法律调整之后，以弥补其他法律调整之不足或不能。

坚持社区矫正调控范围的谦抑性，还必须坚持刑事责任原则专属性。刑事责任原则是指刑法只能以行为的应受谴责性为基础，并在其范围内加以适用刑法，适用范围是以刑事责任条件的具备为前提的。在目前我国的社区矫正中，社区矫正对象是受到刑事处罚而转处的罪犯，对他们而言，刑事责任是一种法律责任，责任的基础是法律规范，谴责的对象是法律意识的缺乏，责任的标准是法律规定。① 因此，在坚持社区矫正调控范围的谦抑性上，我们必须坚持刑事责任原则的专属性，应该区分刑事责任、行政责任与道德责任、政治责任的界限，防止它们相互混淆、等同或替代，从而导致社区矫正适用范围的不当扩大，形成社区矫正泛化的局面。

坚持社区矫正调控范围的谦抑性，还要求我们对社区矫正介入社会生活的具体领域、方式、方法进行深刻讨论和准确把握。那就是科学合理地界定出社区矫正可以介入的领域和不应或不宜介入的领域，从而保持足够的社区矫正的宽容性。

第一，无效行为。即对某一社区矫正对象来说，将其置于社区矫正中，也不

① 李海东：《刑法原理入门》，法律出版社 1998 年版，第 107～108 页。

能达到预防与抑制违法犯罪的效果，则不宜置于社区矫正中。比如，对于假释的罪犯，在其社区矫正过程中，如果有重新违法犯罪或者严重违反社区矫正的有关规定，已阻却社区矫正之目的时，则可予以收监执行刑罚。

第二，可替代行为。对于有些社区矫正对象而言，他的违法犯罪行为可运用道德教育，民事、经济或行政制裁，也足以预防和抗制这一危害行为，则不宜适用社区矫正，而应以替代行为为主。

第三，太昂贵，指通过社区矫正所得到的效益要小于其所产生的消极作用。社区矫正的目的之一，就是以较小的投入获得较大的收益，减轻由于对罪犯的监禁所带来的巨大的经济负担。如果说，对社区矫正对象实施社区矫正，无论是政治效益，还是经济效益，得到的效益很小，或者是得不偿失，或者是给社会带来了明显的负面影响，那么必然引起社会公众的不满，就使实施者必然采取更为合适、更安全、投资更小的方式，来完成刑罚或法律惩罚的使命。

综上所述，社区矫正的宽容性除了从以上角度进行剖析之外，还有一个重要的体现，就是其人道性。纵观世界各国监狱行刑的实践，人道主义已成为监狱行刑的实质内容，已成为现代刑罚的优良品质之一，已为社会所广为接纳，而社区矫正本身就是人道性的具体实践，是人道性的本质体现。

社会实践证明，社区矫正的宽容性是社区矫正的本质属性，只有宽容性才能促进社会的文明和进步；只有宽容性，才能使社区矫正对象享有更多的权利和自由，社会公众才能更深刻地领悟刑罚、教育、改造、矫正的内在精神。

延伸阅读

法 经 济 学

法经济学又叫“法律的经济分析”“法律与经济学”。对法经济研究一直以来存在着两种视角：一是法学视角，认为法经济学就是用经济学研究法律；二是经济学视角，认为法经济学拓展了经济学的研究对象，把法律制度等非市场领域的问题纳入经济研究视野，进行解释。而后者为当今主流观点。

法经济学理论发端于美国，目前已成为一种具有国际影响力的法学流派。该理论认为，所有法律活动，包括一切立法和司法以及整个法律制度，事实上是在发挥着分配稀缺资源的作用。因此所有法律活动都可以用经济的方法来分析和指导。

法经济学是运用有关经济学的理论、方法研究法学理论和分析各种法律现象的学说。由于是交叉学科，从法学角度来说，可将其译为“经济分析法学”；从经济学角度来说，可将其译为“法经济学”；从其他学科的角度来说，可将其译为“法和经济学”或“法与经济学”。法经济学正因其研究方法的独特性而成为一独立的法学流派。它不仅涉及有关法律价值等具有法哲学意义上的法学理论问题，而且涉及具体的法律问题和几乎所有的部门法领域。

法经济学理论的核心在于，所有法律活动，包括一切立法、司法以及整个法律制度事实上是在发挥着分配稀缺资源的作用。因此所有法律活动都要以资源的有效配置和合理利用，即效率最大化为目的；所有的法律活动基于此论断都可以用经济学的方法来分析和指导。在西方国家，很多人曾经片面地认为法和法学所要解决的根本问题是公平或者正义这样的问题，而经济学所要解决的则是效益问题，即如何有效利用资源、增加社会财富的总量。经济学本质上是实证科学，注重数据分析。而法律是调整人们相互关系的行为规范，人的行为难以作定量分析，因此人们以往极少运用经济学理论和方法去分析法律制度。但20世纪以来，尤其是第二次世界大战以后，法律在经济生活中的作用越来越大，人们开始认识到法律与经济有着不可分割的联系。对法律的经济分析在可能的条件下不仅是定性的，而且是定量的，从而使人们可以比较精确地了解各种行为之间经济效益的差异，进而有助于改革法律制度，最终有效地实现最大程度的经济效益。

与传统的法学研究相比较，法经济学的研究主要具有如下特征：

(1) 方法论个人主义。法律经济学是以方法论个人主义的假定作为其研究基础的。方法论个人主义的核心思想是：社会理论的研究必须建立在对个人意向和行为研究的基础之上，分析研究对象的基本单元是有理性的个人，并由此假定集体行为是其中个人选择的结果。因此，从法理学的角度来看，法律经济学实质上是研究理性选择行为模式的方法论个人主义法学。或者说，是一种以人的理性全面发展为前提的法学思潮。

由于方法论个人主义同样也是古典经济学研究方法的重要基础，并且在“边际革命”兴起后的新古典主义经济学的发展过程中得到广泛的运用。因此，法律经济学在以方法论个人主义假定作为其研究基础时，同时也就不可避免地借用了与这一方法论相一致的经济学的基本概念和分析方法，如“效用”“效率”“机会成本”等概念，以及“成本—收益分析”“均衡分析”“边际分析”等分析方法。罗伯特·考特和托马斯·尤伦在阐述运用微观经济理论的工具来研究法律问题的理由时指出，“法律所创造的规则对不同种类的行为产生隐含的费用，因而这些规则的后果可当作对这些隐含费用的反应加以分析”。据此，“我们认为诸如最大化、均衡和效率之类的经济概念是解释社会，尤其是解释理性的人们对法律规则的反应行为的基本范畴”。

(2) 激励分析。激励分析是现代经济学理论研究经济主体行为的一种重要分析方法，尤其适用于研究分析经济主体的预期行为。在波斯纳看来，传统的英美法学研究主要是考察已经发生的事件及案例，是一种“事后研究”（expost approach），而法律经济学主要从事的是一种“事前研究”（exante approach），因此，它必须注重分析随法律制度及相关因素变化所产生的预期行为刺激。“对法律经济学家而言，过去只是一种‘沉没了的’成本，他们将法律看成是一种影响未来行为的激励系统”。例如，法律经济学在讨论由于合同条文的不明确所产生的合同履行过程中偶发性风险（损失）的分摊问题时，之所以要确立一种规则：把损失分配给能以最低成本承担这种损失风险的一方，其目的就是要通过警告未来的签约双方法院将利用这个规则来分配不履行合同的损失，从而利用这一法院确立的规则来促使未来的签约双方设计出对损失风险作出明确分配的合同，促进经济活动效率的改善。

（3）规范研究与实证研究。规范研究和实证研究分别是经济理论中规范经济学和实证经济学的最基本的分析方法。规范经济学研究的主要问题是“为什么？”实证经济学研究的主要问题是“是什么？”在法律经济学的规范研究中，其最大的特点就是确立和突出法律的经济分析中的“效率”标准，即研究在一定社会制度中法律的制定和实施的“效率”问题。在一些法律经济学家看来，传统法学研究所强调和重视的是“公平”“正义”，而这一类概念本身的含义往往是模糊不清的；同时，在非常多的情形下，经济学的分析都可以得出与法律分析相同的结论。所以，可以用“经济效率”去取代“正义”之类的传统法律概念，甚至可以将法律转为经济学。

从具体的效率标准来看，法律经济学在规范研究中所运用的经济效率标准，主要的并不是“帕累托最优”，而是“卡尔多—希克斯补偿原则”意义上的效率标准。按照这一效率标准，在社会的资源配置过程中，如果那些从资源重新配置过程中获得利益的人，只要其所增加的利益足以补偿（并不要求实际实偿）在同一资源重新配置过程中受到损失的人的利益，那么，这种资源配置就是有效率的。法律经济学的规范研究所确立的这种经济效率标准，可以认为是支撑法律经济学理论大厦最重要的“顶梁柱”，也是法律经济学展开实证分析必不可少的前提。

在法律经济学的研究中，实证研究最适合用来分析法律的效果问题，或者说，实证经济学的分析方法最适合研究法律的“效果评估”问题，包括对法律的效能做定性的研究和定量的分析。法律经济学运用实证研究来分析预测各种可供选择的法律制度安排的效果，目的是更好地说明，法律的实际效果与人们对该项法律预期的效果是否一致，或是在多大程度上是一致的。实证研究在法律经济学中的运用，不仅促进了法律经济学研究的“模型化”和研究的“精确化”，而且使法律效果这个在法学中处于十分重要地位的法律分析问题研究取得了极大的进展。

第六章

社区矫正机制

社区矫正工作作为对社区矫正对象进行的一种有目的、系统的刑事执行活动，必须科学地、严密地组织实施。尤其是目前状态下，依照《社区矫正法》的规定，设置和完善科学的社区矫正机制，就显得尤为重要。只有建立起科学的社区矫正机制，才能有效地发挥本身的功能，才能使社区矫正工作达到理想的结果。

第一节　社区矫正机制概述

根据《社区矫正法》第8条的规定，国务院司法行政部门主管全国的社区矫正工作。县级以上地方人民政府司法行政部门主管本行政区域内的社区矫正工作。

一、我国司法行政机关的设置和体制

（一）司法行政机关的机构设置

我国的司法行政机关，中华人民共和国成立初期仅设至省、自治区、直辖市。1979年恢复重建司法行政机关后，根据中共中央、国务院《关于迅速建立地方司法行政机关的通知》，全国县以上人民政府层层设立司法行政机关，逐步形成了一个具有中国特色的、较为完善的司法行政系统。

1. 中央司法行政机关——司法部

司法部是国务院主管司法行政工作的职能部门，是全国司法行政工作的最高管理机关。司法部的机构随着工作职能的调整曾有过较大的变动：1949年创建

初期仅内设1厅6司1处1室；1980年恢复重建后内设1厅1室1局7司；1988年机构调整为1厅1部3局9司；1994年调整为1厅1部3局8司；1998年在机构改革中又作了相应调整，内设1厅1部2局7司1室。

2018年3月17日，十三届全国人大一次会议表决通过了关于国务院机构改革的方案。方案提出，重新组建司法部，不再保留国务院法制办公室。根据方案，重新组建的司法部，主要职责增加了负责有关法律和行政法规草案起草，负责立法协调和备案审查、解释，综合协调行政执法，指导行政复议应诉，承担国家司法协助等。

据2019年1月司法部网站公示的内设机构信息，司法部现机构设置为：中央依法治国办秘书局、办公厅、政治部、法治调研局、法治督察局、立法一局、立法二局、立法三局、立法四局、监狱管理局、社区矫正管理局、戒毒管理局、行政复议与应诉局、行政执法协调监督局、普法与依法治理局、人民参与和促进法治局、公共法律服务管理局、律师工作局、法律职业资格管理局、国际合作局、装备财务保障局、机关党委、离退休干部局。另有直属单位：司法研究所（研究室）、信息中心、机关服务中心、燕城监狱、法律援助中心、直属煤矿管理局、预防犯罪研究所、法制日报社、法律出版社、中国法制出版社、中华全国律师协会、中国公证协会、中国监狱工作协会、中国司法行政戒毒工作协会、中央司法警官学院、司法行政学院、国家司法考试中心、中国法律援助基金会、司法协助交流中心、司法鉴定科学研究院、中华全国人民调解员协会等。

根据党的十九届三中全会审议通过的《中共中央关于深化党和国家机构改革的决定》《深化党和国家机构改革方案》和十三届全国人大一次会议批准的《国务院机构改革方案》，司法部机构职能、主要职责有：

（1）司法部是国务院组成部门，为正部级。

（2）中央全面依法治国委员会办公室设在司法部。

（3）司法部负责贯彻落实党中央关于全面依法治国的方针政策和决策部署，在履行职责过程中坚持和加强党对全面依法治国的集中统一领导。主要职责是：

第一，承担全面依法治国重大问题的政策研究，协调有关方面提出全面依法治国中长期规划建议，负责有关重大决策部署督察工作。

第二，承担统筹规划立法工作的责任。负责面向社会征集法律法规制定项目建议。

第三，负责起草或者组织起草有关法律、行政法规草案。负责立法协调。

第四，承办行政法规的解释、立法后评估工作。负责地方性法规、规章的备案审查工作。组织开展规章清理工作。

第五，承担统筹推进法治政府建设的责任。承办申请国务院裁决的行政复议案件工作。指导、监督全国行政复议和行政应诉工作，负责行政复议和应诉案件办理工作。

第六，承担统筹规划法治社会建设的责任。负责拟订法治宣传教育规划，组织实施普法宣传工作，组织对外法治宣传。推动人民参与和促进法治建设。指导依法治理和法治创建工作。指导调解工作和人民陪审员、人民监督员选任管理工作，推进司法所建设。

第七，负责全国监狱管理工作，监督管理刑罚执行、罪犯改造的工作。指导、管理社区矫正工作。指导刑满释放人员帮教安置工作。

第八，负责司法行政戒毒场所管理工作。

第九，负责拟订公共法律服务体系建设规划并指导实施，统筹和布局城乡、区域法律服务资源。指导、监督律师、法律援助、司法鉴定、公证、仲裁和基层法律服务管理工作。负责香港、澳门的律师担任委托公证人的委托和管理工作。

第十，负责国家统一法律职业资格考试的组织实施工作。

第十一，负责国家法治对外合作工作。履行国际司法协助条约确定的对外联系机关（中央机关）职责，参与有关国际司法协助条约谈判。承担报送国务院审核的我国缔结或者参加的国际条约法律审查工作。组织开展法治对外合作交流。承办涉港澳台的法律事务。

第十二，负责本系统枪支、弹药、服装和警车管理工作，指导、监督本系统财务、装备、设施、场所等保障工作。

第十三，规划、协调、指导法治人才队伍建设相关工作，指导、监督本系统队伍建设。负责本系统警务管理和警务督察工作。协助省、自治区、直辖市管理司法厅（局）领导干部。

第十四，完成党中央、国务院交办的其他任务。

2. 省级司法机关——省、自治区、直辖市司法厅（局）

省级司法厅（局）为本级人民政府主管司法行政工作的职能部门。中华人民共和国成立初期，地方司法行政机关仅设到大行政区一级。1954 年各大行政区被撤销后，地方司法行政机关才设到省一级。目前，我国各省、自治区、直辖市人民政府普遍设立了司法厅（局）。新疆生产建设兵团也设立了相当于省一级的司法局。各省、自治区、直辖市司法厅（局）的内设机构，随着工作职能的调整在各个时期也有相应的变化。总的来讲，由于省一级的司法行政机关担负的任务比较繁重，因而机构较多，摊子较大。其内设机构一般有：省（市、区）依法治省（市、区）办秘书处、办公室、政治部、法治调研处、法治督察处、备案审查处、立法（一、二、三）处、行政复议与应诉处、行政执法协调监督处、普法与依法治理处、人民参与和促进法治处、公共法律服务处、律师工作处、戒毒矫治处、戒毒管理处、戒毒生产处、装备财务保障处、机关党委、离退休干部处和监狱管理局、社区矫正管理局等。归口管理的社会团体主要有：省（市、区）律师协会、（市、区）公证协会、省（市、区）监狱工作协会、省（市、区）司法行政戒毒工作协会等。

3. 地市级、县级司法局和乡镇司法所（办）

地市级、县级司法局为本级人民政府主管司法行政工作的职能部门，将司法行政机关延伸到基层政权组织，这是我国司法行政制度1979年恢复重建后的重大发展。但从省（自治区、直辖市）至省辖市（地区）到县级市（市辖区）到乡镇（街道），由于司法行政机关越往基层，其管理职能越薄弱，则其内设机构也越少。

省辖市人民政府、地区行政公署普遍设立了司法局（处），县（县级市、市辖区）人民政府设立了司法局。除极少数市（地）管理有监狱、戒毒所、政法干训机构外，绝大多数市（地）级司法行政机关的设置为办公室、组织人事科、法治调研督察科、立法科、备案审查科、行政复议科、行政应诉科、行政执法监督科、普法与依法治理科、人民参与和促进法治科（法律职业资格管理办公室）、公共法律服务管理科、律师工作科、社区矫正工作科、政治处（警务处、政工科）等。

县级司法行政机关属于司法行政工作的基层设置，虽然其司法行政管理职能更为单纯，但其承担的具体工作任务则较为繁重，是我国司法行政体系的重要基础。目前，县级司法局一般内设办公室、人民参与和促进法治科、普法与依法治理科、公证律师管理科、行政复议应诉科、法规监督科等。

司法所是司法行政机关最基层单位，是基层政府和基层政法部门的重要组成部分，负责协调推进辖区内基层法治建设，统筹提供基层公共法律服务，促进和维护基层社会和谐稳定。在管理上，司法所是县（市、区、旗）司法局的派出机构，实行县（市、区、旗）司法局和乡镇人民政府（街道办事处）双重管理、以县（市、区、旗）司法局为主的管理体制。司法所依法履行的职责包括，指导辖区内人民调解、行业性专业性调解、行政调解工作，参与调处重大疑难复杂纠纷；组织开展基层普法依法治理工作，指导推动基层法治文化建设；受县（市、区、旗）司法局社区矫正机构的委托，承担社区矫正相关工作；协调相关部门和单位组织开展对刑满释放人员的安置帮教工作。

（二）司法行政机关的管理体制

1. 司法行政机关的业务管理体制

国务院1988年10月批准的《司法部“三定”方案》明确规定司法部是国务院管理全国司法行政工作的职能部门，在党中央、国务院的领导下，指导地方各级司法行政工作。此后国务院又于 1994 年、1998 年在批准司法部职能配置、内设机构和人员编制方案中，先后重申了司法部的这种业务管理职能。根据国务院对司法部业务管理职能的规定，地方各级人民政府也相应规定：地方各级司法行政机关作为同级政府管理司法行政工作的职能部门，既受本级党委和政府的领导，同时在业务上又受上级司法行政机关的指导和监督。这就在全国上下形成了一个适合中国国情的司法行政业务管理体制。这种管理体制，既有利于加强各级党委和政府对司法行政工作的组织领导，又有利于上级司法行政机关的业务管理，两者的有机结合，更有利于全国司法行政工作的统一组织和统一实施。

2. 司法行政机关的干部管理体制

我国司法行政机关曾长期处于业务管理与干部管理相脱离的状况，上级对下级司法行政机关只管业务，不管干部。1989 年 3 月 22 日，中共中央组织部和司法部联合下发《关于加强司法行政机关领导干部考核管理工作的通知》，明确规定：对司法行政机关领导干部的管理，实行双重领导、以地方党委为主的管理体制。司法部和地方各级司法行政机关要积极协助地方党委把协管范围内的干部管好。对这些干部，要全面深入地考核了解，经常向党委反映情况，主动提出任免、调动、奖惩的建议。党委在任免、调动、奖惩这些干部时，应事先征求上一级司法行政机关的意见。实行这种管理体制以来，全国各地认真贯彻执行中央关于领导班子“革命化、年轻化、知识化、专业化”的方针，不断加强司法行政机关班子的考核和管理，在较大程度上推进了整个司法行政队伍的“四化”建设，提高了司法行政队伍的战斗力。对于不断强化司法行政业务的管理与监督，提供了有力的组织保证。

二、社区矫正机制的概念

“机制”一词，在现在许多学科中广泛地使用着。大体有三种含义：一是指机器的构造和工作原理，如计算机的机制。二是用来表述有机体的构造、功能和相互关系如动脉硬化的机制。三是泛指一个复杂的工作系统和某些自然现象的物理、化学规律如优选法中优化对象的机制。

机制有时也叫机理。所谓机制，泛指一个工作系统或各个部分之间相互作用的过程和方式，也指其自身工作系统的组成、各个组成部分之间的关系机能，运作的过程和具体运作方式，如市场机制、竞争机制等。

社区矫正机制，从静态上，指社区矫正制度本身；从动态上，指社区矫正诸要素及与外部因素之间的关系。换句话说，社区矫正机制是指司法行政机关在社区矫正战略思想指导下，适应国际刑罚发展的趋势和社区矫正对象社会化及社会适应的需要而建立的一种全新、科学的矫治工作系统。建立的目的是使社区矫正工作机构和司法资源配置合理，各个方面的工作运行协调，以较小的矫正成本投入获得较大的矫正绩效。① 社区矫正机制是实施社区矫正战略的重要保障。其内容包括社区矫正管理机构的设置、社区矫正执行机构的设置、社区矫正协作机制的设置、社区矫正工作者及司法资源的合理配置、社区矫正的运行模式、社区矫正监督和社区矫正保障工作等。对社区矫正机制的理解，应从以下几个方面着手：②

（一）社区矫正的领导体制和工作机制

《社区矫正法》第8条规定了社区矫正的工作机制："国务院司法行政部门主管全国的社区矫正工作。县级以上地方人民政府司法行政部门主管本行政区域内的社区矫正工作。人民法院、人民检察院、公安机关和其他有关部门依照各自职责，依法做好社区矫正工作。人民检察院依法对社区矫正工作实行法律监督。地方人民政府根据需要设立社区矫正委员会，负责统筹协调和指导本行政区域内的社区矫正工作。"因此，社区矫正工作坚持党的全面领导，实行党委政府统一领导，司法行政机关主管，法院、检察院、公安机关和其他相关部门密切配合，社会力量广泛参与的领导体制和工作机制。人民检察院依法对社区矫正工作进行法律监督。地方人民政府可以根据需要，设立社区矫正委员会，负责统筹协调和指导社区矫正工作。

（二）社区矫正机制是一个系统工程

对社区矫正对象实施社区矫正战略，并不是一般意义上的工作方式、方法的转变，而是要以系统论作为指导思想和方法论基础，从系统的观点出发，从客观的总体工作指导思想到工作格局的建立，与具体工作操作的微观层面一并考虑，并作为一项系统工程来完成。因此，社区矫正机制的建立，涉及社区矫正机构的设立、社区矫正的监督管理、矫正教育、社会帮扶、社区矫正工作者的队伍建构、社区矫正工作的具体组织与协调、社会各方力量的参与等。从总体上，社区矫正机制看是一个矫正系统，同时，又是社会治安综合治理系统的一个子系统。系统内各个子系统之间必须协调、一致并有机地结合，形成良性运作，具有科学性、实用性、可操作性，切实符合社区矫正的实际，促进社区矫正对象接受矫正教育，最终实现社会治安的稳定和刑事执行工作的顺利进行。

（三）社区矫正机制是一种新的矫正理念的体现

实施社区矫正是我国在新的社会条件下，适应社会发展、时代进步的要求，对原有刑罚执行教育转化工作的升华，也是针对过去大多采取监禁刑罚执行所存

① 张峰：《论社区矫正机制的模式选择》，载《河南司法警官职业学院学报》2006年第1期。
② 张峰：《论社区矫正机制的模式选择》，载《河南司法警官职业学院学报》2006年第1期。

在的弊端而寻求的替代措施，是矫正教育工作文明化、人性化、社会化、科学化的体现。把解决社会治安问题作为全社会的共同任务，并从战略的高度树立起让社会公众共同参与社区矫正、利用社会力量教育转化社区矫正对象的理念。在这一战略思想的指导下，在具体矫正工作方法、措施、手段的运用上，要摒弃那种“独家经营”、高墙电网、与社会隔离、神秘莫测的罪犯监督管理和教育矫正的思路，让社区矫正工作走向社会，让社会公众了解社区矫正工作、参与社区矫正工作，让社区矫正对象直入社会现实，和社会公众面对面；提高社区矫正对象的社会适应能力和竞争能力，增强社区矫正对象的免疫力，正视社会现实，勇敢地面对社会生活。

（四）社区矫正机制是对司法资源的科学整合

建立社区矫正机制必须服从服务于社区矫正总体战略，要逐步改变以封闭监禁为主的刑罚模式，立足于社区，不脱离家庭，立足于发挥社会力量的积极作用。要以社区矫正机构为核心，公安机关、检察机关、审判机关、司法行政机关、监狱管理机关等彼此之间通力合作，其他各部门之间相互配合，形成合力，共同做好社区矫正对象的矫正工作，实现社区矫正的目的。

三、建立社区矫正机制的意义

社区矫正机制作为一个全新的刑事执行体系，无论是对整个刑事执行理念，还是对我国监禁矫正的传统习惯，都是一个重大变革、一场巨大冲击。社区矫正制度的实施对我国法治建设和刑事执行工作的发展都具有重要意义。

（一）社区矫正机制是社区矫正理论的现实实践

社区矫正作为一种国外存在多年的刑事执行领域的矫治理论，最终要体现在对社区矫正实践的指导上。先进的、科学的理论必须要得到实践的检验。我国社区矫正理论的形成，经历了一个十分曲折的过程。在我国矫正教育工作几十年实践的基础上，对国内外的刑事执行经验进行认真总结和深刻反思之后，我国逐步接受了国外比较完整的矫正理论，并逐步探索适合我国国情的矫正理论。2003年7月，社区矫正工作在我国北京、上海、天津、江苏、浙江、山东等六省市开展试点工作以来，我国社区矫正工作从无到有，逐步展开，渐次探索，社区矫正工作逐渐得到全社会的认同并全面施行。同时，任何一种先进的、科学的理论或成功的经验，都不能束之高阁，最终都要付诸实践，在实践中取得社会效益。社区矫正工作在西方国家，已经得到了验证，已经取得了良好的刑事执行效益和社会效益。在我国，主要是借鉴国外的理论和经验，探索适合我国国情和具有中国特色的社区矫正机制，并在具体矫正实践中总结、提高和发展，再对实践进行指导。从这个意义上讲，社区矫正的实施，不仅是一个理论问题，更重要的是一个矫正实践问题。如何把国内外的社区矫正的理论应用到我国社区矫正实践中，这是社区矫正研究者的任务，也是摆在我们社区矫正机构面前的迫切任务。要建立起一整套科学、规范的社区矫正机制，从矫正机构设置、矫正队伍构成、岗位职责、权责划分，到公、检、法、司及社会各部门各司其职、共同配合，研究人员与实践部门均作出了巨大努力和贡献。这样，社区矫正理论指导着社区矫正机制的建立；而社区矫正机制的建立和运作，又使社区矫正理论更加具体化，更加成熟和完善，体现了理论对实践的指导作用和实践对理论的检验作用。二者相辅相成，使社区矫正活动规范、有序、良性运作，取得更大的社会效益。

（二）社区矫正机制是实施社区矫正战略的重要保障

社区矫正战略从最初的提出，到在上海、北京等六省市试点，到在全国试行，直到在全国施行，《社区矫正法》的颁布，是一个逐步总结、渐进探索的过程，更是一个具体的实践摸索过程。要实现社区矫正战略目标，并不是短时间内就能完成的简单的操作过程，而是一个学习国外理论、借鉴国外经验，从本国实际出发，为实现目标精心设计、勇于探索，科学、规范、有序地管理和运行的过程。这一过程涉及国家司法行政体制的调整与完善，涉及公安机关、检察机关、审判机关、司法行政机关、监狱管理机关等与社会团体、社会组织、社区、社会公众等方方面面的统筹协调，其中的组织、管理、协调是至关重要的，需要建立科学的社区矫正机制，以确保矫正管理、矫正教育和教育帮扶活动的科学性、有效性和矫正效益最大化。社区矫正机制体现了现代刑罚理念，是实现社区矫正战略的重要条件。从这个意义上说，社区矫正机制是实施社区矫正战略的重要保障。实践证明，良好的工作机制，能起到激活作用，对实现工作目标能起到事半功倍的效果；反之，如果工作机制不能适应社区矫正工作的要求，将会制约、影响、抑制和阻碍社区矫正工作的正常运行。因此，建立科学的社区矫正机制，是实施社区矫正战略的重要保障。

（三）社区矫正机制是规范社区矫正依法实施的措施

社区矫正机制围绕着社区矫正战略目标，对社区矫正工作和各部门的运作过程、方式应作出明确规定。这种机制一旦以法律的方式通过并实施，对社区矫正工作机构、社区矫正队伍、社会工作者、社区志愿者、社区矫正对象，均起到规范和约束作用。这种规范作用也将与社区矫正相关的法律、法规、规章制度相配套，使社区矫正工作者在开展对社区矫正对象的监督管理、矫正教育、教育帮扶、安全防范、刑事执行变更等方面的业务活动中，指导思想明确，职责权限清晰，职责定位准确，内部分工具体，工作关系协调。每个部门都清楚自己的责任和义务，知道该干什么、怎么干，该管什么、怎么管，哪些是职责范围内的行为，哪些是非职责范围内的行为等；使每一个社区矫正工作者都将自己的社区矫正活动规范于社区矫正机制这个大系统中，与整个社区矫正机制协调运作，在各自的岗位上发挥作用，形成协同联动的合力。避免越权操作、违规操作，甚至违法操作。

（四）社区矫正机制是促进司法工作改革的重要动力

社区矫正战略是一种以治本为主、治标为辅的矫正制度的战略规划。其核心是社区介入教育转化社区矫正对象的犯罪心理和行为恶习，促进其不良行为和心理的改变，提高其对社会规范的适应性。通过对社区矫正对象的矫治，使其在回归社会后，最大限度地减少重新犯罪。在矫正方式上采用充分调动社会力量，广泛参与社区矫正活动。在这种战略思想指导下建立的社区矫正机制，必然会对司法行政机关、公安机关、检察机关、审判机关等部门在工作机构设置、人员配置、组织管理、业务分工、工作方式、职权划分、义务设定等诸多方面产生影响。随着社区矫正战略的实施、《社区矫正法》的颁行，我国刑事司法体制改革将进一步深化。同时，随着新的刑事执行理念、矫正理论的发展，作为各级司法行政机关，都会逐步转变组织、管理工作方式，善于从实际出发，摒弃陈旧落后的理念和做法。在工作侧重点，财力、物力的使用，对社区矫正机构设置、社区矫正队伍的构建、管理与教育训练，社区矫正工作人员的优化等诸多方面遵从社区矫正法律，适应社区矫正战略的需要。另外，随着社区矫正法律中对社区矫正工作者的考核、监督、激励制度的完善，将会形成社区矫正工作人员优胜劣汰的局面，大大地调动社区矫正工作人员的工作、学习积极性，增强遵纪守法、严格自律、无私奉献的自觉性，提高社区矫正工作者的整体素质，提高工作效率，使社区矫正工作得到社会公众的广泛支持，变得更加主动。从这个意义上来说，司法行政机关在完善社区矫正机制建设的同时，应当把社区矫正机制建设与深化司法行政工作改革同步进行，使我国社区矫正工作与时俱进，适应社会变革的需要，不断持续发展。

第二节 我国社区矫正机制

随着《社区矫正法》的颁布与实施，社区矫正的管理机关、社区矫正执行机构、社区矫正工作人员的组成，以及与公安机关、检察机关、审判机关之间的关系得以确立，社区矫正工作者队伍得到确认，其他国家机关的相应明确，社区矫正对象的名称等争议将告一段落，我国的社区矫正机制依法构建将提上日程。

一、社区矫正的机构设置

（一）《社区矫正法》颁布之前社区矫正机构设置的学理探索

关于社区矫正最高管理机构的设置模式，在《社区矫正法》颁布之前，学理上讨论较为热烈。比较具有代表性的构想有两种：第一种观点是在司法部内设社区管理矫正局，与监狱管理局并列，负责全国社区矫正的执行管理工作。社区矫正局内设若干处室，具体指导管制、缓刑、假释、暂予监外执行等罪犯的执行管理工作；省、市、县、乡设社区矫正处、科、股、站。① 第二种观点主张将社区刑罚的执行与监禁刑罚的执行有机结合起来，建议在司法部内设置国家刑罚执行总局，在总局之下，设置监狱管理局和社区刑罚执行局；监狱管理局保持现有职能，社区刑罚执行局负责所在社区刑罚的执行。省、市、县设置相应的机构。②

在省级以下的市、县、区司法局，是否设置相应管理机构的问题，实质上也就是社区矫正的管理到底是以条为主还是以块为主的问题，并涉及社区矫正工作者队伍的建设。对此，主要有两种观点：

第一种观点主张除了在司法部设立社区矫正的管理机构外，在省一级的司法厅（局）也设立专门的社区矫正管理机构，管理本省（自治区、直辖市）范围内的社区矫正工作；在地市级、县级司法局同样相应设立社区矫正的管理机构，在街道、乡镇由基层司法所直接负责社区矫正的执行工作。③ 这是大多数人的观点，也是目前社区矫正实践中推行的管理体制。

第二种观点主张除了司法部和省级司法厅局外，在市、县、区一级司法局不设社区矫正的行政管理机构，而只设立社区矫正的实体工作机构如社区矫正工作站等；社区矫正工作者则由省一级管理机构直接派出，驻站工作。该观点的理由有三：其一，在过去，地市一级司法局曾有劳改队和劳教所管理机构的设立，继而又撤销的经历，社区矫正在这一级的设置可能会遭遇相似的问题和相似的结局。其二，从美国的情况看，他们在州以下的市、县一级一般不设立社区矫正的行政管理机构，而是直接设立社区矫正的实体管理机构，如缓刑假释办公室、中

① 章恩友、刘恒志：《开展中国特色社区矫正工作的思考》，载《中国监狱学刊》2005 年第 1 期。

② 赵秉志：《刑事法治发展研究报告》（2003 年卷 · 上册），中国人民公安大学出版社 2003 年版，第 328 页。

③ 冯卫国：《社区矫正的中国实践：现状、问题与对策》，载《中国监狱学刊》2006 年第 2 期。

途训练所等。这样的设置非常有利于提高工作效率。[①] 其三，从我国试点的情况看，在市县区一级设立社区矫正的行政管理机构，往往并不能有效地对下面的工作进行帮助和指导，反而给基层工作增加了较多的压力和负担。主要表现为有较多不必要的统计报表、各种形式的汇报以及各种影响正常工作的会议。由此得出结论：如果县级司法局基层科不承担对社区矫正的管理，不设立专门的社区矫正科，那么，不仅可以大大减少不必要的行政机构，减少行政费用的开支，而且可以大大加强对刑事执法专业化的指导和管理，有利于社区矫正工作的高效运转。[②]

在我国社区矫正试点和试行的过程中，多数省份司法行政机关设立省级、地市级、县级、乡镇级四级社区矫正工作机构，直辖市往往是三级。这样从中央到地方，社区矫正机构就形成了一个网络体系，构成了一个有机整体，形成了完善的社区矫正管理机制。[③] 这些学理上的探索，促进了社区矫正工作的实践发展，也促进了《社区矫正法》的出台。

（二）社区矫正的管理机构

《社区矫正法》规定："国务院司法行政部门主管全国的社区矫正工作。县级以上地方人民政府司法行政部门主管本行政区域内的社区矫正工作。""地方人民政府根据需要设立社区矫正委员会，负责统筹协调和指导本行政区域内的社区矫正工作。"

具体说来，司法行政机关作为社区矫正工作的主管机关，在法律中明确下来，摒弃了执法主体和工作主体并存的混乱局面。作为社区矫正主管机关的司法行政机关，依照《社区矫正法实施办法》的规定，司法行政机关依法履行以下职责：主管本行政区域内社区矫正工作；对本行政区域内设置和撤销社区矫正机构提出意见；拟定社区矫正工作发展规划和管理制度，监督检查社区矫正法律法规和政策的执行情况；推动社会力量参与社区矫正工作；指导支持社区矫正机构提高信息化水平；对在社区矫正工作中作出突出贡献的组织、个人，按照国家有关规定给予表彰、奖励；协调推进高素质社区矫正工作队伍建设；其他依法应当履行的职责等。

司法行政机关是社区矫正的主管机关，同时社区矫正工作需要其他机关的配合。因此，《社区矫正法》规定，社区矫正工作地方人民政府根据需要设立社区

① 但未丽：《社区矫正管理机构设置必要性及具体模式探讨》，载《四川警察学院学报》2008年第1期。

② 刘强：《我国社区矫正试点中的管理体制弊大于利》，载《法学》2005年第9期。

③ 张峰：《论社区矫正机制的模式选择》，载《河南司法警官职业学院学报》2006年第1期。

矫正委员会，由社区矫正委员会负责统筹协调和指导本行政区域内的社区矫正工作。社区矫正委员会由县级以上政府牵头，负责统筹协调和指导包括公安机关、检察机关、审判机关、监狱管理机关、人力资源与社会保障部门、财政部门、民政部门等其他国家参与社区矫正工作。

（三）社区矫正机构的地位和职责

根据我国《刑事诉讼法》第258条的规定，“对被判处管制、宣告缓刑、假释或者暂予监外执行的罪犯，依法实行社区矫正，由社区矫正机构负责执行”。《社区矫正法》第9条规定：“县级以上地方人民政府根据需要设置社区矫正机构，负责社区矫正工作的具体实施。社区矫正机构的设置和撤销，由县级以上地方人民政府司法行政部门提出意见，按照规定的权限和程序审批。司法所根据社区矫正机构的委托，承担社区矫正相关工作。”由此可见，确立了社区矫正机构和司法所的法律地位和法定职责，社区矫正机构承担社区矫正各项刑事执行、监督管理、教育帮扶等工作；司法所是县级社区矫正机构的派出机构，根据社区矫正机构的委托，从事具体的社区矫正相关工作。目前，司法部已设立社区矫正工作管理局，省级司法行政机关已设立社区矫正处（局），各地市级、县级已分别设立社区矫正处（科），从中央到地方已建立起社区矫正机构。其中，省、市两级社区矫正机构主要负责监督指导、重大案件执行和跨区域执法的组织协调。县级社区矫正机构具体承担社区矫正日常工作。

社区矫正机构应依法履行以下职责：一是接受委托进行调查评估，提出评估意见；二是接收社区矫正对象，核对法律文书、核实身份、办理接收登记，建立档案；三是组织入矫和解矫宣告，办理入矫和解矫手续；四是建立矫正小组、组织矫正小组开展工作，制定和落实矫正方案；五是对社区矫正对象进行监督管理，实施考核奖惩；审批会客、外出、变更执行地等事项；了解掌握社区矫正对象的活动情况和行为表现；组织查找失去联系的社区矫正对象，查找后依情形作出处理；六是提出治安管理处罚建议，提出减刑、撤销缓刑、撤销假释、收监执行等变更刑事执行建议，依法提请逮捕；七是对社区矫正对象进行教育帮扶，开展法治道德等教育，协调有关方面开展职业技能培训、就业指导，组织公益活动等事项；八是向有关机关通报社区矫正对象情况，送达法律文书；九是对社区矫正工作人员开展管理、监督、培训，落实职业保障；十是其他依法应当履行的职责。

司法所接受社区矫正机构委托应依法履行以下职责：一是接受委托开展调查评估工作；二是接收社区矫正对象，组织入矫宣告和解矫宣告；三是组织矫正小组开展工作，落实矫正方案；四是做好日常监督管理、教育帮扶等工作；五是对社区矫正对象进行考核，提出奖惩建议；六是其他依法应当履行的职责。

（四）参与社区矫正工作的其他机关及其职责

参与社区矫正工作的其他机关包括人民法院、人民检察院、公安机关、监狱管理机关、其他行政机关等。这些机关的具体职责如下：人民法院是审判机关，依法履行以下职责：一是拟判处管制、宣告缓刑、决定暂予监外执行的，可以委托社区矫正机构或者有关社会组织对被告人或者罪犯的社会危险性和对所居住社区的影响，进行调查评估，提出意见，供决定社区矫正时参考。二是对执行机关报请假释的，审查执行机关移送的罪犯假释后对所居住社区影响的调查评估意见。三是核实并确定社区矫正执行地。四是对被告人或者罪犯依法判处管制、宣告缓刑、裁定假释、决定暂予监外执行。五是对社区矫正对象进行教育，及时通知并送达法律文书。六是对符合撤销缓刑、撤销假释或者暂予监外执行收监执行条件的社区矫正对象，作出判决、裁定和决定。七是对社区矫正机构提请逮捕的，及时作出是否逮捕的决定。八是根据社区矫正机构提出的减刑建议作出裁定。九是其他依法应当履行的职责。

人民检察院是专门的法律监督机关，应依法履行以下职责：一是对社区矫正决定机关、社区矫正机构或者有关社会组织的调查评估活动实行法律监督。二是对社区矫正决定机关判处管制、宣告缓刑、裁定假释、决定或者批准暂予监外执行活动实行法律监督。三是对社区矫正法律文书及社区矫正对象交付执行活动实行法律监督。四是对监督管理、教育帮扶社区矫正对象的活动实行法律监督。五是对变更刑事执行、解除矫正和终止矫正的活动实行法律监督。六是受理申诉、控告和举报，维护社区矫正对象的合法权益。七是按照刑事诉讼法的规定，在对社区矫正实行法律监督中发现司法工作人员相关职务犯罪，可以立案侦查直接受理的案件。八是其他依法应当履行的职责。

公安机关既是刑事侦查机关，承担对犯罪人的刑事侦查职责，也是行政管理机关，对违法的社区矫正对象进行行政处罚的机关，应依法履行以下职责：一是对看守所留所服刑罪犯拟暂予监外执行的，可以委托开展调查评估。二是对看守所留所服刑罪犯拟暂予监外执行的，核实并确定社区矫正执行地；对符合暂予监外执行条件的，批准暂予监外执行；对符合收监执行条件的，作出收监执行的决定。三是对看守所留所服刑罪犯批准暂予监外执行的，进行教育，及时通知并送达法律文书；依法将社区矫正对象交付执行。四是对社区矫正对象予以治安管理处罚；到场处置经社区矫正机构制止无效，正在实施违反监督管理规定或者违反人民法院禁止令等违法行为的社区矫正对象；协助社区矫正机构处置突发事件。五是协助社区矫正机构查找失去联系的社区矫正对象；执行人民法院作出的逮捕决定；被裁定撤销缓刑、撤销假释和被决定收监执行的社区矫正对象逃跑的，予以追捕。六是对裁定撤销缓刑、撤销假释，或者对人民法院、公安机关决定暂予监外执行收监的社区矫正对象，送交看守所或者监狱执行。七是执行限制社区矫正对象出境的措施。八是其他依法应当履行的职责。

监狱管理机关主要是指司法部监狱管理局和省级监狱管理局，是专门的监狱管理机关。监狱管理机关在社区矫正工作依法承担的职责如下：一是核实社区矫正对象居住地、确定社区矫正执行地。二是对符合暂予监外执行条件的社区矫正对象作出暂予监外执行决定。三是根据社区矫正机构提出的撤销暂予监外执行收监执行的建议，及时作出决定。四是依法履行社区矫正相关职责。

公安机关的看守所在承担羁押犯罪嫌疑人、被告人的同时，还承担剩余刑期不满 3 个月的罪犯的刑罚执行工作，被称为监禁刑罚执行机关。公安机关和看守所在社区矫正工作中的职责为：一是依法委托调查评估；做好假释、暂予监外执行工作。二是将被决定收监的社区矫正对象收监执行。三是对刑期届满的暂予监外执行社区矫正对象按期办理刑满释放手续。四是依法履行社区矫正相关职责。

（五）社区矫正机构设置的基本要求

社区矫正机构的设置，基本要求主要包括以下几点：

1. 遵循依法设置的原则。《社区矫正法》第 9 条第 1 款规定："县级以上地方人民政府根据需要设置社区矫正机构，负责社区矫正工作的具体实施。社区矫正机构的设置和撤销，由县级以上地方人民政府司法行政部门提出意见，按照规定的权限和程序审批。"这里，社区矫正法明确了社区矫正的设置原则、设置权限和设置程序。政府根据需要设置社区矫正机构，这是社区矫正机构的设置原则；社区矫正机构的设置权限，限定在县级以上地方人民政府，其他国家机关无权设置社区矫正机构；社区矫正机构的设置，由县级以上地方人民政府司法行政部门提出意见，按照规定的权限和程序审批，这是设置社区矫正的程序规定。

2. 社区矫正机构的设置，要与城市或农村的经济社会发展状况相协调。尤其是城市社区矫正机构的设立，要与城市治理体系和治理能力的整体水平相协调。社区矫正工作是刑事执行工作的重要组成部分，也是整个社会工作的组成部分。因此，在设立社区矫正机构时，必须考虑社会的经济社会发展水平和发展现状，避免一哄而上、不顾实际情况、乱设社区矫正机构的现象；同时也应避免社区矫正机构设置过少，导致社区矫正工作开展落后等现象。

3. 社区矫正机构的设置，要注重其实际功能。设立社区矫正机构的目的，在于履行社区矫正的监督管理、教育帮扶的执法职责，在于协调社区矫正工作的社会化，在于社会团体、民间组织和社会人士、社区群众的广泛参与。因此，社区矫正机构设置应立足根植于社区，直接接触群众，要使每一个社区矫正机构都能最大限度地发挥其功能。①

4. 社区矫正机构的设置，要充分考虑当地的犯罪状况、经济发展水平、社区的成熟度，不应搞“一刀切”。我国地域广阔，经济发展水平差异巨大，人们的思想观念、行为习惯具有东西差异、南北差异大的特点，这些不同地域的地区差异导致了我国各地的犯罪状况、犯罪数量、犯罪类型均有明显的不同。社区矫正机构的设置，应遵循这一差异规律，根据需要设置，不搞“一刀切”。

二、社区矫正的运行模式

（一）运行模式的理论探索

社区矫正机构的运行模式指的是在社区矫正机构设置完成后，在社区矫正运行过程中较为稳定的具体方式。学界主张的社区矫正运行模式主要有：

1. 社区矫正局—司法所模式

这种模式主张在司法行政机关内部自上而下设立社区矫正局，基层力量配备在司法所。具体来讲，着眼于社区矫正工作发展的需要，在司法部设立与监狱管理局并行的社区矫正管理局。在省（区、市）一级，可以在司法厅（局）内设立独立的社区矫正管理局，主管本地的社区矫正工作。在县（区）一级，可以在司法局内设立主管社区矫正工作的科室。在乡（镇、街道）一级，要充分发挥基层司法所的作用，进一步充实司法所的工作力量，配备具有专业知识的一线工作人员。②

2. 矫正局—社区矫正办公室—社区矫正工作站模式

这种观点主张将社区矫正职能并入司法部下属监狱管理机构，与司法部监狱管理局合并成立矫正局，主管全国的监狱和社区矫正工作。在省一级也做相应的改动。在市、地一级的司法局设立一个独立的社区矫正办公室，在各个街道和乡镇设立社区矫正工作站。③

3. 社区矫正局—社区矫正管理所模式

该模式主张，社区矫正机构可以各县（区）司法局为依托，根据各地的实际情况而设立。在人口比较集中的大中城市，各市辖区可依实际情况，设一至两个社区矫正管理所，司法局富余人员经培训后，充实到社区矫正管理所内。④

---

① 张峰：《论社区矫正机制的模式选择》，载《河南司法警官职业学院学报》2006年第1期。

② 鲁兰：《论推进社区矫正试点之制约因素》，载《法学评论》2007年第6期。

③ 杨明、林宇虹：《对我国社区矫正机构设置的思考》，载《河南司法警官职业学院学报》2007年第1期。

④ 张峰：《论社区矫正机制的模式选择》，载《河南司法警官职业学院学报》2006年第1期。

4. 社区矫正机构“1 + X”运行模式

“1 + X”运行模式中的“X”，指在同一个行政区域内，根据当地现实需要，可以设立若干个非营利的“第三部门”，负责对社区矫正对象的日常教育、帮助、服务工作。由社区矫正机构委托第三部门来解决社区矫正对象心理、法律、生活、就业等方面面临的实际困难或问题，由第三部门提供真诚的帮助、服务和指导。①

第一种观点，有利于在不改变我国司法行政机关职能和结构的情况下，自上而下设立矫正局或者增加机构和编制显得顺理成章，实际操作中更具有可操作性，有利于社区矫正工作的行业管理，在短时间内能够迅速搭建社区矫正执行机构的框架，阻力较小。因此这种观点更多地为司法行政系统内部的工作人员所接受。但此观点没有触及我国深层次的司法体制改革问题。社区矫正执行的重心是基层司法所，但目前的司法所人员少、经费不足、装备落后，在社区矫正对象中不具有足够的威慑力。同时，这一模式有一个很大的不足，该执行机构模式没有明确规范志愿者的参与程序与参与过程。

第二种观点，仍然尽量避免与我国现行机构设置相冲突，自上而下进行社区矫正执行机构的设置。在国家、省级机构设立矫正局，取代监狱管理局；矫正局下设监狱管理机构和社区矫正执行机构，实行省以下的垂直领导、管理；在地市一级设立非行政机构的社区矫正办公室；各乡镇、街道设立社区矫正工作站，将社区矫正工作重心放在基层的社区矫正工作站。该模式效仿了现行监狱管理体制，在逻辑上应该是正确的。但是，这种观点的不足在于：一是脱离了目前社区矫正工作的方向和思路，与现行的由基层司法所负责社区矫正具体执行的做法相背离。二是将社区矫正与监狱矫正统一成立矫正局，等于变相降低了监狱管理机关的规格。三是将县级司法行政机关彻底抛开，与我国试行的加强县域权力的行政体制改革思想相矛盾，在实践中很难行得通。

第三种观点，主张根据各地实际需要设立社区矫正执行机构的思路，注重各地社区资源和条件的差异，主张打破行政区划界限，集中在区县内设立社区矫正管理所的做法，都是有创新勇气的新举措，具有不拘泥于现行行政体制、因事设岗、强化社区矫正机构设置灵活性的优点。但是，一个县仅设立一两个社区矫正管理所，有违社区矫正是为了使社区矫正对象生活在其所在社区、维持社区矫正对象的家庭和工作不被轻易改变、不改变社区矫正对象基本生活社会氛围的初衷，在现实中会带来相当多的无法解决的问题。

第四种观点，主张根据社区矫正对象状况和当地社区的具体情况设置社区矫

① 张传伟：《社区矫正“1 + X”运行模式》，载《法学论坛》2010 年第 1 期。

正机构和辅助社会服务机构，打破了现行的在各街道（乡镇）普遍设立司法所实施社区矫正的惯例，对社区矫正工作中的心理辅导、公益活动、帮扶等不涉及刑罚执行的工作用政府购买服务的方式，由社会机构解决社区矫正工作人员大量需求的问题，是社区矫正机构的一个发展方向。但是，各地应根据当地的社会经济发展水平，量力而行。

（二）社区矫正管理机制的运行模式

管理机制主要是指司法部社区矫正管理部门，各省、自治区、直辖市司法厅（局）的社区矫正管理部门及地、市、县司法局的社区矫正管理部门设置和运行状况。

1. 司法部社区矫正机构

司法部主管全国的社区矫正工作，司法部设立社区矫正管理局，负责监督检查全国社区矫正法律法规和政策的执行，指导、监督全国各地对社区矫正对象的刑罚执行、监督管理和教育帮扶，指导全国社会力量和志愿者参与社区矫正工作。

2. 省级司法厅（局）社区矫正机构

这一部门直接设在各省、自治区、直辖市的司法厅（局）内，是省级司法厅（局）内的二级机构。目前各地名称不一，主要有社区矫正工作办公室、社区矫正管理处、社区矫正管理局等，负责监督检查本省（直辖市、自治区）社区矫正法律法规和政策的执行，指导、监督本省（直辖市、自治区）对社区矫正对象的刑罚执行、监督管理和教育帮扶，指导本省（直辖市、自治区）社会力量和志愿者参与社区矫正工作。

3. 地市级司法局的社区矫正机构

该部门设在本地、市、州司法局内，具体名称为社区矫正处（科），负责监督检查地市级社区矫正法律法规和政策的执行，指导地市级对社区矫正对象的刑罚执行、监督管理和教育帮扶，指导地市级社会力量和志愿者参与社区矫正工作。

4. 县级司法局的社区矫正机构

该部门设在县、县级市、区司法局内，具体名称为社区矫正科（股），是社区矫正机构的基本执行机构，负责县级社区矫正工作的具体实施。

司法所是县级司法局的派出机构，根据县级社区矫正机构的委托，从事具体的社区矫正工作事宜。

三、社区矫正的监督机制

（一）国家权力机关的监督

国家权力机关的监督，是指各级人民代表大会及其常务委员会对社区矫正机关刑事执行活动的监督。人民代表大会是我国立法机关和国家权力机关，它们对社区矫正工作的监督，以宪法和法律为依据，代表人民的意志，能得到广大人民群众和社会舆论的广泛支持，并具有撤销法规、规章等规范性文件和人事罢免的权力，具有极大的权威性。这种监督主要通过以下途径来实现：一是通过立法对社区矫正机关及其社区矫正工作者行使职权的活动进行制约。二是对各级政府制定的有关社区矫正工作的经费预决算进行审查，作出批准与否的决定。三是各级人民代表大会通过听取司法行政机关关于社区矫正工作的报告，对法律实施情况进行检查。①

（二）检察监督

检察监督，是指人民检察院通过行使检察权依法对社区矫正机构及其社区矫正工作者遵守和执行法律的情况进行的监督。《社区矫正法》第62条规定："人民检察院发现社区矫正工作违反法律规定的，应当依法提出纠正意见、检察建议。有关单位应当将采纳纠正意见、检察建议的情况书面回复人民检察院，没有采纳的应当说明理由。"人民检察院实施法律监督，主要是对社区矫正机构和社区矫正工作者执法的合法性进行的监督。明确检察机关监督的介入程序和实施程序，特别是社区矫正属非监禁刑事执行，应将其作为检察机关监督的重点。②

（三）监察监督

《监察法》第11条规定："监察委员会依照本法和有关法律规定履行监督、调查、处置职责：（一）对公职人员开展廉政教育，对其依法履职、秉公用权、廉洁从政从业以及道德操守情况进行监督检查；（二）对涉嫌贪污贿赂、滥用职权、玩忽职守、权力寻租、利益输送、徇私舞弊以及浪费国家资财等职务违法和职务犯罪进行调查；（三）对违法的公职人员依法作出政务处分决定；对履行职责不力、失职失责的领导人员进行问责；对涉嫌职务犯罪的，将调查结果移送人民检察院依法审查、提起公诉；向监察对象所在单位提出监察建议。"社区矫正工作人员属于公职人员，属于《监察法》的监督对象，对其依法行使社区矫正刑事执行权力，进行监督。

（四）社会监督

社会监督，是指来自国家机关以外的社会组织和公民个人对社区矫正机构的刑事执行活动所进行的监督。社会监督是一种非国家性质的监督，但社区矫正是社会力量广泛参与的矫正方式，无论是社区矫正工作人员还是社区矫正对象，都经常和社区的居民、组织接触，社会监督的条件非常充分。监督的形式主要有社区群众的监督、新闻媒体的监督等。社会监督是国家机关监督的重要来源和重要

① 张峰：《论社区矫正机制的模式选择》，载《河南司法警官职业学院学报》2006年第1期。
② 韩东升：《社区矫正监督工作中存在的问题及建议》，载《中国检察官》2010年第7期。

补充，是社区矫正监督机制中十分重要的监督形式。

四、社区矫正的保障机制

社区矫正的保障机制主要包括社区矫正工作人员权利保障、经费保障、物质条件保障、组织保障等。

（一）社区矫正工作人员权利保障

《社区矫正法》第 15 条规定："社区矫正机构工作人员和其他参与社区矫正工作的人员依法开展社区矫正工作，受法律保护。"建立社区矫正机构工作人员和其他参与社区矫正工作人员的权利保障机制，对社区矫正机构工作人员和其他参与社区矫正工作人员的权利依法给予保障，任何组织、个人无权干涉其依法开展社区矫正工作的权利。

（二）社区矫正工作经费保障

《社区矫正法》第 6 条规定："各级人民政府应当将社区矫正经费列入本级政府预算。居民委员会、村民委员会和其他社会组织依法协助社区矫正机构开展工作所需的经费应当按照规定列入社区矫正机构本级政府预算。"这一规定，实质上是将社区矫正经费分成两大部分：一是社区矫正机构的经费；二是居民委员会、村民委员会和其他社会组织依法协助社区矫正机构开展工作所需的经费。社区矫正在我国试点、试行到全面实施，由于各地社会经济发展水平差异较大，各地对社区矫正的经费支出也出现巨大差异，导致社区矫正的工作力度出现巨大差距。困扰不少地方的问题之一，就是社区矫正工作经费难以落实，保障不足，甚至不能列入当地财政预算。《社区矫正法》将社区矫正工作经费明确列入各级政府预算，将解决困扰不少地方社区矫正正常发展的经费问题，社区矫正工作将步入发展的快车道。

（三）社区矫正工作物质条件保障

《社区矫正法》第 35 条规定："县级以上地方人民政府及其有关部门应当通过多种形式为教育帮扶社区矫正对象提供必要的场所和条件，组织动员社会力量参与教育帮扶工作。有关人民团体应当依法协助社区矫正机构做好教育帮扶工作。"这是第一次以法律的形式明确规定政府及有关部门为教育帮扶社区矫正对象提供必要的场所和条件，以保障社区矫正教育帮扶工作能够顺利开展，并明确规定动员社会力量参与教育帮扶工作，强调有关人民团体有协助社区矫正机构做好教育帮扶工作的义务。

五、社区矫正的协作机制

《社区矫正法》第 17 条第 4 款规定，社区矫正决定机关，是指依法判处管制、宣告缓刑、裁定假释、决定暂予监外执行的人民法院和依法批准暂予监外执行的监狱管理机关、公安机关。因此，社区矫正的协作机制包括社区矫正机构与人民法院、监狱管理机关、公安机关的协作，也包括承担法律监督职责的人民检察院的协作。

（一）社区矫正机构与人民法院的协作

法院是对社区矫正对象实施社区矫正的主要决定机关，依照刑法、刑事诉讼法、监狱法、社区矫正法等法律的规定，人民法院对社区矫正对象依法判处管制、宣告缓刑、裁定假释、决定暂予监外执行。

1. 人民法院对拟适用社区矫正对象进行调查。人民法院对拟适用社区矫正的对象可以委托社区矫正机构或者其他组织进行调查。对被告人或者罪犯的社会危险性和对所居住社区的影响，进行调查评估，提出意见，供人民法院决定社区矫正时参考。

2. 法院判处管制、宣告缓刑与社区矫正机构之间的衔接。对于适用社区矫正的罪犯，人民法院应当核实其居住地，在向其宣判时，书面告知其到居住地县级社区矫正机构报到的时间期限以及逾期报到的后果，并通知居住地县级社区矫正机构。根据《社区矫正法》第20条的规定，社区矫正决定机关应当自判决、裁定或者决定生效之日起5日内通知执行地社区矫正机构，并在10日内送达有关法律文书，同时抄送人民检察院和执行地公安机关。根据《社区矫正法》第21条的规定，人民法院决定暂予监外执行的社区矫正对象，由看守所或者执行取保候审、监视居住的公安机关自收到决定之日起10日内将社区矫正对象移送社区矫正机构。

3. 社区矫正对象减刑的协作。社区矫正对象符合刑法规定的减刑条件的，社区矫正机构应当向社区矫正执行地的中级以上人民法院提出减刑建议，并将减刑建议书抄送同级人民检察院。人民法院应当在收到社区矫正机构的减刑建议书后30日内作出裁定，并将裁定书送达社区矫正机构，同时抄送人民检察院、公安机关。

4. 法院对社区矫正对象的收监协作。《社区矫正法》第46条规定，社区矫正对象具有刑法规定的撤销缓刑、假释情形的，应当由人民法院撤销缓刑、假释。对于在考验期限内犯新罪或者发现判决宣告以前还有其他罪没有判决的，应当由审理该案件的人民法院撤销缓刑、假释，并书面通知原审人民法院和执行地社区矫正机构。对于有其他需要撤销缓刑、假释情形的，社区矫正机构应当向原审人民法院或者执行地人民法院提出撤销缓刑、假释建议，并将建议书抄送人民检察院。社区矫正机构提出撤销缓刑、假释建议时，应当说明理由，并提供有关证据材料。

《社区矫正法》第 47 条规定，被提请撤销缓刑、假释的社区矫正对象可能逃跑或者可能发生社会危险的，社区矫正机构可以在提出撤销缓刑、假释建议的同时，提请人民法院决定对其予以逮捕。人民法院应当在 48 小时内作出是否逮捕的决定。决定逮捕的，由公安机关执行。逮捕后的羁押期限不得超过 30 日。

《社区矫正法》第 48 条规定，人民法院应当在收到社区矫正机构撤销缓刑、假释建议书后 30 日内作出裁定，将裁定书送达社区矫正机构和公安机关，并抄送人民检察院。人民法院裁定撤销缓刑、假释的，公安机关应当及时将社区矫正对象送交监狱或者看守所执行。执行以前被逮捕的，羁押 1 日折抵刑期 1 日。

（二）社区矫正机构与公安机关的协作

公安机关是对看守所、拘役所关押罪犯适用暂予监外执行的决定机关。依照《刑法》《刑事诉讼法》《监狱法》《社区矫正法》等法律法规的规定，公安机关的看守所、拘役所对一部分判处有期徒刑和拘役的罪犯实施关押和矫正。依据修订后的《刑事诉讼法》第 265 条的规定，对于符合暂予监外执行条件的罪犯，公安机关有权决定是否批准暂予监外执行。

1. 适用社区矫正的罪犯的衔接。对于适用社区矫正的罪犯，公安机关应当核实其居住地，在其离开看守所之前，书面告知其到居住地县级社区矫正机构报到的时间期限以及逾期报到的后果，并通知居住地县级社区矫正机构。《社区矫正法》第 21 条第 2、3 款规定，人民法院决定暂予监外执行的社区矫正对象，由看守所或者执行取保候审、监视居住的公安机关自收到决定之日起 10 日内将社区矫正对象移送社区矫正机构。公安机关批准暂予监外执行的社区矫正对象，由看守所自收到批准决定之日起 10 日内将社区矫正对象移送社区矫正机构。

对在看守所服刑罪犯假释的衔接。根据《刑法》第 81 条和《社区矫正法》第 21 条第 1 款的规定，对由看守所假释的罪犯，应当自判决、裁定生效之日起 10 日内到执行地社区矫正机构报到。公安机关应依法及时和社区矫正进行交接。

2. 对脱管社区矫正对象查找的配合衔接。《社区矫正法》第 30 条规定，社区矫正对象失去联系的，社区矫正机构应当立即组织查找，公安机关等有关单位和人员应当予以配合协助。查找到社区矫正对象后，应当区别情形依法作出处理。

3. 对社区矫正对象有违法行为和违反禁止令的处置。《社区矫正法》第 31 条规定，社区矫正机构发现社区矫正对象正在实施违反监督管理规定的行为或者违反人民法院禁止令等违法行为的，应当立即制止；制止无效的，应当立即通知公安机关到场处置。发现社区矫正对象正在实施违反监督管理规定的行为或者违反人民法院禁止令等违法行为，社区矫正机构有先行处理的权利，依法进行制止；制止无效的，通知公安机关，由公安机关到场处置。

4. 变更刑罚执行方式的交接。人民法院裁定撤销缓刑、假释的，公安机关应当及时将社区矫正对象送交监狱或者看守所执行。人民法院、公安机关对暂予监外执行的社区矫正对象决定收监执行的，由公安机关立即将社区矫正对象送交监狱或者看守所收监执行。

5. 追逃的衔接。社区矫正对象被裁定撤销缓刑、假释和被决定收监执行的社区矫正对象逃跑的，由公安机关追捕，社区矫正机构、有关单位和个人予以协助。《社区矫正法》确定了公安机关的追逃责任，社区矫正机构予以协助。

（三）社区矫正机构与监狱管理机关的协作

监狱管理机关是对监狱关押罪犯适用暂予监外执行的决定机关。依据《刑事诉讼法》第265条的规定，对于符合暂予监外执行条件的罪犯，监狱机关有权决定是否批准暂予监外执行。依据《监狱法》第27条的规定，“对暂予监外执行的罪犯，依法实行社区矫正，由社区矫正机构负责执行。原关押监狱应当及时将罪犯在监内改造情况通报负责执行的社区矫正机构”。第28条规定：“暂予监外执行的罪犯具有刑事诉讼法规定的应当收监的情形的，社区矫正机构应当及时通知监狱收监；刑期届满的，由原关押监狱办理释放手续。罪犯在暂予监外执行期间死亡的，社区矫正机构应当及时通知原关押监狱。”

1. 社区矫正机构与监狱之间的衔接。包括监狱对拟适用社区矫正的罪犯，可以委托县级社区矫正机构进行调查评估。对于适用社区矫正的罪犯，监狱应当核实其居住地，在其离开监所之前，书面告知其到居住地社区矫正机构报到的时间期限以及逾期报到的后果，并通知居住地社区矫正机构。监狱管理机关批准暂予监外执行的社区矫正对象，由监狱自收到批准决定之日起10日内将社区矫正对象移送社区矫正机构。

2. 监狱对社区矫正对象收监的协作。人民法院裁定撤销缓刑、假释的，公安机关应当及时将社区矫正对象送交监狱收监。暂予监外执行的社区矫正对象具有刑事诉讼法规定的应当予以收监情形的，社区矫正机构应当向执行地或者原社区矫正决定机关提出收监执行建议，监狱管理机关对暂予监外执行的社区矫正对象决定收监执行的，监狱应当立即将社区矫正对象收监执行。

（四）其他机构的协作

在我国社区矫正工作的具体操作中，其他机构也从不同的角度参与到社区矫正工作中。这些机构主要有以下几个：①

① 吴宗宪：《论中国社区矫正中服刑人员处遇的协调与参与机构》，载《法律适用》2005年第10期。

1. 民政部门

民政部门需要对家庭特别困难的社区矫正对象开展救济等工作。同时，民政部门还要解决非政府社区矫正组织和团体成立时的登记注册问题，为完善社区矫正的组织体系开展工作。

2. 人力资源与社会保障部门

人力资源与社会保障需要解决社区矫正对象在社会保障、职业技能培训、劳动报酬支付、劳动争议解决等方面的问题。还要在推荐社区矫正对象就业方面开展工作。

3. 卫生健康部门

卫生健康部门需要解决社区矫正对象的卫生防疫、疾病治疗等方面的问题。

4. 教育部门

教育部门需要解决社区矫正对象的学历教育和其他教育等方面的问题，特别是要解决从监狱中释放的符合条件的假释犯的就学等问题。还需要解决对社区矫正对象进行文化教育和职业技能培训中的质量监督等问题。

5. 市场监督管理部门

市场监督管理部门在社区矫正中要从事多方面的工作。例如，为社区矫正对象从事工商活动颁发营业执照，监督他们开展合法的经营活动；为非政府性社区矫正组织和团体开展经营性活动提供证照，对经营活动进行日常监督和年度审核等工作。

总之，在社区矫正适用过程中，司法行政机关负责主管社区矫正工作；人民法院对符合社区矫正适用条件的被告人、罪犯依法作出判决、裁定或者决定；人民检察院对社区矫正各执法环节依法实行法律监督；公安机关对违反治安管理规定和重新犯罪的社区矫正人员及时依法处理。这就要求各级人民法院、人民检察院、公安机关、司法行政机关应加强对社区矫正工作的组织领导，健全工作机制，明确工作机构，配备工作人员，落实工作经费；各司其职，分工合作，保障社区矫正工作的顺利开展。

第三节 社区矫正机制实践模式

社区矫正在引入我国之前，在西方国家已经实践多年，产生了许多社区矫正的成功经验，当然也有教训。我国自 2003 年开展试点以来，我国北京、上海等地探索了适合本地经济社会发展的模式。

一、国（境）外社区矫正模式的类型

任何法律或制度都是实践理性的产物，体现了人们的价值判断与理性选择。理性并非要否定所谓自生自发秩序的作用，而是强调现实中缺乏价值判断，法律将寸步难行。人们（立法者）在各种价值目标之间加以评判取舍，就是一个法律目的选择的过程。不同的目的选择指向了不同的价值：历史法学选择了民族精神，法经济学派选择了效率优先，自由主义强调了个人的自由保障。为此，作为具体的社区矫正模式的选择，也需要在经验的基础上，先进行价值的判断，以使选择模式符合理性认识的最优考量。毫无疑问，监狱封闭式行刑模式与社区矫正开放式行刑模式最终的目的是一致的，是统一于刑罚特殊预防目的之上的。只是在达成这一最终目的的途径上，各有不同的模式选择。也就是说，方法或途径成了次一级的目的。社区矫正模式的设计，同样面临这种次一级的目的选择问题。取舍之间，便极有可能造成面貌相同的制度，却有不同的结果。①

从目前世界各国的社区矫正制度来看，从社区矫正的发起方式、资金来源、目标设定等要素，大体上有三种主导模式可供选择：以社区自治主导的社会改造模式；以政府主导的行刑空间转换模式；以政府职能与社区优势相结合的复合主导模式。

（一）社区自治主导的社会改造模式

这一模式又称本源模式，本源模式的依据是社区矫正自产生就是以社区主导为主体的。社区矫正的创始人，目前公认的是美国马萨诸塞州波士顿市的鞋匠约翰·奥古斯塔。他是世界缓刑的创始人，他的缓刑尝试始于 1841 年。他首先向波士顿违警法院提出了愿意为犯罪的酗酒者承担法律责任，交由他管理，保证其能改变恶习；如果不能承诺，他情愿自己承担经济上的损失。法院认可了他的请求，对每个被保释者法院收取奥古斯塔保释金 30 美元，并给予犯罪者 30 天的暂缓判决，将犯罪者交由奥古斯塔进行管理。1842 年至 1859 年他以个人身份一共保释、监督、管理过 1152 个男性和 794 个女性违法者以及 3000 个女孩。他千方百计为保释的犯罪者解决住房问题，帮助他们寻找工作。到期时，法官将犯罪者的监禁判决大都改为一般的罚款。在他最初保释和帮助的 1100 个犯罪者中，只有 1 人重新犯罪。在近 20 年中，奥古斯塔共花费了 24 万美元，主要用于交保释金和帮助犯罪人。资金来源主要是靠自己的生产经营和社会捐助。② 在当时，他的付出是笔巨大的开支且均由他本人承担，没有政府的任何介入，矫正的方式和

① 谭全万：《主体或空间：论社区矫正的模式选择》，载《成都行政学院学报》2007 年第 3 期。

② 刘强：《美国社区矫正演变史研究》，法律出版社 2009 年版，第 61 ~ 62 页。

内容完全是按照自己的善意和公德心而设置。若干年之后他的行为才得到了社会和州政府的认可，促使了马萨诸塞州社区矫正法的出台，并被其他州相继效仿。由此可以看出，社区矫正自创始之初的本意是社区自治主导的社会改造，而非政府主导。因此，这一模式又叫社区主导型，其特点是政府仅以立法形式间接干预与规范社区矫正，至于具体的社区矫正工作则完全实行社区居民的自主治理。以社区自治主导的社会改造模式的理论基础，主要是恢复性司法的理念，认为犯罪首先侵害的是被害人的权利，其次是社区的权利，最后才是国家的法律秩序。因此犯罪人的责任，不是被动地接受刑罚的处罚，而是积极地挽回因犯罪造成的不良后果，消除犯罪行为对被害人和社区的损害。这就要求在处理犯罪人和犯罪行为的过程中，应当考虑被害人和社区的需要。与此同时，恢复性司法认为，在犯罪发生后，除了犯罪人对自己的行为承担责任外，社区也应对处理犯罪负有责任。因为犯罪是社区关系不良的一种体现，社区成员应该对犯罪集体负责，每一个犯罪人身边的人都应该对犯罪人悔过自新提供力所能及的帮助和支持。如此一来，社区矫正就应当由社区主导。在社区自治的范围内，行为人同社会充分互动，顺利完成教育改造的目的。①

最为典型的是 1971 年由女犯罪心理学家米米·西尔博特与曾是假释犯的约翰·马勒联手，创建了美国旧金山迪兰西街矫正中心，没有政府投资，没有政府官员参与管理，采取完全自治的模式，却取得了巨大的成功。由此可见，社区矫正并不只是行为人“在社区内被矫正”，而应该是“由社区来矫正”。也就是说，社区矫正的路径选择应当是社区自治而非国家主导。

社区自治主导的社会改造模式，要求在社区矫正的路径选择上，首先，要树立社区主导的思想，以社区代表社会同犯罪者来共同承担因犯罪所负的责任，坚决避免国家机关代表国家以行刑场所的转换而忽视社区的自我治理能力。其次，不是以承诺书或教育谈话等表面文章的方式，而是要通过社区矫正对象同社区之间互动，来实现社会对犯罪的正常反应，实现行为人对受损社会关系的弥补，最终实现社区矫正对象正常的重返社会之刑罚目的。确立了社区主导的社区矫正制度的路径选择，我们在规范的设计上就显得简单明了。即由最高权力机关以法律的形式来统一立法，从根本上消除不同规范的冲突与矛盾之处。

构建社区主导的社区矫正模式，有赖于良好的社区组织。社区是“具有共同价值取向的同质人口组成的关系密切、出入相友、守望相助、富有人情味的社会关系和社会利益共同体”。“这种共同体不是人们有意识选择的结果，是顺其自然而形成的。这样的团体最终会由各种各样人口组成，经由分工和契约并联系

① 谭全万：《主体或空间：论社区矫正的模式选择》，载《成都行政学院学报》2007 年第 3 期。

起来的建立在理性基础上的一种团体，又可称为社会”。滕尼斯的社区概念主要不是当前我国所认识的地域概念，突出的是共同体的精神意蕴，即其存在一个能将不同个体自谋出路黏合在一起的联结纽带，这一纽带的核心特征是存在广泛认同的默认一致。而在现代社会中出现的四种共同体形式：同业群体、社团、非营利组织以及网络社区，它们失去了传统共同体固定的地域边界，但获取了新的共同精神即现代性所孕育的共有利益和共享价值，包括民主、自由、平等、公民权利等。社区所具有的重要功能便是自我治理的能力，这也是我们主张社区主导社区矫正的基本依据。虽然社区居民自治已成为对新时期基层管理构架的一种制度性设计，但仍然没有摆脱街道乡村的地域限制。①

社区自治模式由于非政府组织、志愿者及一般公众的参与，形成了自下而上的状态，通过社区基层力量组织矫正活动。在资金来源上，大都来自于捐款、基金及会员会费等社会捐助；在发展目标上，更多的是关注国民福利、社区矫正对象的人权及社会改革；在参与方式上，强调唤起社会集体行动、依赖大众运动和使用大众媒体。政府对社区矫正发展的作用主要表现在提供制度规范，基本不涉及组织与计划方案；社区层面的组织及居民按照自治原则，处理矫正事务。②

在当今社会条件下，这一模式虽然能使社区功能得以发挥，社区优势得以体现，但是社区是自治性的，由于缺乏强制性使社区矫正作为刑事执行方式遭遇“尴尬”。

（二）以政府主导的行刑空间转换模式

这一模式又称政府主导型，特点是政府与社区紧密结合。政府对社区矫正的干预较为直接与具体，并在社区中设立专门的派出机构，社区矫正的官办色彩浓厚，典型的如新加坡。③ 以国家机关主导的行刑空间转换模式的理论基础，主要是犯罪学的标签理论，即监狱制度造成行为人“监狱化”或形成“监狱人格”的消极结果。国家机关应当突破监狱的封闭环境，将行刑空间拓展到社区之中，以较好地实现行为人再适应社会的能力，从而实现防止再犯可能的目的。

这种模式的优势十分明显，能有效利用政府所掌握的巨大行政资源，自上而下地拓展社区矫正空间，利用行政手段构建社区矫正的机构体系，使社区矫正工作做到规范有序。但是弊端也是显而易见的。首先，它违背“小政府、大社会”的理念，有国家权力过于深入地干预社区活动的嫌疑，与基层自治建设的努力相

① 谭全万：《主体或空间：论社区矫正的模式选择》，载《成都行政学院学报》2007 年第 3 期。

② 张鹏：《英美社区矫正模式述评》，载刘强、姜爱东、朱久伟主编：《社区矫正理论与实务研究文集》，中国人民公安大学出版社 2009 年版，第 425 页。

③ 张鹏：《英美社区矫正模式述评》，载刘强、姜爱东、朱久伟主编：《社区矫正理论与实务研究文集》，中国人民公安大学出版社 2009 年版，第 425 ~ 426 页。

悖。其次，政府在矫正工作中主要以承诺书、考勤表、道德法律宣传等表面文章为结果评价指标，忽视或无力就行为人在具体的社区关系中的教育改造进行实质的工作，因而效果极为有限。芝加哥大学的沃克教授尖锐地指出："缓刑监督实际上是一个神话，监督仅仅停留在官僚机构的文件上，于是责任被推卸了。犯人每月与缓刑官见面一次，空泛地谈谈工作、毒品、酗酒以及犯罪等诸如此类的问题，然后由缓刑官上交一份报告，仅此而已。"① 最后，这一模式主要以法规规章的形式来规范相关内容，但受制于各自的权限范围，必然造成法规规章之间的冲突。突出的是政府，必然造成强制性的扩大，变"由社区来矫正"为"在社区内的强制矫正"，难以体现社区矫正的本意。

政府主导的模式往往是自上而下的发动，在资金来源上，主要是来自国家税收；在发展目标上，旨在维护社会秩序与保持政治稳定；在参与方式上，较多地依靠立法、舆论和恢复性司法活动。②

（三）以政府职能与社区优势相结合的复合主导模式

这一模式又叫混合型，是政府职能与社区自治的混合或复合。表现为政府对社区矫正的干预较为宽松，政府主要负责社区矫正计划的整体设计、指导并提供经费支持。官办色彩与民间自治在社区发展中和谐共生、彼此交织，典型的如日本。③ 从目前的社区矫正模式看，越来越多的国家已不再依赖某一单一模式，而逐步向社会的多元整合模式发展，已超越了单纯的政府主导模式或者是社会自治模式，转而采用混合模式。

上述 3 种模式揭示了政府主导程度、居民参与程度以及行动方式这 3 个要素的关系。实际上，英美国家早期的社区矫正大多采用政府主导的发起方式，进而发展成为政府指导下的社区居民主动参与的共同行为；逐步从单一的危险特质模式向以社区为本、以案主为本、社会支持网络的多元整合模式发展。

二、上海实践模式

上海市社区矫正工作于 2002 年 8 月开始试点，在市委、政法委的直接领导下，经过多年的探索与实践，逐步形成了符合上海实际、具有上海特色的社区矫正运作模式。此模式也为理论研究与探讨我国社区矫正未来发展方向提供了新的实践操作空间和理论思考空间。

---

① 谭全万：《主体或空间：论社区矫正的模式选择》，载《成都行政学院学报》2007 年第 3 期。

② 张鹏：《英美社区矫正模式述评》，载刘强、姜爱东、朱久伟主编：《社区矫正理论与实务研究文集》，中国人民公安大学出版社 2009 年版，第 425～426 页。

③ 张鹏：《英美社区矫正模式述评》，载刘强、姜爱东、朱久伟主编：《社区矫正理论与实务研究文集》，中国人民公安大学出版社 2009 年版，第 425 页。

上海于2002年8月开始了在徐汇区斜土路、普陀区曹杨新村和闸北区宝山路3个街道的社区矫正试点。试点的社区矫正对象包括缓刑、假释、管制、暂予监外执行和剥夺政治权利的罪犯。到2003年1月社区矫正工作在这个3个区的31个街道（镇）全面推开；到2003年8月又扩大到浦东、卢湾两个区，在全市的5个区的59个街道（镇）试点。2003年年初，上海市委政法委经过半年的调研，提出在全市构建预防犯罪工作体系的思路，由政府出钱购买服务，引入社团和社工帮助吸毒者、社区青少年、社区矫正对象三类特殊人群树立生活的信心和提高生活能力，从源头上预防犯罪。上海模式的特色主要体现在以下几个方面：①

（一）上海模式的特点

上海市的社区矫正是典型的以政府职能与社区优势相结合的复合主导模式。总体思路是“政府主导推动、社团自主运行、社会多方参与”。

根据这一总体思路组建了3个民办非企业性质社团组织即上海市自强社会服务总社、上海市新航社区服务总站和上海市阳光青少年事务中心。这标志着社团自主运行的实质性启动。2004年8月起，在试点工作的基础上，预防犯罪工作体系建设在全市各区县范围内全面推进，逐渐形成了多元化、各司其职、协同管理的综合治理新格局。

（二）社会经济条件

上海位于全国改革开放的前沿，经济实力雄厚，良好的社区环境已经培育形成，基层组织和文明建设得到了较快的发展，市民的思想道德修养、科学教育水平和民主法制观念有了进一步的提高，初步形成了一支热心于社会公益事业的志愿者队伍。另外，市委、市政法委对上海市法制建设的改革和创新非常重视和支持，也为扩大上海的社区矫正工作奠定了良好的基础。

（三）专业工作理念

在整个模式的构建与发展完善中，设计者与实施者超越了传统依靠行政方法实施专政的理念，采用了社会工作关于平等、尊严、接纳、诚信等方面的理念，发挥社会工作康复、预防功能。因此，从一开始就强调了将社会工作的价值理念运用到社区矫正的过程，通过政府购买社工服务的方式推动民间社团的自主运作，实行专门化机关管理和社会化管理相结合。

（四）体制建设

上海市成立了以市委、政法委牵头协调，公、检、法、司等相关部门参加的社区矫正工作领导小组，设立了禁毒委员会办公室、社区矫正办公室、青少年事

① 王李娜：《上海社区矫正的实践与思考》，载《湖北经济学院学报》2008年第3期。

务办公室，作为政府主导机构负责统筹规划3项工作。在政府的主导与推动下，分别从事禁毒、社区矫正、青少年事务3项工作的民办非营利社团——上海市自强服务社、上海市新航服务总社、上海市阳光社区青少年事务中心。这3个社团获得政府购买服务的费用，承担政府指定的服务项目，主要职能为人事招聘、培训与考核以及制定统一的工作要求等日常管理。

在区级层面，对应3个社团设有3个社工站，各个街道都设有社工点。社区矫正工作者在正式上岗前，进行120个课时的集中封闭式培训，授课老师为高校社会工作专业与法学专业的专家与教授，分别进行法律知识、社会工作理论与实务、矫正业务与流程等课程培训。另外，每人每年至少要进行48小时的再培训，主要包括新的政策规定的学习、具体工作中的一些方法、技巧等。

（五）在矫正内容方面

通过建章立制，初步形成了社区矫正对象日常管理、学习教育、公益活动、帮困解难、社区矫正志愿者队伍建设五大工作内容。同时构建了“三大板块、五大基地”的实践形式。“三大板块”即日常管理，教育学习和公益活动；“五大基地”即政治思想教育基地、法制教育基地、爱国教育基地、公益活动基地和推荐就业基地。

（六）在考核评估方面

由市社区矫正办分别对矫正工作站、社工点进行考核，其标准包括司法所承担社区矫正日常管理职能，重新犯罪率的大小，法律文书是否齐全，矫正方案是否规范，台账是否完善等方面。

对于社工的考核，制定了“台账建立率、案主见面率、重点案主谈话率、个案涉及率”为主要内容的目标考核制度，而不是一味强调总结报告与重新犯罪率的多少。

另外，他们与上海政法学院、华东理工大学社会工作系在理念的设计、制度的建设、人员培训以及其他具体矫正工作开展的各环节都展开了密切的合作，为上海社区矫正的顺利进行提供了科学的理论指导。

三、北京实践模式

北京市是全国范围内第一个将社区矫正试点工作扩大到整个辖区的地区。北京市于2001年年底开始社区矫正工作，于2002年上半年在司法局内成立专门的社区矫正工作机构，全权负责北京市的社区矫正工作。同时，组织力量进行专门的社区矫正工作调研，并进行假释和暂予监外执行等罪犯社区矫正的理论研究和实践探索。2003年7月1日北京将东城、房山、密云作为社区矫正的首批试点区县。之后，逐年加大试点工作的深度和广度。2004年5月1日北京市决定将全市

的所有区县均纳入试点范围。北京模式的特色表现在以下几个方面：[①]

（一）北京模式的特点

北京模式是典型的以政府主导的行刑空间转换模式，是指由北京市社区矫正工作领导小组及其办公室在社区矫正试点过程中探索的一种符合国情及首都实际情况的在社区中进行的非监禁刑和非监禁措施的刑罚执行制度，以及运用开放式教育改造罪犯的工作模式。社区矫正成为司法行政机关的工作职责，行政色彩浓厚。注重通过行政化的教育来实现对社区矫正对象的教育转化。北京市虽然成立了很多社区矫正服务中心如朝阳区阳光社区矫正服务中心，但这些机构名义上是“民办”，实则是“官办”的，其筹建、经费来源以及人员的组成等都是官方主导的。

（二）基本工作理念

2003 年北京市社区矫正工作的试点是对原有的由公安机关作为执行主体的在社会执行刑罚工作的继承与完善。在当时的法律框架之下，社区矫正工作的定位只能是刑罚执行活动，执行主体与执行对象不能改变，但具体的执行工作与矫正内容，必须由国家的司法行政系统的基层司法所及专业社区矫正人员承担与负责落实。其社区矫正的出发点，首先考虑的是首都的社会安全，其次才是为社区矫正对象提供服务的问题。

（三）具体运作方式

在运作方式上，北京模式从上到下分为三个层次：北京市建立由政法委牵头、市级政法部门和有关部门参加的联席会议制度；各试点区县成立社区矫正试点工作领导小组，办公室设在司法局，负责日常管理工作；试点街道（乡镇）成立社区矫正工作领导小组。形成了北京市、各区县、街道乡镇三级社区矫正网络体系。

社区矫正工作的整体格局是由政法委统一领导，司法局组织实施，人民法院、人民检察院、公安机关、民政部门、人力资源和社会保障等相关部门协作配合，司法所具体执行。

（四）社区矫正队伍的组建

北京模式的社区矫正工作队伍主要由专业矫正力量和社会矫正力量两部分组成。专业矫正力量由司法所司法助理员和抽调的监狱、戒毒所人民警察组成，是社区矫正的主要力量；社会矫正力量是社区矫正的补充力量，主要由社会志愿者构成，包括专家学者、离退休干部、社区居委会成员、高校的高年级学生、社区矫正对象的近亲属和所在单位人员等。

（五）工作内容和方法

在工作内容和方法上，探索建立了风险管理模式，在个案矫正、心理矫正、

---

① 参见王李娜：《上海社区矫正的实践与思考》，载《湖北经济学院学报》2008 年第 3 期。

行为矫正等方法上进行了实践。对社区矫正对象以其人身危险性大小为标准实施分类管理，并且以社区矫正对象接受矫正的时间进程为基础，实施分阶段教育。

所谓风险管理，是依据对社区矫正对象的人身危险性的测量调查，分出不同的等级，在此基础上制订出相应的监督管理、矫正教育的方案，充分体现个别化原则，以增强社区矫正的针对性和科学性，从而提高社区矫正的安全防范水平与教育改造质量。分阶段教育的具体内容是根据社区矫正对象在接受矫正过程中心理、行为特点和需求变化的规律性，结合矫正教育的目标，将教育全过程分为初始教育、常规教育和解矫教育三个阶段，增强教育工作的系统性、连贯性、科学性和计划性，提高教育工作的实效性。①

同时，该模式在社区矫正中推行了半强制式就业。社区矫正对象有工作单位的，可以在原单位继续工作；没有工作而有能力自谋职业的，可以在告知社区矫正组织后自谋职业，社区矫正组织为其提供方便；没有工作且没有能力自谋职业的，社区矫正组织为其创造条件，提供培训机会，指导其就业；社区矫正对象必须服从就业指导，参加指导安置的工作项目。

延伸阅读

湖北省社区矫正工作管理局挂牌成立

2012年10月24日湖北省社区矫正工作管理局正式挂牌成立。湖北省政府副省长赵斌、司法部社区矫正管理局局长姜爱东等出席仪式并揭牌。

社区矫正工作是为贯彻落实我国宽严相济的刑事政策进行的一项刑罚执行制度改革。湖北省自2005年推进社区矫正工作试点以来，通过构建严密组织网络体系、加强防范控制、规范教育矫正、推进帮困扶助等举措，全力促进社区矫正人员顺利融入社会，取得了良好的社会效果。目前，社区矫正工作已在全省铺开，各市州、直管市、神农架林区均成立了社区矫正常设机构，共有社区矫正安置帮教专业工作人员1974名，专职社会工作者1520名，社区矫正志愿者11,657名。各地累计接收社区矫正人员40,648人，累计解除矫正21,173人，现有社区矫正人员19,475人，重新违法犯罪率远低于全国平均水平。

此前，省司法厅通过内设省社区矫正工作办公室负责指导管理社区矫正工作。省社区矫正工作管理局的成立，标志着我省社区矫正工作进入了新的发展时

① 张建明主编：《社区矫正理论与实务》，中国人民公安大学出版社2008年版，第452页。

期，对全省社区矫正工作进一步适应社会管理创新的要求，加强对社区矫正人员的监管和教育矫治，维护社会稳定有着重要意义。

据悉，湖北省已有9个地（市、州）建立了社区矫正管理教育服务中心，共计43个，建立矫正小组8528个，共计办理审前调查评估案件2494件。在教育矫正方面，组织集中教育21,481人次，个别教育谈话21,020人次，进行心理辅导5196人次，建立教育基地484个，建立社区服务基地1073个，组织社区矫正人员开展社区服务19,881人次。

揭牌仪式后，各地司法局作了社区矫正工作经验交流发言，并对全省社区矫正人员改造积极分子进行了表彰。

——荆楚网，2012年10月24日，记者董育雄　通讯员顾丹报道

全国首家县（区）级社区矫正管理局在河北承德挂牌

全国首家县级社区矫正管理局昨天上午在河北省承德市双滦区挂牌。

据悉，承德市双滦区自2005年4月被确定为河北省社区矫正工作试点单位以来，按照“高起点谋划、高标准定位、高效能运作、高质量教育、高要求管理、高水平服务”的全新理念，采取有效措施，实现了社区矫正工作组织机构、社会保障、队伍建设和规范管理“四到位”。截至2010年2月底，双滦区累计接收社区服刑人员145人，解除矫正59人，至今没有一人重新违法犯罪，为维护社会稳定、促进经济发展起到了积极作用。

2010年2月25日承德市双滦区委、区政府从提升社区矫正工作的地位，提高社区矫正规范化管理水平，促进社会和谐稳定出发，决定在双滦区成立社区矫正管理局。区社区矫正管理局与区司法局合署办公，社区矫正管理局内设管教科和办公室。在乡镇（街道）下设社区矫正管理所，实行社区矫正管理局与乡镇（街道）双重管理体制，以社区矫正管理局管理为主。2010年区财政局为社区矫正管理局划拨社区矫正工作业务经费20万元。以后，按接收一名社区服刑人员每年2000元的标准将社区矫正工作业务经费列入年度财政预算。

据介绍，在县（区）挂牌成立社区矫正管理局、在乡镇（街道）挂牌建立社区矫正管理所，这在全国属于首创。

司法部基层工作指导司副司长谢玉妮、河北省司法厅厅长李益民参加了昨日的挂牌仪式。

——法制网，2010年3月3日，记者马竞、曹天健　通讯员王富忱报道

第七章

社区矫正工作队伍

社区矫正队伍建设，不仅直接关系到社区矫正质量的高低，而且决定着社区矫正运行的成效。因此，只有建设一支高质量的社区矫正队伍，才能实现社区矫正的价值追求。本章主要介绍社区矫正工作队伍的名称、社区矫正工作队伍组建的依据、工作人员应具备的素质、社区矫正法规定的社区矫正工作队伍的构建等相关问题。

第一节　社区矫正工作者及其职责

社区矫正工作人员是指包括社区矫正的国家公务人员、社会工作者、其他专兼职参与社区矫正工作的人员总称。

一、社区矫正工作人员名称的历史演变

（一）司法部《司法行政机关社区矫正工作暂行办法》关于“社区矫正工作者”名称的界定

司法部2004年7月1日颁布实施的《司法行政机关社区矫正工作暂行办法》第12条规定，“社区矫正工作者”是规范的名称，它是由“司法所工作人员，有关社会团体成员和社会志愿者组成的”。在这个暂行办法中，司法部把直接从事社区矫正工作的基层人员界定为社区矫正工作者。但是实践证明，存在的问题还是十分突出的。一是它仅规定了“司法所工作人员”属于社区矫正工作者，把司法部社区矫正管理局、省市区司法厅（局）、各地市（县）司法局的从事社区矫正工作的人员排除在“社区矫正工作者”之外，这显然是不合适的。二是

将参与到社区矫正工作中的“有关社会团体和社会志愿者”规定为“社区矫正工作者”，其目的是突出社区矫正工作人员的广泛参与性。但是，我们知道在参与社区矫正工作的各个部门中，审判机关、检察机关、公安机关、共青团、民政、人力资源与社会保障、财政等部门都直接或间接地参与了这一工作，有些部门还指派了专门工作人员来协助从事部分工作，应该说已经从事了“社区矫正工作”，但在规定中却被排除在了“社区矫正工作者”之外，只将“社会团体和社会志愿者”这部分人员纳入其中，显然范围过窄。三是从我国社区矫正工作的实践来看，不少省、自治区和直辖市为了解决社区矫正工作者的执法权问题，抽调了一部分监狱人民警察或公安派出所的一部分民警，专门从事社区矫正工作。这部分人员从事的是社区矫正工作的专职工作，但也未在规定的“社区矫正工作者”范围之内。综上所述，司法部这一规定是有缺陷的，不利于在实践中对“社区矫正工作者”的界定。

（二）部分省市区对“社区矫正工作者”含义的界定

一些省市的规范性文件中，虽然使用了与司法部《司法行政机关社区矫正工作暂行办法》相同的名称，但是“社区矫正工作者”名称的内涵并不相同。2004年10月印发的《天津市司法行政机关开展社区矫正工作实施细则》也使用了“社区矫正工作者”的名称，但是根据该细则第14条的规定，“社区矫正工作者应当由司法所、公安派出所专职人员、有关社会团体成员和民间组织以及社会志愿者组成”。这个名称所包括的人员范围和司法部《司法行政机关社区矫正工作暂行办法》相比，增加了“公安派出所专职人员”。2004年8月发布的《山东省社区矫正试点工作意见》中指出，“社区矫正工作者应是从事社区矫正工作的司法所工作人员、各级社区矫正组织的专门工作人员和公安派出所民警等国家公职人员”。该意见中明显包括了各级社区矫正组织的专门工作人员，是对司法部“社区矫正工作者”的名称含义过于狭窄的纠正。《上海市社区矫正工作者守则（试行）》中规定，社区矫正工作者是探索刑罚执行制度改革，采取开放式教育改造罪犯的社区矫正机关的专职工作人员。它承担着对社区矫正对象的执法任务，并根据社区矫正对象的情况，开展针对性的个别矫正工作。按照上海市的表述，社区矫正工作者指的是社区矫正机构的工作人员。2003年10月发布的《江苏省社区矫正试点工作方案》中指出，“社区矫正工作者是指司法所工作人员和社区公安机关人民警察（监狱人民警察）”①。该方案将社区矫正工作者界定为在最基层直接从事社区矫正具体事务的工作人员。

① 吴宗宪：《社区矫正工作人员的种类与名称》，载《中国司法》2005年第12期。

（三）没有采用社区矫正工作者这一名称地区的情况

2004年3月发布的《浙江省社区矫正试点工作意见》，使用了“专业社区矫正工作者”的名称，用来指从事社区矫正工作的国家公职人员。北京市2003年5月发布的《北京市社区矫正工作实施细则（试行）》，使用了“专业社区矫正人员”的名称，用来指司法所干部和抽调的监狱人民警察。

值得注意的是，在试点、试行社区矫正工作的省市发布的规范性文件中，大多明确将志愿者从社区矫正工作人员中划分出去。社区矫正工作人员名称上的混乱现象，反映了在《社区矫正法》出台之前，关于社区矫正制度在实践探索中百花齐放的局面，但也不可避免地带来了一定程序的混乱。这是法治国家和法治社会所不允许的。因此，在社区矫正运行中，应当统一使用的名称。

二、社区矫正工作者的构成

（一）社区矫正机构工作人员

《社区矫正法》第10条规定：“社区矫正机构应当配备具有法律等专业知识的专门国家工作人员（以下称社区矫正机构工作人员），履行监督管理、教育帮扶等执法职责。”为此，《社区矫正法》将履行监督管理、教育帮扶等职责的社区矫正执法工作人员的名称法定化。社区矫正机构工作人员应具有国家公务员身份，履行社区矫正工作中对社区矫正对象监督管理、教育帮扶等法定职责。但社区矫正机构工作人员是否具有警察身份，《社区矫正法》并没有作出规定说明，讨论已久的社区矫正工作的用警问题已被排除在法律规定之外。

以前社区矫正实践中有借调人民警察的做法，一些省市区通过为社区矫正工作人员配备警服、制服，采用“队建制”等管理方法。社区矫正工作队伍建设主要集中在人员配置、专业化水平、专业资质、执法人员警察身份。有学者将社区矫正机构工作人员分为四类：有普通公务员身份的，警察身份的，社区矫正官（也是公务员），“警察＋执法者”身份。[①] 关于社区矫正机构工作人员是否应具有警察，《社区矫正法》没有给出答案。因此，根据《人民警察法》第18条的规定：“国家安全机关、监狱、劳动教养管理机关的人民警察和人民法院、人民检察院的司法警察，分别依照有关法律、行政法规的规定履行职权。”劳动教养制度已经废除，部分劳动教养机关改为强制戒毒机关。人民警察的种类包括公安机关、国家安全机关、监狱、戒毒机关的人民警察和人民法院、人民检察院的司法警察。从目前的法律规定看，社区矫正机构工作人员属于具有法律等专业知识

① 丁寰翔、余建明：《论社区矫正执法人员队伍建设》，载《河南司法警官职业学院学报》2017年第4期。

的国家机关工作人员，具有对社区矫正对象进行监督管理、教育帮扶等刑事执行权力和行政管理权力，不具有警察身份。

社区矫正机构工作人员在各级各类社区矫正机构工作。从社区矫正工作的性质来看，这类人员应具备以下条件：拥护党的领导；遵守宪法法律，品行端正，没有违法犯罪记录；热爱社区矫正工作，工作责任心强；具有大学以上法学、社会学、心理学等相关学历；具有一定的文字写作能力，并可熟练操作和使用计算机。

（二）司法所工作人员

根据《社区矫正法》第9条第2款的规定："司法所根据社区矫正机构的委托，承担社区矫正相关工作。"也就是说，司法所并不当然是社区矫正机构。其职责是受社区矫正机构的委托，承担社区矫正的具体工作。目前，司法所是从事社区矫正工作的最基层部门，司法所工作人员普遍称之为"司法助理员"，显然名不正言不顺。司法助理员本身不是专门做社区矫正工作的，社区矫正工作只是他们九项工作之一。因此，司法所工作人员并不当然是社区矫正机构的工作人员，他们并不专职从事社区矫正工作。因此，司法所从事社区矫正工作的人员的身份需要界定。

社区矫正在司法所九项工作任务中，具有责任重、风险大、压力大、工作难度大等特点，我国台湾地区和发达国家（地区）都把这一岗位的职业保障设置的高于普通公务员，但我国大陆地区不仅没有高于普通公务员，而且许多地方由事业编制人员、临时聘用人员和社会工作者承担这一工作，他们的待遇明显低于普通公务员，有的地方接近于当地的最低工资标准。这难免导致社区矫正工作人员流动性大，使社区矫正对象管理缺乏持续性和稳定性。因此，受社区矫正机构委托从事社区矫正具体工作的司法所工作人员也应界定为社区矫正机构工作人员，具有国家公务员身份。

（三）社会工作者

《社区矫正法》第11条规定："社区矫正机构根据需要，组织具有法律、教育、心理、社会工作等专业知识或者实践经验的社会工作者开展社区矫正相关工作。"这是第一次以法律的名义规定社区矫正社会工作者，给予其明确的定位，也是对社区矫正实践做法的肯定。

一般说来，社区矫正社会工作者是指经政府公开招聘，专门协助社区矫正工作，在社区矫正机构工作人员的领导下，对社区矫正对象进行一般性管理、教育、困难扶助、心理疏导、生活救助等日常事务性管理的专职人员。主要在乡镇（街道）司法所工作，接受司法所的工作安排、指导和考核。这类人员应基本具备下列条件：拥护党的领导；遵守宪法和法律，品行端正，没有违法犯罪记录；

热爱社区矫正工作，工作责任心强；具有大学以上法学、社会学、心理学等专业学历；具有一定的文字写作能力，并可熟练操作和使用计算机；身体健康。

（四）基层组织、社区矫正密切联系人员

《社区矫正法》第12条规定：“居民委员会、村民委员会依法协助社区矫正机构做好社区矫正工作。社区矫正对象的监护人、家庭成员，所在单位或者就读学校应当协助社区矫正机构做好社区矫正工作。”社区矫正法规定了居民委员会、村民委员会等基层组织，以及社区矫正对象的监护人、家庭成员，所在单位或者就读学校有依法协助社区矫正机构做好社区矫正工作的义务。

社区矫正的根基在社区。社区自治组织一方面可以凝聚社区民众的向心力，提高对社区的关怀度；另一方面可以提高自身的号召力，促进社区矫正工作向广度和深度发展，提高社区矫正的参与度。

社区矫正对象的监护人、家庭成员，所在单位或者就读学校对社区矫正对象的基本情况、个人特点、成长经历、工作经历、学习经历等最为了解，他们的直接参与，有利于社区矫正对象放下心理包袱，轻装参加矫正，有利于改进不良思想和行为习惯，有利于社区矫正对象的教育转化。具体说来，一是社区矫正机关要组织社区矫正的其他辅助力量对社区矫正对象的家庭关系进行危机干预，避免社区矫正对象的监护人或者家属对社区矫正对象产生蔑视、排斥等不良反应。二是要对社区矫正对象的家庭互动模式进行适当干预，防止社区矫正对象受到不良家庭互动模式的干扰和影响，争取社区矫正对象的监护人或者家属的支持。三是社区矫正对象的监护人或者家属对社区矫正对象犯罪的心理动因结构、犯罪道路的选择等非常了解。因此，获得社区矫正对象家属的支持，将帮助社区矫正机关制订更有针对性的矫正方案。四是社区矫正对象生活在特定的家庭之中，通过社区矫正对象的家属可以获得社区矫正对象的行为模式、生活习惯、社会交往、生活动态等基本信息，便于调整矫正方案或者应对可能出现的危机。五是社区矫正对象的家属成为矫正力量之后，对其进行适当的培训、掌握一定的矫正技能，在亲情、关爱的支持下，矫正工作取得成功的可能性无疑将大大增加。①

（五）其他社会力量

《社区矫正法》第13条规定：“国家鼓励、支持企业事业单位、社会组织、志愿者等社会力量依法参与社区矫正工作。”社区矫正法明确了企事业单位、社会组织、志愿者作为其他社会力量参与社区矫正的重要作用。

1. 社区发展需要培育成熟的企事业单位、社会组织。社区的公益事业不仅要依靠政府资源进行，还要利用社区资源进行。社区矫正将社区矫正对象置于社

① 何显兵：《社区矫正辅助力量建设研究》，载《犯罪与改造研究》2007年第24期。

区进行监督管理、教育矫正，如果不充分发动社区力量参与教育改造，不仅社区矫正的质量无法得到保证，而且社区矫正对象的人身危险性也无法得到有效控制，结果当然是社区矫正不能顺利开展。由于社区矫正工作的内容具有复杂性，手段具有多样性，因此，社区矫正工作需要多方面的参与。例如，社区内的医疗机构，可以参与社区矫正对象的心理矫治过程；社区内的教育机构，可以参与社区矫正对象的文化知识学习、职业技能学习等矫治过程；社区内的企业，可以为社区矫正对象提供职业技能培训、学习机会，甚至提供就业机会。因此，不能单纯地将社区矫正工作看成惩罚、监督、管理、教育等，更重要的是把社区矫正工作看成帮助社区矫正对象恢复与社区共存的和谐状态的工作。按照这种角度来理解，我们的视野就会非常开阔，就会发现社区内可供开发用以参与社区矫正的资源非常丰富。

2. 社会志愿者。社区矫正社会志愿者是指热心社区矫正工作，有一定的法律政策水平和专业知识，并经司法行政部门和志愿者组织登记，自愿无偿协助开展社区矫正工作的人员。对社区矫正工作志愿者在选拔时应当具备下列条件：拥护党的领导；遵守宪法和法律；品行端正，热心社区矫正工作；有一定的法律政策水平、文化素质和专业知识。

一般来说，社区矫正中的志愿人员具有下列特点：第一，不一定具备开展社区矫正工作的专业技能，也不要求他们人人都有从事社区矫正工作所需要的专业技能。第二，并不是专职的社区矫正工作人员，而是真正的兼职人员，仅仅在自己的主业之外或者在退休之后，利用一定时间从事社区矫正工作。第三，不因从事志愿事业获取报酬，但志愿者根据开展工作的情况，领取一定的工作津贴。第四，志愿人员承担的义务和责任也要比专业人员少。第五，志愿人员的工作时间不固定。他们根据社区矫正机构的需要和自己的情况，从事一定时间的社区矫正工作，但是这种“工作时间”是不固定的。第六，志愿人员的流动性较大。他们是否继续从事社区矫正工作，取决于自身情况，而不受社区矫正机构的制约，不接受社区矫正机构的强制性管理。①

志愿者主要包括社区矫正某领域专家学者、知名人士、离退休干部、村（居）委员会成员、高等院校学生等。具体做法如下：（1）社区矫正机构可以动员、邀请退休的老干部、老职工、担任未成年社区矫正对象的学业辅导员、思想辅导员。老干部、老职工具有丰富的人生经验和实践智慧，邀请他们参与社区文化建设，能够发挥重要作用。（2）社区矫正机构邀请一些热心社会公益事业的教育学、心理学、医学、法学、社会学专业的专家学者和大学生参与矫正工作的

① 吴宗宪：《社区矫正工作人员的种类与名称》，载《中国司法》2005 年第 12 期。

专业工作。社区矫正对象在矫正过程中可能遇到各种各样的困扰，包括自身的心理矛盾、身心不健康等情况。社区矫正机关由于经费、编制的缺乏不太可能为社区矫正对象提供比较完善的帮助、保护措施，此时，学有所长的专业学者和大学生可以一展才华，参与社区矫正工作。

三、社区矫正工作者的职责

（一）社区矫正机构工作人员的职责

社区矫正机构工作人员担负具体的辅助刑事执法职能，负责办理社区矫正对象的法律手续，监督管理、教育帮扶社区矫正对象，落实法律规定的对社区矫正对象的奖惩和执行变更业务。

1. 监督管理职能。这是指社区矫正机构工作人员依法对社区矫正对象进行日常管理活动方面的职能。主要是办理相关的矫正法律手续，包括接收、评估、考核、审批、学习和公益活动的安排等。

2. 协助执行惩罚职能。社区矫正机构工作人员依法协助对社区矫正对象执行刑罚，限制其一定权利。根据法律法规的规定协助对社区矫正对象进行惩罚，从而实现社会正义，体现社会公平。

3. 矫正教育职能。这是指社区矫正机构工作人员利用多种教育方法促使社区矫正对象积极向善、摒弃不良行为的职能。通过教育活动，使社区矫正对象改善不良行为。

4. 适应性帮扶职能。社区矫正机构工作人员利用多种社会资源解决社区矫正对象存在的暂时困难，帮助其脱离生活困境。

5. 权利保护职能。社区矫正机构工作人员通过管理和监控社区矫正对象而保护社区矫正对象应有的权利不受非法侵害。在开展社区矫正工作的过程中，社区矫正机构工作人员要负责监督和控制社区矫正对象的行为，根据社区矫正对象所具有的不同社会危险性，采取相应的管理和监控的活动，以便保护国家、社会和他人的安全，特别是要注意保护犯罪被害人的安全。① 同时保护社区矫正对象的合法权利不受侵害。如果社区矫正出现心理问题，还要请专业人员进行心理辅导和心理干预。

总之，社区矫正机构工作人员不仅要负责社区矫正的执行、组织、协调、管理等社区矫正的社会化事务，而且还要组织政府资源和社区资源开展社区矫正工作。不仅要负责宏观的、微观的社区矫正事务，还要充分重视对社区志愿者组织及个人的培育以及这些组织活动的协调。其工作任务是对社区矫正对象的监督管

---

① 吴宗宪：《论社区矫正工作人员的种类与名称》，载《中国司法》2005 年第 12 期。

理、教育帮扶、危机干预、社会救助等，协助执法主体执行刑罚。

（二）司法所工作人员的职责

根据《社区矫正法》的规定，受社区矫正机构的委托，司法所依法承担社区矫正的相关工作。司法所工作人员一定立足于“被委托者”的角色，接受社区矫正机构的委托，协助社区矫正机构从事具体的事务。可以参加社区矫正小组、协助日常管理、协助帮助就业就学、教育帮扶、协助组织公益活动等。

（三）社会工作者的职责

社会工作者在社区矫正机构的组织指导下参与社区矫正工作。主要职责是协助制订个性化矫正方案，运用社会工作理念和方法开展矫治教育工作；参与组织社区矫正对象学习、公益活动和技能培训；掌握和记载社区矫正对象现实表现，为社区矫正对象的日常管理、司法奖惩及期满鉴定提供基本依据；帮助社区矫正对象解决心理、生活、就业等方面的实际问题和困难。

（四）其他参与者的职责

根据《社区矫正法》和司法部关于《司法行政机关社区矫正工作暂行办法》的规定，有关部门、村（居）民委员会、社区矫正对象所在单位、就读学校、家庭成员或者监护人、保证人等协助社区矫正机构进行社区矫正。社会团体对社区矫正对象开展经常性的帮教活动，并通过社区矫正对象的亲属加强对社区矫正对象的矫正教育。

（五）志愿者的职责

志愿者在社区矫正机构工作人员、司法所工作人员、社会工作者的组织指导下参与社区矫正工作。社区矫正志愿者通过开展各种专业辅导、咨询，“一帮一”“多助一”结对帮教等形式，参与监督、管理和教育工作，促进社区矫正对象的教育改造。

第二节　社区矫正工作者队伍建设

《社区矫正法》颁布之前，全国各地开展社区矫正的过程中，根据本地经济社会发展状况，开展了大量的社区矫正工作者队伍建设探索工作，取得了相当不错的成绩。

一、社区矫正工作队伍建设的实践

《社区矫正法》规定了社区矫正工作者由社区矫正机构工作人员、司法所工作人员、社会工作者、基层组织、社区矫正密切联系人员、企事业单位、社会组织、志愿者等人员组成。但在《社区矫正法》颁布之前的社区矫正实践中，社区矫正队伍主要由3部分构成：一是社区矫正机构工作人员；二是社会工作者；三是社会志愿者。下面对一些各地区的社区矫正队伍建设探索情况作简单介绍。

（一）北京的实践

北京市根据专业矫正力量与社会矫正力量相结合的原则组建了社区矫正工作队伍。专业矫正力量由司法所干部和抽调的监狱、戒毒机关人民警察组成；社会矫正力量主要是社会志愿者，包括专家、学者、知名人士、离退休干部、社区居委会成员、高等院校高年级学生、社区矫正对象的近亲属和所在单位人员等。在队伍建设上，北京市有两大特色：一是从市监狱管理局、市强制戒毒管理局抽调人民警察360多名到各区县协助开展社区矫正工作，达到了一街、一乡、一镇一警的目标。北京市2017年共抽调406名监狱、戒毒人民警察参与社区矫正工作，全市326个司法所每所至少一人专管社区矫正。① 明确了司法助理员和抽调人民警察的职责分工，明确了区县司法局对抽调人民警察的管理责任。二是北京市成立了社区矫正协管员队伍，它是北京社区矫正工作的典型特点。1名协管员管理5名社区矫正对象和15名刑满释放人员，全市社区矫正协管员已达300余名。北京市各区县都建立了社区矫正协管员体系，形成了稳定的社区矫正工作队伍，极大缓解了司法所人员不足的压力，严密了社区矫正工作网络。② 为了培训协管员，北京市司法局与市人力资源与社会保障局下发了《关于招聘社区矫正协管员工作的意见》，为各区县招聘社区矫正协管员提供了政策依据，市司法局还编写了统一培训教材，对协管员进行专业培训。

（二）上海的实践

上海模式的矫正队伍，通过政府选聘与社会招聘两种方式建构（下文分别称选聘矫正工作者和招聘矫正工作者），选聘矫正工作者与招聘矫正工作者按1∶50的比例配置。选聘矫正工作者从公安机关、检察机关、审判机关、司法机关等相关部门抽调；招聘矫正工作者从社会公开招聘。

选聘矫正工作者指导招聘矫正工作者的工作，并以每年25%的比例退出社区矫正工作。招聘矫正工作者在正式上岗前，进行120个课时的集中封闭式培训。授课老师为高校社会工作专业与法学专业的教授，分别进行法律知识、社会

① 刘强：《台湾观护制度组织建制及其对大陆社区矫正的启示》，载《青少年犯罪研究》2019年第4期。

② 林仲书：《北京市社区矫正试点工作情况》，载《法治论丛》（上海政法学院学报）2007年第1期。

工作理论与实务、矫正业务与流程等课程培训。另外，每人每年至少要进行48小时的继续教育培训，主要包括新法律、新政策规定的学习、矫正工作方法、技巧等。在矫正内容方面，初步形成了社区矫正对象日常管理、学习教育、公益活动、帮困解难、社区矫正志愿者队伍建设五大工作内容。[①] 上海市2016年共有司法所专职从事社区矫正的公务员276人，选派戒毒人民警察218名、社区矫正社工635名、专职工作人员共1129名、社区矫正对象7776名。[②] 由此看来，上海市的社区矫正工作人员主要由公务员（警察）与招聘的矫正人员共同构成。

（三）江苏的实践

江苏省的社区矫正工作队伍由社区矫正工作专业管理队伍、社会工作者队伍和社会志愿者队伍三部分构成。社区矫正工作专业管理队伍由两部分构成：一是属于公务员的社区矫正工作管理人员；二是社区矫正日常管理专业工作者，主要由司法所长、司法干事、公安机关社区民警组成。司法所长和社区民警是公务员，司法干事有的不是公务员。社会工作者的来源主要是大学法学、社会学专业的毕业生和原在一些大型企业事业单位中从事人事、教育等工作的管理人员。其工资报酬主要列入县（区）财政预算。社会工作者专门从事对社区矫正对象的日常管理、教育帮扶和社区档案管理等工作，不涉及执法环节。[③] 社区矫正志愿者队伍主要有在职或离退休的政法系统干警、公务员、工会、妇女干部、教师，从事法学、教育学、心理学、伦理学、犯罪学等教育、研究工作的人员，高等院校法学、教育学、心理学、社会学、伦理学、犯罪学等专业的高年级学生，社区管理干部、企业领导干部、私营企业主，其他热心于社区矫正事业的人员。[④]

（四）浙江的实践

浙江省按照“职业化、专业化、社会化”的要求，逐步建立了一支由专业社区矫正工作者和社会志愿者相结合的社区矫正工作队伍。专业社区矫正工作者是从事社区矫正工作的国家公职人员，主要包括从事社区矫正工作的司法所工作人员、公安派出所民警及四级社区矫正组织中从事社区矫正工作的公职人员。社会志愿者是指愿意参与社区矫正工作并经社区矫正组织批准和培训的非专职矫正工作人员，主要包括专家学者、知名人士、离退休干部、高等院校高年级学生、村（居）民委员会干部等。2017年，浙江省县级社区矫正机构和司法所从事社区矫正工作的2180名政法专项编制人员中，有公安机关、检察机关、审判机关

---

① 王李娜：《上海社区矫正的实践与思考》，载《湖北经济学院学报》2008年第3期。

② 刘强：《台湾观护制度组织建制及其对大陆社区矫正的启示》，载《青少年犯罪研究》2019年第4期。

③ 王珏、王平、［加］杨诚：《中加社区矫正概览》，法律出版社2008年版，第103～105页。

④ 王珏、王平、［加］杨诚：《中加社区矫正概览》，法律出版社2008年版，第106页。

和监狱工作经历或刑罚执行专业背景的有337名，占15.44%。①

二、社区矫正工作队伍建设中存在的问题

从上述社区矫正的实践情况可以看出，各地已经认识到了社区矫正工作者队伍的建设对矫正质量的提高起着至关重要的作用，因而都对社区矫正队伍建设作了一定的探索，包括社区矫正工作者队伍的组建、准入资格、素质要求、职责权限、职业培训等都作了初步有益的探索，从而为实现矫正效果提供了相应的保障。然而，这些探索还处于探索层面，难以适应社区矫正的发展，存在的问题主要有以下几个方面：②

（一）社区矫正工作队伍的组建问题

由上可见，各地都依据“专业矫正力量和社会矫正力量相结合”的原则组建了社区矫正队伍，但在具体构成上存在差异。具体而言，依据《社区矫正法》的规定，社区矫正工作的主管机关为司法行政机关，司法所受社区矫正机构的委托承担社区矫正相关工作。因此，全国各地的专业矫正力量是社区矫正机构工作人员。社区矫正的辅助力量主要是社会工作者、基层组织、社区矫正对象亲属和社会志愿者。地域之间不同之处在于，有些地区认为社区矫正与监禁矫正同属于对罪犯的矫正，二者有相通之处，因此在社区矫正一开始就从监狱、戒毒系统借调了部分监狱、戒毒人民警察，充实到社区矫正队伍中来，发挥了重要作用。但是，从《社区矫正法》的规定来看，这一做法值得商榷。同时，各地对于是否有社会团体的参与也有所不同，有些地区目前尚未吸纳社会团体成员的参与，而有些地区社会团体成员已经成为社区矫正的主要工作力量。

产生差异的主要原因在于，当前矫正队伍的组建很大程度上是借鉴国外经验的结果，开展社区矫正，提高社区矫正质量，实现社区矫正的目的的本土化研究，还有待深入。

（二）各类社区矫正工作者职责划分问题

全国各地都对司法所工作人员参与社区矫正的职责作了明确具体的规定，而对于其他矫正力量，如社会团体成员、社会志愿者的职责或者规定不尽完善。以上海为例，社会工作者已经成为社区矫正的重要工作力量；而依相关规定，司法所承担着社区矫正的日常工作。这样，在社区矫正实践中，二者出现了冲突现象。尽管依官方观点，司法所对于社会工作者的社区矫正工作起业务指导作用，

① 金川：《社区矫正机构队伍建设与教育矫正研究》，法律出版社2017年版，第89页。

② 参见刘红霞：《关于社区矫正工作者队伍建设的思考》，载豆丁网：https：//www.docin.com/p－1669410262.html，最后访问时间：2020年4月26日。

但实际上，社会工作者几乎承担了所有的具体社区矫正工作，这使他们的工作量大大加重。一方面使他们无法将自己的分内之事落到实处，另一方面由于工作量与收入的不平衡，使他们产生不满情绪，影响了工作的积极性，从而导致难以实现社区矫正的目的。出现这种状况的原因，是社区矫正的决策机构对该问题的认识不够，对社区矫正机构工作人员、司法所工作人员、社会工作者的定位不准确，主要职责划分模糊。《社区矫正法》强调社区矫正机构和社区矫正机构工作人员的监督管理、教育帮扶职责，刑罚执行的工作职责不可随意让渡，进一步理顺了社区矫正机构工作人员、司法所工作人员、社会工作者的工作职责。

（三）社区矫正工作者整体素质问题

从全国各地的情况看，社区矫正工作队伍中的公务人员包括了社区矫正机构工作人员、部分司法所工作人员、公安派出所的工作人员、监狱和强制戒毒所抽调的人民警察。其中公安派出所人民警察和监狱人民警察是为了适应开展社区矫正工作的需要抽调“转岗”而来，从现实情况看，由于他们大多年龄偏大、学历偏低，普遍缺乏基本的刑事执法以及社会工作专业知识和经验，思想观念也难以适应社区矫正的价值理念，因此并不具备从事社区矫正工作的专业素养。尽管上岗前他们也经过了短期的培训，但仅仅是为了应付社区矫正工作的需要而进行的“临阵磨枪”。这样培训出来的社区矫正工作者显然难以胜任专业性、法律性很强的社区矫正工作。

此外，从事社区矫正的社会团体成员的素质有待提高。以上海为例，在招聘专门的社区矫正社会工作者时，要求应聘人员只要具有大专以上学历，熟练操作计算机，无犯罪记录，身体、年龄符合条件，有上海市户口，就可以报名应聘；然后参加以社会工作和法律的基础知识为内容的笔试，笔试合格，参加面试和政审，录用后再经过120小时的岗前培训，就可持证上岗。可见，从事社区矫正的社会工作者可以说没有专业方面的要求，只是社会学、社会工作、法学、心理学等专业的优先录取。这一附加要求在市场经济的今天显得苍白无力。当前社区矫正实践中出现的社区矫正对象脱管、漏管等现象也证明了这一点。

（四）社区矫正工作者的工作强度问题

所谓工作强度，是通过分配给每个参与社区矫正工作者的案件量来衡量的。[①] 当前我国的社区矫正具有很强的地域性，社区矫正工作部门的设置是以地域为划分基础的，基层社区矫正工作部门设在各街道（乡镇）。同时，社区矫正对象的矫正地为其居住地，原则上必须要到其居住地的街道（乡镇）接受社区矫正。很显然，各街道（乡镇）社区矫正对象的多少是我们无法控制的。而我

① 郭建安、郑霞泽主编：《社区矫正通论》，法律出版社2004年版，第131页。

们在配备社区矫正工作者时，并未充分考虑各街道社区矫正对象数量存在差异这一客观事实，而只是按照区域划分，一般一个街道（乡镇）的司法所（科）配备一名社区矫正工作者。这种配备方式显然存在明显的不合理性，必然导致不同街道（乡镇）的社区矫正工作人员工作量的严重不平衡，最终也必然影响矫正工作质量及社区矫正工作者的工作积极性。

（五）社区矫正工作者的待遇问题

保证社区矫正工作者享有与其工作强度成正比的待遇是使他们安心工作、保持工作热情的前提。当前，社区矫正机构被确定为社区矫正工作的执行机构，基层司法所具体负责社区矫正对象的日常管理。基层司法所的建设受到普遍重视，基层司法所专职工作人员的待遇得到了落实，社区矫正中的公职人员享受国家公务员待遇。而与此相关联的是社区矫正社会工作者的待遇却没有给予应有的重视和保障。同时，社会工作者与社区矫正公职人员的待遇差异也影响了社会工作者的积极性，造成了矫正队伍的不稳定和人才流失，严重影响矫正工作的效果。

三、社区矫正工作人员的素质

社区矫正工作者的素质取决于社区矫正制度设计，特别是为社区矫正工作者提供的工作条件、待遇报酬、晋升机会等。世界上很多国家都非常重视这些制度的建设，以确保社区矫正工作者的素质和高效的工作能力。在美国，大多数州对于警察的任职条件仅需要高中毕业学历，但是对于社区矫正工作者的一般要求是大学本科学历，有的州还要求研究生学历，并且还有专门的专业要求，如刑事司法、犯罪学、心理学等相关专业。① 我国目前虽然没有这方面的配套措施，但是可以参考我国《法官法》、《检察官法》和《公务员法》中有关任职资格、奖惩条例、培训制度等的规定。借鉴和利用这些现有资源，形成一套以社区矫正工作者制度为核心的配套措施体系，② 提高社区矫正工作者的素质。

（一）政治素质

社区矫正工作是全面贯彻落实国家刑事政策，不断改革和完善具有中国特色的刑事执行制度，加快司法体制改革进程的迫切需要；是进一步整合社会力量，合理配置基层政法资源，强化社会治安综合治理，维护基层社会稳定，构建社会主义和谐社会的基础工程。因此，政治素质是社区矫正工作者应首先具备的素质，它要求社区矫正工作者必须坚持四项基本原则，增强“四个意识”、坚定

---

① 刘强：《论我国社区矫正的立法及机构和队伍建设》，载《河南司法警官职业学院学报》2004 年第 4 期。

② 陈和华：《论我国社区矫正的组织制度》，载《法学论坛》2006 年第 4 期。

“四个自信”、做到“两个维护”，忠于职守，严守纪律，清正廉洁。坚定正确的政治方向，有较高的理论觉悟和政策水平，坚持党的路线方针政策，有较强法律观念，有全心全意为人民服务的精神。这个素质直接关系到社区矫正工作的方向，也是社区矫正工作特点的内在要求。具体来说，要求社区矫正工作者拥有坚定的政治立场、较高的政治理论素养、高度的事业心和责任感、社会主义民主意识、大局意识等。

（二）专业素质

社区矫正工作的综合性要求社区矫正工作者拥有广博的专业知识。基础知识是思考、理解问题的重要工具，也是分析、解决问题的基本依据。社区矫正工作者面对的社区矫正对象在背景、职业、生活方式、习惯爱好等方面均有较大的差异，且社区矫正工作始终处于发展变化状态。因此，社区矫正工作者只有拥有丰富的基础知识，才能实现与社区矫正对象的顺利沟通，处理工作中出现的新情况、新问题。社区矫正工作的专业性，要求社区矫正工作者拥有扎实的专业知识。专业的社区矫正工作强调矫正工作的科学性和有效性，就需要社区矫正工作者把社会学、犯罪学、心理学和有关学科的基本理论和常识运用于社区矫正对象的改造和矫正上。例如，有相当一部分社区矫正对象有心理问题，社区矫正工作者可以运用心理治疗的方式，采用语言和非语言的交流方式，影响或改变对方的心理状态。通过解释、说明、支持、同情、相互之间的理解来改变对方的认识、信念、情感、态度、行为等，以消除或缓解其心理问题或人格障碍，以促进人格向健康、协调方向发展。① 因此，一名合格的社区矫正工作者除了具备一定的基础知识之外，还应具备良好的社会工作者的专业知识。同时，丰富的知识储备是提高社区矫正工作者工作能力的基础。社区矫正工作者担当的社会经纪人等角色需要具有一定的组织协调能力、人际交往能力、策划决断能力，这些能力的提高都是在基础知识和专业知识的基础上深入实践和培训的结果。②

（三）职业道德

职业道德是职业范围内特殊的道德要求，是一般社会道德在人们职业生活中的具体体现。对于社区矫正工作者来说，应当热爱社区矫正工作，深怀爱心，乐于奉献，有社会责任感；能根据工作要求努力学习，接受新知识和新理念，工作勤奋，廉洁自律，具有良好的职业操守。③ 尊重人、关心人、帮助人；同工作对

① 丁莹莹、高佩佩：《社区矫正工作中司法社会工作者应具备的素质》，载《理论界》2005 年第 8 期。

② 丁寰翔、陈立峰：《论社区矫正工作者的角色》，载《法制与社会》2007 年第 4 期。

③ 丁寰翔、陈立峰：《论社区矫正工作者的角色》，载《法制与社会》2007 年第 4 期。

象保持密切联系，主动了解他们的需要，切实为之排忧解难。

四、社区矫正工作队伍的组建

（一）社区矫正工作队伍组建的依据

《社区矫正法》是社区矫正工作队伍组建的依据。《社区矫正法》第 10 ~ 13 条明确了社区矫正工作队伍的构成。一是明确了社区矫正机构与司法所的关系：社区矫正机构负责社区矫正工作的具体实施。司法所根据社区矫正机构的委托，承担社区矫正相关工作。二是明确了社区矫正机构工作人员的专业知识的要求。社区矫正机构应当配备具有法律等专业知识的社区矫正机构工作人员，履行监督管理、教育帮扶等执法职责。三是确定了社会力量中社会工作者的定位和须具备的专业知识结构。社区矫正机构根据需要，组织具有法律、教育、心理、社会工作等专业知识或者实践经验的社会工作者开展社区矫正相关工作。四是社会力量中的基层组织、参与人员的协助职责。居民委员会、村民委员会依法协助社区矫正机构做好社区矫正工作。社区矫正对象的监护人、家庭成员，所在单位或者就读学校应当协助社区矫正机构做好社区矫正工作。五是社会力量中的参与组织参与社区工作的定位。国家鼓励、支持企业事业单位、社会组织、志愿者等社会力量依法参与社区矫正工作。

《社区矫正法》第 14 条规定了社区矫正机构工作人员的工作要求：社区矫正机构工作人员应当严格遵守宪法和法律，忠于职守，严守纪律，清正廉洁。

（二）社区矫正工作者的资格

1. 社区矫正机构工作人员的资格。关于社区矫正公职人员的资格，世界各国的规定并不一致。1945 年美国观护及假释制度协会曾经公布观护人与假释官之遴选标准：一是掌握特别知识，需具备社会个案工作之知识及实务经验，包括人类生理、心理及情绪变化之了解，以及处理家庭问题、运用社会资源之能力与经验；需熟谙有关法律之内容，以便行使职权；熟悉管辖区域内各机构活动之情况；二是特别学习经历或者具备专门知识，具备学士学位并选读社会科学之课程（社会学、心理学、人类学等）；三是具有特别经历，需曾在社会机构从事工作 1 年以上，但是于社会工作学院之实习或曾受有关训练得予抵充。[①] 由此可见，美国的观护及假释制度协会设定的观护人和假释官的条件还是相当严格的。往往要求矫正官大学毕业，了解有关社会学、生理学、心理学等专门知识，并在社会服务机构工作 1 年以上，专门学习社会工作的毕业生可以不必有这些经历。美国的社区矫正管理机构建设是比较健全的，内部分工、职责以及一整套工作制度也比

① 房传钰：《现代观护制度之理论与实际》，台湾三民书局 1977 年版，第 295 ~ 296 页。

较系统规范。因此，能较好地发挥职能作用，对大批社区矫正对象实施积极有效的矫正。例如，缓刑办公室人力资源部的主要任务是：要保证雇到合格的工作人员。他们一般到大学的刑事司法专业招人，也可以是学社会学的，同时需要大量的双语人才。①

我国《社区矫正法》明确了社区矫正机构工作人员是履行监督管理、教育帮扶等职责的，要求具备法律等专业知识。在学界，有学者提出了针对社区矫正公职人员在立法上的建议：“社区矫正官是依法履行社区矫正职责、纳入国家行政编制、由国家财政负担工资福利的工作人员。社区矫正官的任职应当具备公务员的基本条件，而且能够适应社区矫正工作的需要。社区矫正官依法履行以下职责：（1）贯彻落实国家有关社区矫正工作的法律、法规、规章和政策；（2）组织、指导矫正社会工作者、社区矫正志愿者等开展社区矫正工作；（3）对社区服刑人员实施日常管理，并进行监督、考察；（4）对社区服刑人员进行考核，依照规定做好行政奖惩、司法奖惩的材料整理工作；（5）依法履行其他职责。”② 借鉴国外经验，结合我国社区矫正的现实情况，社区矫正机构工作人员的资格，除政治素质外，应为拥护党的领导，遵守宪法和法律；国家公务员；本科以上文化程度，具有法学、社会学、教育学、心理学、管理学等专业知识结构。

2. 司法所工作人员资格。由于《社区矫正法》将司法所定位为根据社区矫正机构的委托，承担社区矫正相关工作的受委托机构，加上司法所并非专职从事社区矫正工作的派出机构，所以司法所工作人员的资格与社区矫正机构工作人员的资格要求并不一致。为此，建议从事社区矫正工作的司法所工作人员也应具社区矫正机构工作人员的素质。

3. 社会工作者资格。同发达国家相比较，我国社会工作人才缺乏，而专业矫正社会工作人才更是少得可怜。中国大约有200所高校设有社会工作专业，每年培育的社会工作本科生至少在万人以上，应当说总体人数不少。但是，一方面我们感到社区工作缺乏专业的人才，社区工作、特别是社区矫正工作的一线专业人员太少，人才的匮乏制约了社区矫正事业的发展；另一方面我国高校培养的对口专业毕业生又不能很好地发挥特长，大多从事了他们并不擅长的专业，造成资源的巨大浪费。政府应搭建一个平台，建立社区中介服务的非政府组织，由政府根据他们提供服务的水平和质量向他们购买社会服务。这样，不仅可以解决大量社会工作专业的毕业生就业问题，而且可以推动社会工作的职业化、专业化水平的

① 司法部社区矫正美国培训团：《司法部社区矫正美国培训团报告（摘编）》，载《人民调解》2007年第1期。

② 赵秉志：《社区矫正法（专家建议稿）》，中国法制出版社2013年版，第34页。

提高。[①] 借职业化建设打造社区矫正工作者专业人才队伍，是一个经济性的选择。

4. 志愿者资格。关于社区矫正志愿者的资格，目前并无专门的法律法规规定。我们认为，至少应符合以下条件：拥护党的领导，遵守宪法和法律；有爱心和奉献精神，有为志愿工作服务的良好愿望；有一定的专业知识或者工作技能，如法学、社会学、心理学、医学等专业的大学生；有较充足的时间从事志愿工作。

五、社区矫正工作人员的培训

社区矫正工作应加强对社区矫正工作者的培训。培训的方式是多种多样的。但不论采取什么样的形式，对社区矫正工作者的培训至少应做到以下几点：

1. 学习相关法律知识。包括《社区矫正法》《刑法》《刑事诉讼法》《监狱法》和相关法律法规，理解社区矫正工作的意义、性质和作用。同时也要学习有关社区矫正的规范性法律文件，如《社区矫正法实施办法》等。

2. 掌握社区矫正工作的方法和技巧。社区矫正工作是对社区矫正对象进行刑事执行的工作，是法律性和政策性强的工作。要求每一名社区矫正工作者都应较熟练地掌握社区矫正工作的程序、制度、方法和技能。从而既做到正确执行刑事判决、裁定和决定，又做到矫正教育社区矫正对象的不良习惯和犯罪心理，帮助社区矫正对象克服工作、生活中的困难。

3. 对社区矫正工作者的培训要因地制宜，形式灵活。各地应根据当地的特点，因地制宜地采取“走出去学习考察，请进来传经送宝”，举办培训班，召开座谈会、观摩会等形式，让从事社区矫正的每一位工作者尽快熟悉相关的工作方法和技能。

延伸阅读

缓刑官和假释官的10种工作角色

1. 信息管理员。主要是收集、分类和分析有关个案以及社区的信息。

2. 评价者。这是指评价个人或者社区的问题，权衡替代措施或者矫正计划的优越性。

3. 促进者。主要是为当事人的行为模式、习惯和观念的转变提供支持，促

① 谢金箫：《职业社区矫正社会工作者队伍建设研究》，载《黑龙江教育学院学报》2009年第3期。

进他们的转变。通过这样的转变，可以预防、减轻当事人可能出现的问题或者发生的危机。

4. 教育者。主要是传递和发布信息与知识，发展不同类型的技能。社会个案工作的很大一部分内容，就是简单的指导。

5. 介绍人。主要是向当事人介绍现有的可以给他们带来益处的服务。同时也能够使不同服务体系的成分相互结合起来。

6. 支持者。主要是努力让需要帮助的人感到正当和有尊严。这个任务是很重要的，因为一些做法、规定和一般性条件等，都会阻碍犯罪人接受服务，使用资源或者获取帮助。因此，有必要消除这些方面的障碍。

7. 调解者。主要是以中立者的立场在人与资源体系以及资源体系之间进行调解，消除相互之间的冲突。

8. 社区计划者。涉及在发展社区计划的过程中参与和支持邻里计划小组、有关组织、社区机构或者政府部门，以便确保反映当事人的需要并使其得到最大限度的满足。

9. 识别者。主要是识别自身处在危险中或者会对社区有危险的当事人。首先，要识别遇到重大困难或者发生危机的犯罪人，关注哪些当事人会变得对社区有危险。其次，要识别社区中的哪些条件会加剧犯罪人的问题，增大他们的危险性程度。最后，确定社区会在什么时候遭受到犯罪人的危险和需要采取的预防危险措施。

10. 执法者。这涉及根据情况的变化而利用职权撤销监督，从而避免使社区或者个人遭受缓刑官或者假释官无法控制的危险。

——摘自吴宗宪：《社区矫正比较研究》，
中国人民大学出版社 2011 年版，第 273 ~ 274 页

第八章

社区矫正基本制度

社区矫正制度，是指社区矫正工作共同遵守的工作规程或行动规则。社区矫正基本制度主要包括社区矫正前调查制度、社区矫正工作制度、社区矫正管理制度、社区矫正救济制度四部分内容。

第一节 社区矫正前调查制度

一、社区矫正前调查制度的概念

社区矫正前调查制度，是指对社区矫正对象在判决、裁定或决定社区矫正前，社区矫正决定机关直接或者委托社区矫正机构、有关社会组织，对拟适用社区矫正的对象所进行的全面调查和综合分析的制度。根据《社区矫正法》第 18 条规定："社区矫正决定机关根据需要，可以委托社区矫正机构或者有关社会组织对被告人或者罪犯的社会危险性和对所居住社区的影响，进行调查评估，提出意见，供决定社区矫正时参考。居民委员会、村民委员会等组织应当提供必要的协助。"这些规定确立了社区矫正前调查评估制度。为进一步完善刑事执行制度，推进刑罚执行一体化建设，健全社会管理创新体制奠定了坚实的基础。《社区矫正法实施办法》第 13 条规定："社区矫正决定机关对拟适用社区矫正的被告人、罪犯，需要调查其社会危险性和对所居住社区影响的，可以委托拟确定为执行地的社区矫正机构或者有关社会组织进行调查评估。社区矫正机构或者有关社会组织收到委托文书后应当及时通知执行地县级人民检察院。"从调查的内容看，包括社区矫正对象家庭状况调查、受教育状况调查、社会交往状况调查、人格状况调查、生活环境调查、违法犯罪过程调查等。

二、社区矫正前调查的内容

对社区矫正前调查工作，根据《社区矫正法》第18条规定，社区矫正决定机关根据需要，可以委托社区矫正机构或者有关社会组织对被告人或者罪犯的社会危险性和对所居住社区的影响，进行调查评估、提出意见，供决定社区矫正时参考。居民委员会、村民委员会等组织应当提供必要的协助。《社区矫正法实施办法》第14条规定："社区矫正机构、有关社会组织接受委托后，应当对被告人或者罪犯的居所情况、家庭和社会关系、犯罪行为的后果和影响、居住地村（居）民委员会和被害人意见、拟禁止的事项、社会危险性、对所居住社区的影响等情况进行调查了解，形成调查评估意见，与相关材料一起提交委托机关。调查评估时，相关单位、部门、村（居）民委员会等组织、个人应当依法为调查评估提供必要的协助。社区矫正机构、有关社会组织应当自收到调查评估委托函及所附材料之日起十个工作日内完成调查评估，提交评估意见。对于适用刑事案件速裁程序的，应当在五个工作日内完成调查评估，提交评估意见。评估意见同时抄送执行地县级人民检察院。需要延长调查评估时限的，社区矫正机构、有关社会组织应当与委托机关协商，并在协商确定的期限内完成调查评估。因被告人或者罪犯的姓名、居住地不真实、身份不明等原因，社区矫正机构、有关社会组织无法进行调查评估的，应当及时向委托机关说明情况。社区矫正决定机关对调查评估意见的采信情况，应当在相关法律文书中说明。对调查评估意见以及调查中涉及的国家秘密、商业秘密、个人隐私等信息，应当保密，不得泄露。"

（一）犯罪与违法行为的调查

1. 被告人或犯罪人的主体情况，包括其年龄、身份、生理功能、精神状态等。同等情况下，少年犯罪人由于认识事物能力和控制自己行为能力较差，可塑性大，可优先考虑使用社区矫正。

2. 犯罪的主观方面，包括犯罪目的、犯罪动机、认识错误等情况。故意犯罪的主观恶性大于过失犯罪的主观恶性，同等情况下，优先考虑后者适用社区矫正。

3. 犯罪客观方面的情况，包括犯罪的手段、犯罪的结果、犯罪当时的环境、时间和条件等。例如，犯罪手段残酷、狡猾，表明其人身危险性较大，不宜使用社区矫正。一般来说，犯罪危害结果大的不适用社区矫正。

4. 犯罪形态、防卫过当、避险过当等。在同等情况下，对犯罪中止者可以考虑使用社区矫正，对从犯、胁从犯也可使用社区矫正。

5. 认罪悔罪表现。悔罪表现是被调查对象对自己所犯罪性悔悟的具体表现。认罪态度好、悔罪表现突出，表明行为人主观恶性和人身危险性相对较小。具体可从自首、立功情节，被告人积极退赃、积极抢救、赔偿损失情况来进行判断。

6. 被告人或犯罪人的罪前表现。罪前表现反映被调查对象犯罪意识的顽固程度及对其改造的可能性，罪前有过违法犯罪行为的，改造较困难，不宜纳入社区矫正。

（二）社会调查

1. 了解被告人或犯罪人家庭、父母和兄弟姐妹的情况，包括住址、职业、资产、健康状况，父母的个性，家庭和睦情况，家人生活规律，家庭的理想程度。

2. 被告人或犯罪人学历、学习成绩、嗜好、对学校老师的态度、退学理由与升学愿望。

3. 居住地和近邻的情况，近邻对被告人或犯罪人的信任和感情程度，以及家庭迁移的情况，被告人或犯罪人过去及现在的交友情况。

4. 就业历史、转退职业和理由、出勤状况、工作成绩、对工作抱有的希望和态度、与同事的关系。

5. 被告人或犯罪人过去与现在的经济收支情况、资产、负债的理由、偿还的能力与计划。

6. 被告人或犯罪人的道德品质、宗教信仰、娱乐、习惯、兴趣。

7. 婚姻与性生活情况。

（三）调查确认

调查人员通过访问社区矫正对象的家庭、近邻、学校、单位以及会见其家人、邻居、雇主、同事等人员，或采用电话、书信等手段了解其周围的环境，确认调查的真实性。

（四）身心鉴定调查

可以委托由精神医学、神经医学、法医学等方面的专家组成的鉴定机构，对调查对象的身心进行鉴别。

在这里主要研究对调查对象的社区矫正前调查的原则、医学和心理学检查、人格调查等。

三、社区矫正前调查的原则

社区矫正工作对社区矫正对象的适用水平，在很大程度上取决于再犯预测水平。而提高预测结果的准确性，有赖于建立科学调查方法和评估方法。

社区矫正前调查是带着明确的考察目的，以一定的理论作指导，采用一套科学的方法、技术程序，再对调查对象所确定的范围进行客观、准确的实地考察，系统收集各类有关调查对象的真实材料，并加以分析、研究等。在社区矫正前调查的全过程中，调查人员应努力使调查具有目的性、客观性、真实性、系统性、完整性、灵活性、细致性、深刻性、准确性、应用性。这就是对社区矫正前调查活动的基本要求，也可以说是对社区矫正前调查活动的科学水平进行衡量的一套指标体系。为了达到这一目的，社区矫正前调查活动应坚持以下原则：

（一）客观全面原则

必须坚持在调查中以辩证的、整体的、综合的观点，客观地考察问题；善于对所调查的各个事项，从多角度进行分析研究；善于排除假象干扰，不被假象迷惑；能够准确、严谨地考察细节，透过现象看本质，正确抓住那些看起来好像是偶然发生的意外的现象或事件，从中发现潜藏着的某种人们尚未发现的必然规律。

（二）系统性原则

系统性原则是全面贯彻系统论的核心思想和基本方法，就是把所调查评估的对象，当作一个系统，分析系统的结构和功能，研究系统、要素、环境三者的相互关系和变动的规律性，并优化系统观点看问题。调查人员在调查过程中注重系统的研究分析，将调查与研究紧密地联系在一起，使两者相互作用、相辅相成、相互贯通，统一构成科学调查和研究分析的系统的完整过程。

（三）科学性原则

科学性原则是指决策活动必须在决策科学理论的指导下，遵循科学决策的程序，运用科学思维方法来进行决策的决策行为准则。社区矫正前的调查评估所坚持的科学性原则，是指必须坚持在调查中科学有效地使用一整套有机配置的科学方法与技术，并严格按照既定总体方案和调查程序及行为规范办事。要求必须做到：一是信息全面、迅速、准确。二是预测科学、及时、正确。三是方向正确、目标明确。四是方案齐全，相互独立。五是论证充分，分析恰当。六是实施步骤清晰、有度。七是责任明确，要求具体。

（四）权益保护原则

在调查过程中，坚持时刻维护调查对象的利益。客观公正地调查并作出评判，是实施社区矫正的前提，因此，调查人员不仅要着眼于调查对象违法犯罪的事件，而且应维护调查对象的利益，不应对他们有任何损害和欺骗。这不仅仅是调查的道德要求，而且也是使调查有成效的前提保证。

（五）相关性原则

在对调查结果研究和下结论时，坚持牢记调查的条件、范围、情势的相对性与多变性；在运用调查结果作结论时，尤其是作出超越原调查范围、条件、情势等结论时应该十分谨慎，以免正确的考察导致错误的结论。

四、医学和心理学检查

（一）医学检查

医学检查主要通过医学检查手段诊断调查对象的健康状况，较准确地判断健康程度。如对有身体残疾的调查对象，其危害社会的能力就相对较低，患有精神疾病的调查对象宜监禁关押；如患有慢性疾病和传染疾病的，采取社区处遇的办法可能更有利于他们矫治。医学检查中准确性非常重要，特别要避免人为因素的干扰。为此，应当建立医疗诊断机构责任制度和社区矫正机构确认制度，相互监督，相互制约，共同把关。

（二）心理学检查

心理学检查是对调查对象心理现状和行为倾向的判断，其目的是为调查对象适用刑罚处遇提供合适的社区矫正环境，获得满意的社区矫正效果。郑昭平撰文认为，心理学检查包括危险性预测和心理发展预测。①

1. 危险性预测

根据心理测试结果以及调查对象在社会和监内期间的现实表现、监内外刺激因素等，预测调查对象的现实危险大小，从而为确立防范的重要方面提供依据。危险性预测的判断方法，主要有以下几个方面：

（1）调查对象的犯罪成因和动机分析。如同样是伤害罪，有的是因为讲义气，为朋友参与斗殴致人伤残；有的则是因恶意报复而致人伤残。显然，后者比前者更具有危险性。

（2）自律性和稳定性分析。属于暴力型犯罪，或者有过暴力犯罪历史，经卡特尔 16PF 测试，其“恃强性”“敢为性”指标偏高。这样的调查对象危害社会的可能性大丁其他调查对象。

（3）个人虚荣心和劳动观分析。在日常改造表现或过去的生活史中，有明显的虚荣心、攀比心和高消费观念，害怕吃苦，畏惧劳动，家庭经济状况较差的调查对象，有继续危害社会的可能性。

（4）有无犯罪前科、劣迹或恶习的深浅程度分析。有犯罪前科劣迹与无前科劣迹的，恶习深与恶习浅或无恶习的调查对象相比，前者的危险性大于后者。

（5）调查对象的年龄，家庭综合状况分析。年龄较大、家庭关系相对稳定的比年龄小、家庭成员关系淡漠的危险性小。

（6）涉及的社会范围、对象分析。社交范围广、社交层次低的比社交范围小、社交层次高的调查对象危险性大。

（7）职业技能状况分析。不具备一技之长，或择业观不正确，不能自食其力的，比有技能特长能自我谋生的调查对象危险性大。

对以上因素应当是综合考察，再加以推断，而不能只凭一两个方面推断，片

① 郑昭平：《罪犯社区矫正的标准及管理措施》，载 http：//www. dss. gov. cn/Artide Print. asp? ArtideID = 62643，最后访问时间：2014 年 9 月 30 日。

面得出结论。

2. 心理发展预测

根据调查对象不同年龄、不同刑期、不同经历、不同犯罪类型的不同特点，预测他们共性和个性的心理发展问题，确定处遇矫正活动的内容。例如，同样是经济型职务犯罪，曾经担任过较高领导职务的调查对象与一般职务的调查对象相比，前者后悔心理比后者表现强烈，但由于过去接触的社会人群层次较高，生活水平和生活环境较富裕，适应监禁矫治场所能力相对较差、适应周期长，在狱内矫正期间会更加盼望回归社会和改善目前生活状况，一旦投入社区矫正最关心的是家庭安定和自身健康。这一类型的调查对象的社区矫正内容应当是人生观、价值观方面，多让他们了解社会底层百姓的生活工作状况，为他们创造各种劳动条件，鼓励其多参加社会公益活动。又如，抢劫犯罪人与诈骗犯罪人相比，其义气心理、从众心理较强，外部环境一旦具备，就有可能诱导他们产生冲动欲望；而诈骗犯罪人其性格一般外向，结交能力强，当没有正当职业作为生活来源时，极容易“重操旧业”。为此，对前者在社区矫正时要强化法律意识教育，注意控制所接触的特殊人群；对后者的矫治，主要是加强劳动观教育，为其提供正当的谋生手段。

五、人格调查

（一）人格调查的概念

人格调查是社区矫正前调查制度的核心内容。所谓人格调查，是指对拟适用矫正的对象在决定实施社区矫正前，由社区矫正机构的专门人员，对调查对象的人格状况所进行的专门调查，并对其人身危险性和再犯可能性进行系统评估，作出科学分析的活动。①

这一制度起源于美国的缓刑资格调查制度。1956 年在海牙召开的第 12 届国际刑法及监狱会议积极倡导判决前的人格调查制度，目前已有不少国家和地区采用了这一制度。现在这一制度进一步引申到其他领域，其中包括社区矫正机构。例如，在我国香港特别行政区，惩教署的职能之一就是向法庭提供判决前评估服务，即对有关犯罪人是否适合羁留在特定的行刑机构向法庭提出建议。从多数国家的做法看，人格调查一般是由社区刑罚执行机构来完成的，因该机构及其工作人员植根于社区，在调查的开展上有着其他机构不具备的诸多便利。例如，英美国家的缓刑官，其职责之一就是为法官提供判决前的报告，对犯罪人适用监禁还是社区方案提出意见。我们国家只是对未成年的人格调查作出了法律规定，2001

① 连春亮：《论社区矫正前的调查制度》，载《四川警官高等专科学校学报》2006 年第 2 期。

年4月颁布的《关于审理未成年人刑事案件的若干规定》第21条规定，“开庭审理前，控辩双方可以分别就未成年被告人性格特点、家庭情况、社会交往、成长经历以及实施被指控的犯罪前后的表现等情况进行调查，并制作书面材料提交合议庭。必要时，人民法院也可以委托有关社会团体组织就上述情况进行调查或者自行进行调查”。这一规定可以视为我国人格调查的法律规定。

（二）人格调查的主体

关于人格调查制度的主体，我国已实施人格调查制度的基层法院在社会调查主体的配置上呈现多元化的趋势，归纳起来大致有4种形式：①

第一种形式是由控方或者辩方以访谈的形式形成规范性的社会调查报告。这种方案由最高人民法院的司法解释提出，具有相当的权威性。但是，众所周知，在刑事诉讼中控辩双方所持立场是对立的：公诉机关着力对犯罪嫌疑人进行有罪指控，辩护人力争维护犯罪嫌疑人的利益。立场的对立性和利益的冲突性，难以保证调查结论的客观性。

第二种形式是由审判机关以问卷或访谈形式，形成问卷调查表。这种形式受到我国学者的肯定，理由是从法理上来说，人格调查结论对于量刑具有重大影响，委托他人调查难以确保其结论的真实性。法官作为量刑的主体，亲自进行调查，结果必然具有真实性。但是因为现代司法制度要求法官独立，居中裁判，保持一种“超然”的姿态。而人格调查制度要求的却是一种“介入”的态势。法官亲自调查，显然与法官的裁判职能和中立地位不符。

第三种形式是建立一支特邀社会调查员队伍。这些社会调查员由熟悉青少年特点、热心青少年帮教工作的社会人士组成。但是，存在问题是，这些人员欠缺调查的专业性，难以胜任实际调查任务。调查主体的合法性也令人质疑。因此，这种形式的社会力量的参与，并非理想方案。

第四种形式是由社区矫正机构担当社会调查主体。在第一批开展社区矫正试点工作的江苏省和北京市，把人格调查的任务交由社区矫正机构或基层司法所承担。这是相对科学合理的一种形式。

（三）人格调查的内容

社区矫正前的人格调查主要是对调查对象人身危险性和再犯可能性的调查。通过调查，判断社区矫正对于其可能具有的改造效果和其对社会所具有的危险性程度。人格调查的内容和矫正前调查的内容基本雷同，只是在分析犯因性问题时侧重点和方法论存在差异。

---

① 周国强：《人格调查制度的中国境遇》，载刘强、姜爱东、朱久伟主编：《社区矫正理论与实务研究文集》，中国人民公安大学出版社2009年版，第231～233页。

第二节　社区矫正管理制度

增强社区矫正对象社会适应性，成功地重新与社会结合，是社区矫正的目的之一。在社区矫正的适用方式上，是要监督、管理、教育、矫正、处遇、帮扶等多种形式并举。要达到社区矫正目的，就必须有相应的制度加以规范和约束。这里所讲的社区矫正管理制度，是社区矫正机构对社区矫正对象在社区矫正实施过程中所贯彻执行的主要制度。

一、累进处遇制度

累进处遇制度是指社区矫正机构将社区矫正对象的社区矫正的时间分为几个阶段，每个阶段享有不同的待遇和权利，并依照社区矫正对象改善的程度，逐渐由下级进到上级并享有更多权利和更优厚待遇的制度。随着级别的递增，逐渐缓和其处遇，以鼓励社区矫正对象改过自新，使其成功地重新与社会结合的社区矫正制度。累进处遇制度的设置如下：

（一）从严管理的社区矫正对象

需从严管理的社区矫正对象一般是被裁定假释和暂予监外执行的社区矫正对象。这类社区矫正对象具有相对较强的人身危险性，而且一旦离开监狱环境，突然转入自由度较高的社会生活，难免存在“如自楼至地，因为没有阶梯，致肇非死即伤的惨况”的危险。对假释社区矫正对象在社区矫正开始时实施从严管理，待其逐步适应正常社会生活后再转入普通管理，防止社区矫正对象突然面对自由度较高的社会生活而再次产生犯罪的冲动。对暂予监外执行的社区矫正对象，因其狱内改造尚未完成，主要是由于生理原因而进入社区矫正机构，仍然存在相当大的人身危险性。因此在社区矫正期间，必须始终进行严格管理，没有改变其处遇的余地，直到社区矫正对象重新入狱服刑。在处遇上，应依法严格限制该等级社区矫正对象的自由，实施密集报告制度，便于社区矫正机构掌握社区矫正对象动态；执行严格的会客条件；无必要时一般不得批准其离开居住地；社区矫正工作者应经常走访该类社区矫正对象家庭，加强教育引导；应经常组织该类社区矫正对象参加公益活动等。

（二）普通管理的社区矫正对象

普通管理的社区矫正对象是开始进入社区矫正的被判处管制、宣告缓刑的社区矫正对象，以及由其他管理等级转入假释的社区矫正对象。这类社区矫正对象或者是罪行轻微，危险性本来就较小；或者是改造情况良好，对他们适用普通程度的管理即可。在处遇上，相对从严管理，应当适度放松。例如，每次报告之间的时间间隔应当延长；会客条件放宽；有正当理由即可批准其离开居住地；适度组织他们参加公益活动等。

（三）从宽管理的社区矫正对象

从宽管理社区矫正对象是经过普通管理阶段，表现良好，而且在社区内的矫正时间已超过社区矫正总限期一半以上的社区矫正对象，以及其他违法犯罪进入社区矫正的社区矫正对象。这类社区矫正对象经过长时间的矫正，不良人格已有明显改善，可以适用更为宽松的矫正手段，赋予其更大程度的自由。在处遇上，报告的时间间隔更长；对其要求离开居住地的申请一般均可批准等。对这类社区矫正对象，应主要通过法制教育、社会道德规范教育、公民意识教育来塑造其健全的人格。社区矫正工作者应着重帮助他们解决在重新融入社会过程中遇到的新问题，以利于他们顺利适应社会生活，巩固已经取得的改造成果。

此外，累进处遇是一种动态管理。社区矫正对象积极接受社区矫正，改造效果良好，方可获得晋级；相反，社区矫正对象不积极接受社区矫正，甚至抗拒矫正的，则会受到降级的惩罚。对个别情节严重者甚至会依法撤销社区矫正资格，重新收监执行刑罚。

二、分管分矫制度

（一）分管分矫制度的概念和作用

分管分矫制度，是指我国社区矫正机构根据一定的标准，将不同类型的社区矫正对象分类管理、分类矫治的矫正方式和管理制度。这一制度的实施，对社区矫正机构教育和转化社区矫正对象，预防和减少犯罪，具有重要作用。

社区矫正中的分管分矫，在实践中是一个非常复杂的问题。因为社区矫正对象的成分错综复杂，难以科学地统一划分归类，所以具体到如何针对社区矫正对象的特点进行最有效的监管，或采用什么样的措施来适应、满足社区矫正对象的需要，以及如何对社区矫正对象提供适当的帮助，就成为社区矫正工作必须要解决的问题。

在美国，社区矫正的分类一般包括三个要素：一是确立分类标准，说明什么样的社区矫正对象应进入什么样的监管、矫正项目；二是确立评价程序，评价程序涉及如何使用分类方法，或用什么样的分类标准对社区矫正对象当前状况和过去的行为进行评价；三是让社区矫正对象接受这种分类，通过将社区矫正对象安置在适合于他们的项目之中，以达到分类的目的。①

一般来说，社区矫正机构的首要任务是对社区矫正对象的监督管理，同时在社区矫正过程中承担着对社区矫正对象提供服务并实施矫正措施和方案。但是，在实践中，由于社区矫正对象存在很大的差异，要完成任务往往有一定的难度；对社区矫正对象而言也存在着各自的问题，如家庭困难、精神疾病、就业就学。因此，做好社区矫正工作的前提是对社区矫正对象进行适当的分类，分别采取相应的管理措施和矫治方案。

分管分矫制度是我国社区矫正机构最基本的社区矫正方式和管理制度。其作用主要体现在以下几个方面：

1. 有利于对社区矫正对象采取有针对性的矫治措施。分管分矫制度为社区矫正对象的管理和矫治打下了坚实的基础。不同类型、不同层次的社区矫正对象实行分类管理后，不同类型的社区矫正对象群体的思想、心理和行为等特点就会集中反映出来。在分类矫治中，有利于根据不同的特点采取更有针对性的矫治措施，做到对症下药。

2. 有利于体现区别对待的政策。将各种类型、不同情况的社区矫正对象，不加区分地混在一起管理和矫治，既不利于适应不同类型社区矫正对象的生理、心理特点，也不利于激励社区矫正对象的积极性。而分管分矫，将不同类型、不同层次、不同惩罚种类、不同矫正期限、不同主观恶习的社区矫正对象分类管理、分类矫治，既体现了区别对待的政策，保护了社区矫正对象的合法权益，又可以根据不同类型、不同层次社区矫正对象的特点，采取不同的管理和矫正形式。可以说分管分矫体现了党的政策和国家法律的要求，是社区矫正工作法制化、规范化、科学化运行的基础。

3. 有利于调动社区矫正对象的矫正积极性。分管分矫制度的核心是对社区矫正对象实行分级处遇，体现累进处遇制度的精神实质。不同类型的社区矫正对象处在不同的管理级别中，享有社区矫正机构所赋予的不同的待遇。社区矫正对象要想享有较好的待遇或享有更多的权益，就必须付出相应的努力，争取进入管理更为宽松的级别中。这就促使社区矫正对象充分发挥主观能动性，用实际行动为自己争取权益。

综上可以看出，分管分矫制度的实质动因，应该是试图把相同或相近的社区矫正对象、重复度高的矫正措施，予以“类型化”，建立“矫正类型”和“矫正措施类型”，以“类型化”来使社区矫正工作集约化。② 从某种意义上来说，这

① 刘强编著：《美国社区矫正的理论与实务》，中国人民公安大学出版社 2003 年版，第 191 页。

② 王泰主编：《现代监狱制度》，法律出版社 2003 年版，第 121 页。

是一种“类群”的个别化。它补充和完善了个体个别化，实际上丰富了社区矫正个别化的内涵，增大了社区矫正个别化的领域和作用。①

（二）矫正分类

矫正分类是分管分矫制度的直接目的和要求之一。它是指根据各类社区矫正对象的自身特点和人身危险性程度等因素，对不同类型的社区矫正对象采取不同的分类办法和管理措施，以期取得最佳管理效果的制度。

矫正分类体现了现代管理理念。不同性别，不同年龄的社区矫正对象有不同的生理、心理特点，不同违法犯罪类型的社区矫正对象也有不同的个性特点。矫正分类正是体现了管理教育个别原则，对不同类型的社区矫正对象采用不同的管理方式和强度。

在美国的社区矫正中，对社区矫正对象的分类，通常有三种尺度：一是社区矫正对象的危险性，主要考虑社区矫正对象今后犯罪的可能性；二是社区矫正对象的需要，主要是考虑社区矫正对象与犯罪有关联的需要结构；三是矫正项目与社区矫正对象的适应，主要是考虑矫正的处遇项目是否适应社区矫正对象的需要和情况。② 结合我国社区矫正的情况，对社区矫正对象的分类管理，可结合累进处遇制的要求予以划分。在管理措施和方法上，应采取宽严不等的手段，并使之享有不同的待遇。

（三）分类管理

社区矫正管理中的核心问题是预防社区矫正对象的重新犯罪。如果社区矫正对象在社区矫正中重新犯罪或重犯率过高，就会使社会公众丧失对社区矫正的信心，引起社会公众的不满和指责。因此，分类管理的首要任务是对社区矫正对象的危险控制。

根据上述对社区矫正对象的分类，我们可以看出，不同类型的社区矫正对象具有不同的社会危险性，我们必须对社区矫正对象外在的和潜在的危险因素进行测定，在测定的基础上，采用不同的管理措施。有人主张，根据社区矫正对象犯罪事实、犯罪性质和主观恶意程度、社会危害程度，将其划分为过失犯罪与故意犯罪、经济犯罪与刑事犯罪等不同类型，针对不同类型采取不同的管理教育办法，实行分类矫正。③ 第一，对过失犯罪等没有犯罪故意的社区矫正对象，一般可采用从宽管理的矫正模式。第二，对贪污、收贿、挪用公款、虚开增值税发票

---

① 王泰主编：《现代监狱制度》，法律出版社 2003 年版，第 121 页。

② 刘强编著：《美国社区矫正的理论与实务》，中国人民公安大学出版社 2003 年版，第 191 页。

③ 全国人大代表在十一届全国人大三次会议上，向大会提交的《中华人民共和国社区矫正法（立法建议稿）》第 79 条。

等有犯罪故意，但失去条件后无法重新犯罪的职务犯罪类社区矫正对象，一般可采取普通管理的矫正模式。第三，对盗窃、抢劫、诈骗等犯罪主观故意十分明显，社会危害性大，改造难度大的社区矫正对象，一般采取从严管理的矫正模式。

（四）分类矫治

分类矫治是分管分矫制度的核心内容之一。现代刑罚理论认为，刑罚具有教育性，是一种教育刑。教育刑认为，违法犯罪人的犯罪原因是基于个人素质和社会环境。人在决定是否犯罪的问题上属于个人意志，意志本身也不过是人的素质，因人而有差别。人可以为善，也可以为恶，这种性质在很大程度上取决于环境条件。因此，教育刑论主张在矫治中主动发挥教育功能，以达到抑恶扬善的效果。按照教育原理，所有教育都应是分类实施的，体现个别差异原则，唯此才能达到教育和矫治效果。社区矫正的分类矫治作为一种特殊的人格教育手段，同样要遵循这一规律。针对不同类型、不同层次的社区矫正对象，采用不同的矫治手段和方法，施以不同的矫治内容。

分类矫治最突出的特点是社区矫正工作者的专业化和对社区矫正对象监督、控制的专门化。运用专门技术来发展专门化的监督管理去对付特定的社区矫正对象。尤其对一些社区矫正对象，当使用一般的咨询和帮助的矫治项目不能对其进行有效矫治时，采用专门化的矫治项目会产生良好的效果。

三、亲属担保制度

亲属担保制度是指对符合条件的社区矫正对象，在实施社区矫正时，为了对社区矫正对象起到限制作用和强化亲属对社区矫正对象的帮教作用，由社区矫正对象亲属向社区矫正机构出具担保书，对社区矫正对象在社区矫正中的行为提供担保的一种制度。

关于担保的规定，从现有的法律、法规和规范性文件的规定来看，不是十分明确。只在一些省、自治区、直辖市的一些规定中有与担保制度相类似的规定。《社区矫正法》第55条第1款规定，对未完成义务教育的未成年社区矫正对象，社区矫正机构应当通知并配合教育部门为其完成义务教育提供条件。未成年社区矫正对象的监护人应当依法保证其按时入学接受并完成义务教育。从这些规定看，监护人的角色基本体现了担保人的角色。

社区矫正工作的执行在很大程度上要取得社区矫正对象家属亲友的支持与配合，家庭的亲情关系有利于社区矫正对象的身心健康，有助于他们顺利地重新融入社会，适应社会。社区矫正机构与社区矫正对象的家属签订担保书，实质上是对社区矫正对象矫正责任的分担，是有效组合社会力量的一个组成部分。它既强化家庭在社区矫正工作中的责任意识，也可以预防一些社区矫正对象在社区矫正过程中可能出现的无法控制的情况。

亲属担保书的内容，分为亲属范畴的界定、担保的主要事项、担保人的权利义务及当被担保事项出现时担保人应承担的责任等。

亲属的范围以婚姻法所界定的近亲属为主线，可在此基础上拓展至亲朋好友。因为社区矫正是社会公众共同参与的一项工作，而社区矫正对象亲朋好友的参与，只会强化社区矫正对象的矫治力度，提高社区矫正对象亲属的积极性。同时，亲属担保书的签订，规范了社区矫正对象亲属参与社区矫正的行为，使亲属的行为由松散的社会公众责任成为有约束力的个人私有责任。

至于担保的事项，主要是与社区矫正对象密切相关的事宜。包括遵守社区矫正机构的规章制度，不私自脱离社区矫正机构限定的区域，服从管理，积极参加社区矫正机构组织的公益活动，参加学习和其他社会活动，社区矫正对象归假期间亲属应尽到监督责任，社区矫正对象在社区矫正期间因违法乱纪甚至是犯罪造成损失时责任的承担等。

亲属担保人的权利义务，主要应包括对社区矫正对象应负有的责任，定期帮教、监督、管理，以及发现社区矫正对象不轨行为和违法犯罪行为的报告等。

亲属担保制度把社区矫正对象、社区矫正对象的亲属、社区矫正机构有机地结合为一体，为社区矫正对象的有效矫正提供了一个外围防护网络，必然对社区矫正对象产生良性影响。

四、参加学习制度

参加学习制度，是指社区矫正对象按照社区矫正法律法规的规定和社区矫正机构的安排，按时参加形势政策、法治、道德规范、职业技能等学习的制度。学习是社区矫正的基本手段，但是社区矫正的学习具有开放性，只有规章制度、法规的约束力即只具有制裁性质而不具有法律的惩罚性质。这也是社区矫正和监狱强制罪犯参加学习的根本区别。

社区矫正对象参加学习，以提高素质，掌握技能为主体，辅助学习其他知识。社区矫正机构在组织社区矫正对象学习时，要打破常规，拓宽学习渠道，以喜闻乐见的形式和载体，为社区矫正对象开展学习活动提供服务。对学习的时间、内容、效果提出明确的要求，重点帮助他们树立正确的世界观、人生观和价值观。尤其在条件具备的情况下，可帮助社区矫正对象到工厂、农场、矿山、养殖场等进行职业技能学习和训练，使学习和将来的就业紧密结合在一起。监督社区矫正对象在遵纪守法的前提下按规定完成学习任务。

组织社区矫正对象参加学习，社区矫正机构要要求社区矫正对象规范进行，并为每个社区矫正对象建立台账，作为对社区矫正对象综合考察和评审的依据。

五、监督评估制度

监督评估制度包括了监督考察和测量评估两个过程。监督考察是对社区矫正对象的社区矫正整体状况的监督、记录的过程，它是测量评估的前提和基础，为测量评估提供第一手资料。而测量评估则是监督考察的结果。二者是相辅相成、缺一不可的。

社区矫正中的监督考察，是社区矫正工作者对社区矫正对象的社区矫正状况的监督、记录并进行指导、评议的活动，也是社区矫正体现强制性的前提和基础，它是通过建立量化的检查督促机制，在指定的时间和地点采用不定时抽查的办法，掌握社区矫正对象在社区矫正中的动态和信息。

评估是指对事物或人物及其活动的一种估量性的价值判断，是一种模糊定量式的评估，而评估之前有一个测量的过程，所谓测量是依据一定的规则用数字对事物加以确定，也就是用定量的方法确定事物的属性。社区矫正中的评估是根据特定国家和社会所信奉的社区矫正的价值观或社区矫正目标，运用可操作性和科学的手段，通过系统地收集有关信息，数据资料，进行筛选、整理、统计分析，对社区矫正对象、社区矫正过程和社区矫正结果给出价值判断，不断改进并完善社区矫正工作，为社区矫正决策提供依据的过程。

据此，社区矫正中的监督评估的实质，是对社区矫正对象、社区矫正工作及社区矫正的效果所作出的价值判断。监督评估的过程，实质上是对社区矫正活动中的事物或人物的现实的或潜在的价值作出判断的过程。它是参照既定的社区矫正目标，通过监督考察活动系统地搜集信息，并作出综合的价值分析和判断，其目的在于提高社区矫正质量、推动社区矫正政策、改善社区矫正的管理与决策。

监督评估是一种综合性的、多功能的活动，因而在评估之前必须有一个针对性的、切实可行的、能付诸实施的评估方案。即包括评估的目的、评估的依据、评估的项目、评估的标准、评估的方法、评估的组织和结果。

（一）监督评估的机构和人员

社区矫正监督评估机构是社区矫正机构及其基层司法所；监督评估的人员主要是社区矫正工作者和其他监督考察人员，也可以是委托的第三方专业评估机构。监督评估的机构和人员主要是依据评估的内容和要求而定。

（二）监督评估的方式

在监督评估的方式上，包括监督评估人员，监督评估的时间、地点及评估方法。在监督评估的方式上，依照不同的监督评估内容和要求，监督评估的方式也不一样。社区矫正机构对社区矫正对象的监督评估，主要是通过对社区矫正对象在社区矫正中的综合考核，由此得出评估结论。委托第三方专业评估机构对社区矫正工作的整体评估，主要是通过大数据、云计算、统计调查等专业方法，得出评估结论。

（三）监督评估的内容

在监督评估的内容上包括行为评估、心理评估、再次违法犯罪评估、社会适应性评估、人际关系状况评估、自我意识评估、自制力评估等。由于评估的项目不同，评估的内容也不一样。如对暂予监外执行的社区矫正对象，在社区矫正期间除遵守一般规定之外，还应当遵守在指定的医院接受治疗；确因治疗、护理的特殊要求，需要转院或者离开居住区域在7日以内的，应当报经司法所批准；超过7日的，应当由司法所签署意见后报经县级司法行政机关批准。返回居住地时，应当立即向司法所报告。社区矫正对象离开所居住市、县（旗）不得超过1个月。

对于人民法院禁止令确定需经批准才能进入的特定区域或者场所，社区矫正对象确需进入的，应当经县级司法行政机关批准，并告知人民检察院。

（四）监督评估的程序

按照《社区矫正法》第28条规定，社区矫正机构根据社区矫正对象的表现，依照有关规定对其实施考核奖惩。社区矫正对象认罪悔罪、遵守法律法规、服从监督管理、接受教育表现突出的，应当给予表扬。社区矫正对象违反法律法规或者监督管理规定的，应当视情节依法给予训诫、警告、提请公安机关予以治安管理处罚，或者依法提请撤销缓刑、撤销假释、对暂予监外执行的收监执行。对社区矫正对象的考核结果，可以作为认定其是否确有悔改表现或者是否严重违反监督管理规定的依据。主要包括以下程序：

1. 街道（乡镇）司法所应当根据国家法律、法规、规章和监督管理规定，落实日常监督管理措施。

2. 社区矫正对象应当定期向司法所报告自己的思想、活动等情况。

3. 社区矫正对象迁居或者离开居住区域时应当经县级社区矫正机构批准，同时履行相关手续。

4. 保外就医的社区矫正对象还必须遵守在指定医院就医、转院或进行治疗疾病以外的社会活动须经批准等规定。

5. 县级社区矫正机构应当定期将新增社区矫正对象的名单、基本情况、社区矫正对象考核情况送检察机关监所检察部门，接受检察监督。

（五）监督评估的结论

在社区矫正对象解矫之前，社区矫正机构应当根据社区矫正对象在矫正期间的考核情况、奖惩情况、心理测验情况，对其矫正效果进行综合评估。评估结果填入社区矫正期满鉴定表。

六、归监制度

归监制度是指对原先在监狱改造后被转入社区矫正机构的社区矫正对象，或者是被判缓刑的社区矫正对象、决定暂予监外执行的社区矫正对象，按照规定或者在社区矫正中出现了法定事由，收监执行或重新收监的制度。这项制度的使用，可在无形中对社区矫正对象形成心理上的压力，使其规范自己的行为，否则就面临着使其收监执行或重新回监狱服刑的不利后果。

当然，这一制度的使用，其对象具有特定性，既只能对被判缓刑的社区矫正对象、暂予监外执行的社区矫正对象和假释的社区矫正对象使用。《社区矫正法》第46条规定：“社区矫正对象具有刑法规定的撤销缓刑、假释情形的，应当由人民法院撤销缓刑、假释。对于在考验期限内犯新罪或者发现判决宣告以前还有其他罪没有判决的，应当由审理该案件的人民法院撤销缓刑、假释，并书面通知原审人民法院和执行地社区矫正机构。对于有第二款规定以外的其他需要撤销缓刑、假释情形的，社区矫正机构应当向原审人民法院或者执行地人民法院提出撤销缓刑、假释建议，并将建议书抄送人民检察院。社区矫正机构提出撤销缓刑、假释建议时，应当说明理由，并提供有关证据材料。”第47条规定：“被提请撤销缓刑、假释的社区矫正对象可能逃跑或者可能发生社会危险的，社区矫正机构可以在提出撤销缓刑、假释建议的同时，提请人民法院决定对其予以逮捕。人民法院应当在四十八小时内作出是否逮捕的决定。决定逮捕的，由公安机关执行。逮捕后的羁押期限不得超过三十日。”第48条规定：“人民法院应当在收到社区矫正机构撤销缓刑、假释建议书后三十日内作出裁定，将裁定书送达社区矫正机构和公安机关，并抄送人民检察院。人民法院拟撤销缓刑、假释的，应当听取社区矫正对象的申辩及其委托的律师的意见。人民法院裁定撤销缓刑、假释的，公安机关应当及时将社区矫正对象送交监狱或者看守所执行。执行以前被逮捕的，羁押一日折抵刑期一日。人民法院裁定不予撤销缓刑、假释的，对被逮捕的社区矫正对象，公安机关应当立即予以释放。”第49条规定：“暂予监外执行的社区矫正对象具有刑事诉讼法规定的应当予以收监情形的，社区矫正机构应当向执行地或者原社区矫正决定机关提出收监执行建议，并将建议书抄送人民检察院。社区矫正决定机关应当在收到建议书后三十日内作出决定，将决定书送达社区矫正机构和公安机关，并抄送人民检察院。人民法院、公安机关对暂予监外执行的社区矫正对象决定收监执行的，由公安机关立即将社区矫正对象送交监狱或者看守所收监执行。监狱管理机关对暂予监外执行的社区矫正对象决定收监执行的，监狱应当立即将社区矫正对象收监执行。”

第三节　社区矫正工作制度

社区矫正工作制度主要包括两方面的内容：一是对社区矫正机构及社区矫正工作者在社区矫正工作中的行为规范；二是社区矫正机构、社区矫正工作者及社区矫正对象，在社区矫正工作中的程序规范。社区矫正工作制度主要有：工作例会制度、信息收集与反馈制度、请示报告制度、业务培训制度、责任追究制度、档案管理制度、执法监督检查制度等。

一、工作例会制度

对于社区矫正工作，社区矫正委员会要定期召开工作例会，研究贯彻上级机关有关社区矫正工作的方针、政策和上级相关部门的指示、决议；研究社区矫正发展规划、工作计划，部署本地社区矫正工作的开展；定期听取社区矫正工作汇报，协调处理社区矫正工作中的重大问题。例会的参加人员主要是社区矫正委员会中的相关部门的负责人。

二、档案管理制度

《社区矫正法》第22条规定："社区矫正机构应当依法接收社区矫正对象，核对法律文书、核实身份、办理接收登记、建立档案，并宣告社区矫正对象的犯罪事实、执行社区矫正的期限以及应当遵守的规定。"社区矫正对象的档案管理工作是为了满足社区矫正机构教育改造社区矫正对象的需要，为做好个性化的教育改造和管理建立基础资料库。通过收集、保管和提供档案材料这种特定的方式，为社区矫正工作总结经验、研究工作、制定方针政策提供必要的依据和条件。在管理过程中，本着集中统一、专人负责、科学管理的原则进行管理。主要包括以下六个环节：

（一）收集

这是社区矫正对象档案管理工作的首要环节。社区矫正对象进入社区矫正机构后，要立即建立单人档案；将所有法定文件收集归档；将所有文书收集归档；将社区矫正对象在社区矫正中形成的有存查价值的材料收集归档。在收集资料的过程中，要检查各类文件的记载与实际情况是否相符合，是否完备。社区矫正对象档案的内容主要包括：

1. 管制、缓刑社区矫正对象的判决（裁定）书、起诉书副本、结案登记表、执行通知书；假释的社区矫正对象的原判法律文书、假释裁定书、罪犯出监鉴定表；暂予监外执行社区矫正对象的判决（裁定）书、起诉书副本、结案登记表、执行通知书、暂予监外执行审批表、具保书等。

2. 假释、监狱暂予监外执行社区矫正对象在监狱服刑期间接受教育改造的相关材料、奖惩考核材料、心理档案。

3. 社区矫正对象登记表。

4. 社区矫正对象社区矫正情况月汇报。

5. 社区矫正对象接受社区矫正保证书、帮教协议。

6. 社区矫正对象外出请假申请审批表。

7. 社区矫正方案。

8. 社区矫正情况记录簿，其中包括学习教育记载、公益活动记载、心理矫正记载、谈话记录等。

9. 社区矫正对象社区矫正考察表、评审鉴定表。

10. 社区矫正对象奖惩审批表及相关材料。

11. 社区矫正对象社区矫正期满鉴定表。

12. 社区矫正对象解除管制通知书、假释考验期满证明书、缓刑期满证明书。

13. 其他应该归档的重要材料。

另外，社区矫正对象死亡的，死亡证明、法医鉴定等有关材料应当归档。

（二）整理

所谓对社区矫正对象档案的整理，就是按照一定的原则和要求，采取比较科学的方法，对档案进行分门别类的处理。

（三）鉴定

即对整理好的材料还要审查与鉴别。一般由社区矫正机构组成专门鉴定小组，定期对保管期限已满的档案进行鉴定。

（四）保管

社区矫正机构在社区矫正对象被决定执行社区矫正之日起建立档案，一人一档。社区矫正对象档案必须由专人妥善保管。一是按一定方法把社区矫正对象个人档案排列在档案柜中；二是制作社区矫正对象档案索引卡片；三是做好防火、防霉、防潮、防遗失、保密、防蛀等工作，保证档案安全。

（五）统计

社区矫正对象档案中各种材料所反映的情况，只有经过具体的数据汇总与综合，才能向相关部门提供直观、准确和快速的服务。档案管理部门应准确掌握社区矫正对象变动的实际情况，及时准确地填写有关档案的统计报表，并根据需要制作相关的统计图。

（六）提供利用

社区矫正对象档案管理工作的根本目的，就是提供档案，为社区矫正工作服务。有关提供利用的程序和注意事项如下：

1. 社区矫正对象矫正地址变更时，档案应随社区矫正对象移交变更地的社区矫正机构。社区矫正对象重新犯罪、收监执行的，档案应移交给侦查、监狱机关。档案移交双方均应做好交接手续。

2. 外调人员查阅档案，凭县级以上政府或政法机关外调介绍信，经县（市、区）级社区矫正机构批准，在指定地点阅卷，并填写社区矫正对象档案借阅登记表备查。

3. 社区矫正对象档案输入计算机的，计算机不得直接或间接与国际互联网或其他网络连接。

4. 社区矫正对象解除社区矫正后，档案交社区矫正对象期满时所在县（市、区）社区矫正机构集中统一保管。

总之，在社区矫正对象档案管理的具体工作中，管理人员收集要用心，整理要细心，鉴定要精心，保管要尽心，提供利用要热心。在这几个相辅相成的工作环节中，既要层层把关，明确职责，又要目的明确，相互促进。

三、请示报告制度

社区矫正工作机构对社区矫正工作中出现的问题要及时上报。遇有突发紧急情况要边处置边报告。

从全国社区矫正工作情况来看，大多制定了社区矫正工作请示报告制度，具体内容主要有：一是社区矫正工作中涉及组织机构、工作内容、工作依据、上下协调等方面不明确的事项应当及时请示。二是下级社区矫正机构遇到诸如设立、调整社区矫正组织机构；增加、改变、减少社区矫正工作内容；现行法律规定和社区矫正相关制度规定不明确，工作中不能准确把握的事项；涉及与其他机关（部门）、其他地区协调的事项；涉及与外省相关部门协调的事项；无把握解决但又必须解决的事项等，应向上级社区矫正机构请示报告。三是重大问题由省社区矫正工作领导机构向省主管领导或司法部请示。四是发生诸如社区矫正对象重新犯罪、自杀、脱管的；公益活动中发生安全事故，造成社区矫正对象重伤、死亡的；社区矫正对象对抗管理，情节严重，影响社区矫正工作正常进行或在当地造成恶劣影响的；社区矫正工作者发生侵犯社区矫正对象合法权益、玩忽职守、徇私枉法等违法违纪行为，造成严重后果的等突发紧急事件，应在事发当日将情况逐级上报省社区矫正工作领导机构和社区矫正委员会，详情随时续报，处理完毕，上报结果。

对突发紧急事件迟报、瞒报、漏报的，省社区矫正工作领导机构进行通报批评，并责成有关部门对相关责任人进行处理。

四、业务培训制度

社区矫正工作机构要定期对社区矫正工作者和社会志愿者进行培训，提高社区矫正工作者的工作技能和水平。

培训内容包括政治理论、法律法规、规章制度及社会学、心理学、教育学等相关知识，学习培训可采取集中、以会带训，参观考核等多种形式。培训工作由各级社区矫正培训组织分级实行。社区矫正工作者每年接受培训的时间不少于一定学时，培训情况作为社区矫正工作者年度考核的依据。

五、责任追究制度

根据《社区矫正法》第61条规定："社区矫正机构工作人员和其他国家工作人员有下列行为之一的，应当给予处分；构成犯罪的，依法追究刑事责任：(一) 利用职务或者工作便利索取、收受贿赂的；(二) 不履行法定职责的；(三) 体罚、虐待社区矫正对象，或者违反法律规定限制或者变相限制社区矫正对象的人身自由的；(四) 泄露社区矫正工作秘密或者其他依法应当保密的信息的；(五) 对依法申诉、控告或者检举的社区矫正对象进行打击报复的；(六) 有其他违纪违法行为的。"社区矫正工作者要严格遵守各项规章制度，恪尽职守。社区矫正对象出现擅自离开所在地域、重新犯罪等情况，属工作人员失职导致的，实行责任追查，追究其行政乃至法律责任。

各级社区矫正工作人员发现有滥用职权，弄虚作假；隐瞒案情，包庇、纵容社区矫正对象违法犯罪；刑讯逼供或者体罚、虐待社区矫正对象；玩忽职守，泄露社区矫正工作秘密；非法侵害社区矫正对象身体；侮辱社区矫正对象的人格；非法剥夺社区矫正对象的人身自由；非法搜查社区矫正对象的身体、物品或住所；利用公益活动实施变相体罚；殴打或纵容他人殴打社区矫正对象；用社区矫正对象从事营利性的活动或者牟取其他私利；向社区矫正对象及其亲属索取财物，谋取私利；收受社区矫正对象及其亲属的贿赂和馈赠；非法将社区矫正对象的监管权交予他人行使等行为的，要根据不同的情节，追究行为人的相应责任。

六、信息收集与反馈制度

信息收集与反馈制度是指为了有效地掌握社区矫正对象的思想和行为动

态，社区矫正机构运用科学方法，全面收集社区矫正对象的各种信息，并进行分析和研究，将有效信息及时反馈社区矫正对象，强化其矫正意识的一种工作规程。

信息收集的范围主要是社区矫正对象生活、学习、劳动过的家庭、单位、学校等场所。信息的内容主要是与社区矫正对象有关的行为信息、心理信息及其他相关资料。信息收集的手段可以向前延伸，即社区矫正对象进入社区矫正机构前的所有情况，尤其是与其违法犯罪密切相关的资料；也可以向外延伸，即和社区矫正对象相关的外部环境；还可以通过访谈、调查、察看档案记录等。

信息的反馈，是指社区矫正机构把输出的社区矫正对象的信息与作用对象相比较的结果再输送回来，作为新的社区矫正信息重新进行加工处理，然后再输出，使社区矫正部门对社区矫正对象的信息处理形成一个循环往复的过程。通过信息收集，掌握社区矫正对象全面的信息资料，对信息资料分析加工处理之后，对社区矫正对象作出全面的评价，然后将有效信息反馈给社区矫正对象，促成社区矫正对象改造动机转化为外在行为，这就是信息的反馈过程。

只有这样，社区矫正机构才能有效地控制和监督社区矫正对象，并加强对他们的教育和改造，最终达到圆满完成社区矫正工作任务的目标。

社区矫正信息管理应当坚持储存安全、内容准确、报送及时、传递规范的原则。

社区矫正信息的内容主要包括：一是社区矫正业务数据。包括社区矫正对象数据、社区矫正工作机构数据、社区矫正工作者（志愿者）数据、社区矫正工作数据等。二是社区矫正工作信息。包括社区矫正工作报告、社区矫正对象思想行为动态、社区矫正重要活动、经验总结、调研文章、个案剖析以及社区矫正工作中遇到的矛盾和问题。三是社区矫正重要事件信息。包括社区矫正工作中的重大突发事件。

七、监督检查制度

社区矫正工作监督主要有法律监督、社区矫正机构内部监督、社会监督等形式。对社区矫正工作法律监督，主要是依据《社区矫正法》的规定，监督检查包括上级社区矫正机构对下级社区矫正机构的监督检查，人民检察院依法对社区矫正工作实行法律监督，地方人民政府对本行政区域内的社区矫正工作监督检查等。

检察机关对社区矫正工作予以监督，发现矫正工作中有不符合法律规定的，应及时提出纠正意见；社区矫正对象受到非法待遇或社区矫正组织未按法律规定的刑罚内容执行刑罚的，社区矫正对象有权向当地检察机关检举反映，向上级司法机关提出申诉；上级社区矫正组织应定期检查、指导、监督下级社区矫正组织的工作，同级社区矫正组织内部应加强相互监督，发现有不符合法律、法规和有关规定的，督促其改正；社区矫正组织应以适当形式向社会公开其职责范围、工作程序、有关制度等，接受社会监督；社区矫正组织可从有关部门、知名人士、离退人员和社区矫正对象亲属等聘请执法监督员；社区矫正组织应及时处理社区矫正对象或群众的举报、投诉，并反馈处理结果；举报、投诉和处理结果应登记归档，并报社区矫正工作领导机构备案。

第四节　社区矫正救济制度

社区矫正救济制度是建立在社区矫正目的之上而派生的一种制度。对社区矫正对象的救济分为公力救济和私力救济两种，在有些情况下又是公力救济和私力救济的融合。根据《社区矫正法》第 43 条规定："社区矫正对象可以按照国家有关规定申请社会救助、参加社会保险、获得法律援助，社区矫正机构应当给予必要的协助。"《社区矫正法》第五章专门规定了对社区矫正对象的就业帮助、教育帮扶、社会救助等。社区矫正机构可以根据社区矫正对象的需要，协调有关部门、单位和个人合理解决社区矫正对象生活、入学、就业、心理等方面的困难和问题，帮助其融入社会。社区矫正的救济制度主要有：

一、社区扶助制度

社区扶助制度是私力救济的一种形式，它是指由于社区矫正对象在生活安置、就业、就学等方面产生困难，社区矫正机构利用社会志愿人员、社会组织以及社区矫正机构整合的其他社会资源，对社区矫正对象给以帮助、救济、安置的活动。这一制度的突出特点，是社会力量的自发性，社区矫正机构在其中扮演的只是中介和整合角色。

这一制度产生于 20 世纪 70 年代的美国。当时，美国制定了各种各样的方案去帮助罪犯更好地适应从监狱向社会的过渡，特别是制定了为刑满释放人员寻找工作的措施。这种活动遍布美国各地，有的与负责假释的部门相配合完成这些事情，有的把这一活动归属到州立就业服务部门之下，还有一些是按照"综合就业和培训法"的规定施行。①

① ［美］克莱门斯·巴特勒斯：《矫正导论》，孙晓雳等译，中国人民公安大学出版社 1991 年版，第 140 页。

美国有学者对257项这类活动的研究发现，大约80%的情况是受助者与帮助者平均接触时间为1年或更少些。在大约80%的活动中，帮助者与受助者平均每周联系一次。约有一半的活动坚持了4年或4年多。假释官员将出狱者推荐给这类活动是最常用的办法，监狱官员的推荐次之。大部分活动都有刑释人员充任职员。36%的活动的平均预算不到10万美元。60%的活动的职员少于10名。联邦政府是主要的奖金来源，其次是州政府。

还有不少的团体受托帮助刑释者。这些具有缓冲性的组织常常对处于假释成功和重返监狱之间的假释犯发挥着很重要的作用。纽约市的“幸运社”为帮助刑释者适应社会生活，享誉颇高。这个组织为国内大部分刑释人员服务，在该组织的通信录上列有38，000人的姓名，并收到了2万多笔捐款。每年都有4000～5000人前来求助，并大约有1500人最终得到了一些实质性的帮助。①

目前，我国的社区扶助制度还没有完全建立，除了《社区矫正法》作了原则规定之外，主要是一些零碎的地方规定，如《江苏省社区矫正试点工作实施意见》就对这一问题进行了原则规定：“民政部门将社区矫正工作纳入社区建设和社区管理之中，指导基层组织参与矫正工作。将家庭符合低保条件的矫正对象纳入低保范围。”“劳动和社会保障部门要积极为生活困难的或有就业需要的社区矫正对象提供职业培训和就业机会。”就目前情况下，我国社区矫正机构对社区矫正对象的社区扶助主要有：

（一）生活安置救济制度

社区矫正机构对生活困难的社区矫正对象，通过社会捐助或社会扶助的形式，帮助其解决困难。一是对生活困难、符合最低生活保障条件的社区矫正对象，社区矫正机构可以协调民政、社会保障等部门，依法将其纳入最低生活保障范围。二是对生活存在严重困难且难以在短期内落实社会保障措施的社区矫正对象，社区矫正机构可以协调民政等部门提供过渡性安置帮助等临时生活救助。三是社区矫正机构可以协调人力资源社会保障部门为符合条件的社区矫正对象依法办理社会保险。

（二）就业就学救济制度

社区矫正机构对社区矫正对象或社区矫正对象的子女在就业就学方面有困难的，主动与有关部门、学校、用人单位联系，安排社区矫正对象或社区矫正对象的子女就业就学以解决社区矫正对象的困难。或者是由社会企业、学校主动承接社区矫正对象或社区矫正对象的子女就业就学问题。社区矫正机构可以根据社区

① ［美］克莱门斯·巴特勒斯：《矫正导论》，孙晓雳等译，中国人民公安大学出版社1991年版，第140页。

矫正对象的需要，协调人力资源社会保障部门或教育部门开展职业技能培训和就业指导，帮助落实社会保障措施，为其就业提供帮助。在有条件的地方，社区矫正机构可以协调民政等部门或者有关单位建立社区矫正对象就业基地，或者为社区矫正对象的创业提供必要的资金支持。

社区扶助制度不仅是对社区矫正对象的一种帮助制度，更重要的是作为感化教育社区矫正对象的手段，把救助活动作为教育感化的切入点。

二、法律援助制度

法律援助，也称法律扶助，是指对需要专业性法律帮助而又无力承担诉讼费用以及无力支付律师费用的公民予以援助，以维护其合法权益。法律援助有广义和狭义之分。广义的法律援助，既是一项国家责任、政府行为，又是一项社会公益事业，既包括在整个法律程序的各个环节为当事人提供法律帮助，也包括法院对诉讼费用的减免等，受援对象涵盖全社会需要法律帮助的一切公民，不分民族、种族、性别、职业、年龄，不分一般群体和特殊群体，援助范围涉及法律事务的各个领域，包括诉讼和非诉讼的方方面面。广义的法律援助就是法律服务。而狭义的法律援助是指律师对公民的法律援助义务。主要表现为律师为社会有特殊需要的成员免费或减费提供法律服务，其目的是保障那些因为经济困难请不起律师或其他原因得不到律师帮助的刑事被告人同样能得到律师的帮助。

这里所说法律援助是广义的，法律援助，实质上是一种法律帮助。是社会相关部门及社区矫正机构对社区矫正对象所提供的法律服务。这种法律援助只是在对象上具有特定性，即社区矫正对象及其家庭成员。

为社区矫正对象提供法律援助的机构和人员主要是律师事务所、法律服务机构和提供法律服务的法律工作者。服务的内容包括社区矫正对象及其家庭成员所需服务的各种法律事项，有诉讼的，也有非诉讼的；有民事的、经济的、行政的等，法律服务的形式包括解答法律咨询、代拟法律文书、参加刑事辩护、民事代理、进行公证证明、代为处理法律事务等。

社区矫正对象在社区矫正过程中，无论是自己还是其家庭成员，不可避免地会遇到各种各样的矛盾或纠纷，并由此而产生法律问题。社区矫正机构应当根据社区矫正对象的申请，协调法律援助机构等单位，为符合条件的社区矫正对象依法提供法律咨询、诉讼代理等法律援助。因此，对社区矫正对象提供法律帮助不仅是社区矫正对象的自身需求，更重要的是社区矫正工作教育转化社区矫正对象的需要，也是社区矫正的措施之一。

三、申诉、控告、检举制度

《社区矫正法》第4、61、62条的规定：社区矫正对象的人身安全、合法财产和辩护、申诉、控告、检举以及其他未被依法剥夺或者限制的权利不受侵犯。社区矫正对象在就学、就业和享受社会保障等方面，不受歧视。

社区矫正工作人员应当认真听取和妥善处理社区矫正对象反映的问题，依法维护其合法权益。人民检察院发现社区矫正工作违反法律规定的，应当依法提出纠正意见、检察建议。

（一）申诉

申诉权是指公民对有关自身或他人的权益问题，享有向有关国家机关诉说理由，请求重新处理的行为权利。社区矫正对象可以就自己违法事实或判决书中事实认定和法律适用提出申诉，社区矫正机构对社区矫正对象的申诉材料，应当及时传递，不得扣压。申诉不仅是公民正当权利和合法权利的有效保障，也是公民管理国家，对国家机关和工作人员行使监督权的主要形式。

申诉是社区矫正对象享有的合法权利，社区矫正对象既可以依据自己的意愿直接提出，也可以委托其亲属、监护人或律师提出。社区矫正机构必须保障社区矫正对象申诉的权利，为社区矫正对象提供方便条件。实践中，正确处理社区矫正对象申诉应做好以下几方面的工作：第一，设立社区矫正对象申诉箱，并指定专人管理，便于社区矫正对象递交申诉材料。对于社区矫正对象的申诉材料，应当及时转递，不得扣压，并做好登记。第二，根据社区矫正对象的申诉，认为可能有错误的，按照规定，应当提请人民检察院或者人民法院处理，或者是其他有关部门处理，并将处理结果通知社区矫正机构。第三，对无理申诉的社区矫正对象要进行法制教育，帮助其认识自己违法犯罪的社会危害性，服从人民法院的正确判决，接受社区矫正机构的教育改造。如果社区矫正对象是以申诉为由，无理取闹，蓄意破坏社区矫正秩序，屡教不改，查证属实的，应依法严肃处理。第四，社区矫正机构对社区矫正对象提出的申诉，应当具体情况具体分析，不应当一概认为是不认罪服法。对于被驳回申诉的，应当允许再次申诉。第五，社区矫正对象提出申诉，在相关机关做出处理之前，社区矫正机构不能停止对社区矫正对象的矫正活动。

（二）控告

社区矫正对象的控告权是社区矫正对象认为自己的合法权益受到侵犯时，向司法机关揭发要求处理的权利。

社区矫正对象向有关国家机关告发具有玩忽职守、徇私舞弊、滥用职权等违纪违法犯罪行为的社区矫正机构工作人员，是法律赋予社区矫正对象的基本权利，也是社区矫正对象合法权益自我保护的一种途径。因此，正确处理社区矫正对象的控告，对于社区矫正机构依法严格公正执法，确保教育改造工作依法实施，有着重要的意义。

社区矫正机构应当在适当的地方设置控告箱，控告箱由社区矫正机构所在地的人民检察院工作人员或社区矫正机构纪检监察部门的工作人员开箱处理。对社区矫正对象以口头形成提出的控告，接受控告的工作人员应当写成笔录，经宣读无误后，由控告人签名或盖章。同时要注意做好保密工作，切实保障社区矫正对象依法行使控告权利。

社区矫正机构要教育引导社区矫正对象正确行使控告权，讲清楚法律的有关规定。如果社区矫正对象故意捏造事实，诬告陷害他人，查证属实的，社区矫正机构要严肃查处；构成犯罪的，要依法追究刑事责任。如果社区矫正对象因情况不了解或者只是认识片面，并非有意诬告陷害而属于错告的，一般不予追究。

社区矫正对象也可以利用通信的方式，直接向有关部门提出控告。任何单位和个人都不得以任何形式、任何理由进行扣留、阻挠或者打击报复。

对社区矫正对象提出的控告，应按照法律规定的管辖范围，分别予以处理。属于社区矫正机构管辖范围的，社区矫正机构应当及时查证处理；社区矫正机构无权处理的，则应当及时转报有关部门处理。社区矫正机构对控告作出处理或转报有关部门处理完毕后，应当将结果通知具名控告的社区矫正对象。

（三）检举

检举是对他人的违法犯罪行为向有关国家机关进行揭发、举报的行为。

社区矫正对象向社区矫正机构或者有关国家机关检举揭发社区矫正机构内外违法犯罪分子的活动，是他们接受教育改造，认罪服法，改邪归正的一种具体表现，也是培养公民意识和责任感，令其将功补过的一项制度。同时，社区矫正对象的检举可以为侦破监狱及社区矫正机构内又犯罪案件和社会上的违法犯罪案件提供线索。这对于及时打击各种违法犯罪活动，维护社会稳定有着重要意义。

检举的处理。社区矫正机构应当在合适的区域设立检举箱，方便社区矫正对象举报，并由社区矫正机构工作人员专人或派社区矫正机构所在地的人民检察院工作人员开箱处理。

社区矫正对象的检举材料，要造册逐件登记，并依照法律规定的管辖范围，分别予以处理。属于社区矫正机构管辖范围的，社区矫正机构应当及时查证处理；不属于社区矫正机构管辖范围的，则应当及时转报有关部门处理。对社区矫正对象直接向社区矫正机构检举现行犯罪或者预谋犯罪的，社区矫正应当立即处理或者转报有关部门处理。

四、社会保障制度

社会保障制度是指政府的人力资源和社会保障部门应将社区矫正对象放在与社会成员同等的位置，为其提供社会保障方面的服务。依据《社区矫正法》和相关法律法规、地方性规章的规定，社会保障制度主要体现在：第一，县级以上地方人民政府及其有关部门为教育帮扶提供必要的场所和条件，组织动员社会力量参与社会保障工作。第二，对有特殊困难的、没有自谋职业能力的社区矫正对象，居民委员会、村民委员会可以引导志愿者和社区群众，利用社区资源，采取多种形式，提供职业培训的费用、职业培训的场所和职业培训的机会。第三，企业事业单位、社会组织为社区矫正对象提供就业岗位和职业技能培训。第四，社区矫正对象可以按照国家有关规定申请社会救助、参加社会保险等。

另外，社区矫正对象丧失劳动能力又无法定赡养人、扶养人和基本生活来源的，由当地人民政府予以救济。

延伸阅读

保罗·克伦威尔等人将量刑前调查报告的内容归纳为9部分

1. 本次犯罪
(1) 指控和定罪；
(2) 共犯和在本次犯罪中的作用；
(3) 对犯罪承担责任的情况；
(4) 进行合作的情况；
(5) 对犯罪等级的估计。
2. 被告人的犯罪历史
(1) 少年判决；
(2) 成人定罪情况；
(3) 对犯罪历史的评估；
(4) 未决指控。
3. 犯罪人的个人特征
(1) 受教育程度；
(2) 就业历史和技能；

（3）职业技能；
（4）心理健康状况；
（5）身体健康状况；
（6）吸毒历史、药物依赖和目前的成瘾情况；
（7）暴力行为的历史；
（8）已知的参加帮伙的情况。
4. 家庭历史和背景
（1）家庭成员（父母、子女、兄弟姐妹）；
（2）犯罪家庭成员；
（3）婚姻状况；
（4）受抚养儿童；
（5）目前的家庭关系与责任。
5. 被害后果陈述
6. 可以利用的量刑选择
（1）监禁；
（2）不定期刑；
（3）缓刑。
7. 罚金和赔偿
（1）立法规定和量刑指南的规定；
（2）被告人的偿付能力。
8. 可以作为偏离量刑指南的正当理由的因素
9. 向法庭的量刑建议

——摘自吴宗宪：《社区矫正比较研究》，
中国人民大学出版社2011年版，第97~98页

包含13个方面的量刑前调查报告的内容

霍华德·阿巴丁斯基将量刑前调查报告的内容归纳为13个方面：

1. 法律信息。包括逮捕官员、被害人、最初提出的指控和法庭审判的摘要。

2. 被告人陈述。被告人对于犯罪的陈述与态度。

3. 共同被告。有关共同被告的信息，包括年龄和法庭状况。

4. 被害人陈述。内容包括被害人对于被害情况、被害后果、遭受损失等的描述和赔偿要求。

5. 以前记录。完整描述以前的少年犯罪和刑事犯罪的记录。

6. 缓刑或者假释。以前是否被判处过缓刑或者被使用过假释。

7. 教育和就业。描述犯罪人的教育背景、目前的就业状况、经济状况和经济能力。

8. 服兵役情况。

9. 社会历史。包括家庭关系、婚姻状况、赡养人员、个人兴趣与活动、居住历史和宗教信仰。这部分内容来自犯罪人接触过的诊所和有关机构等的报告。

10. 医学和精神状态。内容包括犯罪人的医疗史和反映精神状态的资料；如果可能的话，要有心理学或者精神病学报告。

11. 环境。有关犯罪人可能回去或者被告人如果被判缓刑的话有可能被送去的环境的信息。

12. 社区资源。关于可用来帮助犯罪人的特别社会资源，例如，治疗中心、住宿机构、职业培训服务、特别教育机构、犯罪人有可能进入的各类机构的改造计划等。

13. 概要与分析。包括这份报告内最重要的方面以及关于量刑的具体建议。

——摘自吴宗宪：《社区矫正比较研究》，
中国人民大学出版社2011年版，第99页

包含33个项目的量刑前调查报告的内容

迪安·钱皮恩进一步将量刑前调查报告的内容细分为33个项目：

1. 姓名
2. 地址
3. 以前的犯罪等方面的记录和日期
4. 出生日期和出生地点
5. 犯罪及犯罪日期
6. 犯罪人对于被认定犯罪的描述
7. 犯罪人的就业历史
8. 已知的犯罪人对于毒品、酒精或者任何受管制物质的成瘾或者依赖情况
9. 对于被认定犯罪的法定刑
10. 婚姻状况
11. 个人与家庭情况
12. 配偶和子女信息（如果有配偶和子女的话）

13. 受教育历史
14. 任何特别的职业培训或者特殊的工作经历
15. 心理或者情绪稳定性
16. 服兵役情况（如果服了兵役的话）和职位
17. 经济状况，包括不动产和债务
18. 缓刑官个人对于犯罪人的评价
19. 量刑资料
20. 如果宣告被告人缓刑的话可以使用的替代性计划
21. 身体情况
22. 公诉人对于被认定犯罪的描述
23. 被害人准备的被害后果陈述（如果有被害人的话）
24. 共同被告人信息（如果有共同被告人的话）
25. 缓刑官的量刑建议
26. 公诉人的姓名
27. 辩护人的姓名
28. 主审法官
29. 犯罪发生的司法管辖区
30. 案件摘要号码和其他识别号码（如社会保障号码、驾照号码等）
31. 抗辩
32. 处理结果或者量刑
33. 缓刑或者监禁地点

——摘自吴宗宪：《社区矫正比较研究》，
中国人民大学出版社 2011 年版，第 100 ~ 101 页

第九章

监督管理的基本流程

社区矫正本质上属于刑事执行活动，社区矫正对象是刑事执行的罪犯。监督管理是社区矫正工作的重要基础。社区矫正对象在开放的社区中执行，存在多种诱发犯罪的因素，对社区矫正对象依法实施严格监督管理，既是刑事执行的必然要求，也是维护社区安全，预防社区矫正对象重新违法犯罪的前提和保障。

社区矫正对象的接收、日常监督管理、执法管理和社区矫正的解除，构成了社区矫正监督管理的基本工作流程。社区矫正对象的接收工作是社区矫正工作开展的初始程序，也是必经程序；而对社区矫正对象的入矫教育、危险性控制、考核奖惩、漏管、脱管、禁止令的执行、外出、迁居、出境管理等，则是对社区矫正对象的基本监督管理手段；执法管理则是在社区矫正过程中出现了违法犯罪、训诫、警告、治安管理处罚、撤销缓刑、撤销假释、逮捕、脱逃、收监、减刑等法定情形，对社区矫正对象采取的执行刑罚、变更刑罚等的特殊管理措施；解矫程序是社区矫正工作的终端程序。各个程序之间相互联结、缺一不可。

从我国目前的社区矫正情况来看，对社区矫正对象进行监督管理主要体现在两个层面：一是根据《刑法》《刑事诉讼法》《社区矫正法》等法律法规的有关规定，对社区矫正对象的权利在一定程度上予以限制或剥夺，其行为要接受强制性的监督和管理。例如，《刑法》第 39、72、75、84 条的规定，《社区矫正法》第四章“监督管理”第 23 ~ 34 条，第六章“解除和终止”第 44 ~ 51 条。这部分内容纳入社区矫正的刑罚执行和监督管理的范畴。二是依照《社区矫正法》《社区矫正法实施办法》及司法部《司法行政机关开展社区矫正暂行办法》规定的精神，以及各省、自治区、直辖市结合地方实际情况，联合或单独制定社区矫正工作的规范。例如，《社区矫正法实施办法》中规定了对社区矫正对象的报到接收、档案管理、入矫宣告、日常报告、禁止令审批、外出审批、居住地变更审批、日常检查与考核、分类管理等监督管理的内容，并对社区矫正对象在违规处理、警告处分的条件、提请治安处罚、撤销缓刑、假释的条件、暂予监外执行收监执行的条件、电子定位装置、禁止令执行、应急管理、逃跑处理、羁押处理保护等监督管理中所涉及的程序问题进行了规定。这些规定有助于对社区矫正对象失范的行为和心理进行监督、纠正，从而确保刑事执行的顺利实施。

第一节 入矫阶段的管理流程

入矫阶段主要是指社区矫正前的调查评估、社区矫正执行地的认定、社区矫正对象的接收、法律文书的送达和接收、社区矫正的宣告和矫正小组的设立等几个阶段。

一、调查评估

调查评估是社会调查评估的一种类型，社区矫正前调查评估是社区矫正工作的前移，目的是实现社区矫正机构与人民法院、监狱管理机关、公安机关的无缝对接，避免出现因衔接不畅而导致脱管、漏管问题的发生，同时也是为了提高社区矫正适用的准确性，以增加社区的安全性，避免因社区矫正对象的到来而给社区带来不良影响与不安定因素，所以对拟适用社区矫正的被告人或罪犯，由人民法院、公安机关、监狱管理机关委托被告人或罪犯居住地的县级社区矫正机构、社会组织对其进行社区矫正适用前的调查评估，并将调查评估的情况作为是否适用社区矫正的参考依据。

二、社区矫正执行地的认定

社区矫正对象的执行地问题，一直是社区矫正实务工作中争议比较大的问题，一般认定居住地为社区矫正执行地。随着社会的发展，社区矫正对象居住地认定出现了复杂性，有户籍地、工作地、居住地、临时居住地、无居住地（外籍人员）等。从另一个层面看，居住地认定关系着社区矫正的程序合法性和工作效率问题。所以，社区矫正执行地的认定是社区矫正工作开展的前提。

《社区矫正法实施办法》规定，对拟适用社区矫正的，社区矫正决定机关应当核实社区矫正对象的居住地，社区矫正对象有多个居住地，或者没有居住地，居住地、经常居住地无法确定或者不适宜执行社区矫正的，根据有利于社区矫正对象接受矫正、更好地融入社会的原则，确定社区矫正执行地。

确定执行地时，社区矫正对象应如实提供其居住、户籍情况，并提供必要的证明材料。这是根据有关法律规定，结合我国当前经济社会发展形势，总结各地社区矫正试点、试行工作经验作出的规定。居住地一般是指社区矫正对象能够连续居住6个月以上的县（市、区）。居住地应当同时具备以下条件：一是社区矫正对象应当有固定居所，由其本人或者与亲友共有、承租，或者其他人、单位愿意为社区矫正对象提供，社区矫正对象能够在此居所连续居住6个月以上。二是社区矫正对象在居住地有固定的生活来源，或者有亲友、其他人、有关单位为其提供生活保障。不能确定居住地的，在户籍所在地接受社区矫正。三是无法确定居住地的，一般在户籍地执行社区矫正。

《社区矫正法》第17条规定，社区矫正执行地为社区矫正对象的居住地。社区矫正对象在多个地方居住的，可以确定经常居住地为执行地。社区矫正决定机关是核实社区矫正对象居住地的主体。一般情况下，社区矫正执行地为社区矫正对象的居住地。但是，如果出现社区矫正对象的居住地无法确定或者居住地不适宜执行社区矫正的，社区矫正决定机关应当根据有利于社区矫正对象接受矫正、更好地融入社会的原则，确定社区矫正执行地。

同时，为了建立矛盾和纠纷解决机制，应在《社区矫正法实施细则》中作以下规定：一是在省、自治区、直辖市范围内，应当统一社区矫正执行地的认定标准。二是对社区矫正执行地存在争议的，由省、自治区、直辖市社区矫正机构负责协调。这样，就在一定程度上解决了社区矫正对象居住地和执行地相异时的矛盾。

三、社区矫正对象的接收

社区矫正对象的接收是社区矫正对象真正进入矫正的第一个工作环节，也是十分重要的一个工作环节。只有准确无误地完成了接收工作，社区矫正对象才能顺利地进入社区矫正，社区矫正机构也才可能开展监督管理、教育矫正、社会适应性帮扶等工作。

所谓社区矫正对象的接收是指符合社区矫正条件的社区矫正对象，在判决、裁定或决定确定之后，在法定期限内，按时到执行地县级社区矫正机构报到，县级社区矫正机构依法为其办理社区矫正接收手续的活动。

（一）常规接收管理

对于不同类型的社区矫正对象，由于作出判决、裁定和决定的机关不同，因而履行的法定接收手续也不一样。按照司法部《司法行政机关社区矫正工作暂行办法》，《社区矫正法》和《社区矫正法实施办法》的规定，[①] 接收程序主

① 规定中有冲突的部分以《社区矫正法》的规定为准，后边凡涉及该问题的处理方法相同。

要有：

1. 书面告知

《社区矫正法实施办法》第15条的规定，社区矫正决定机关应当对社区矫正对象进行教育，书面告知其到执行地县级社区矫正机构报到的时间期限以及逾期报到或者未报到的后果，责令其按时报到。

2. 按时报到，接收矫正

社区矫正对象应按时到执行地县级社区矫正机构报到。县级社区矫正机构应当及时为其办理登记接收手续，并委托司法所对其进行日常管理，同时告知社区矫正对象3日内到指定司法所接受社区矫正。

3. 特殊情况处理

对社区矫正对象存在因行动不便、自行报到确有困难等特殊情况的，县级社区矫正机构可以派员到其居住地等场所办理登记接收手续。比如，暂予监外执行的社区矫正对象，因患严重疾病，生活不能自理，无法到县级社区矫正机构报到，就需要派员到社区矫正对象居住地为其办理登记接收手续。

（二）不同类型社区矫正对象的接收管理

社区矫正对象的类别不同，因而其接收中涉及的国家机关、送达的法律文书和相关材料也不同。依照《社区矫正法》第21条的规定，对下列情况分别作了规定：一是管制刑、缓刑和假释三类社区矫正对象的接收。对于人民法院判处管制、宣告缓刑、裁定假释的社区矫正对象，应当自判决、裁定生效之日起10日内到执行地社区矫正机构报到。二是暂予监外执行的社区矫正对象的接收。对于人民法院决定暂予监外执行的社区矫正对象，由看守所或者执行取保候审、监视居住的公安机关自收到决定之日起10日内将社区矫正对象移送社区矫正机构。对于被监狱管理机关、公安机关批准暂予监外执行的社区矫正对象，由监狱或者看守所自收到批准决定之日起10日内将社区矫正对象移送社区矫正机构。《社区矫正法实施办法》第17条中规定，对于暂予监外执行的社区矫正对象，由公安机关、监狱或者看守所依法移送至执行地县级社区矫正机构，办理交付接收手续。对社区矫正对象存在因行动不便、自行报到确有困难等特殊情况的，社区矫正机构可以派员到其居住地等场所办理登记接收手续。

（三）接收时办理定位监督管理

《社区矫正法实施办法》第37条对电子定位装置进行了界定，电子定位装置是指运用卫星等定位技术，能对社区矫正对象进行定位等监管，并具有防拆、防爆、防水等性能的专门的电子设备，不包括手机等设备。

依照《社区矫正法》第29条的规定，社区矫正对象有下列情形之一的，经县级司法行政部门负责人批准，可以使用电子定位装置，加强监督管理：（1）

违反人民法院禁止令的；（2）无正当理由，未经批准离开所居住的市、县的；（3）拒不按照规定报告自己的活动情况，被给予警告的；（4）违反监督管理规定，被给予治安管理处罚的；（5）拟提请撤销缓刑、假释或者暂予监外执行收监执行的。对使用电子定位管理的社区矫正对象，告知其电子定位管理相关规定，向其送达社区矫正对象定位告知书。责令社区矫正对象签订社区矫正对象遵守定位管理承诺书，并于接收之日起3日内，为其办理定位手续，在“社区矫正信息管理系统中”划定允许活动区域，通过手机或手环、脚环等定位设备对社区矫正对象所处地理位置进行实时监控。

（四）接收时办理边控报备手续

依照《社区矫正法实施办法》第7条中规定，社区矫正对象在社区矫正期间不得出境。公安机关执行限制社区矫正对象出境的措施。

四、文书的送达和接收

2016年“两高两部”联合发布《关于进一步加强社区矫正工作衔接配合管理的意见》第5条规定：“对于被判处管制、宣告缓刑、假释的罪犯，人民法院、看守所、监狱应当书面告知其到居住地县级司法行政机关报到的时间期限以及逾期报到的后果，并在规定期限内将有关法律文书送达居住地县级司法行政机关，同时抄送居住地县级人民检察院和公安机关。社区服刑人员前来报到时，居住地县级司法行政机关未收到法律文书或者法律文书不齐全，可以先记录在案，并通知人民法院、监狱或者看守所在5日内送达或者补齐法律文书。”第6条规定：“人民法院决定暂予监外执行或者公安机关、监狱管理机关批准暂予监外执行的，交付时应当将罪犯的病情诊断、妊娠检查或者生活不能自理的鉴别意见等有关材料复印件一并送达居住地县级司法行政机关。”

《社区矫正法》第20条规定：“社区矫正决定机关应当自判决、裁定或者决定生效之日起五日内通知执行地社区矫正机构，并在十日内送达有关法律文书，同时抄送人民检察院和执行地公安机关。社区矫正决定地与执行地不在同一地方的，由执行地社区矫正机构将法律文书转送所在地的人民检察院、公安机关。”“两高两部”《关于进一步加强社区矫正工作衔接配合管理的意见》关于文书送达的规定和《社区矫正法》的规定不一致，应以《社区矫正法》规定的10日内送达有关法律文书为准。按照2020年《社区矫正法实施办法》第16条的规定，社区矫正决定机关应当按照法定期限将法律文书送达至执行地县级社区矫正机构。收到法律文书后，社区矫正机构应当在5日内送达回执。社区矫正对象前来报到时，执行地县级社区矫正机构未收到法律文书或者法律文书不齐全，可以先记录在案，并通知人民法院、监狱或者看守所在5日内送达或者补齐法律文书。

五、矫正小组的设立

《社区矫正法实施办法》第19条中规定，执行地县级社区矫正机构、受委托的司法所应当为社区矫正对象确定矫正小组，与矫正小组签订矫正责任书，明确矫正小组成员的责任和义务，负责落实矫正方案。

一般说来，矫正小组由司法所工作人员担任组长，由社会工作者、志愿者、有关部门、村（居）民委员会、社区矫正对象所在单位、就读学校、家庭成员或者监护人、保证人等组成，社区矫正对象是女性的，矫正小组应当有女性成员。社区矫正对象为未成年人的，矫正小组应当有熟悉青少年特点的人参加。

按照《社区矫正法》第25条规定："社区矫正机构应当根据社区矫正对象的情况，为其确定矫正小组，负责落实相应的矫正方案。根据需要，矫正小组可以由司法所、居民委员会、村民委员会的人员，社区矫正对象的监护人、家庭成员，所在单位或者就读学校的人员以及社会工作者、志愿者等组成。社区矫正对象为女性的，矫正小组中应有女性成员。"

在实际工作中，执行地县级社区矫正机构为社区矫正对象确立矫正小组，同时根据社区矫正对象的情况和工作需要，与矫正小组签订社区矫正责任书，明确矫正小组成员的责任，确保各项矫正措施的落实。如果社区矫正对象为女性的，矫正小组必须有女性成员。矫正小组主要开展下列工作：（1）按照矫正方案，开展个案矫正工作；（2）督促社区矫正对象遵纪守法，遵守社区矫正规定；（3）参与对社区矫正对象的考核评议和教育活动；（4）对社区矫正对象定期走访谈话，了解其思想、工作和生活情况，及时向社区矫正机构或司法所报告；（5）协助对社区矫正对象进行帮困扶助；（6）协助社区矫正机构或司法所做好其他工作。

六、社区矫正宣告

依照《社区矫正法》第22条规定："社区矫正机构应当依法接收社区矫正对象，核对法律文书、核实身份、办理接收登记、建立档案，并宣告社区矫正对象的犯罪事实、执行社区矫正的期限以及应当遵守的规定。"《社区矫正法实施办法》第20条的规定，执行地县级社区矫正机构接收社区矫正对象后，应当组织或者委托司法所组织入矫宣告。执行地县级社区矫正机构接收社区矫正对象后，应当自行组织或者委托司法所组织入矫宣告。宣告由社区矫正机构或者司法所工作人员主持，矫正小组成员及其他相关人员到场，按照规定程序进行。

（一）宣告的主要内容

宣告的主要内容包括：（1）判决书、裁定书、决定书、执行通知书等有关法律文书的主要内容；（2）社区矫正期限；（3）社区矫正对象应当遵守的规定、被剥夺或者限制行使的权利、被禁止的事项以及违反规定的法律后果；（4）社区矫正对象依法享有的权利；（5）矫正小组人员组成及职责；（6）其他有关事项。

（二）权利告知

社区矫正对象在社区矫正期间依法享有以下权利：（1）人格不受侮辱；（2）人身安全和合法财产不受侵犯；（3）享有辩护、申诉、控告、检举以及其他未被依法剥夺或限制的权利；（4）社区矫正对象不受歧视的享有在就学、就业和享受社会保障等方面的权利。

（三）义务告知

社区矫正对象除了按照《刑法》《刑事诉讼法》的规定，履行法定义务外，还要依据《社区矫正法》、《社区矫正法实施办法》和司法部《司法行政机关社区矫正工作暂行办法》的规定，应当履行以下义务：（1）遵守国家法律、法规和有关管理规定；（2）积极参加学习、教育和公益活动；（3）定期向社区矫正机构和监督考察小组报告自己的思想和社会活动情况；（4）迁居或者离开所居住区域时必须向司法所报告并经社区矫正机构批准；（5）服从监督管理；（6）遵守关于会客的有关规定。

（四）特别规定告知

1. 被决定保外就医的社区矫正对象

被决定保外就医的社区矫正对象，在接受社区矫正期间，同时应当遵守下列规定：（1）在指定的医院接受治疗；（2）确因治疗需要，需要转院或者离开所居住区域时，应当经社区矫正机构批准；（3）治疗疾病以外的社会活动，应当经社区矫正机构批准；（4）定期向司法所报告本人身体情况和提交病情复查情况。

2. 被宣告禁止令的社区矫正对象

依照最高人民法院、最高人民检察院、公安部、司法部《关于对判处管制、宣告缓刑的犯罪分子适用禁止令有关问题的规定（试行）》第 1 条规定："对判处管制、宣告缓刑的犯罪分子，人民法院根据犯罪情况，认为从促进犯罪分子教育矫正、有效维护社会秩序的需要出发，确有必要禁止其在管制执行期间、缓刑考验期限内从事特定活动，进入特定区域、场所，接触特定人的，可以根据刑法第三十八条第二款、第七十二条第二款的规定，同时宣告禁止令。"禁止令的内容是有针对性地决定禁止其在管制执行期间、缓刑考验期限内"从事特定活动，进入特定区域、场所，接触特定的人"的一项或者几项内容。

（1）禁止从事特定活动的内容。依照"两高两部"《关于对判处管制、宣告缓刑的犯罪分子适用禁止令有关问题的规定（试行）》第 3 条规定，"人民法院可以根据犯罪情况，禁止判处管制、宣告缓刑的犯罪分子在管制执行期间、缓刑考验期限内从事以下一项或者几项活动”。具体包括：第一，个人为进行违法犯罪活动而设立公司、企业、事业单位或者在设立公司、企业、事业单位后以实施犯罪为主要活动的，禁止设立公司、企业、事业单位。第二，实施证券犯罪、贷款犯罪、票据犯罪、信用卡犯罪等金融犯罪的，禁止从事证券交易、申领贷款、使用票据或者申领、使用信用卡等金融活动。第三，利用从事特定生产经营活动实施犯罪的，禁止从事相关生产经营活动。第四，附带民事赔偿义务未履行完毕，违法所得未追缴、退赔到位，或者罚金尚未足额缴纳的，禁止从事高消费活动。第五，其他确有必要禁止从事的活动。

（2）禁止进入特定区域、场所的范围。依照“两高两部”《关于对判处管制、宣告缓刑的犯罪分子适用禁止令有关问题的规定（试行）》第 4 条规定，“人民法院可以根据犯罪情况，禁止判处管制、宣告缓刑的犯罪分子在管制执行期间、缓刑考验期限内进入以下一类或者几类区域、场所”。具体包括：第一，禁止进入夜总会、酒吧、迪厅、网吧等娱乐场所。第二，未经执行机关批准，禁止进入举办大型群众性活动的场所。第三，禁止进入中小学校区、幼儿园园区及周边地区，确因本人就学、居住等原因，经执行机关批准的除外。第四，其他确有必要禁止进入的区域、场所。

（3）禁止接触特定的人。依照“两高两部”《关于对判处管制、宣告缓刑的犯罪分子适用禁止令有关问题的规定（试行）》第 5 条规定，“人民法院可以根据犯罪情况，禁止判处管制、宣告缓刑的犯罪分子在管制执行期间、缓刑考验期限内接触以下一类或者几类人员”。具体包括：第一，未经对方同意，禁止接触被害人及其法定代理人、近亲属。第二，未经对方同意，禁止接触证人及其法定代理人、近亲属。第三，未经对方同意，禁止接触控告人、批评人、举报人及其法定代理人、近亲属。第四，禁止接触同案犯。第五，禁止接触其他可能遭受其侵害、滋扰的人或者可能诱发其再次危害社会的人。

宣告后，社区矫正对象应当在书面材料上签字或者盖章，确认已经了解所宣告的内容。

第二节　日常监督管理

一、建立矫正档案

《社区矫正法实施办法》第 18 条规定，执行地县级社区矫正机构接收社区矫正对象后，应当建立社区矫正档案，包括以下内容：（1）适用社区矫正的法律文书；（2）接收、监管审批、奖惩、收监执行、解除矫正、终止矫正等有关社区矫正执行活动的法律文书；（3）进行社区矫正的工作记录；（4）社区矫正对象接受社区矫正的其他相关材料。在社区矫正对象社区矫正期间，县级社区矫正机构委托司法所为社区矫正对象建立社区矫正工作档案，内容包括：司法所和矫正小组进行社区矫正的工作记录；社区矫正对象接受社区矫正的其他相关材料；社区矫正执行档案副本等。在社区矫正对象矫正期满或矫正终止后的规定时间内，司法所应当将工作档案交县级社区矫正机构。

在社区矫正工作中，对社区矫正对象的档案要有专人做好管理工作，因为社区矫正对象的档案客观全面地反映了社区矫正机构内每个社区矫正对象或某个时期社区矫正对象的整体情况，不仅可以为国家有关部门制定社区矫正法规和政策，为社区矫正机构研究社区矫正对象改造的特点和规律提供重要的依据，而且可以直观地为社区矫正工作者教育转化社区矫正对象提供各种资料。因此，社区矫正对象档案在社区矫正工作中发挥着十分重要的作用。

二、制定矫正方案

在社区矫正中，矫正小组应当为社区矫正对象制定矫正方案。《社区矫正法》第24条规定：“社区矫正机构应当根据裁判内容和社区矫正对象的性别、年龄、心理特点、健康状况、犯罪原因、犯罪类型、犯罪情节、悔罪表现等情况，制定有针对性的矫正方案，实现分类管理、个别化矫正。矫正方案应当根据社区矫正对象的表现等情况相应调整。”《社区矫正法实施办法》第21条中规定，社区矫正机构应当根据社区矫正对象被判处管制、宣告缓刑、假释和暂予监外执行的不同裁判内容和犯罪类型、矫正阶段、再犯罪风险等情况，进行综合评估，划分不同类别、实施分类管理。矫正方案要根据社区矫正对象的日常表现和考核奖惩情况，相应调整，实现分类管理、个别化矫正。对未成年人、六十周岁以上的老年人、女性、残疾或者患有严重疾病的社区矫正对象，在制定实施矫正方案时，应当考虑其生理心理、家庭状况等情况，采取有针对性的措施。社区矫正机构可以委托司法所对社区矫正对象制定矫正方案，实施分类管理。

因此，矫正方案的制定主要是矫正小组在对社区矫正对象被判处的刑罚种类、犯罪情况、悔罪表现、个性特征和生活环境等情况进行综合评估的基础上，制定的有针对性的监管、教育和帮助措施，并根据社区矫正对象的矫正表现实施动态化管理，科学化监管与教育。根据矫正方案的实施效果，适时予以调整。

三、危险性控制

危险性控制，是指社区矫正机构在对社区矫正对象进行全面的人身危险性评估的基础上，根据不同的潜在危险类别，采取相应的管理控制手段，以防止社区矫正对象潜在危险性危害社会的预防措施。

人身危险性是动态的而不是静态的，它会随着社区矫正对象的改造、各种主客观因素的变化而发生变化，所以，需要不断了解社区矫正对象的人身危险性的变化，以加强对社区矫正对象的危险控制，预防他们将危险性变成对社会的实际损害，提高社区矫正工作的质量和效果，促进其顺利回归社会。危险评估正是为满足这一需要而建立的一个工作机制。对社区矫正中的危险性进行控制，特别需要关注两个方面的内容，以便增强危险性控制的效果：危险管理和个案管理。①

社区矫正中的危险管理就是根据社区矫正对象的危险程度分配矫正资源，并不断调整、修订分类矫正、个性化教育、心理矫正方案的活动。故危险管理应建立在对每个社区矫正对象危险性进行预测和评估的基础上。针对社区矫正对象的不同危险程度，有针对性地、合理地分配矫正资源，制定矫正方案。具体讲就是对人身危险性较高的社区矫正对象，应配置更多的社区矫正资源，制定更科学、合理、规范的社区矫正方案。包括实施严格的监督管理措施，规定更加频繁地监督活动间隔时间，经常与社区矫正对象进行直接接触等，以加强对他们的管理和控制，与此同时也要向他们提供更多的、更有效的帮助或服务，如通过帮困扶助，帮助社区矫正对象解决生活困难；通过心理咨询，帮助社区矫正对象解决心理问题；通过走访、调查、谈话、调解等帮助社区矫正对象解决家庭问题、人际关系问题等，这种既管又帮的做法必将有助于减轻或者解决他们存在的问题，消除其犯罪心理和行为恶习，降低他们的人身危险性，预防其危害行为的再次发生。对人身危险性中等的社区矫正对象可以分配适当的矫正资源，并按正常的监督管理措施对他们予以监督、管理，并安排相应的社工和志愿者帮助解决他们的就业、生活、心理等问题。通过教育矫正、心理矫正等措施降低其人身危险性，避免其再次走上违法犯罪的道路。对人身危险性较低的社区矫正对象可以分配较少的矫正资源，放宽对他们的监督管理，并给予较多的人身自由，可通过电话、通信等方式进行改造情况的汇报，包括思想汇报、学习、公益活动等情况的汇报，还可通过间接接触的方式了解其在社区矫正中的教育改造情况，并根据情况进行奖励或表扬，以促进其改造的积极性。总之，通过对不同危险等级的社区矫正对象的危险管理，以加强对他们的危险控制，从根本上防止他们进行新的危害

① 吴宗宪:《论社区矫正中的危险控制》，载《中国司法》2005 年第 1 期。

社会行为的发生。

社区矫正中的个案管理就是针对每一个社区矫正对象的情况采取个别化的管理措施，实施个案矫正。这种管理措施仍然建立在对社区矫正对象危险评估的基础之上。第一，对每一个社区矫正对象进行危险性和需要的评价，在开展社区矫正工作之前，做到对每一个社区矫正对象的情况心中有数，减少社区矫正工作的盲目性；第二，针对每一个社区矫正对象的情况合理分配社区矫正工作人员，做到矫正有人管、困难有人帮、出了问题有人负责，避免没人管或乱管现象的发生；第三，针对每一个社区矫正对象的情况制定科学、合理的社区矫正方案，对于危险性大小不同、需要不同的社区矫正对象，采取不同的危险控制方法、矫正方法和帮困扶助方法，真正实施个案矫正，做到矫正一个成功一个，切实按照“治本安全观”去改造社区矫正对象。

四、社区矫正对象的报告、审批与禁止令执行

《社区矫正法》第27、31条，《社区矫正法实施办法》对社区矫正对象日常报告、外出审批、扩大活动范围审批、变更执行地审批以及被宣告禁止令后申请进入特定场所的审批都作出了较为具体的规定。

（一）定期报告制度

《社区矫正法实施办法》第24条中规定，社区矫正对象应当按照有关规定和社区矫正机构的要求，定期报告遵纪守法、接受监督管理、参加教育学习、公益活动和社会活动的情况。发生居所变化、工作变动、家庭重大变故以及接触对其矫正可能产生不利影响人员等情况时，应当及时报告。被宣告禁止令的社区矫正对象应当定期报告遵守禁止令的情况。

在司法实践中，定期报告制度一般是这样执行的，每周一次向司法所汇报情况（这种报告原则上要求用书面形式，但如果社区矫正工作人员认为口头、电话形式也能达到效果的，也可用口头汇报或电话汇报，但工作人员必须做好记录）。每周报告可与司法所工作人员见面，也可不与司法所工作人员见面。每月向司法所报到一次并书面汇报情况，未成年社区矫正对象需由监护人陪同前来汇报。

社区矫正对象确因下列情形不能到司法所当面报告的，经司法所调查核实，并报县级社区矫正机构批准同意，可以委托其家属、监护人或保证人代为提交书面情况报告，司法所应当将有关情况记录在案：（1）患严重疾病正在治疗或行动不便的；（2）怀孕、哺乳期且行动不便的；（3）生活不能自理的；（4）年老体弱且行动不便的。

保外就医的社区矫正对象应当每月向司法所报告本人身体状况，每3个月向

司法所提交县级以上治疗医院开具的检查化验单、影像学资料、病情诊断证明、就医诊治病历等相关材料；确因病情、治疗措施等特殊情况，无法到司法所当面报告的，经司法所调查核实，并报县级社区矫正机构批准同意，可以委托家属、监护人或保证人每月向司法所书面报告身体情况。检查化验单、影像学资料、病情诊断证明、就医诊治病历等相关材料可由其家属、监护人或保证人送交司法所。

发生居所变化、工作变动、家庭重大变故以及接触对其矫正产生不利影响人员的，社区矫正对象应当及时报告。

司法所及其工作人员必须严格执行定期报告制度并按规定的要求，检查督促社区矫正对象遵守定期报告的规定，对汇报不及时或不汇报的人员要进行教育，保证电话汇报的经常性、严肃性。对经教育三次仍不改正的，司法所应按规定作出处罚。同时，司法所的工作人员应当做好定期报告的登记、备案工作，保证做到“周周闻其声，月月见其人”。

当然，在实践中为了体现人性化管理的原则，对不同情况的社区矫正对象也要规定不同的报告时间，如对上学的、已就业的社区矫正对象可以规定他们在放学后、下班后报到。

（二）外出与审批

按照《社区矫正法实施办法》第 26 条至第 29 条对社区矫正对象外出的理由、审批程序、外出管理、经常性跨市县活动等进行了规定。

一是社区矫正对象外出的法定事由。社区矫正对象未经批准不得离开所居住市、县。社区矫正对象确因就医、学习、诉讼、处理家庭重要事务等正当理由，需要离开所居住市、县的，应当经社区矫正机构或司法所批准。

二是社区矫正对象外出的审批程序及限制性情形。社区矫正对象确需离开所居住的市、县，应当提前 3 日提交书面申请，并如实提供诊断证明、录取通知书、法律文书等材料。申请离开时间在 7 日内的，由司法所批准；超过 7 日的，由司法所审核后报县级社区矫正机构批准。县级社区矫正机构每次批准离开的时间不超过 30 日。因特殊情况，确需超过 30 日的，应当由市级社区矫正机构审批。在重点时段、重大活动期间或者遇有特殊情况时，一般不批准社区矫正对象前往重大活动举办地或重点地区。社区矫正对象确需到重大活动举办地或重点地区的，由县级社区矫正机构审批。

三是社区矫正对象外出管理的规定。在社区矫正对象外出期间，社区矫正机构应当通过信息化核查等方式实施监督管理。根据需要，可以委托外地社区矫正机构协助对社区矫正对象进行监督管理。社区矫正对象应在外出期限届满前返回居住地，并向社区矫正机构或司法所报告，办理销假手续。因特殊原因无法按期返回的，应及时向社区矫正机构或司法所报告情况。发现社区矫正对象违反外出管理规定的，社区矫正机构或司法所应当责令其立即返回，并视情节予以处罚。

四是社区矫正对象经常性跨市县活动的规定。严格地说，社区矫正对象超出法律规定的活动范围，也属于“外出”情形。为了体现管理的人性化，对于确因正常工作和生活需要，经常性跨市、县活动的社区矫正对象，经县级社区矫正机构批准，其活动范围可以扩大至相邻的市、县。社区矫正对象扩大活动范围的，应当由本人提出书面申请，司法所审核后，由县级社区矫正机构批准。

（三）变更执行地审批

《社区矫正法》第 27 条规定：“社区矫正对象离开所居住的市、县或者迁居，应当报经社区矫正机构批准。社区矫正机构对于有正当理由的，应当批准；对于因正常工作和生活需要经常性跨市、县活动的，可以根据情况，简化批准程序和方式。因社区矫正对象迁居等原因需要变更执行地的，社区矫正机构应当按照有关规定作出变更决定。社区矫正机构作出变更决定后，应当通知社区矫正决定机关和变更后的社区矫正机构，并将有关法律文书抄送变更后的社区矫正机构。变更后的社区矫正机构应当将法律文书转送所在地的人民检察院、公安机关。”这是关于社区矫正对象执行地变更的规定。《社区矫正法实施办法》第 30 条规定了变更执行地审批；第 31 条规定了变更执行地程序。

一是变更执行地审批。因社区矫正对象工作、居所变化等原因需要变更执行地的，应当提前 1 个月提出书面申请，并提供相应证明材料，由司法所签署意见后报县级社区矫正机构审批。县级社区矫正机构收到申请后，应当在 5 日内书面征求新执行地县级社区矫正机构的意见。新执行地县级社区矫正机构接到征求意见函后，应当在 5 日内核实有关情况，作出是否同意接收的意见并书面回复。执行地县级社区矫正机构根据回复意见，作出决定。经审核，县级社区矫正机构不同意变更执行地的，应在决定作出之日起 5 日内告知社区矫正对象。同意变更执行地的，应对社区矫正对象进行教育，书面告知其到新执行地县级社区矫正机构报到的时间期限以及逾期报到或者未报到的后果，责令其按时报到。

二是变更执行地程序。同意变更执行地的，原执行地县级社区矫正机构应在作出决定之日起 5 日内，将有关法律文书和矫正档案移交新执行地县级社区矫正机构，并将有关法律文书抄送社区矫正决定机关和原执行地县级人民检察院。新执行地县级社区矫正机构收到法律文书和档案材料后，在 5 日内送达回执，并将有关法律文书送所在地人民检察院和公安机关。同意变更执行地的，社区矫正对象应当自收到变更执行地决定之日起 7 日内，到新执行地县级社区矫正机构报到。新执行地县级社区矫正机构应当核实身份、办理登记接收手续。发现社区矫正对象未按规定时间报到的，新执行地县级社区矫正机构应当立即通知原执行地县级社区矫正机构，由原执行地县级社区矫正机构组织查找。未及时办理交付接收，造成社区矫正对象脱管漏管的，原执行地社区矫正机构会同新执行地社区矫正机构妥善处置。对监狱管理机关批准暂予监外执行的社区矫正对象变更执行地的，监狱管理机关在收到社区矫正机构送达的法律文书后，应与新执行地所在省（区、市）监狱管理机关办理交接。新执行地所在省（区、市）监狱管理机关应指定一所监狱接收社区矫正对象有关法律文书材料，负责办理其收监、刑满释放等手续。监狱在接收文书材料之日起5日内，应当将有关情况通报新执行地县级社区矫正机构。

（四）禁止令执行

禁止令制度是我国刑罚制度的重要创新。它是指对于特定的罪犯由法律规定不经过批准不得从事特定的活动，不得擅自进入某些特定的区域或者场所，不得接触特定的人。禁止令制度对于进一步贯彻宽严相济刑事政策，避免交叉感染，节约司法资源具有十分重要的意义。

《刑法修正案（八）》明确规定：对于被判处管制、缓刑的罪犯可以适用禁止令。2011年4月“两高两部”《关于对判处管制、宣告缓刑的犯罪分子适用禁止令有关问题的规定（试行）》要求禁止令由司法行政机关指导管理的社区矫正机构负责执行。

对人民法院禁止令确定需经批准才能进入的特定区域或者场所，社区矫正对象确需进入的，应当经县级社区矫正机构批准才能进入所需进入的特定区域或者场所，并通知原判人民法院和执行地县级人民检察院。在实际工作中，社区矫正机构根据执行禁止令的需要，可以要求有关部门、单位、场所协助配合执行禁止令。如果发现社区矫正对象正在实施违反监督管理规定或者违反禁止令行为，必须立即予以制止，如果社区矫正对象不听从劝阻，工作人员可以立即报警处理。

《社区矫正法》第31条规定：“社区矫正机构发现社区矫正对象正在实施违反监督管理规定的行为或者违反人民法院禁止令等违法行为的，应当立即制止；制止无效的，应当立即通知公安机关到场处置。”《社区矫正法实施办法》第39条规定，社区矫正机构根据执行禁止令的需要，可以协调有关的部门、单位、场所、个人协助配合执行禁止令。对禁止令确定需经批准才能进入的特定区域或者场所，社区矫正对象确需进入的，应当经执行地县级社区矫正机构批准，并通知原审人民法院和执行地县级人民检察院。

（五）会客制度

为保证社区矫正对象在社区矫正期间能够安心的接受矫正，不受外界的不良影响，必须对其会客情况予以严格监督、控制。

《社区矫正法实施办法》第25条中规定，社区矫正对象对接触其犯罪案件中的被害人、控告人、举报人，接触同案犯等可能诱发其再犯罪的人，应当经执行地县级社区矫正机构批准。未经县级社区矫正机构批准，社区矫正对象不得接受媒体采访。社区矫正对象在矫正期间，会客要求主要包括：

1. 社区矫正对象除会见亲属外，会见犯罪案件中的被害人、控告人、举报人，接触同案犯等可能诱发其再次犯罪的人，应当经县级社区矫正机构批准，经同意后方可会见。

2. 社区矫正对象未经县级社区矫正机构批准，社区矫正对象不得接受媒体采访。

3. 为了防止社区矫正对象受到社会上不良人员的教唆、鼓动，社区矫正对象不得会见有劣迹的或违法犯罪嫌疑人、同案犯、法轮功等邪教组织以及其他非法组织的人员，如果必须交往的，应该向社区矫正机构报告。

社区矫正机构接到社区矫正对象会客申请或提出接受媒体采访或会见境外人士申请后，应根据相关规定及时作出允许或不允许其会客或接受媒体采访或会见境外人士的决定，并通知社区矫正对象。

对于社区矫正对象未经批准擅自会客或接受媒体采访的，应按照相关规定进行处理或报有关部门处理。如果被宣告缓刑、裁定假释的社区矫正对象经过三次教育仍然拒不改正的，其居住地县级社区矫正机构应向作出原裁判的人民法院提出撤销缓刑、假释的建议书并附相关证明材料，人民法院应当自收到之日起30日内依法作出裁定。

五、日常检查与定期走访

日常检查与定期走访是日常动态监督管理的主要方式。包括了日常检查、电子监管、定期走访等。《社区矫正法》第26条第1款规定：“社区矫正机构应当了解掌握社区矫正对象的活动情况和行为表现。社区矫正机构可以通过通信联络、信息化核查、实地查访等方式核实有关情况，有关单位和个人应当予以配合。”第29条规定了电子定位的方式，对社区矫正对象出现法定情形的，经县级司法行政部门负责人批准，可以使用电子定位装置，加强监督管理。

（一）日常检查

根据《社区矫正法实施办法》的规定，日常检查包括：

一是对社区矫正对象活动情况的监督检查和处理。社区矫正机构、司法所应当根据社区矫正对象的个人生活、工作及所处社区的实际情况，有针对性地采取通信联络、信息化核查、实地检查等措施，及时掌握社区矫正对象的活动情况。重点时段、重大活动期间或者遇有特殊情况，社区矫正机构、司法所可以要求社区矫正对象到指定场所报告、说明情况。对保外就医的社区矫正对象，应当到指定的医院接受检查治疗，定期向社区矫正机构提供病情复查情况。社区矫正机构及时掌握其身体状况及疾病治疗、复查结果等情况，并根据需要向社区矫正决定机关或者有关监狱、看守所反馈情况。

二是对社区矫正对象执行禁止令情况的监督检查和处理。发现社区矫正对象有违反监督管理规定或者人民法院禁止令等违法情形的，执行地县级社区矫正机构应当调查核实情况，收集有关证据材料，提出处理意见。社区矫正机构发现社区矫正对象有法定收监执行情形的，应当依法组织开展调查取证工作，经集体评议等相关程序，提出提请收监执行建议，报社区矫正决定机关。

三是对社区矫正对象脱管漏管的监督检查和处理。发现社区矫正对象失去联系的，社区矫正机构应当采取通信联络、信息化核查、实地查访等方式进行查找，查找时要做好记录，固定证据。查找不到的，社区矫正机构应当及时通知公安机关，公安机关接到通知后应当立即查找。查找到社区矫正对象后，社区矫正机构应当根据其脱离监管的情形，给予相应处罚。社区矫正对象下落不明，或者虽能查找到其下落但拒绝接受监督管理的，社区矫正机构应当视情节依法提请公安机关予以治安管理处罚，或者依法提请撤销缓刑、撤销假释、对暂予监外执行的收监执行。

（二）定期走访

定期走访是社区矫正工作人员为了摸清社区矫正对象的思想动态、生活状况、现实表现等，深入社区矫正对象的家庭、劳动和学习现场、所在单位、居住社区等，向知情人进行调查、询问的一种工作方式。

根据定期走访制度的要求，司法所要在社区矫正对象办理登记手续之日起，定期到社区矫正对象的家庭、所在单位、就读学校和居住的社区进行走访了解，并确定监督人，组成监督考察小组，与监督人签订监督协议，制定和落实监督管理措施。

司法所社区矫正工作人员要每月走访家庭、单位、本人等，了解掌握社区矫正对象的情况，加强双方的沟通和理解，及时解决社区矫正对象面临的困难，有针对性地开展教育矫正工作。

元旦、春节、五一、国庆等法定节假日及其他重要时段、重要时期，司法所社区矫正工作人员应当及时走访社区矫正对象的家庭及本人，掌握社区矫正对象的动态。社区矫正对象受到惩处、有重大思想问题或出现其他特殊情况时，司法所社区矫正工作人员要及时走访社区矫正对象家庭及本人。必要时，司法所社区矫正工作人员可以通过电话或其他形式询问了解情况。社区矫正工作人员应当根据走访情况及时调整矫正方案和矫正措施，增强矫正的针对性。

第三节 社区矫正执法管理

社区矫正执法管理分为两个层面：一是行政执法管理，即对于社区矫正对象违法违纪的行政处罚和表现良好的奖励。二是协助执行刑罚管理，即对于社区矫正对象在社区矫正中出现法定阻却刑罚执行的事由和良好的行为而采取的协助变更刑罚执行方式的管理活动。

依据《社区矫正法》第28条规定："社区矫正机构根据社区矫正对象的表现，依照有关规定对其实施考核奖惩。社区矫正对象认罪悔罪、遵守法律法规、服从监督管理、接受教育表现突出的，应当给予表扬。社区矫正对象违反法律法规或者监督管理规定的，应当视情节依法给予训诫、警告、提请公安机关予以治安管理处罚，或者依法提请撤销缓刑、撤销假释、对暂予监外执行的收监执行。对社区矫正对象的考核结果，可以作为认定其是否确有悔改表现或者是否严重违反监督管理规定的依据。"

一、考核奖惩

（一）考核与奖惩的关系

考核奖惩包括考核和奖惩两个过程。考核是社区矫正机构在对社区矫正对象实施矫正过程中，依照一定的标准和程序，对社区矫正对象接受监督管理、参加教育学习和公益活动等情况所进行的考察和评定。考核是社区矫正中的一项基础性工作。通过对社区矫正对象考核，可以显示社区矫正对象社区矫正的成效，可以对社区矫正对象的心理、行为、自制力、社会适应性、人际关系等进行监督与评价，使社区矫正对象明确自己与社区矫正目标的差距，从而实现社区矫正对象自我改造和转化的目的。

奖惩是社区矫正机构依照法律法规的有关规定，根据社区矫正对象在社区矫正中的良好表现或不良表现而实施的奖励和惩罚。对社区矫正对象实施奖惩，既是区别对待政策的具体体现，也是促进社区矫正对象分化、转化，调动社区矫正对象改造积极性，稳定社区矫正秩序，提高社区矫正质量的有效手段。同时，由于对社区矫正对象的奖惩与其自身的利益密切相关，所以，对社区矫正对象的奖惩必须客观公正，实事求是，杜绝奖惩的随意性，使奖惩具有公正性和权威性，以达到惩恶扬善，促进社区矫正对象改造的目的。

考核与奖惩作为社区矫正的重要手段，虽然各有独立的含义和内容，但二者是密不可分的，二者互为条件、互为因果、相互依赖、相互结合，共同发挥激励社区矫正对象改造的积极作用。

考核是奖惩的前提和基础。对社区矫正对象进行奖惩，需要以社区矫正对象翔实准确的现实表现为依据，而这种依据就来自考核。因此，对社区矫正对象考核时，必须克服随意性，使考核结果真实可信，使社区矫正对象对自己的现实表现及是否达到奖惩的法定条件做到心中有数，并不断调整自己的心态和行为，为满足自我实现的需要而加速改造。所以说，没有对社区矫正对象的考核，对社区矫正对象的奖惩就成了“无源之水，无本之木”。

奖惩是考核的直接结果。对奖励的期盼，对自由的渴望，是社区矫正过程中绝大多数社区矫正对象的迫切需要。奖惩的实施，是奖优罚劣的重要手段，是积极改造的社区矫正对象满足一定需要的必要途径。通过奖惩，可以推动社区矫正对象改造的进程，弱化社区矫正对象的不良动机，强化社区矫正对象看到前途和希望。考核与奖惩只有密切配合，才能共同发挥惩罚和改造社区矫正对象的作用，才能使考核奖惩成为促进社区矫正对象积极改造的极大动力。

无论是考核还是奖惩都是执法管理中的重要内容以及刑罚执行的重要手段。

（二）考核奖惩的原则

对社区矫正对象的考核奖惩以国家法律法规和社区矫正有关规定为标准。在实务工作中，必须坚持以下原则：

1. 坚持依法适用原则

首先，依照《刑法》《刑事诉讼法》《社区矫正法》等法律法规和《社区矫正法实施办法》的有关规定，对社区矫正对象依照法定程序和标准进行考核，防止考核工作的主观随意性，这是奖惩公平公正的前提和基础。其次，依照社区矫正奖惩考核办法所规定的程序和标准，对社区矫正对象作出奖励或惩罚。严禁社区矫正工作人员在考核奖惩过程中徇私舞弊，以保障考核奖惩工作的公正性。

2. 坚持实事求是的原则

在社区矫正考核奖惩工作中贯彻实事求是的原则，就是要遵循社区矫正的客观规律，要掌握社区矫正对象的实情，深入社区矫正工作实际，深入基层社区、深入群众，认真进行调查研究，并对调查结果进行综合分析、仔细鉴别、去粗取精、去伪存真。这是考核奖惩工作实事求是的实践基础。

3. 坚持准确及时的原则

在社区矫正考核奖惩工作中，要求制定细化具体的考核奖惩办法，要准确记录社区矫正对象的考核奖惩情况，及时公布考核结果，及时实施奖惩以激发社区矫正对象自觉矫正和自我矫正的积极性。

4. 坚持公开、公平、公正的原则

公开、公平、公正的原则既是社区矫正考核奖惩工作的生命线，也是保证社区矫正考核奖惩活动权威性和公信力的前提和保障。公开是指考核奖惩办法、考核奖惩依据、考核奖惩程序、考核奖惩结果等，对社区矫正对象、社会公众及社区矫正工作参与者公开，接受上级机关、专门机关和社会公众监督；公平、公正是指社区矫正考核奖惩工作要做到对所有社区矫正对象一视同仁、公平合理，公正对待每一个社区矫正对象。

5. 坚持考核、奖惩和教育相结合的原则

考核是奖惩的前提和基础，奖惩是考核的必然结果。但考核奖惩都是为达到教育转化社区矫正对象的目标服务的。不是为了单纯的考核奖惩而考核奖惩，考核奖惩的最终目的是促进社区矫正对象的转化，最终顺利地融入社会。因此三者只有形成合力，才会实现社区矫正的目的。

（三）考核奖惩的制度及考核奖惩结果的运用

1. 考核的制度

根据《社区矫正法实施办法》第32条中的规定，社区矫正机构应当根据有关法律法规，部门规章和其他规范性文件，建立内容全面，程序合理、易于操作的社区矫正对象考核奖惩制度。

2. 考核奖惩的结果

社区矫正机构、司法所应当记录社区矫正对象认罪悔罪、遵守有关规定、服从监督管理、接受教育等情况，定期对其考核，并将考核结果作为奖惩的依据。根据社区矫正对象的表现情况和考核结果，对于符合表扬条件、具备训诫、警告情形的社区矫正对象，经执行地县级社区矫正机构决定，可以给予其相应奖励或者处罚，并出具书面决定。对于具备治安管理处罚情形的社区矫正对象，执行地县级社区矫正机构可以向同级公安机关提出建议。

社区矫正对象的考核结果与奖惩应当以书面形式记载，做到准确及时，公开公平，记入档案。社区矫正对象对于考核奖惩提出异议的，执行地县级社区矫正机构应当及时处理，并将处理结果告知社区矫正对象。

3. 考核结果的运用

依据考核结果对社区矫正对象进行奖励或惩罚以及开展分类管理。

二、行政执法管理

社区矫正是在执行刑罚的前提下，社区矫正机构对社区矫正对象的行政管理活动。因此，社区矫正中，社区矫正机构对社区矫正对象的行政管理程序和具体事务，以行政执法管理的形式开展的活动，我们称为行政执法管理。《社区矫正法》第28条规定，对社区矫正对象的行政奖励是表扬。对社区矫正对象违反法律法规或者监督管理规定，在行政惩处上，则视情节依法给予训诫、警告、提请公安机关予以治安管理处罚三种措施。

（一）行政奖励

这里的行政奖励是指在社区矫正中，社区矫正机构按照法律法规和社区矫正规范所要求的标准，通过对社区矫正对象的全面考核，认为社区矫正对象的行为表现达到给予奖励的条件，依法予以表彰的行为。依据2019年12月28日通过的《社区矫正法》第28条规定，对社区矫正对象行政奖励的形式是表扬，行政奖励的机构是执行地县级社区矫正机构。

执行地县级社区矫正机构给予表扬的条件，除了社区矫正对象接受社区矫正满6个月的时间要求外，依照《社区矫正法实施办法》第33条的规定，还包括：（1）服从人民法院判决，认罪悔罪；（2）遵守法律法规；（3）遵守关于报告、会客、外出、迁居等规定，服从社区矫正机构的管理；（4）积极参加教育学习等活动，接受教育矫正的。同时，对表扬的例外情况进行了规定，即社区矫正对象有见义勇为、抗震救灾、帮助他人、服务社会等突出表现的，执行地县级社区矫正机构可以给予表扬。对社区矫正对象的考核结果与行政奖励情况，除了以书面形式记载，做到准确及时，公开公平，记入档案之外，还可以作为分类管理的依据。

（二）行政惩处

这里的行政惩处是指在社区矫正中，社区矫正机构按照法律法规和社区矫正规范的要求，对社区矫正对象行政违法违纪行为，依照其情节，依法予以相应处罚的行为。按照《社区矫正法》第28条的规定，惩处的种类包括对矫正对象的训诫、警告、提请公安机关予以治安管理处罚3种措施。

1. 训诫

训诫，本意是教导和忠告。作为社区矫正处罚措施的训诫，是指社区矫正机构对于社区矫正对象违反法律法规或者社区矫正监督管理规定的行为，由于情节轻微，提出批评教育的一种方式。

依照《社区矫正法实施办法》第34条的规定，执行地县级社区矫正机构给予社区矫正对象训诫的情形主要有：（1）不按规定时间报到或者接受社区矫正期间脱离监管，未超过10日的：（2）违反关于报告、会客、外出、迁居等规定，情节轻微的；（3）不按规定参加教育学习等活动，经教育仍不改正的；（4）其他违反监督管理规定，情节轻微的。有上述情形之一的，县级社区矫正机构应当给予训诫。

在实施训诫时，一方面指出社区矫正对象违反法律法规或者监督管理规定的行为，分析其危害性，责令社区矫正对象努力改正，不再重犯；另一方面讲明社区矫正对象违规行为尚属轻微，可不建议给予其他行政处罚。

2. 警告

警告是一种警戒性的、轻微的违规制裁方式，是指社区矫正机构对社区矫正对象违反法律法规或者监督管理规定的行为，向社区矫正对象提出告诫，要求及时纠正和警示。

《社区矫正法实施办法》第35条的规定，执行地县级社区矫正机构给予社区矫正对象警告的情形主要有：（1）违反人民法院禁止令，情节轻微的；（2）不按规定时间报到或者接受社区矫正期间脱离监管，超过10日的；（3）违反关于报告、会客、外出、迁居等规定，情节较重；（4）保外就医的社区矫正对象无正当理由不按时提交病情复查情况，经教育仍不改正的；（5）受到社区矫正机构两次训诫，仍不改正的；（6）其他违反监督管理规定，情节较重的。有上述情形之一的，县级社区矫正机构应当给予警告。

3. 提请公安机关予以治安管理处罚

治安管理处罚，是指中国公安机关依照治安管理法规对扰乱社会秩序，妨害公共安全，侵犯公民人身权利，侵犯公私财产，情节轻微尚不够刑事处罚的违法行为所实施的行政处罚。很显然，依照《治安管理处罚法》的规定，我国治安管理处罚权集中由公安机关行使。

这里所讲的“提请公安机关予以治安管理处罚”是指社区矫正机构对社区矫正对象的违法行为已涉嫌达到治安管理处罚程度，依法提请同级公安机关依法给予处罚的提请权，而不是治安管理处罚权。同时，提请公安机关予以治安管理处罚建议权只适用于被判处管制、宣告缓刑或者暂予监外执行的社区矫正对象。而对于假释的社区矫正对象，违法行为一旦达到了治安管理处罚的程度，就会被直接收监执行。

《社区矫正法实施办法》第36条的规定，社区矫正对象违反监督管理规定或者人民法院禁止令，依法对其治安管理处罚。在实务中，社区矫正机构提请公安机关予以治安管理处罚的情形主要有：（1）违反人民法院禁止令，尚不属情节严重的；（2）不按规定时间报到或者接受社区矫正期间脱离监管，20日以上未超过30日的；（3）扰乱社区矫正工作秩序的；（4）对社区矫正工作人员和其他依法参与社区矫正工作的人员及其近亲属进行殴打、威胁、侮辱、骚扰、报复，尚不构成犯罪的；（5）其他违反监督管理规定，尚不属情节严重的。有上述情形之一的，县级社区矫正机构就会提请同级公安机关依法给予处罚。

公安机关应当将处理结果通知执行地县级社区矫正机构。公安机关作出治安管理处罚决定的，社区矫正机构治安管理处罚建议书以及公安机关治安管理处罚决定书副本应当同时抄送执行地同级人民检察院。

三、刑务管理

社区矫正是我国刑事执行方式，是以刑罚执行为前提的。因此，社区矫正中，将涉及刑罚执行程序和具体事务，以管理的形式开展的活动，我们称为刑务管理。

《社区矫正法》第28条规定，社区矫正对象违反法律法规或者监督管理规定的，应当视情节依法给予提请撤销缓刑、提请撤销假释、对暂予监外执行的提请收监执行等刑事处罚。第33条规定，社区矫正对象符合刑法规定的减刑条件的，社区矫正机构应当向人民法院提出减刑建议。

社区矫正机构是司法行政机关所设立的社区矫正执行机构，从目前的法律规定来看，不具有刑罚执行权，因此，我们这里所讲的刑罚执行事务，主要是指需要和公安机关、检察机关、人民法院、监狱等合作才能完成的管理活动。在刑务管理中，社区矫正机构所具有的只是协助权和建议权，有时也称为司法奖惩建议权。而决定权和执行权则由公安机关、人民法院、监狱管理机关分别行使。

（一）撤销缓刑、假释

《社区矫正法》第46条规定："社区矫正对象具有刑法规定的撤销缓刑、假释情形的，应当由人民法院撤销缓刑、假释。对于在考验期限内犯新罪或者发现判决宣告以前还有其他罪没有判决的，应当由审理该案件的人民法院撤销缓刑、假释，并书面通知原审人民法院和执行地社区矫正机构。对于有第二款规定以外的其他需要撤销缓刑、假释情形的，社区矫正机构应当向原审人民法院或者执行地人民法院提出撤销缓刑、假释建议，并将建议书抄送人民检察院。社区矫正机构提出撤销缓刑、假释建议时，应当说明理由，并提供有关证据材料。"由此，撤销缓刑、假释，是指缓刑、假释的社区矫正对象有刑法规定的撤销缓刑、假释法定事由，由审理该案件的人民法院直接撤销缓刑、假释，或者由社区矫正机构向原审人民法院或者执行地人民法院提出撤销缓刑、假释建议并提供有关证据材料。这一管理活动也可称为社区矫正机构的撤销缓刑、假释建议权。

第一，撤销缓刑、假释的条件。依照《社区矫正法实施办法》第46条的规定，由执行地同级社区矫正机构提出撤销缓刑的情形主要有：（1）违反禁止令，情节严重的；（2）无正当理由不按规定时间报到或者接受社区矫正期间脱离监管，超过一个月的；（3）因违反监督管理规定受到治安管理处罚，仍不改正的；（4）受到社区矫正机构两次警告，仍不改正的；（5）其他违反有关法律、行政法规和监督管理规定，情节严重的情形。有上述情形之一的，由执行地同级社区矫正机构向原审人民法院提出撤销缓刑建议书并附相关证明材料。第47条规定，由执行地同级社区矫正机构提出撤销假释建议的情形主要有：（1）无正当理由不按规定时间报到或者接受社区矫正期间脱离监管，超过一个月的；（2）受到社区矫正机构两次警告，仍不改正的；（3）其他违反有关法律、行政法规和监督管理规定，尚未构成新的犯罪的。

第二，撤销缓刑、假释的程序。依照《社区矫正法》第48条和《社区矫正法实施办法》第46、47条的规定，撤销缓刑、假释的程序主要有：（1）由执行地同级社区矫正机构向原审人民法院或者执行地人民法院提出撤销缓刑、假释建议书。如果原审人民法院与执行地同级社区矫正机构在不同省（区、市）的，可以报请执行地人民法院裁定。（2）人民法院拟撤销缓刑、假释的，应当听取社区矫正对象的申辩及其委托的律师的意见。（3）人民法院应当在收到社区矫正机构撤销缓刑、假释建议书后30日内作出裁定，将裁定书送达社区矫正机构和公安机关，并抄送人民检察院。（4）人民法院裁定撤销缓刑、假释的，公安机关应当及时将社区矫正对象送交监狱或者看守所执行。执行以前被逮捕的，羁押1日折抵刑期1日。（5）人民法院裁定不予撤销缓刑、假释的，对被逮捕的社区矫正对象，公安机关应当立即予以释放。

（二）收监执行

社区矫正对象的收监执行，是指社区矫正中社区矫正对象具有法律规定的收监执行刑罚的情形，依照法定程序将社区矫正对象收押入监执行刑罚的活动。主要包括撤销缓刑、假释收监执行和暂予监外执行收监执行。

2016年“两高两部”联合发布《关于进一步加强社区矫正工作衔接配合管理的意见》，其第16条对收监执行作出了具体规定。社区矫正对象符合收监执行条件的，居住地社区矫正机构应当及时按照规定，向原裁判人民法院或者公安机关、监狱管理机关送达撤销缓刑、撤销假释建议书或者对暂予监外执行的收监执行建议书并附相关证明材料。人民法院、公安机关、监狱管理机关应当在规定期限内依法作出裁定或者决定，并将法律文书送达居住地县级司法行政机关，同时抄送居住地县级人民检察院、公安机关。第21条规定，社区矫正对象被行政拘留、司法拘留、收容教育、强制隔离戒毒等行政处罚或者强制措施期间，人民法院、公安机关、监狱管理机关依法作出对其撤销缓刑、撤销假释的裁定或者收监执行决定的，居住地社区矫正机构应当将人民法院、公安机关、监狱管理机关的裁定书、决定书送交作出上述决定的机关，由有关部门依法收监执行刑罚。

1. 收监执行的原则

2016年“两高两部”联合发布《关于进一步加强社区矫正工作衔接配合管理的意见》，其第17条规定了收监执行的原则。社区矫正对象因违反监督管理规定被依法撤销缓刑、撤销假释或者暂予监外执行被决定收监执行的，应当本着就近、便利、安全的原则，送交其居住地所属的省的看守所、监狱执行刑罚。

2. 收监执行的几种情况

第一，人民法院裁定撤销缓刑、假释社区矫正对象，决定收监执行的。依照《社区矫正法》第 48 条第 3 款规定，“公安机关应当及时将社区矫正对象送交监狱或者看守所执行”。

第二，暂予监外执行决定机关提出收监执行的。《社区矫正法》第 49 条第 1 款规定，暂予监外执行的社区矫正对象具有刑事诉讼法规定的应当予以收监情形的，社区矫正机构应当向执行地或者原社区矫正决定机关提出收监执行建议，并将建议书抄送人民检察院。社区矫正决定机关应当在收到建议书后 30 日内作出决定，将决定书送达社区矫正机构和公安机关，并抄送人民检察院。第 49 条第 2 款规定，人民法院、公安机关对暂予监外执行的社区矫正对象决定收监执行的，由公安机关立即将社区矫正对象送交监狱或者看守所收监执行。第 49 条第 3 款规定，监狱管理机关对暂予监外执行的社区矫正对象决定收监执行的，监狱应当立即将社区矫正对象收监执行。

3. 暂予监外执行收监执行的条件

《社区矫正法实施办法》第 49 条规定，由执行地县级社区矫正机构向执行地或者原社区矫正决定机关提出收监执行建议的条件是：（1）不符合暂予监外执行条件的；（2）未经社区矫正机构批准擅自离开居住的市、县，经警告拒不改正，或者拒不报告行踪，脱离监管的；（3）因违反监督管理规定受到治安管理处罚，仍不改正的；（4）受到社区矫正机构两次警告的；（5）保外就医期间不按规定提交病情复查情况，经警告拒不改正的；（6）暂予监外执行的情形消失后，刑期未满的；（7）保证人丧失保证条件或者因不履行义务被取消保证人资格，不能在规定期限内提出新的保证人的；（8）其他违反有关法律、行政法规和监督管理规定，情节严重的情形。只要社区矫正对象具备上述情形之一，即可向原社区矫正决定机关提出收监执行建议。

4. 收监执行的法律文书

2016 年“两高两部”联合发布《关于进一步加强社区矫正工作衔接配合管理的意见》，其第 18 条对收监执行应准备的法律文书分别作了规定：

（1）裁定撤销缓刑的社区矫正对象。第 18 条第 1 款规定，社区矫正对象被裁定撤销缓刑的，居住地社区矫正机构应当向看守所、监狱移交撤销缓刑裁定书和执行通知书、撤销缓刑建议书以及原判决书、裁定书和执行通知书、起诉书副本、结案登记表以及社区矫正期间表现情况等文书材料。

（2）裁定撤销假释的社区矫正对象。第 18 条第 2 款规定，社区矫正对象被裁定撤销假释的，居住地社区矫正机构应当向看守所、监狱移交撤销假释裁定书和执行通知书，撤销假释建议书、社区矫正期间表现情况材料，原判决书、裁定书和执行通知书、起诉书副本、结案登记表复印件等文书材料。罪犯收监后，居住地社区矫正机构通知罪犯原服刑看守所、监狱将罪犯假释前的档案材料移交撤销假释后的服刑看守所、监狱。

（3）决定收监执行的暂予监外执行的社区矫正对象。第 18 条第 3、4 款规定，暂予监外执行社区矫正对象被人民法院决定收监执行的，居住地社区矫正机构应当向看守所、监狱移交收监执行决定书和执行通知书以及原判决书、裁定书和执行通知书、起诉书副本、结案登记表、社区矫正期间表现等文书材料。暂予监外执行社区矫正对象被公安机关、监狱管理机关决定收监执行的，居住地社区矫正机构应当向看守所、监狱移交社区矫正对象在接受矫正期间的表现情况等文书材料。

社区矫正机构收监执行建议书和决定机关收监执行决定书副本，应当同时抄送执行地同级人民检察院和公安机关。

5. 收监执行的追逃

《社区矫正法》第 50 条规定："被裁定撤销缓刑、假释和被决定收监执行的社区矫正对象逃跑的，由公安机关追捕，社区矫正机构、有关单位和个人予以协助。"2016 年"两高两部"联合发布《关于进一步加强社区矫正工作衔接配合管理的意见》第 20 条规定，被裁定、决定收监执行的社区矫正对象在逃的，居住地社区矫工机构应当在收到人民法院、公安机关、监狱管理机关的裁定、决定后，立即通知居住地县级公安机关，由其负责实施追捕。撤销缓刑、撤销假释裁定书和对暂予监外执行罪犯收监执行决定书，可以作为公安机关网上追逃依据。公安机关根据案情决定是否实施网上追逃。社区矫正对象脱逃后的追逃工作，其主体是公安机关，社区矫正机构只是予以协助。

6. 收监执行的公示

2016 年"两高两部"联合发布《关于进一步加强社区矫正工作衔接配合管理的意见》第 19 条规定，撤销缓刑、撤销假释裁定书或者对暂予监外执行罪犯收监执行决定书应当在居住地社区矫正机构教育场所公示。属于未成年或者犯罪的时候不满 18 周岁被判处 5 年有期徒刑以下刑罚的社区矫正对象除外。

（三）逮捕

逮捕是指社区矫正对象被提请撤销缓刑、假释时，具有实施新的犯罪，危害国家安全、公共安全或者社会秩序的现实危险等情形的，社区矫正机构为了控制危险情形的发生，可以在提出撤销缓刑、假释建议的同时，提请人民法院决定对其先行实施逮捕的措施。

第一，逮捕的法律规定。依照《社区矫正法》第 47 条规定："被提请撤销缓刑、假释的社区矫正对象可能逃跑或者可能发生社会危险的，社区矫正机构可以在提出撤销缓刑、假释建议的同时，提请人民法院决定对其予以逮捕。人民法院应当在四十八小时内作出是否逮捕的决定。决定逮捕的，由公安机关执行。逮捕后的羁押期限不得超过三十日。”由此，逮捕是对特定危险情形的先行预防措施。在这一过程中，社区矫正机构所具有的是提请逮捕建议权，决定权属于人民法院，执行权属于公安机关。

第二，逮捕的程序。逮捕属于对危险的应急控制措施，被提请撤销缓刑、假释的社区矫正对象具备应予逮捕情形的，由执行地同级社区矫正机构向原裁判人民法院提出逮捕建议书并附相关证明材料。人民法院收到提请逮捕建议后，作出逮捕决定的，通知执行地公安机关执行，至迟不超过48小时。

第三，提请逮捕的条件。《社区矫正法实施办法》第48条的规定，社区矫正机构提请人民法院决定对社区矫正对象予以逮捕，必须具有下列情形之一：（1）可能逃跑的；（2）具有危害国家安全、公共安全、社会秩序或者他人人身安全现实危险的；（3）可能对被害人、举报人、控告人或者社区矫正机构工作人员等实施报复行为的；（4）可能实施新的犯罪的。

（四）减刑

1. 社区矫正对象减刑的规定

我国《刑事诉讼法》第273条第2款规定：“被判处管制、拘役、有期徒刑或者无期徒刑的罪犯，在执行期间确有悔改或者立功表现，应当依法予以减刑、假释的时候，由执行机关提出建议书，报请人民法院审核裁定，并将建议书副本抄送人民检察院。人民检察院可以向人民法院提出书面意见。”《社区矫正法》第33条规定：“社区矫正对象符合刑法规定的减刑条件的，社区矫正机构应当向社区矫正执行地的中级以上人民法院提出减刑建议，并将减刑建议书抄送同级人民检察院。人民法院应当在收到社区矫正机构的减刑建议书后三十日内作出裁定，并将裁定书送达社区矫正机构，同时抄送人民检察院、公安机关。”

社区矫正对象中管制犯、暂予监外执行犯和假释犯的减刑，提请社区矫正对象减刑建议的主体是居住地县级社区矫正机构，社区矫正对象是否予以减刑的裁定机关是社区矫正对象居住地的中级人民法院，需要提交的减刑材料包括减刑建议书和其他相关证明材料。

关于缓刑犯的减刑的规定，2016年11月14日最高人民法院《关于办理减刑、假释案件具体应用法律的规定》第18条规定：“被判处拘役或者三年以下有期徒刑，并宣告缓刑的罪犯，一般不适用减刑。前款规定的罪犯在缓刑考验期内有重大立功表现的，可以参照刑法第七十八条的规定予以减刑，同时应当依法缩减其缓刑考验期。缩减后，拘役的缓刑考验期限不得少于二个月，有期徒刑的缓刑考验期限不得少于一年。”从中可以看出，“宣告缓刑的罪犯”一般不适用减刑，只有重大立功表现，才予以减刑，同时应依法缩减其缓刑考验期限。可以看出对缓刑犯减刑的要求相对比较严格。

2. 社区矫正对象减刑的程序

《社区矫正法实施办法》第42条规定，社区矫正对象符合法定减刑条件的，由执行地县级社区矫正机构提出减刑建议书并附相关证明材料，报经地（市）社区矫正机构审核同意后，由地（市）社区矫正机构提请执行地的中级人民法院裁定。依法应由高级人民法院裁定的减刑案件，由执行地县级社区矫正机构提出减刑建议书并附相关证据材料，逐级上报省级社区矫正机构审核同意后，由省级社区矫正机构提请执行地的高级人民法院裁定。人民法院应当自收到减刑建议书和相关证明材料之日起30日内依法裁定。社区矫正机构减刑建议书和人民法院减刑裁定书副本，应当同时抄送社区矫正对象执行地同级人民检察院和公安机关。

社区矫正对象符合法定减刑条件的，由执行地县级社区矫正机构提出减刑建议书并附相关证明材料，经地（市）级社区矫正机构审核同意后提请社区矫正对象执行地的中级人民法院裁定。人民法院应当自收到之日起30日内依法裁定。社区矫正机构减刑建议书和人民法院减刑裁定书副本，应当同时抄送社区矫正对象执行地同级人民检察院和公安机关。

实践中，社区矫正对象的减刑程序包括以下三个步骤：第一步，县级社区矫正机构根据社区矫正对象确有悔改或者立功、重大立功表现的具体事实，填写社区矫正对象减刑建议书和提请减刑审核表，连同其他材料报送地（市）级社区矫正机构。第二步，地（市）级社区矫正机构进行审核，认为符合法定减刑条件的，在提请减刑建议审核书签署意见，向中级人民法院提请减刑，并移送下列材料：社区矫正对象减刑建议书；终审法院的裁判文书、执行通知书、历次减刑裁定书的复印件；社区矫正对象确有悔改或者立功、重大立功表现的具体事实的书面证明材料；奖惩审批表等；其他根据案件的审理需要移送的材料。第三步，社区矫正机构减刑建议书和人民法院减刑裁定书副本，应当同时抄送社区矫正对象居住地同级人民检察院和公安机关。

（五）脱管处理

1. 脱管的概念

2016年“两高两部”联合发布《关于进一步加强社区矫正工作衔接配合管理的意见》第10条规定，社区矫正对象在社区矫正期间脱离居住地社区矫正机构的监督管理下落不明，或者虽能查找到其下落但拒绝接受监督管理的，属于脱管。这一规定明确界定了脱管的概念，统一了对社区矫正对象脱管的认定标准。

2. 脱管的法律规定

《社区矫正法》第30条规定："社区矫正对象失去联系的，社区矫正机构应当立即组织查找，公安机关等有关单位和人员应当予以配合协助。查找到社区矫正对象后，应当区别情形依法作出处理。"《社区矫正法实施办法》第38条规定，发现社区矫正对象失去联系的，社区矫正机构应当采取通信联络、信息化核查、实地查访等方式进行查找，查找时要做好记录，固定证据。查找不到的，社区矫正机构应当及时通知公安机关，公安机关接到通知后应当立即查找。查找到社区矫正对象后，社区矫正机构应当根据其脱离监管的情形，给予相应处罚。社区矫正对象下落不明，或者虽能查找到其下落但拒绝接受监督管理的，社区矫正机构应当视情节依法提请公安机关予以治安管理处罚，或者依法提请撤销缓刑、撤销假释、对暂予监外执行的收监执行。从职责上来看，社区矫正机构只是组织查找，只有社区矫正对象下落不明或者虽能查找到其下落但拒绝接受监督管理时，社区矫正机构才行使撤销缓刑、撤销假释或者对暂予监外执行的提请权。

对于脱管的查找和处理，《关于进一步加强社区矫正工作衔接配合管理的意见》第11条规定，居住地社区矫正机构发现社区矫正对象脱管，应当及时采取联系本人、其家属亲友，走访有关单位和人员等方式组织追查，做好记录，并由县级司法行政机关视情形依法给予警告、提请治安管理处罚、提请撤销缓刑、撤销假释或者对暂予监外执行的提请收监执行。一般说来，由于法律文书没有按规定送达县级社区矫正机构导致社区矫正对象脱管发生再犯罪的，相关经办人应承担责任。如果是县级社区矫正机构收到法律文书但发现社区矫正对象未在规定期间内报到的，应当及时组织查找，并书面通报原关押监狱、决定机关及居住地公安机关、人民检察院。因未通报及组织查找不及时导致社区矫正对象脱管的，社区矫正工作人员应当承担责任。如果由于监狱、人民法院、公安机关等未按规定送达法律文书导致社区矫正对象脱管，案件经办人应承担责任。

在实际工作中，不同机构的权限不同，行使的方式也不同。一是报告的义务。司法所发现社区矫正对象脱离监管，应当立即报告县级社区矫正机构，受委托行使社区矫正管理权的司法所具有向委托人报告的义务。二是社区矫正管理主体的查找职责。县级社区矫正机构发现社区矫正对象脱管的，应当及时采取联系本人、其家属亲友，走访有关单位和人员等方式组织查找，公安机关应当配合协助。三是查找的程序要求。查找时要做好记录，固定证据，为后续工作做准备。四是行使提请权。社区矫正机构视情节依法提请撤销缓刑、撤销假释或者对暂予监外执行的提请收监执行。

（六）漏管及其处理

2016年"两高两部"联合发布《关于进一步加强社区矫正工作衔接配合管

理的意见》第 7 条规定，人民法院、公安机关、司法行政机关在社区矫正对象交付接收工作中衔接脱节，或者社区矫正对象逃避监管、未按规定时间期限报到，造成没有及时执行社区矫正的，属于漏管。明确了漏管的概念，统一了对社区矫正对象漏管的认定标准。

对于漏管的查找和处理，《关于进一步加强社区矫正工作衔接配合管理的意见》第 8 条第 1 款规定，居住地社区矫正机构发现社区矫正对象漏管，应当及时组织查找，并由居住地县级司法行政机关通知有关人民法院、公安机关、监狱、居住地县级人民检察院。第 8 条第 2 款规定，社区矫正对象逃避监管、不按规定时间期限报到导致漏管的，居住地县级社区矫正机构应当给予警告；符合收监执行条件的，依法提出撤销缓刑、撤销假释或者对暂予监外执行收监执行的建议。这一规定明确了发现社区矫正对象漏管之后社区矫正机构等有关部门应采取的处置措施，以及对社区矫正对象不按时报到导致漏管的处罚责任。同时，社区矫正对象居住地县级社区矫正机构依法应当接收社区矫正对象而未接收的，应当及时纠正，造成漏管的，应当承担相应责任。

（七）追逃

《社区矫正法》第 50 条规定："被裁定撤销缓刑、假释和被决定收监执行的社区矫正对象逃跑的，由公安机关追捕，社区矫正机构、有关单位和个人予以协助。"由此可以看出，追逃的主体是公安机关，社区矫正机构、有关单位和个人只是协助。《社区矫正法实施办法》第 51 条规定，撤销缓刑、撤销假释的裁定和收监执行的决定生效后，社区矫正对象下落不明的，应当认定为在逃。对于在逃的社区矫正对象，由执行地县级公安机关负责追捕。同时，撤销缓刑、撤销假释裁定书和对暂予监外执行罪犯收监执行决定书，可以作为公安机关追逃依据。

第四节 解矫管理

社区矫正的解矫管理是指由于社区矫正对象的社区矫正期限届满，或者由于法定事由社区矫正归于终止或消灭的行为。《社区矫正法》第 44 条规定："社区矫正对象矫正期满或者被赦免的，社区矫正机构应当向社区矫正对象发放解除社区矫正证明书，并通知社区矫正决定机关、所在地的人民检察院、公安机关。"

解矫管理是社区矫正工作的最后一个管理环节，主要包括对符合矫正解除、终止条件的社区矫正对象按照程序为其办理解除、终止的手续，完成社区矫正工作的最后一个刑罚执行环节并与安置帮教工作相衔接。

社区矫正对象矫正的解除，是指社区矫正对象因矫正期限届满或因暂予监外执行条件消失而引起的一种刑事执行的解除。

一、社区矫正解除的情形

（一）社区矫正期限届满

依照《社区矫正法》的规定，社区矫正对象矫正期满，社区矫正机构应当对社区矫正对象解除社区矫正；《社区矫正法实施办法》第 53 条规定，社区矫正对象矫正期限届满，且在社区矫正期间没有应当撤销缓刑、撤销假释或者暂予监外执行收监执行情形的，社区矫正机构依法办理解除矫正手续。据此，社区矫正对象矫正解除的情形之一就是社区矫正期限届满。

（二）暂予监外执行条件消失

主要包括：第一，暂予监外执行的情形消失后，刑期届满的，由人民法院、监狱、公安机关依法为其办理刑满释放手续。第二，暂予监外执行的情形消失是指符合暂予监外执行客观条件或法定情形消失。暂予监外执行情形消失主要有：一是因有严重疾病需要保外就医的社区矫正对象，经过治疗，疾病痊愈，符合收监条件的。二是因怀孕或者正在哺乳自己婴儿的妇女被暂予监外执行的社区矫正对象，婴儿哺乳期结束，哺乳期限按婴儿出生后 1 年计算。

暂予监外执行是依照法律规定暂时采用不予关押的方式执行原判刑罚，当暂予监外执行的情形消失后，不宜继续社区矫正，所以社区矫正解除。

（三）社区矫正对象被赦免

这是一种特定形态的解除社区矫正的情形。《社区矫正法》第 44 条规定，社区矫正对象矫正期满或者被赦免的，社区矫正机构应当向社区矫正对象发放解除社区矫正证明书。

（四）社区矫正终止

社区矫正对象矫正的终止主要是指社区矫正对象在社区矫正期间出现法定事由而使刑事执行终止。社区矫正终止的法定事由主要有死亡、被决定收监（所）执行或者被判处监禁刑罚的。

《社区矫正法》第 45 条规定：“社区矫正对象被裁定撤销缓刑、假释，被决定收监执行，或者社区矫正对象死亡的，社区矫正终止。”

（五）羁押终止

依照《社区矫正法》第 32 条规定：“社区矫正对象有被依法决定拘留、强制隔离戒毒、采取刑事强制措施等限制人身自由情形的，有关机关应当及时通知社区矫正机构。”同时，《社区矫正法实施办法》第 41 条规定，社区矫正对象被依法决定行政拘留、司法拘留、强制隔离戒毒等或者因涉嫌犯新罪、发现判决宣告前还有其他罪没有判决被采取强制措施的，要根据不同情况作出处理：一是社区矫正对象被行政拘留、司法拘留、强制隔离戒毒等行政处罚或者强制措施期间，没有应当撤销缓刑、撤销假释或者暂予监外执行收监执行情形的，如矫正期满，社区矫正机构依法对其解除社区矫正。二是人民法院、公安机关、监狱管理机关依法作出对其撤销缓刑、撤销假释的裁定或者收监执行决定的，执行地县级社区矫正机构应当将人民法院、公安机关、监狱管理机关的裁定书、决定书送交作出上述决定的机关，由有关部门依法收监执行刑罚。三是社区矫正对象被行政拘留、司法拘留、强制隔离戒毒等行政处罚或者强制措施期间，没有应当撤销缓刑、撤销假释或者暂予监外执行收监执行情形的，矫正期未满应如何处理，目前的法律法规和规范性文件均未作出规定。我们认为，社区矫正对象被行政拘留、司法拘留、强制隔离戒毒等行政处罚或者强制措施期间，其措施要“重于社区矫正”，因此，社区矫正机构应依照“重罪吸收轻罪的原则”，将上述期间计算在社区矫正期间内。上述措施期满后未收监执行的，应当继续进行社区矫正的剩余期限。

二、社区矫正起止期限的计算

根据法律规定，不同类型的社区矫正对象其矫正期限的计算也不同，管制、缓刑、假释、暂予监外执行四类社区矫正对象的矫正期限如下：

1. 被判处管制的社区矫正对象，其矫正期限与管制的期限相等，矫正期从判决执行之日起计算，期限届满宣布执行期满，解除管制。

2. 被宣告缓刑的社区矫正对象，其矫正期限与缓刑考验期限相等，矫正期从判决确定之日起计算，期限届满宣布缓刑考验期满，原判刑罚不再执行。

3. 被裁定假释的社区矫正对象，其矫正期限与假释考验期限相等，矫正期从假释之日起计算，期限届满宣布考验期满，原判刑罚执行完毕。

4. 被裁定暂予监外执行的社区矫正对象，其矫正期限与暂予监外执行的期限相同，人民法院决定的，其矫正期从暂予监外执行决定生效之日起计算；公安机关、监狱管理机关决定的，其矫正期从出监所之日起计算，刑期届满的，由监狱、看守所依法为其办理刑满释放手续。

管制、缓刑、假释的社区矫正对象矫正期限届满，或者暂予监外执行的社区矫正对象，在社区矫正期间届满，社区矫正机构必须依法按期解除矫正。

上述情形因为减刑而缩减矫正期限的，缩减后的矫正期限届满，也必须依法解除社区矫正。

三、社区矫正解除的程序

（一）做好解除矫正前的准备工作

根据《社区矫正法实施办法》第53条中规定，社区矫正期满前30日，社区矫正对象应当作出个人总结，执行地县级社区矫正机构应当根据其在接受社区矫正期间的表现等情况作出书面鉴定，并对安置帮教等内容提出建议，告知社区矫正对象安置帮教的有关规定，与安置帮教工作部门妥善做好衔接工作。在实务过程中，司法所应当对矫正期满的社区矫正对象进行解除矫正前的谈话，巩固教育矫正效果，并督促社区矫正对象写出个人书面总结，司法所根据其在矫正期间的表现、考核结果、社区意见等情况作出书面鉴定，填写社区矫正期满鉴定表。

（二）制发解除矫正文书

《社区矫正法实施办法》第53条中规定，执行地县级社区矫正机构应当向社区矫正对象发放解除社区矫正证明书，并书面通知社区矫正决定机关，同时抄送县级人民检察院和公安机关。管制、缓刑、假释人员社区矫正期限届满当日，人民法院决定暂予监外执行罪犯刑期届满当日，司法所制作解除社区矫正宣告书；县（市、区）司法行政机关应制作解除社区矫正证明书，上联存档，同时将上联复印件送达司法所，下联由司法所在解除社区矫正宣告后发放给社区矫正对象。同时制作解除社区矫正通知书，第一联县级司法行政机关存档，第二联送原作出裁判、决定的人民法院，第三联送居住地人民检察院，第四联送居住地公安机关。

（三）公开进行解除宣告

《社区矫正法实施办法》第54条中规定，社区矫正对象矫正期满，执行地县级社区矫正机构或者受委托的司法所可以组织解除矫正宣告。解除宣告应当庄重、严肃，由司法所工作人员主持，按照规定程序公开进行，参加人员包括有关部门、基层组织、群众代表、社区矫正对象所在单位有关人员、社区矫正对象的家庭成员或者监护人、保证人等，可邀请法官、检察官和公安警察参加解矫宣告。对未成年社区矫正对象的宣告不公开进行。解除宣告的内容应当具体明确。解矫宣告包括以下内容：（1）宣读对社区矫正对象的鉴定意见；（2）宣布社区矫正期限届满，依法解除社区矫正；（3）对判处管制的，宣布执行期满，解除管制；对宣告缓刑的，宣布缓刑考验期满，原判刑罚不再执行；对裁定假释的，宣布考验期满，原判刑罚执行完毕。

（四）通知有关部门

社区矫正对象期满解除矫正的，县级社区矫正机构要书面通知决定机关，送达解除社区矫正通知书，同时抄送县级人民检察院和公安机关。

（五）做好与安置帮教的衔接工作

司法所要向社区矫正对象告知安置帮教有关规定，并与安置帮教部门提前沟通情况，及时转交相关材料，妥善做好交接，努力实现社区矫正与安置帮教的无缝对接。

四、解矫教育

（一）解矫教育的概念

解矫教育是社区矫正机构对处于解矫前的社区矫正对象进行的，以适应社会生活为主题的，带有总结性、补课性的专项教育活动。它是教育矫正的最后一道工序，是针对即将解矫的社区矫正对象如何正确适应社会生活、防止重新违法犯罪而进行的强化措施。解矫教育时间通常为矫正期限届满前1个月。

河北省司法厅《关于加强社区服刑人员教育管理工作的意见》中指出，解矫教育的目的是，辅导社区矫正对象做好自我鉴定；结合社区矫正对象的自我鉴定，引导社区矫正对象巩固教育成果，增强社会责任意识；根据社区矫正对象解矫后的社会交往、就学、就业、创业及生活、工作需求，进一步强化社会关系修复、职业技能培训、就业创业辅导及生活工作方向引导，为其全面融入社会助推力量。

（二）解矫教育的内容

解矫教育主要包括以下内容：

1. 期满总结教育

期满总结教育是指辅导社区矫正对象回顾、总结接受社区矫正以来的思想转变、矫正表现、矫正效果等情况，进一步认识不足，明确方向。司法所应当在矫正期限届满前，指导社区矫正对象进行自我总结，填写社区矫正期满鉴定表。开展期满总结教育是为了教育引导社区矫正对象客观地总结过去取得的成绩和存在的问题，巩固矫正成果。在总结教育过程中，要教育社区矫正对象克服“松口气”的思想，消除浮躁心态，要求他们客观全面地总结教育矫正过程，重点总结在法制观念、思想道德、文化技术及纪律作风等方面的变化或收获，特别要注意目前存在的不足，以明确真正回归社会后的教育重点。社区矫正对象自我总结过程中，要坚持实事求是原则，不能夸大也不能缩小，更不得杜撰。社区矫正对象总结矫正生活主要运用对比和启发。所谓对比法，就是引导社区矫正对象进行自我矫正前后的对比，自己与同犯的矫正相对比，在比较中发现自己的进步和存在的各种不足。启发法，就是通过与罪犯个别谈话和组织罪犯的矫正总结座谈汇报会，启发罪犯做好总结。

2. 适应社会教育

适应社会教育主要指帮助社区矫正对象顺利实现社会角色的转变。角色是对群体或社会中具有一定身份的人的行为期待。① 社会赋予不同社会角色以不同的期望。违法犯罪行为使社区矫正对象社会地位被贬降，被赋予“犯罪人员”“罪犯”“坏人”等社会角色，社会对他们的角色期望是认罪服法、遵规守纪，但大多数社区矫正对象希望通过努力，改变社会赋予角色，重获社会地位。解矫后，社区矫正对象由罪犯的角色转变为自由公民，社会要求他们遵纪守法，不再违法犯罪。这就要求社区矫正机构在解矫过程中进行必要的教育，如加强守法意识教育，帮助社区矫正对象确立自己的理想，教育他们正确看待生活中的挫折，学会处理人际关系紧张等社会排斥现象。

3. 心理健康辅导

通过心理健康教育、心理咨询、期满前心理测试等，了解社区矫正对象矫正初期和结束时的心理变化情况，肯定积极成果，提示仍然存在的不足，给出抑扬良方，鼓励社区矫正对象做好正式回归社会的心理准备工作。

4. 安置帮教衔接教育

对于即将解矫的社区矫正对象，告知安置帮教工作的性质及相关工作内容，引导其鼓足工作、生活信心，全面开始创造新的生活，坚决摒弃错误观点及不良心理、行为习性；放下包袱，一路向前向上，绝不重蹈覆辙；有困难、有疑惑及时与安置帮教部门沟通，请求帮助。

（三）解矫教育的组织实施

1. 组织撰写个人总结

2004 年司法部出台的《司法行政机关社区矫正工作暂行办法》第 36 条规定，被判处管制、宣告缓刑、裁定假释的社区矫正对象，应当在矫正期满 30 日由本人作出书面总结，由司法所出具相关考核鉴定材料，依照法定程序终止社区矫正。由此，社区矫正工作人员应当督促和指导社区矫正对象在矫正期满前 30 日内，完成矫正期满书面总结。矫正总结主要包括“矫正收获”、“存在问题”和“今后打算”等方面，对自身的思想观念、遵纪守法、接受管理、参加教育与社区服务等方面进行梳理总结。

2. 梳理矫正情况

社区矫正工作人员应当对即将解矫的社区矫正对象在矫正期间的情况进行全面调查，并对其矫正情况作出客观分析。社区矫正工作人员通过查阅社区矫正对象的执行档案与工作档案，如考核奖惩材料、思想汇报、教育矫正记录、走访记

① ［美］戴维·波普诺：《社会学》，李强等译，中国人民大学出版社 1999 年版，第 97 页。

录等，了解社区矫正对象的日常表现。此外，社区矫正工作人员可以通过个别谈话的方式，让社区矫正对象自述矫正体会，以达到对档案材料的印证。

3. 提出希望要求

在社区矫正对象提交书面总结后，司法所应当会同公安派出所及时召开由司法所工作人员、公安派出所民警、村（居委会、社区）干部、帮教小组代表、社区矫正志愿者、社区矫正对象及其家属等相关人员参加的评议会，对社区矫正对象的社区矫正情况进行综合评议。

社区矫正期满评议会的基本程序为：社区矫正对象回顾总结自身矫正情况；司法所矫正责任人结合社区矫正对象的实际表现进行讲评，并介绍奖惩考核等方面的有关情况；与会的司法所工作人员、公安派出所民警、居委会（社区）干部、帮教小组代表以及社区矫正志愿者，对社区矫正对象的矫正表现进行评议；社区矫正对象对评议提出的意见或要求表态，其中如涉及对其家属的意见或要求时，家属也应当进行表态；司法所所长对评议情况进行小结，在此基础上形成明确的评议结果并当场宣读；公安派出所所长或民警对社区矫正对象提出希望和要求。

延伸阅读

河南发出首张禁止令：18 岁青年被禁缓刑期内驾车

5 月 1 日起开始实施《刑法修正案（八）》，首次对法院颁布禁止令作出规定。昨天，记者从开封县法院获悉，该院在公开宣判被告人马某某交通肇事一案中，对当事人马某某出“禁止令”，禁止其在缓刑考验期限内驾驶机动车。《刑法修正案（八）》实施后，这是河南省法院发出的首张“禁止令”。

交通肇事致人死亡被禁驾驶机动车

被“禁止”的马某某刚满 18 周岁。去年他驾车肇事致人死亡时，还未年满 18 周岁。

2010 年 12 月 28 日，他无证驾驶两轮摩托车与王某相撞，王某经抢救无效死亡。事发后，马某某驾车逃逸。经交通事故责任认定，马某某负全责。

法院审理认为，马某某的行为已构成交通肇事罪，在发生事故后逃逸，应处 3 年以上 7 年以下有期徒刑。由于马某某犯罪时未成年，依法应当对其从轻或减轻处罚，其认罪态度较好，又能积极对被害人家属进行赔偿，取得谅解，有悔罪表现，对其适用缓刑不致再危害社会。

法院判决马某某犯交通肇事罪，判处有期徒刑3年，缓刑3年。同时发出“禁止令”：禁止马利蒙在缓刑考验期限内从事驾驶机动车辆的活动。

——大河网，2011年5月4日，记者周斌　实习生习宜豪
通讯员朱登博报道

温州签发全国首张缓刑“禁止令”　杜绝再次犯罪

贩卖毒品的小许被判缓刑期间“禁止涉毒”，一旦违反有可能被马上收监。

小许，18岁（犯罪时未满18周岁）。去年6月，他只身来到温州打工，在一家摄影工作室当学徒。

2010年年底，小许的父亲不幸患了重病，拿不出医药费，每个月只拿几百元学徒工资的小许犯了愁。这时他在网吧认识了一个“老大”，“老大”告诉他只要帮忙送毒品，就能拿到每天150元的报酬。

小许动心了。2011年1月25日，受“老大”指使，小许在市区康华路康华桥上以2750元的价格，将一小包海洛因贩卖给他人时，被公安机关当场抓获，查获的毒品重3.32克。

法院认为，小许行为已构成贩卖毒品罪，应予处罚。

鉴于他犯罪时未满18周岁，在共同犯罪中起次要作用，系从犯，应依法从轻处罚。而且小许在归案后能自愿认罪，有悔罪表现，又是初犯、偶犯，还可酌情从轻处罚并依法适用缓刑。

最终，小许被判处有期徒刑8个月，缓刑1年，并处罚金人民币1000元；在缓刑考验期间须在法院指定的帮教基地企业内工作、生活。

为了让他与贩毒相关活动彻底隔断，杜绝再次犯罪，法院还对他发出“禁止令”：禁止接触毒品及涉毒人员。

——《钱江晚报》，2011年5月4日

第十章

矫 正 教 育

矫正教育，是指社区矫正机构为转变社区矫正对象的不良心理和行为恶习，促进其再社会化而采取的各种形式的教育活动。矫正教育是社区矫正的基本内容和重要任务之一。矫正教育直接关系到社区矫正对象不良心理和行为恶习的转变，关系到其重新融入社会的能力和持续性。矫正教育的具体内容应体现刑事执行目的，教育手段和方式具有一定强制性。矫正教育的主体有广泛的社会参与性，有利促进其再社会化。矫正教育根据社区矫正对象所处的不同阶段，可分为入矫教育、日常教育和解矫教育。根据矫正教育的内容不同，可分为思想道德教育、法治教育、行为规范养成教育、心理健康教育、职业技能培训和就业与社会生活指导。根据矫正教育的形式不同，可分为集体教育、个别教育和分类教育。

第一节　矫正教育的基本原则

矫正教育的基本原则，是指社区矫正工作者在矫正教育过程中应当遵循的基本准则和行动指南。主要包括以下五个基本原则：

一、因人施教原则

因人施教原则是指社区矫正工作者从社区矫正对象的实际出发，根据他们的个人特点而采取相应教育内容和教育形式的原则。《社区矫正法》第 3、24 条都明确提出了个别化矫正的要求。第 36 条第 2 款进一步规定："对社区矫正对象的教育应当根据其个体特征、日常表现等实际情况，充分考虑其工作和生活情况，因人施教。"社区矫正法明确提出了因人施教原则。

因人施教是教育学的基本教育规律之一。对社区矫正对象矫正教育过程中贯彻因人施教原则，应当把握以下三个方面：

1. 掌握社区矫正对象的个体特征、日常表现等实际情况。从目前社区矫正的4类适用对象来看，一些社区矫正对象来自监狱、看守所，有过监禁矫正经历；一些社区矫正对象直接根据人民法院的判决、宣告或决定进入社区矫正机构矫正。他们在犯罪原因、犯罪性质、刑罚种类等方面都有差异。每个社区矫正对象还有个性、家庭环境、文化程度、生活经历等不同。所以，了解和掌握社区矫正对象的个性特征、日常表现等实际情况是贯彻因人施教原则的前提。社区矫正对象的个体特征、日常表现主要包括：性别、年龄、民族、心理特点、健康状况、家庭环境、文化程度、生活经历、犯罪原因、犯罪手段、犯罪性质、犯罪情节、悔罪表现、刑罚种类、矫正期限、主观恶性程度等。对于假释的社区矫正对象和暂予监外执行的社区矫正对象，还包括服刑期间的日常表现。社区矫正工作者可以通过查阅档案、个别谈话及定期走访等方法，详细、准确地掌握每个社区矫正对象的实际情况，为采取有针对性的教育措施提供条件。

2. 充分考虑其工作和生活情况。社区矫正工作者对社区矫正对象开展矫正教育时，需要充分考虑其工作和生活情况。《社区矫正法》第4条第2款规定，“社区矫正工作应当依法进行，尊重和保障人权。社区矫正对象依法享有的人身权利、财产权利和其他权利不受侵犯”。社区矫正对象身份的双重性，既是一个罪犯也是一个普通公民，为了促进其重新融入社会，工作是其最基本的生活保障。社区矫正工作者在采取教育措施，开展教育活动时，要尽量避免对社区矫正对象的工作和生活造成不利影响。

3. 制订个性化的矫正教育计划。在掌握了社区矫正对象的个性特征、日常表现等实际情况后，社区矫正工作者要制定个性化的教育矫正计划。精选教育内容、运用恰当的教育方法、采取不影响其工作和生活的教育形式，有的放矢，对症下药，这样才能取得良好的教育效果。例如，对就业困难的社区矫正对象开展职业技能培训、就业指导；对未成年社区矫正对象的教育，要坚持教育为主、惩罚为辅原则，思想政治教育以塑造社会品格为主，同时注重亲情教育。对于女性社区矫正对象的矫正教育，要注重女性生理、心理知识教育，充分发挥家庭教育的优势。

二、因地制宜原则

因地制宜原则是指社区矫正工作者应当根据不同的教育环境和教育条件采取不同的矫正教育措施的原则。《社区矫正法》第38条规定，居民委员会、村民委员会可以引导志愿者和社区群众，利用社区资源，采取多种形式，对有特殊困难的社区矫正对象进行必要的教育帮扶。对于专业社会组织发育较成熟的地区，社区矫正机构可以通过公开择优购买社区矫正社会工作服务或者其他社会服务，为社区矫正对象在教育、心理辅导、职业技能培训、社会关系改善等方面提供必要的帮扶。

社区矫正工作者要从本地区实际出发，因地制宜地开展矫正教育活动。在城市和比较发达的小城镇社区，社区矫正工作者可以利用辖区内的各种社会资源对社区矫正对象开展教育活动。例如，利用设施资源中的高等院校、科研机构以及教育（培训）设施，人力资源中的志愿者、社区群众，智力资源中的专家、学者等。在农村社区，社区矫正工作者可以利用关系资源汇总的血缘关系和邻里关系优势开展矫正教育活动。

三、循序渐进原则

循序渐进原则是指社区矫正工作者遵循人的认识能力发展的客观规律，有计划、有步骤地对社区矫正对象开展教育活动的原则。

在社区矫正对象矫正教育过程中贯彻循序渐进原则，应当从以下两个方面着手：

第一，根据认识转化规律制订科学的教育计划。要根据教育矫正的内容，结合社区矫正对象的实际需求编制教育计划。在制订教育计划时，既要考虑教育内容的连贯性和系统性，又要注意社区矫正对象的认识水平和接受能力，做到内容充实、目标明确，以保证教育工作循序渐进地进行。同时，社区矫正工作者要及时掌握社区矫正对象接受教育的实际情况，进而适时地调整教育内容与方法。

第二，必须坚持不懈、持之以恒。社区矫正工作者应当认识到犯罪心理具有稳定性和顽固性，人的思想转化具有反复性和复杂性。教育矫正的实践证明，几乎没有一个罪犯是不经过反复的，有的还出现多次反复。矫正教育的实质是改变社区矫正对象原有的价值观念、道德标准和行为方式，向其灌输符合社会规范的价值体系和行为准则，确立新的生活目标。对社区矫正对象的矫正教育需要大量的、长期的、细致的工作，社区矫正工作者必须坚持不懈、持之以恒，要克服“急于求成”的思想、“跳跃式”的教育方式以及“简单、粗暴”的教育方法。

四、分类教育原则

矫正教育中的分类教育原则是指在分类管理、分类处遇、分类矫治基础上，针对不同类型社区矫正对象开展的行之有效的教育改造方法和措施的原则，重在关注罪犯的类型性问题。《社区矫正法》第 24 条规定：“社区矫正机构应当根据裁判内容和社区矫正对象的性别、年龄、心理特点、健康状况、犯罪原因、犯罪类型、犯罪情节、悔罪表现等情况，制定有针对性的矫正方案，实现分类管理、个别化矫正……”在社区矫正的管理和教育中，分类管理与分类教育具有内在关联性，是一个不可分割的整体，分类管理是保障，分类教育才是目的和归宿，只有把分类管理做到位，才能保证分类教育的效果。分类教育追求的目标是实现最好的教育和矫正效果，这种目标的实现与社区矫正对象的知识结构、学历水平、价值观念等人格因素关系更密切。我国社区矫正的矫正教育工作应当在综合性教育的基础上分别制定不同的矫正教育方案，对不同类型的社区矫正对象实施不同方案的矫正教育。

正确的分类管理有利于对社区矫正对象进行分类教育。对于罪行较重、人身危险性大的社区矫正对象，需要严格监管，督促其自觉配合社区矫正监管接受教育。对于罪行较轻、人身危险性小的社区矫正对象，一般具有较高的自觉性与主动性，能够积极配合社区矫正机构的教育活动，只需宽松管理即可。这种结合监管实行分级分类的矫正教育方式，能有效防范社区矫正对象重新违法犯罪，实现矫正教育针对性和安全性的双重结合。

五、社会参与性原则

社区矫正不同于监禁矫正的显著特点就在于将犯罪人置于社区内开展教育矫正，参与主体的社会化、教育环境的社会化、教育项目的社会化正是社区矫正的优势所在。社区矫正机构可以利用社区开放、平等的环境及社区的教化、经济生活、社会福利保障等功能，不至于将犯罪人与社会分隔开，避免交叉感染，快速使犯罪人回归社会。

《社区矫正法》第五章“教育帮扶”中的第35、37、38、39、40、41条过半数以上的条文都规定了社会力量参与社区矫正教育帮扶的内容。社会参与性原则主要体现在社区矫正机构可以通过公开择优购买社会服务；居民委员会、村民委员会可以引导志愿者和社区群众，利用社区资源、采取多种形式，对特殊困难的社区矫正对象进行必要的教育帮扶。社区矫正对象的监护人、家庭成员、所在单位或者就读学校应当协助社区矫正机构做好对社区矫正对象的教育。

第二节　矫正教育的基本内容

矫正教育的基本内容，直接关系到社区矫正工作的开展，直接影响着矫正教育工作计划的制订和实施。因此，只有深入研究矫正教育的基本内容，才能制定出切实可行的矫正教育方案，才能使矫正教育工作规范有序。

一、思想道德教育

（一）思想观念教育

一般我们把世界观、人生观、价值观称为三观。世界观是指对待世界的立场、观点和方法。人生观是关于人生的价值、生活的目的与意义的根本看法和观点。它主要回答人的本质，人生的价值、目的和理想等方面的问题。价值观是指社会成员用来评价行为、事物以及从各种可能的目标中选择自己合意目标的准则。个人的价值观主要表现为个人判断是与非、好与坏、善与恶、美与丑的标准。① 一般来说，人生观教育和价值观教育更能引起社区矫正对象的思考。

1. 人生观教育。这是指为了让社区矫正对象树立正确的人生观并帮助他们正确对待和处理人生问题而进行的教育。在对社区矫正对象进行人生观教育时，社区矫正工作者应着重加强以下几个方面：一是人的本质的教育。教育社区矫正对象认识人的本质是社会关系的总和，是历史的、具体的，帮助他们破除"人的本质是自私的""人的本性就趋利避害，追求感官快乐"等错误的人生观。二是人的社会价值的教育。教育社区矫正对象认识个人价值和社会价值是统一的，消除各种错误的人生观，如享乐主义、个人主义等，帮助他们重塑人的社会价值。三是人生观与犯罪关系的教育。帮助社区矫正对象认识到错误的人生观是他们走上违法、犯罪的根本原因。

2. 价值观教育。这是指为了让社区矫正对象形成正确的价值观念和进行恰当的价值评价而开展的教育。在对社区矫正对象进行人生观教育时，社区矫正工作者应当侧重以下内容：一是转变社区矫正对象错误的价值观念，即矫正他们只讲个人价值，不讲社会价值。注重奢侈享受，忽视劳动创造等错误的价值观念。教育他们要以劳动确立自身价值，以社会评价衡量自身价值。二是更新社区矫正对象的价值评价，即矫正他们以个人需要、利益为核心，以金钱、权力、享受和实用为尺度的错误的价值评价，帮助他们正确认识上述问题，建立符合社会需求的价值评价体系。三是完善社区矫正对象的价值实现，即教育他们认识到自身的努力是实现人生价值的根本。

（二）道德教育

道德教育是指为了让社区矫正对象遵守道德规范和提高道德修养而进行的教育。

道德是人类社会生活中依靠内在信念、社会舆论和传统习惯来调整人与人之

① 吴宗宪主编：《刑事执行法学》，中国人民大学出版社 2007 年版，第 414 ~ 415 页。

间、个人与社会之间关系的行为规则和规范的综合。从因果关系来讲，多数罪犯的犯罪行为，是错误的思想观念和道德败坏的结果。道德教育是对社区矫正对象更高层次要求的体现，知法守法是最低限度，从更高层次来说，则应提高他们的道德观念，唤起他们的良知，重塑他们向善的内心体验。开展道德教育可以改变社区矫正对象原有的道德标准和价值体系，用新时代公民道德标准去指导他们的行为，不断提高其道德修养。

社区矫正机构开展道德教育，可以根据 2019 年 10 月 27 日中共中央国务院印发的《新时代公民道德建设实施纲要》的要求，通过各种形式和各种载体进行。要把社会公德、职业道德、家庭美德、个人品德建设作为道德建设的着力点。推动践行以文明礼貌、助人为乐、爱护公物、保护环境、遵纪守法为主要内容的社会公德，鼓励人们在社会上做一个好公民；推动践行以爱岗敬业、诚实守信、办事公道、热情服务、奉献社会为主要内容的职业道德，鼓励人们在工作中做一个好建设者；推动践行以尊老爱幼、男女平等、夫妻和睦、勤俭持家、邻里互助为主要内容的家庭美德，鼓励人们在家庭里做一个好成员；推动践行以爱国奉献、明礼遵规、勤劳善良、宽厚正直、自强自律为主要内容的个人品德，鼓励人们在日常生活中养成好品行。

社区矫正机构开展道德教育，要抓住以下重点：第一，理想信念教育。理想信念指导人生方向，引领道德追求。第二，社会主义核心价值观的培育和践行教育。社会主义核心价值观是当代中国精神的集中体现，是凝聚中国力量的思想道德基础。要将社会主义核心价值观要求融入社区矫正对象的日常生活，从细节入手，从小事着手，从实处下手。第三，中华传统美德教育。社区矫正工作者要充分发掘中华优秀传统文化经典、历史遗存、文物古迹承载的丰厚道德资源，弘扬古圣先贤、民族英雄、志士仁人的嘉言懿行，让中华文化基因更好植根于社区矫正对象的思想意识和道德观念。通过深入阐述中华优秀传统文化蕴含的讲仁爱、重民本、守诚信、崇正义、尚和合、求大同等思想理念，深入挖掘自强不息、敬业乐群、扶正扬善、扶危济困、见义勇为、孝老爱亲等传统美德，丰富社区矫正对象的精神世界。第四，弘扬民族精神和时代精神的教育。社区矫正工作者应大力倡导解放思想、实事求是、与时俱进、求真务实的理念，倡导“幸福源自奋斗”“成功在于奉献”“平凡孕育伟大”的理念，弘扬改革开放精神、劳动精神、劳模精神、工匠精神、优秀企业家精神、科学家精神，通过先锋模范的宣讲等形式，使全体社区矫正对象重回昂扬向上、奋发有为的精神状态。

（三）形势政策教育

形势政策教育是思想政治教育的重要内容，也是每个社区矫正对象必须接受的教育活动。

形势与政策教育着重进行党的基本理论、基本路线、基本纲领和基本经验教育；进行我国改革开放和社会主义现代化建设的形势、任务和发展成就教育；进行党和国家重大方针政策、重大活动和重大改革措施教育；进行当前国际形势与国际关系的状况、发展趋势和我国的对外政策，世界重大事件及我国政府的原则立场教育；进行马克思主义形势观、政策观教育。

形势与政策教育的目的在于帮助社区矫正对象了解社会形势，适应社会生活，消除思想疑虑，增强回归社会、与社会相融合的信心。

社区矫正工作者开展形势与政策教育要坚持与时俱进和以人为本的原则。与时俱进原则是指要根据时代变革和社会进步的发展需要，努力研究社区矫正对象所面临的社会现实，探索规律，总结新方法，对社区矫正对象形势政策教育的内容实现理论创新、方法创新，把握时代发展的脉搏，符合时代的价值追求。以人为本的原则是指要从社区矫正对象的自身情况和特点出发，针对他们回归社会的实际需要，科学地安排教育内容，选择生动活泼的教育形式，体现人文关怀，调动社区矫正对象的学习积极性。

二、法治教育

《社区矫正法》第36条第1款规定，“社区矫正机构根据需要，对社区矫正对象进行法治、道德等教育，增强其法治观念，提高其道德素质和悔罪意识”。在全面推进法治政府、法治国家和法治社会建设的大背景下，提高每个公民包括社区矫正对象的法治道德水准，是一项重要的教育任务。对于社区矫正对象而言，具体包括的遵规守纪教育、法律常识教育、认罪悔罪教育和行为规范养成教育。

（一）遵规守纪教育

社区矫正对象在矫正期间应遵守刑法、刑事诉讼法和国务院司法行政部门的各项监督管理规定，所以，遵规守纪教育应贯穿社区矫正全过程。《社区矫正法》第23条规定：“社区矫正对象在社区矫正期间应当遵守法律、行政法规，履行判决、裁定、暂予监外执行决定等法律文书确定的义务，遵守国务院司法行政部门关于报告、会客、外出、迁居、保外就医等监督管理规定，服从社区矫正机构的管理。”按照《社区矫正法》第19条第2款规定，社区矫正对象在入矫前已经接受社区矫正决定机关的教育，告知其在社区矫正期间应当遵守的规定以及违反规定的法律后果，责令其按时报到。社区矫正机关在办理入矫登记接收后，首先需要告知矫正期间应当遵守的规定，即明确自己的权利和义务，知道什么事情应该做、什么事情不应该做。遵规守纪教育是社区矫正工作顺利进行的重要保证，有利于行为规范养成。

（二）法律常识教育

法律常识教育是指为了让社区矫正对象掌握必要的法律常识而进行的教育。

知法是守法的前提，法律知识淡薄是多数社区矫正对象走上违法、犯罪道路的重要原因。法律常识教育是非常重要的一项内容。

社区矫正工作者在进行法律常识教育时，可以从以下几个方面展开：第一，中国特色社会主义法治理论教育。让社区矫正对象认识到依法治国是我国基本的治国方略，法治是主导的、基本的治国方式，引导社区矫正对象树立对宪法和法律的敬畏感，增强法治观念。第二，现行与社区矫正对象现实生活紧密相关的主要法律、法规教育。例如，《刑法》《刑事诉讼法》《社区矫正法》以及社区矫正各项规章制度；《民法典》《民事诉讼法》《劳动法》《治安管理处罚法》等法律常识的教育，使社区矫正对象了解上述法律的性质、功能，引导社区矫正对象运用法治思维解决问题、用法治方式维护合法权益，增强法律意识和法治观念。第三，根据社区矫正对象所犯罪名的不同开展分类教育，引导社区矫正对象将上述法律知识与自身的罪名相结合，使其更深刻地认识到自己行为的社会危害性，更好地反省自己，在潜移默化中树立较强的规范意识和是非观念，达到“内化于心”的法治教育效果。

（三）认罪悔罪教育

认罪、悔罪教育是指社区矫正工作者针对社区矫正对象对所犯罪行不承认、悔过的现象而开展的教育。

根据司法部2007年7月4日印发的《教育改造罪犯纲要》的精神，社区矫正对象认罪、悔罪教育的目标是：承认犯罪事实，正确分析犯罪原因，正确认识犯罪危害，破除不认罪的思想以及交代隐瞒的余罪，并对自己的犯罪行为表示悔恨，决定改过自新。

认罪悔罪是社区矫正对象接受矫正的前提和基础。马克思主义理论认为，人的行为受其主观意识的支配。只有社区矫正对象正确认识到自己的犯罪行为，才能安心接受矫正。有些社区矫正对象虽然已经被判处刑罚，却仍然没有真正承认犯罪和认可刑罚，不认罪主要有以下几种表现：无罪论（否认自己的犯罪行为是犯罪）；轻罪重判论（承认犯罪，但罪行不重，判刑过重）；犯罪外因论（把犯罪的主要原因推向客观，妄图推卸罪行）；有错无罪论（把犯罪行为视为一般性的错误，因而感到不该定罪判刑）等。[①] 在认罪教育中，社区矫正工作者要针对上述不认罪的错误观念，坚持以理服人原则，加强思想疏导，组织开展有目的的批判，纠正社区矫正对象的错误认识。因此，认罪、悔罪教育是法治教育中一

① 杜雨主编：《监狱教育学》，法律出版社1996年版，第153页。

项重要的内容。

开展认罪、悔罪教育要坚持集体教育与个别教育相结合的策略。社区矫正工作者运用集体教育可以解决认罪教育中的共性问题，从分析社区矫正对象如何走上犯罪道路和认识犯罪造成的危害入手，讲明认罪教育的目的、意义和要求，讲明认罪与守法的关系、认罪与改造的关系、认罪服法与改造前途的关系。个别教育是开展认罪、悔罪教育的重要手段。个别教育前，社区矫正工作者一定要熟悉案情，熟知不认罪的表现；在教育过程中，要坚持正面启发、诱导，对其错误的思想观点据理驳斥。同时，在认罪教育过程中，社区矫正工作者既要坚定信心，又要耐心等待，不要怕社区矫正对象思想认识上的反复，并且要集中全力找出其不认罪的关键所在，对症下药，这样才能取得良好的教育效果。

三、行为规范养成教育

社区矫正对象是因其行为触犯法律而受到刑事处罚的。这种违法犯罪行为不是天生的，而是后天习得产生的，是社区矫正对象个体与社会环境、社会文化交互作用产生的。一些社区矫正对象在违法或犯罪行为形成过程中，还养成了一些行为恶习，需要社区矫正机构对其进行行为规范养成教育。

行为规范养成教育是指社区矫正机构依据有关法律法规，运用行为管理的科学知识，有针对性、有目的地矫治社区矫正对象的行为恶习或不良行为，使其养成良好行为习惯的活动。对社区矫正对象的行为规范养成教育具有强制性、被动型和长期性的特点。强制性是由社区矫正的刑事执行本质特征所决定的。被动性主要体现在社区矫正对象是在社区矫正机构的监督下养成良好的行为习惯。一旦无人监督，可能会故态复萌。长期性主要体现在社区矫正对象的违法行为、犯罪行为及行为恶习是在个体因素与社会环境交互作用下，经过长期演变逐渐形成的。对其违法行为、犯罪行为及行为恶习进行矫正需要较长的时间，尤其是一些恶习较深的社区矫正对象的行为矫正和良好行为习惯养成所需要的时间更长。

社区矫正工作者对社区矫正对象进行行为规范养成教育主要包括以下具体内容：第一，矫正粗野的言语、野蛮的行为，养成文明的言谈举止；第二，矫正损人利己的行为，养成助人为乐的行为习惯；第三，矫正破坏公物的行为，养成爱护公物的行为习惯；第四，矫正不遵纪守法的行为，养成遵守法律、自觉维护公共秩序的行为习惯。①

在行为规范养成教育中，社区矫正工作者需要特别注意以下几个方面：第

① 夏宗素主编：《矫正教育学》，法律出版社2007年版，第186~187页。

一，要有耐心和恒心。对社区矫正对象不良行为与恶习的矫正，是一件非常艰巨的事情，必须通过长期的、艰苦的教育、训练与养成过程。第二，要以身示范。社区矫正工作者也是教育工作者，为人师表。教育工作者的神圣职责，是不仅要言传，而且要身教，要以身示范。不准社区矫正对象做的，社区矫正工作者首先不做，用自身的模范行为以身示范，进行潜移默化、耳濡目染的感化。同时，社区矫正工作者只有以身示范，才能取得社区矫正对象的信任，受到社区矫正对象的尊重，树立威信。

四、心理健康教育

犯罪的原因是多方面的，人格缺陷及心理疾病是其中相当重要的因素。社区矫正对象大多存在各种各样的心理问题，如抑郁悲观、自暴自弃、冷漠消极、自我封闭、仇视社会、对抗矫正等。准确的判断心理问题并采取有效措施予以矫治，对于社区矫正的顺利开展、社区矫正对象社会危险性因素的排除乃至重新回归社会都大有裨益。在日常教育阶段，心理健康教育是社区矫正教育的重要内容。心理健康教育的内容和具体开展，详见本教材第十四章的内容。

五、职业技能培训

职业技能培训是指为了提高社区矫正对象的职业技能水平而进行的培训。

职业技能培训是社区矫正教育的特定内容。《社区矫正法》第37条明确规定，“社区矫正机构可以协调有关部门和单位，依法对就业困难的社区矫正对象开展职业技能培训、就业指导，帮助社区矫正对象中的在校学生完成学业”。

现代科学技术的发展，使人们在职业上有了更大的选择范围，同时也对从事某一职业的人员提出更高的职业技能要求。社区矫正对象中的一些罪犯由于不具有一技之长，或者原先所具有的职业技能已不适应社会发展的需要，在就业过程中处处碰壁。社区矫正对象因缺乏符合市场需求的职业技能而无法就业，影响其真正融入社会群体，也是导致其重新违法、犯罪的关键因素。职业技能培训在预防重新犯罪方面具有积极意义。社区矫正对象重新违法犯罪是世界各国共同面临的社会问题。社区矫正对象的重新违法犯罪原因是多方面的，其中一个重要原因就是不能自谋生计，做不到自食其力。通过职业技能培训，使社区矫正对象学习、掌握一定的职业技能，能够找到适宜自己的职业，做到自食其力，就可以不再为生计而困扰。即使是一些对自己违法犯罪行为认识尚没有完全转变的社区矫正对象，也因有一个适合自己的职业而不再铤而走险，重新违法犯罪。

由于对社区矫正对象的职业技能培训包含的种类较多，范围较广，所以仅依靠社区矫正机构自身的力量和人员显然是难以做到的。开展职业技能培训，应当充分利用社区资源，充分动员社会力量。社区矫正机构在对社区矫正对象进行需求评估的基础上，结合他们的自身特点，选择适合的培训项目。目前，一些地方社区矫正机构坚持“本人自愿、项目自选、政府组织、免费培训”的原则，通过与当地人力资源和社会保障部门合作，对没有自谋职业能力的社区矫正对象，在一定时间内免费给予职业技能培训。有些地方的社区矫正机构通过公开择优购买专业社会服务的方式，由专业社会组织或资质信誉良好的职业技能培训机构为社区矫正对象提供职业技能培训。此外，还有些地区的社区矫正机构通过集中办班的方式进行职业技能培训，即聘请专家、学者、技术人员等，成立专门的培训班，定期为社区矫正对象进行职业技能培训。

在社区矫正过程中，各地对社区矫正对象的职业培训进行了广泛的实践探索和形式创新，归纳起来大致有以下六种模式：①

1. 建立就业与职业培训基地模式

社区矫正机构与社会单位合作或者投入专项基金建立就业培训基地，社区矫正对象在公益活动过程中培训职业技能，从而实现就业。

2. 定点学校、插班培训模式

社区矫正机构与培训单位合作，由社区矫正对象各自选择参加培训单位，且该单位是针对社会开办的职业培训。

3. 集中办班培训模式

成立专门的培训班，定期对社区矫正对象进行职业培训。

4. 定向安置培训模式

与社会单位合作，根据用人单位的实际需要，对社区矫正对象进行各种技能的专项培训，然后由用人单位无条件进行安置。

5. 强化就业指导模式

社区矫正机构针对就业市场复杂多样化的特点，对社区矫正对象进行专门的就业指导，从就业形势、就业心理、就业包装、就业政策等方面进行教育指导，使社区矫正对象树立正确的就业观念。

6. 优惠政策促进就业模式

由政府出台优惠政策，对吸纳社区矫正对象就业的企业给予税费减免等政策上的倾斜。

---

① 荣容、肖君拥主编：《社区矫正的理论与制度》，中国民主法制出版社2007年版，第219～221页。

六、就业与社会生活指导

（一）就业指导

就业指导可分为狭义和广义两大类。狭义的就业指导，是给要求就业的劳动者传递就业信息，做劳动者和用人单位沟通的桥梁。广义的就业指导，则包括预测要求就业的劳动力资源，社会需求量，汇集、传递就业信息，培养劳动技能，组织劳动力市场以及推荐、介绍、组织招聘等与就业有关的综合性社会咨询、服务活动。社区矫正中的就业指导还应包括就业政策导向，以及与之相应的思想教育工作。

1. 就业指导的任务

就业指导的主要任务有：一是帮助社区矫正对象充分了解自己的个性特点。例如，个人的爱好、性格、知识、能力等，从而使自己对自己有全面、理性的认识。二是帮助社区矫正对象了解社会不同职业的岗位要求。例如，职业的分类、岗位的内容、岗位的知识和能力要求等。三是帮助社区矫正对象根据自身的个性特点选择适合自身的职业，也就是通常我们所说的实现人职相配，从而完成社区矫正对象的择业任务。

随着我国就业形势的日趋严峻和市场经济竞争的日臻激烈，对社区矫正对象就业的各种压力势必越来越大，若要在就业竞争中取胜，拥有一定的技巧也是必要的。

2. 就业指导的主要内容

（1）信息指导。信息指导是就业指导的基础，社区矫正机构和相关部门只有搜集和掌握了广泛的社会需求信息，才能为社区矫正对象创造尽可能多的就业机会，也才有可能对社区矫正对象进行就业指导。

（2）思想指导。思想指导是就业指导的中心，其内涵有：一是帮助社区矫正对象树立正确的择业标准。二是帮助社区矫正对象确立高尚的求职道德。三是帮助社区矫正对象选择正确的择业道路。

（3）求职技巧指导。求职技巧指导是就业指导的基本内容之一。一般来讲，面临就业选择的社区矫正对象，普遍思想准备不足，有惶恐感，在面试时比较拘谨，甚至手足无措，有的因此而错失良机。还有一些社区矫正对象不清楚各项有关的政策规定，不了解自己有哪些权利和义务，更不知道应该如何行使自己应有的权利。至于具体的招聘、应聘程序，个人表格的填写、资料的整理和使用，面对用人单位如何介绍自己，以及应有的礼仪和言谈举止，也需要进行必要的指导。这样，可以避免由于不按时到会、介绍不着边际、材料不得要领、礼貌不周、言语不当、衣冠不整、手续不全等技术原因造成的求职障碍。

（二）社会生活指导

社会生活指导是指社区矫正机构为了让社区矫正对象顺利实现再社会化，真正融入社会群体，指导其掌握和运用一定的生活技巧、生活方式，树立正确的社会生活观念和态度，形成健康、科学的生活方式，提高其社会适应能力的矫正活动。

1. 社会态度教育

社会适应是指个体为适应社会环境而改变自己的态度或行为习惯的过程。①因此，社会适应性训练与指导首先是社会态度教育。社会态度又被称为态度，是指主体对外界事物一贯的、稳定的心理准备状态或一定的行为倾向。

社会态度有以下特点：（1）内隐性。态度本身是无法直接测定的，必须从个人的行为或与行为有关的语言行为表现中间接推断出来，测定态度需要一定的中间变量。（2）方向性。态度总是具有赞成或反对的方向特点，并具有程度的差异，有时反映出态度的极端性，有时则反映出态度的中性。（3）统一性。构成态度的认识、情感和行为倾向三种成分彼此协调，是一个统一的整体。（4）复杂性。在一定条件下，个体并不是经常表现出与内心态度相一致的外部行为。（5）稳定性。在一定时期内态度保持着相对稳定的倾向。由此，我们可以看到，社区矫正对象的社会态度不是先天形成的，而是后天习得的，通过努力是可以改变的。

德国心理学家 D. 卡茨从需要满足的角度，认为态度具有以下 4 种功能：（1）适应功能。个体具有从外部环境获得奖励，避免惩罚的需要，而态度使人具有满足这种需要的功能。（2）价值表现功能。态度可以明确地显示自我的价值，具有积极的表现功能。（3）自我防御功能。态度既可以拒绝引起焦虑的外部事件，又可调节内部冲动。（4）知识功能。态度可以作为理解环境的一种手段，将它作为判断的标准或理解的参考系。所以，社会态度是社区矫正对象外在行为的决定因素，它决定着社区矫正对象信息的选择与加工，对社会刺激的认知和情绪体验。我们通过教育，使社区矫正对象对社会现实、社会情境、社会信息、社会问题以及社会矛盾等，有一个客观的认识，理性地处理社会矛盾和纠纷，避免由于偏激的处理方法使矛盾激化。

2. 生活方式优化指导

生活方式优化指导是让社区矫正对象懂得不同生活方式与心理健康的关系，了解社区矫正对象不良生活方式的具体表现及其改变方法，建立健康的生活方式。健康生活方式的培养是指宣传健康生活理念，挑战对健康有害的不良生活方式，是保证健康的身体和心理，营造美丽人生的重要途径。

---

① 王秉中主编：《罪犯教育学》，群众出版社 2003 年版，第 96 页。

生活方式优化指导是让社区矫正对象学会并实践健康的生活方式，有计划地去经营自己一生的健康；让社区矫正对象将自己的健康当作人生的起点事业去营造，健康地去经营他们的心理和生活；让社区矫正对象明白管理并用心地呵护自己的健康就是为自己负责，为家庭负责，也是为社会负责。只有拥有了健康的体魄和心灵，才能创造财富，才能实现价值。

3. 婚姻家庭关系指导

家庭是社会的细胞，是每个人社会生活的依托和归宿。社区矫正对象在社区矫正中面对的首要问题，就是正确处理婚姻家庭关系。因为婚姻家庭关系是连接个人生活和社会运行的中介。为此，婚姻家庭关系指导是社区矫正机构运用社会学、心理学等学科的理论和方法，以家庭为中心，对社区矫正对象如何处理婚姻关系和解决家庭矛盾，维护家庭完整为目的的教育活动。

4. 人际关系适应辅导

心理学认为，人类的心理适应最主要在于人际关系的适应，个体的心理健康在很大程度上有赖于个体对人际关系的适应。良好的人际关系使人获得安全感、归属感，给人精神上的愉悦和满足，促进心理健康；不良的人际关系使人感到压抑和紧张，承受孤独与寂寞，身心健康将受到损害。社区矫正对象在社区矫正中处在一种渴求交往、渴求理解的心理发展期，对其进行人际关系适应辅导正是为了满足社区矫正对象的心理需要，帮助社区矫正对象发展良好的人际交往能力，调适其人际交往偏差和心理问题，优化其人际关系以促进他们心理健康的发展。

社区矫正对象在社区矫正初期，最易产生的问题就是社区矫正适应，尤其是人际关系适应。因此，对社区矫正对象进行社区矫正人际关系适应辅导，是帮助其正视现实，了解自我，增强适应能力的重要手段。通过人际关系适应辅导，了解并帮助解决社区矫正对象的实际问题，调查并处理社区矫正对象的特殊行为问题，指导其正确处理人际关系，促进积极的社会交往等，是社区矫正对象避免并克服心理问题和心理障碍产生的有效途径。

5. 社会角色教育

社会角色是指与人们的某种社会地位、身份相一致的一整套权利、义务的规范与行为模式，它是人们对具有特定身份的人的行为期望，它构成社会群体或组织的基础。[①] 社区矫正对象在社会生活中扮演多种角色。从现有情况看，社区矫正对象的角色主要有既有现实角色、自我期望角色和社会赋予角色。既有现实角色是指社区矫正对象通过自己的活动而获得的角色，类似于社会学中所指的自致

① 郑杭生主编：《社会学概论新修》，中国人民大学出版社 2000 年版，第 139 页。

角色，如“社区矫正对象”“服刑人员”“罪犯”等。社会赋予角色是指社会赋予各种角色以一定的社会地位、权利和义务，人们由此形成了对这些角色的认知，这种认知在得到普遍认可的情况下就转变为社会认知。社会对“罪犯”“服刑人员”等角色的认知普遍偏低。自我期望角色是指很多社区矫正对象不认同自己的既有现实角色和社会赋予角色，希望通过努力改变自我，使自己获得社会认同的新角色。社区矫正工作者应当帮助社区矫正对象认清自身角色，指导他们进行正确的角色扮演，避免角色混淆和角色失败。

对社区矫正对象的社会角色教育主要包括以下内容：一是角色权利和角色义务教育。角色权利是社区矫正对象在社会生活中所享有的权利和利益。角色义务是社区矫正对象在社会生活中应尽的社会责任，包括社区矫正对象在社会生活中“必须做什么”和“不能做什么”两个方面。二是角色认识教育。社区矫正工作者要告诫社区矫正对象，他们过去的违法、犯罪行为破坏了社会秩序，但国家和社会持宽容的态度，虽然没有将他们置于监狱中，但他们仍是罪犯，让要接受改造。三是角色扮演教育。社区矫正对象在社会生活中可以同时扮演多个角色，有时会发生角色冲突。首先，社区矫正对象要认知角色规范，应当不时地提醒自己“这里是什么地方”“自己是来干什么的”，树立自律意识和遵纪守法的观念；其次，社区矫正对象要积极参与角色实践。

社区矫正工作者可以让社区矫正对象扮演不同的社会角色，让他们站在不同的立场上去体验和了解另一种社会角色的内心世界，由此来增加他们的移情能力和自我意识水平，这样有利于社区矫正对象改变过去的行为模式，逐步获取新的社会角色。比如举办“假如我是受害者”为主题的活动，让社区矫正对象扮演受害者，亲身体验受害者或亲人的内心痛苦。

延伸阅读

职业生涯规划

生涯的字面理解，“生”原意为“活着”，“涯”为“边际”，“生涯”就是指人的一生的意思，是人的一生的发展道路。它是生活中各种事件的演进方向和历程，它统合了人一生中各种职业和生活角色，由此表现出个人独特的自我发展形态。

生涯规划就是指以人的心理发展、生理开发、智力开发、技能开发、伦理开发等潜能开发为基础，以工作内容的确定和变化、工作业绩的评价、工资待遇、职称或职务的变动为标志，以满足需求为目标的工作经历和内心体验的经历。做最好的自己。

中国未来10年内最热门的十大新兴职业（2018年年数据）

企业培训师：是指能够结合经济、技术发展和就业要求，研究开发针对新职业（工种）的培训项目，以及根据企业生产、经营需要，掌握并运用现代培训理念和手段，策划、开发培训项目，制订、实施培训计划，并从事培训咨询和教学活动的人员。

社群架构运营师：是移动互联网时代新媒体营销类的新兴职业，主要职责是定位和设计企业（项目）社群，以及运营和管理社群，最终通过社群力量，激活企业用户渠道、引爆项目营销效果。

交通运输行业。

互联网服务行业。

车辆工程行业。

旅游行业。

汽车行业。

理财规划师。

生物医药研发师。

殡葬服务业。

第十一章

未成年犯的社区矫正

现代刑罚理念已经从“关注犯罪行为”向“关注犯罪人”转变。这一转变，突出的是“人之所以犯罪不是自由意志选择的结果，而是由一定的物质和精神条件所决定的，刑事责任从本性来说，不是道义责任而是社会责任”[①]。对于未成年犯矫正而言，树立这样的观念显得尤为重要。

第一节　我国未成年犯社区矫正制度概述

在我国，未成年犯的社区矫正，是指已年满14周岁未满18周岁的、符合社区矫正条件的未成年罪犯，置于社区内，由专门的国家机关，在相关社会团体、民间组织及社会志愿者的协助下，在判决、裁定或决定确定的期限内，矫正其犯罪心理和行为恶习，并促使其顺利回归社会的非监禁刑罚的执行活动。

一、未成年犯的概念

《法学大辞典》对未成年犯的定义为：特定年龄以上，一定年龄以下的刑事犯罪人，通常指未及成年者。[②] 当代世界各国刑法一般都有关于刑事责任年龄的规定，公民只有达到了一定年龄才对其所犯罪行负刑事责任，因而也才可能被处刑罚成为罪犯。不同的国家和地区的刑法对刑事责任年龄有不同规定，有的国家规定年满14周岁，有的国家规定年满13周岁应负刑事责任；也有的国家规定年

① 李旺城：《未成年人犯罪和受害同时存在——兼论“四四二”未成年人犯罪预防策略》，载http：//www. 1aw－lib. tom，最后访问时间：2005年3月29日。

② 周振想主编：《法学大辞典》，团结出版社1994年版，第152页。

满12周岁或10周岁应负刑事责任；个别国家还规定年满7周岁应负刑事责任。我国在20世纪50年代曾规定年满13周岁应负刑事责任，我国的《劳动改造条例》（现已失效）规定："少年犯管教所，管教十三周岁以上未满十八周岁的少年犯。"我国《刑法》规定："已满十六周岁的人犯罪，应当负刑事责任。已满十四周岁不满十六周岁的人，犯故意杀人、故意伤害致人重伤或者死亡、强奸、抢劫、贩卖毒品、放火、爆炸、投放危险物质罪的，应当负刑事责任。"

综合我国未成年人保护法关于未成年人年龄的规定和刑法关于刑事责任年龄的规定，我国的未成年犯的概念可界定为：已满12周岁不满14周岁的未成年人犯罪只对情节恶劣的故意伤害、故意杀人罪承担刑事责任，已满14周岁不满16周岁的未成年人只对八种较为严重的犯罪承担刑事责任。已满16周岁的人对所犯的所有罪行承担刑事责任。

二、未成年犯处遇的国际原则

从世界行刑的发展趋势来看，对未成年犯应尽可能让其不在监禁环境中服刑，即使必须在监禁环境中服刑的未成年犯，也应尽可能给予特殊保护。目前，联合国有关青少年的专门立法都对社区预防和矫正少年犯罪的地位和作用给予了界定。

（一）第六届联合国预防犯罪和罪犯处遇大会确立的原则

1980年，联合国以"减少关押的矫正及其对剩余囚犯的影响"为主题，在委内瑞拉首都加拉加斯召开了第六届联合国预防犯罪和罪犯处遇大会。大会秘书处的工作报告中指出，刑事司法要尽量减少关押人犯，因为监狱的特性与其使犯罪人复归社会的功能和目标具有内在的矛盾性。监禁违反了人类的本性，监狱则使囚犯的人格感削弱。现在我们更加清楚地了解到，监禁不可能促使犯罪人过一种守法生活，也不可能减少犯罪率。我们应当寻求在"狱外"或"不用监狱"来改造罪犯的方法。①

在大会通过的有关决议中，进一步发展了社区矫正的思想。在《制定青少年罪犯审判和司法最低限度标准》的决议中，倡导严格限制对青少年犯的监禁刑适用，提出任何青少年犯不得被关进监所，除非被判情节严重。

（二）《北京规则》确立的原则

1985年11月29日联合国第96次全体会议通过的第40/33号决议《联合国少年司法最低限度标准规则》（又称《北京规则》）。其总则部分的基本观点第3款中明确规定：对于犯罪少年"应充分注意采取积极措施，这些措施涉及充分调动所有可能的资源，包括家庭、志愿人员及其他社区团体以及学校和其他社区

① 谢望原：《西欧探寻短期监禁刑替代措施的历程》，载《政法论坛》2001年第2期。

机构，以便促进少年的幸福，减少根据法律进行干预的必要，并在他们触犯法律时对他们加以有效、公平及合乎人道的处理”。《北京规则》第 18 条规定，应使主管当局可以采取各种各样的处理措施，使其具有灵活性，从而最大限度地避免监禁。有些可以结合起来使用的这类措施应包括社区服务的裁决等。第 19 条规定，把少年投入监禁机关始终应是万不得已的处理办法，其期限应是尽可能最短的必要时间。《北京规则》还在第四部分专门对犯罪少年的非监禁待遇作了列举性规定，如第 25 条规定，应发动志愿人员、志愿组织、当地机构以及其他社区资源在社区范围内并且尽可能在家庭内为改造少年犯作出有效的贡献。

（三）《儿童权利公约》倡导的精神

《儿童权利公约》于 1989 年 11 月 20 日获得第 44 届联合国大会通过，是一部有关保障儿童权利且具有法律约束力的国际性约定。

《儿童权利公约》第 37 条 B 款规定，不得非法或任意剥夺任何儿童的自由。对儿童的逮捕、拘留或监禁应符合法律规定并仅应作为最后手段，期限应为最短的适当时间。对于确实犯罪的少年，《儿童权利公约》第 40 条第 4 款规定，应采用多种处理办法，诸如照管、指导和监督令、辅导、察看、寄养、教育和职业培训方案及不交由机构照管的其他办法，以确保处理儿童的方式符合其福祉并与其情况和违法行为相称。《儿童权利公约》这两款规定的基本精神是：对于犯罪少年应尽量少的使用监禁刑，而倡导使用包括社区矫正在内的非监禁刑。

（四）《东京规则》确立的原则

1990 年在古巴首都哈瓦那召开了第 8 届联合国预防犯罪与罪犯处遇大会，本次大会通过了一系列重要的刑事司法准则性文书。大会通过的《非拘禁措施最低限度标准规则》（又称《东京规则》），为非拘禁措施的适用和执行提供了基本的国际准则。[①] 该规则拟促进社区在更大程度上参与刑事司法管理工作，特别是在罪犯处遇方面，促使罪犯树立对社会的责任感。《东京规则》将采用非拘禁措施看作向非刑罚化和非犯罪化方向努力的一部分，倡导各国在本国法律制度内采用非拘禁措施，从而降低适用监禁办法的程度，并使刑事司法政策合理化，同时考虑到遵守人权的义务、社会正义的需求以及改造罪犯方面的需要。《东京规则》提出应根据尽少干预的原则应用非拘禁措施，同时积极鼓励公众参与，认为这是改善接受非拘禁措施的罪犯与家庭及社区之间联系的最重要的因素之一。

---

① 《东京规则》所指的非拘禁措施，在外延上广于我们通常所讲的非监禁刑的概念，它具体包括三大类型：（1）避免审前羁押的非拘禁措施，如取保候审、监视居住等；（2）审判时使用的非拘禁措施，如缓刑、罚金、社区服务令、判令赔偿受害人、训诫等；（3）判决后使用的非拘禁措施，如假释、工作释放、学习释放和离家探亲等。

大会通过了《保护被剥夺自由少年规则》，该规则在基本原则中指出，对于犯罪是未成年人的，监禁办法只应作为最后手段加以采用，即使采用时间也应尽可能短，应尽量避免一切拘留形式的有害影响，以促进未成年犯同社会的融合。《保护被剥夺自由少年规则》充分考虑到了未成年人的身心特点，体现了对未成年犯特别处遇的精神，进一步发展了国际刑事司法准则的社区矫正思想。①

（五）《利雅得准则》

《联合国预防少年犯罪准则》（又称《利雅得准则》），于1990年第8届联合国预防犯罪和犯罪处遇大会通过，《利雅得准则》是一部国际性少年司法的法律文件。《利雅得准则》是联合国在总结了世界各国经验的基础上，提出的预防少年犯罪的权威性准则，其中少年的社会化过程是预防少年犯罪的关键，而社会化过程中社区的地位和作用不容忽视。“在防止少年违法犯罪中，应发展以社区为基础的服务和方案，特别是在还没有设立任何机构的地方。正规的社会管制机构只应作为最后的手段来利用。”该准则在第四部分c款中共用8条规定了社区在预防少年犯罪中应采取的措施和方法。

三、我国对未成年罪犯实行社区矫正的必要性

我国的社区矫正工作，借鉴国外立法经验，建立符合我国国情的未成年罪犯社区矫正制度是非常必要的，表现在以下几个方面：

（一）符合未成年犯罪特征

未成年人由于生理、心理上的不成熟，极易受外界环境影响，经不起诱惑，对法律认知有误差，法制观念差，常因一时冲动犯罪，其犯罪有自身的特点，如盲目性大、偶发性强、反复性强、感染性强、悔改性强等特点，其犯罪类型也主要为财产型犯罪和伤害类犯罪，多数未成年人受暴力、淫秽文化及不良家庭因素影响才走上犯罪道路。未成年人犯罪一般只是偶然犯罪，主观恶性较小，对社会危害性不大、可塑性强、改造后回报社会的概率高，因此，对未成年被告人的刑罚应有别于成年被告人。

（二）符合未成年人的生理和心理特点

我国《社区矫正法》第52条明确规定：“社区矫正机构应当根据未成年社区矫正对象的年龄、心理特点、发育需要、成长经历、犯罪原因、家庭监护教育条件等情况，采取针对性的矫正措施。”未成年社区矫正对象的生理和心理都没

① 《非拘禁措施最低限度标准规则》和《保护被剥夺自由少年规则》的具体内容参见《联合国人权公约和刑事司法文献汇编》，中国法制出版社2000年版。转引自廖露蕊：《少年犯处遇非监禁化研究》，武汉大学2005年硕士学位论文。

有发育成熟，社会经验和认知能力远低于成年人，更容易受到周围环境的影响。倘若用高墙电网将那些罪行不太严重的未成年罪犯长期与社会隔离，由于监禁场所狭小的生存活动空间、单调乏味的日常教育以及朝夕相伴的不良群体等特定因素的影响，势必使未成年罪犯产生消极改造心理、颓废放纵心理甚至抵制帮教的行为，也给教育挽救工作带来重重困难。反之，对未成年罪犯进行社区矫正，对他们进行矫正教育，社区相对于监禁场所有较好的平等、有序、互助的氛围，对他们心理的影响必然是积极的，也更有利于促成他们产生积极向上的行为动机，减少和防止其自暴自弃的倾向。

（三）有利于避免监狱的负面影响

未成年犯分辨是非的能力差，如果在监狱服刑容易受到其他罪行较大、恶习较深的未成年服刑犯的不良影响，易交叉感染。在监狱里也无法接受系统的正规教育和职业培训，学不到适应于社会的知识和劳动技能，不利于将来出狱后融入社会，很容易重新走上犯罪道路。置于社区实施矫正教育，就可以避免未成年犯的“监狱化”，避免未成年犯由于长期监禁而形成“监狱人格”。

（四）有利于未成年罪犯回归社会

对未成年罪犯刑罚执行的基本要求不仅要做到惩罚与改造相结合，惩罚是改造的前提，改造是惩罚的目的，以改造未成年犯为宗旨，而且在改造方法上，对未成年罪犯的改造以教育、感化为主，劳动为辅，以实现挽救的目的。贯彻教育、感化、挽救方针，可以说重点在于挽救，根本目的也在于挽救失足的未成年罪犯。为了实现挽救的目的，我们就必须坚持“教育为主、惩罚为辅”的原则，对于犯罪的未成年人，应当将教育、矫正工作摆在首位，惩罚只是辅助性的手段，因此，单纯对未成年罪犯施行剥夺人身自由的强制监禁以期实现对其犯罪行为进行惩罚的做法有悖于我国的法律规定和政策，也无法达到挽救未成年人的最终目的。反观社区矫正，其集合了广泛的社会力量对未成年罪犯的不良行为和习惯进行矫正，必将对挽救未成年罪犯起到良好的作用；且由于未成年罪犯最终仍将回归社会，社区矫正会使未成年罪犯的矫正过程实际上并未脱离主流社会和现实社会，这就可以大大消除他们因监禁所造成的与社会发展完全脱节的不良影响，为他们今后回归社会并为社会所接纳奠定良好的基础，最终有效地防范未成年罪犯的重新犯罪。

（五）适应了未成年罪犯的行刑发展趋势

对未成年罪犯应尽可能让其不在监禁环境中服刑，对必须在监禁环境中服刑的未成年罪犯也应尽可能让其转移到非监禁环境中服刑，这是世界上未成年罪犯行刑发展的基本趋势。国际社会对未成年人犯罪处置的主流早已趋向非刑事化、非监禁化和轻刑化，而社区矫正正是这一趋向的集中体现。我国在未成年罪犯行刑上如果适用社区矫正的措施，无疑符合未成年罪犯行刑发展的趋势。

第二节　我国未成年犯的社区矫正制度

在我国，未成年犯的社区矫正，是指已年满14周岁未满18周岁的、符合社区矫正条件的未成年罪犯。特定情况下12～14周岁的人重大犯罪，被追究刑事责任的，也是未成年犯。这些未成年犯在社区内，由专门的国家机关，在相关社会团体、民间组织及社会志愿者的协助下，在判决、裁定或决定确定的期限内，矫正其犯罪心理和行为恶习，并促使其顺利回归社会的非监禁刑事执行活动和制度。

一、我国对未成年罪犯实行社区矫正的方针

依照2012年1月10日“两高两部”联合发布的《社区矫正实施办法》第33条规定：“对未成年人实施社区矫正，应当遵循教育、感化、挽救的方针……”这一方针是我国未成年司法制度在社区矫正中的延续和深化。2020年10月17日第十三届全国人民代表大会常务委员会第二十二次会议第二次修订的《未成年人保护法》第113条和2020年12月26日十三届全国人大常委会第二十四次会议修订的《预防未成年人犯罪法》第50条，都规定了对未成年人“实行教育、感化、挽救方针”。《社区矫正法》对未成年社区矫正对象的管理问题，设置了第七章共7条进行了特别规定。

首先，对未成年社区矫正对象社区矫正中的教育，是一种特殊的矫正教育。在教育目的、教育内容、教育方式等方面都有自身的特殊性。在教育目的上是既矫正人，又造就人；在矫正内容上，重点在于矫正其犯罪心理和行为恶习；矫正教育的方式上，是在强制的条件下，以教育为主，惩罚为辅。同时，要遵循未成年社区矫正对象矫正教育的规律、原则和方法。

其次，要体现“感化”教育。所谓感化，是指社区矫正工作参与者有意识地用善意的劝导和有益的行动去影响感染未成年社区矫正对象，促使其思想和行为按照期望的目标转化的矫正教育活动。感化注重的是以情感人，以情动人，赢得对方的信任，产生共情效果，进而接受社区矫正工作者的观点、信念，被社区矫正工作者同化。

最后，要以“挽救”为主。“挽救”的意思是指通过充分的教育、感化工作，使未成年社区矫正对象得到救助。这是未成年社区矫正对象社区矫正工作的着眼点和根本目的。

在这一方针中，“教育、感化、挽救”构成了一个有机的整体，三者相互联系，相互依存，相互渗透，不可分割。其中，教育是基础，居于社区矫正工作的首要地位，起主导作用，贯穿于未成年社区矫正对象社区矫正工作的始终；感化是态度和方法，是社区矫正工作的重要方法和政策体现；挽救是教育和感化的目的，是社区矫正工作的出发点和归宿，是这一方针的总的精神实质。

二、我国对未成年罪犯实行社区矫正的原则

（一）教育为主、惩罚为辅的原则

“坚持教育为主、惩罚为辅的原则”是我国对未成年违法犯罪人员实施矫正活动所遵循的行动准则。从我国的立法看，我国《未成年人保护法》第113条明确规定了对违法犯罪的未成年人，“坚持教育为主、惩罚为辅的原则”。《预防未成年人犯罪法》第50条也明确规定了对未成年人犯罪案件，在追究刑事责任时，应“坚持教育为主、惩罚为辅的原则”。由此，这一原则是贯穿少年司法制度的通用原则。

这一原则的贯彻执行是由未成年社区矫正对象的特殊性决定的。首先，从未成年人自身来看，12周岁到18周岁是青少年生理和心理迅速变化的时期，生理发育速度加快，但心理发育相对滞后，社会经验不足，辨别是非能力不强，自我控制能力和挫折承受能力较差，容易受不良影响误入歧途。因此，未成年人的主观恶性较小，社会危害性也相对较轻，相应的刑罚也理应趋于轻缓。其次，家庭、学校、社会对未成年社区矫正对象的犯罪也负有责任。家长的一味溺爱或近乎苛刻的严格要求，都会让未成年人产生严重的逆反心理；学校过分关注学习成绩忽视心理沟通，造成一部分成绩差的学生游离于或在心理上游离于学校与社会之间；而社会上不良影视作品的引导、他人的教唆，促使这些未成年人沾染不良习气，最终走上犯罪的道路。未成年社区矫正对象固然应为自己的犯罪承担相应的责任，但家庭、学校和社会也负有不可推卸的责任，应当给予未成年社区矫正对象应有的宽容。

在社区矫正过程中，“教育为主”是贯穿未成年社区矫正对象社区矫正的主导思想，是矫正教育的核心价值。为此，对未成年社区矫正对象的社区矫正须提供必要帮助，包括对未成年社区矫正对象的心理辅导、职业培训、生活扶助等，结合未成年社区矫正对象的心理生理特点和未成年社区矫正对象的实际需要，定期开展形式多样、生动活泼的思想、法制、社会公德等方面的教育，培养未成年社区矫正对象高尚的情操，塑造健康的适合现代社会需求的人格，提高未成年社区矫正对象的社会适应性和社会竞争力。“惩罚为辅”主要是体现法律的威慑力，在社区矫正中主要是强化对未成年社区矫正对象的监督管理与考察评估。“毫无惩罚意义的矫正项目，可能因无法体现国家的伦理否定和谴责而导致法秩

序的紊乱，还可能使那些精于计算的虞犯踏上犯罪的行程”。① 对未成年社区矫正对象而言，监督管理体现为社区矫正制度上的“可控性”，不能由于片面强调矫正教育而使未成年社区矫正对象的社区矫正流于形式，甚至处于失控状态。考察评估则是对未成年社区矫正对象社区矫正质量的跟踪与评估。跟踪与评估的过程，在无形中对未成年社区矫正对象施加了一定的压力，对其日常行为起到了控制和约束作用。

（二）区别对待原则

未成年社区矫正对象除了具有普遍性的特点之外，他们的生理、心理以及成长环境都带有自身的特殊性。在社区矫正工作中，掌握未成年社区矫正对象的特点，关注矫正相关环节，实施分类管理和个性化教育，才能提升矫正实效，减少和预防重新犯罪。按照《社区矫正法》的要求，对未成年社区矫正对象的区别对待，主要包括两方面：一是对未成年社区矫正对象的社区矫正应当与成年人分开进行，运用特殊的社会资源，教育与预防并举，以便采取适合未成年社区矫正对象的方式和方法，实行针对性的矫正教育。同时还要采取积极措施，保障未成年社区矫正对象的就业、就学，以及解决解矫之后未成年社区矫正对象与社会相互接纳的问题。二是放宽适用社区矫正的法定条件。《社区矫正法》规定，未成年社区矫正对象在社区矫正期间年满 18 周岁的，继续按照未成年人社区矫正有关规定执行。

区别对待原则是我们党一切从实际出发原则在未成年社区矫正对象社区矫正中的具体应用，要求我们既要关注未成年社区矫正对象在矫正教育中的共性问题，更要关注未成年社区矫正对象所具有的个性问题，特别是要善于针对不同问题，运用不同的策略加以解决。

（三）权益特别保护原则

尊重和保护未成年社区矫正对象的合法权益，是我们应遵循的基本原则。在这一大原则指导下，我们在对未成年社区矫正对象的矫正教育中，要针对未成年社区矫正对象的自身生理心理特点，对其法定权益实行特别保护，尤其要特别保护其人格尊严。根据《社区矫正法》的规定，未成年社区矫正对象的权益保护，主要体现在两个方面：一是对未成年社区矫正对象给予身份保护，其矫正宣告不公开进行。二是对未成年社区矫正对象给予身份保护，其矫正档案保密。这在一定程度上确立了对未成年社区矫正对象身份和档案保密原则。这一原则的实施，不仅有利于未成年社区矫正对象的矫正教育，而且为未成年社区矫正对象将来的回归社会，顺利适应社会生活打下了良好的基础。

---

① 何显兵：《论社区矫正的根据》，载《广西政法管理干部学院学报》2005 年第 2 期。

（四）综合利用社会资源原则

社会、家庭和学校是未成年社区矫正对象联系较为密切的资源，尤其是家庭和学校，与其他社会资源相比，具有无可比拟的优越性。它们把社会的意识和行为规范传授给未成年社区矫正对象，促进了未成年社区矫正对象个性的再社会化作用，因此具有社会性；它们与未成年社区矫正对象联系密切，且时间较长，因而具有作用的长期性和稳定性；不同的未成年社区矫正对象和不同的家庭成员、学校里的老师和同学，其生活经历、思想意识、知识丰富程度等不同，从而使影响和受影响的两个方面都呈现出个别性；家庭成员和学校师生与未成年社区矫正对象朝夕相处，共同生活，对未成年社区矫正对象的个性最熟悉和了解，容易产生情感共鸣，增加矫正作用的深刻性。

三、我国未成年社区矫正对象的特别规定

未成年社区矫正对象的社区矫正工作综合性强，涉及刑罚执行、治安管理、社区管理、群众工作等诸多层面，需要有关部门相互配合、相互支持，切实发挥职能部门整体协调一致的优势开展工作，需要家庭、学校和全社会共同建立起挽救未成年社区矫正对象的配套体系，并推动社区矫正工作向纵深发展。为此，《社区矫正法》对未成年社区矫正对象的社区矫正工作，作出了专门规定。

（一）社区矫正对象的特别要求

《社区矫正法》第52条第2、3款规定："社区矫正机构为未成年社区矫正对象确定矫正小组，应当吸收熟悉未成年人身心特点的人员参加。对未成年人的社区矫正，应当与成年人分别进行。"因为熟悉青少年成长特点的专业人员能够把握未成年社区矫正对象的特征，具有青少年工作的专业理念，能够深入了解未成年社区矫正对象的成长经历、家庭背景、朋辈关系等方面的情况，并结合未成年社区矫正对象的个性特征，全面剖析其犯因性问题，有针对性地制定个案矫正计划、明确矫正的工作目标，确保未成年社区矫正对象的个案矫正工作更加准确、适当，使个案矫正计划循序渐进地对未成年社区矫正对象的各类失范行为进行治疗，以达到治病救人、预防重犯的目的。

（二）监督管理措施的特别要求

《社区矫正法》第52条第1款规定："社区矫正机构应当根据未成年社区矫正对象的年龄、心理特点、发育需要、成长经历、犯罪原因、家庭监护教育条件等情况，采取针对性的矫正措施。"未成年社区矫正对象在实施社区矫正后，普遍存在自卑心理和逆反心理，在行为上往往表现为抵触性、不稳定性、被动性的特征，同时，又渴望社会、亲人和社区群众的宽容、尊重和理解。基于未成年社区矫正对象的心理和行为特征，对未成年社区矫正对象的监督管理主要是促进适

应社会，认知其所犯罪行及犯罪行为的社会危害性，在此基础上对其进行社区矫正相关知识和制度规定方面的教育，帮助其明确如何接受社区矫正并服从矫正组织的监督管理。在方式上以思想感化为主，通过发放学习资料、个别谈话与辅导，电话交流、走访等方式实施。监督管理中要尊重未成年社区矫正对象的人格尊严，建立相互之间的信任关系，为矫正工作的进一步开展打下扎实的基础。

（三）矫正教育的特别要求

《社区矫正法》第55条第1款规定："对未完成义务教育的未成年社区矫正对象，社区矫正机构应当通知并配合教育部门为其完成义务教育提供条件。未成年社区矫正对象的监护人应当依法保证其按时入学接受并完成义务教育。"为此，对未成年社区矫正对象的矫正教育要针对其文化知识、职业技能、法律知识的需求较高，受周围环境的影响大，存在心理不稳定等情况，综合运用个别教育、集体教育和社会帮教等教育形式，通过法制教育、文化教育、劳动养成教育、心理健康教育等矫正未成年社区矫正对象的犯罪心理和恶习，培养健康心理，增强法律意识，提高道德、文化水平和生存能力。并充分利用社会资源，增强教育效果，举办法制教育课堂、提供文化知识和职业技能培训、接受心理咨询、提供就业机会等多种方式来实现。

（四）对监护人的特别要求

《社区矫正法》第53条规定："未成年社区矫正对象的监护人应当履行监护责任，承担抚养、管教等义务。监护人怠于履行监护职责的，社区矫正机构应当督促、教育其履行监护责任。监护人拒不履行监护职责的，通知有关部门依法作出处理。"未成年社区矫正对象的社会化，是"一个人获得自己的人格和学会参与社会或群体方法的社会互动过程"。[①] 因为"未成年"，其"获得"与"学会"具有典型的依附性，监护人的参与和引导具有主导作用。未成年人犯罪的犯因性问题往往是其社会化进程中存在某种偏差和障碍。由此，我们可以说监护人对未成年社区矫正对象的犯罪负有不可推卸的责任。正因如此，在未成年社区矫正对象的矫正教育过程中，强制监护人能动地参与至关重要。首先，监护人有义务监督管教和矫正教育未成年社区矫正对象，这一义务是法定的，具有强制性。其次，基于亲权之利益关联，监护人有抚养未成年社区矫正对象的义务。

对于监护人的资格问题，一般是以法定监护人履行职责为主体。在特定情况下，由于法定监护人不能履行职责，或者履行职责会损害未成年社区矫正对象的利益等法定情形，可以剥夺其监护权，为未成年犯寻找、指定监护人。这些人应该是具备教育、心理、社会和法律知识的成年人且热心青少年教育工作，有较强

① ［美］戴维·波谱诺：《社会学》，李强等译，中国人民大学出版社1999年版，第142页。

的责任心，他们可以是志愿工作者，也可以是专业矫正工作者，他们和未成年社区矫正对象生活在一起，以自身的言行举止去影响未成年社区矫正对象的，去关心爱护未成年社区矫正对象的，去指导他们如何应对社会生活，以利于未成年社区矫正对象的再社会化。

第三节 我国未成年犯社区矫正制度的完善

对违法犯罪未成年人实施社区矫正是国际行刑的趋势，所以，我们在社区矫正中必须高度关注未成年犯的需求和特征，树立社会工作的现代理念，完善未成年犯社区矫正的法律体系，培育良好的社区环境，打造有一定专业知识的工作队伍。选择适合未成年的矫正项目，采用行之有效的矫正形式，使矫正工作具有针对性和有效性。

一、树立未成年犯社区矫正的价值理念

（一）社区矫正的价值理念

“社会工作最基本的信念就是相信每个人都有与生俱来的价值和尊严，而这种尊严和价值带给每一个人不可剥夺的社会权利。因此社会工作者对待受助者的基本态度应是接纳而非批判。”① 社区矫正工作者在从事社区矫正工作中，必须有一定的价值理念作为支撑，否则就很难公正地面对社区矫正对象。这是因为，从法律意义上而言，社区矫正对象是法定意义上的罪犯，他们曾经的犯罪行为，无论从法律上还是从道德上都应受到谴责，人们对他们还存在着拒斥心理，社区矫正工作者也同样笼罩在这种心理的阴影之下，短时间内还不能完全地接纳他们。但是社区矫正工作本身的职业又要求他们，社区矫正对象一旦进入社区矫正过程，就成为他们监督管理、矫正教育、危机干预和社会救助的对象，就要求他们遵循一定的理念，按照科学的方法开展工作，在平等、安全的氛围中，讨论问题，寻求解决问题的办法。由此看来，理念决定着工作的方向，这就是社区矫正工作者理念的价值。②

社区矫正实践中，社区矫正工作者要有强烈的价值意识，时刻提醒自己坚持社区矫正的价值伦理，从观念到态度，从态度到方法都要符合社区矫正的价值追

---

① 张昱、费梅苹：《社区矫正实务过程分析》，华东理工大学出版社2008年版，第170页。

② 连春亮：《社区矫正工作者价值理念的分类及思考》，载《南都学刊》2009年第5期。

求，才能使社区矫正工作目标明确，措施得力，方法到位，取得实效。在当前开展的社区矫正工作中，我们认为对社区矫正工作者的价值理念进行研究尤为重要。

一定的社区矫正的价值理念是依据相应的刑罚理论而提出的，在现代社会条件下，“由于社会的发展、进步和文明，刑罚的目的早已从过去的单一的惩罚、报应、威慑发展为包括改造、矫治、更新、回归、恢复等多重目的的结构。因此，我们所说的社区矫正的刑罚执法的性质，不能仅仅理解为是对服刑人员的监督考察，而应包括对服刑人员的改造和矫治、恢复等多重任务和目的的活动”①。

社区矫正工作者的价值理念是社区矫正理论的组成部分，因而社区矫正工作者的价值理念所体现的社区矫正理念与社区矫正理论是一致的。价值理念是社区矫正工作者基于客观的社区矫正现实而提出的一种价值判断，换言之，是社区矫正工作者提出的对于客观现实是否能够与自己的需要、世界观相契合而作出的一种判断。因而，虽然在一定的社会，一定的历史时期，只有一种占主导的社区矫正工作者的价值理念，但是思想理论形态的社区矫正价值理念却总是丰富多彩的。正如前面所述，不同的社区矫正工作者，依据不同的理论观点和学说会对社区矫正的价值理念有不同的理解，甚至会根据自己的社区矫正价值观提出自己的社区矫正价值理论。但是，摆在我们面前的不可辩驳的事实是，由于不同国家的社区矫正工作者，基于不同的意识形态和价值观念，他总是代表着一定阶级或社会的利益，所以从社区矫正工作者的角度出发确定的社区矫正的价值取向往往是社会本位的；社区矫正源于文化，融于文化，本身又属于一种文化形态，所以从社区矫正的文化样态出发确定的社区矫正工作者的价值取向往往是文化本位的；社区矫正对象是我们的矫正本体，是以活生生的人的形象展现在我们面前，是我们要改造、培养、造就、塑造的对象，所以从社区矫正对象的角度出发确定的社区矫正工作者的价值取向往往是以个人为本位的。②

（二）未成年犯社区矫正价值理念的选择

在以往的社区矫正工作中，我们常常立足于刑罚执行价值取向，体现刑罚本位的价值理念。但是，在现代刑罚理念支配下，未成年犯社区矫正越来越显现出对未成年社区矫正对象的公共社会的管理、教育、规范、救助的特征，所以，我们选择运用社会工作的价值理念开展对未成年犯社区矫正，是社区矫正工作在价值理念上的更新和升华。

社会工作是一个以价值为本的专业。它不仅是做事情的一种方式，而且是关

① 刘强主编：《社区矫正制度研究》，法律出版社 2007 年版，第 85 页。

② 连春亮：《社区矫正工作者价值理念的分类及思考》，载《南都学刊》2009 年第 5 期。

于做什么事情是有价值的和它应该如何去做的准则。① 运用社会工作的价值理念开展社区矫正工作，即指运用社会工作的专业知识和技巧，协助未成年社区矫正对象自我省察、自我改变、重新塑造符合社会规范的行为，以便能够回到社会，成为社会所能够接纳的一个成员。当我们从社会工作的角度出发来帮助未成年社区矫正对象时，认为他们之所以违法犯罪，是因为受到了各种不良的个人与环境因素影响，因此在矫正时，要强调教化的功能，并希望改变社会环境，使其身心都得到健全的发展。社会工作所倡导的接纳、尊重、助人自助、个别化等原则，在开展对未成年社区矫正对象的社区矫正实践中尤为重要。

接纳意味着对未成年社区矫正对象开展工作时，积极主动地理解对方，接受对方作为一个独特的个体和人的价值，相信并尊重对方的人格。接纳的关键在于不以工作者的个人的价值观评判或取舍对方，时刻保持一种接受和尊重的态度。接纳并不意味着社区矫正工作者认同社区矫正对象的价值与言行，而是将他的言行与他本人分开来看。我们接受他的是作为一个人的价值与人格发展的潜能，任何个体作出这样那样的行为都是有深刻的历史原因和现实原因。认识到他犯罪的原因才能理解他，理解他才能与之沟通，才能有的放矢地开展社区矫正。因此接纳的意义十分重大。

通过尊重，为未成年社区矫正对象营造一个安全、温暖、宽松的环境，使其消除戒备，自由并安心地敞开自己，探讨自己的内心世界。透过尊重，工作双方建立起信任、友善、和谐的关系，真诚表达，真心互动，有利于尽快进入主题，提高工作效率。透过尊重，唤醒未成年社区矫正对象的自尊，激发他们重新审视自己，肯定自己的价值，恢复生活的勇气与信心，最终实现人生自助、回归社会的目标。

矫正的个别化，运用于未成年社区矫正对象，一方面要针对未成年社区矫正对象的发展特点开展社区矫正，另一方面要关注每一个未成年社区矫正对象。关注每一个未成年社区矫正对象的成长经历和犯因性问题。社区矫正工作者必须走进他们的世界，真正了解他们，才能懂得他们，才有可能实施因人而异、有的放矢。

社区矫正实践中，矫正工作者要有强烈的价值意识，时刻提醒自己坚持社会工作的价值伦理，从观念到态度到方法都要符合社会工作的价值追求，才能使矫正工作目标明确、措施得力、方法到位、取得实效。②

① 王思斌主编：《社会工作概论》，高等教育出版社 2001 年版，第 41 页。

② 何友汉、任庆堂：《论未成年犯社区矫正模式的构建》，载广州市社区矫正网，最后访问时间：2010 年 6 月 10 日。

二、构建未成年犯社区矫正的法律体系

我国的社区矫正工作是在边摸索边发展中成长起来的，在《社区矫正法》出台之前，关于未成年犯的社区矫正问题，法律规定比较散乱，指导性文件只有《社区矫正实施办法》将其作为独立的一条进行了规范。为此，在不同地区的社区矫正工作实践中都有一些不同的做法，有进一步探索的必要。

对未成年犯建立以社区为中心的刑事执行体系，需要通过立法过程作出一系列的制度安排，来保障社区矫正的正常运行。一是从适用决定机制上，未成年犯罪人是否适合社区矫正，社区的意见应当有表达的渠道。把好社区矫正适用于未成年犯罪人的第一关，对于社区安全的维护是非常必要的。因此，法院在适用非监禁刑时，给社区一个发表意见的渠道，通过社区来充分了解未成年犯罪人的社区表现、人格特征，以此作为判断是否适用社区矫正的部分依据。二是在矫正措施上，未成年犯罪人法律特征不同，其处遇应当有所不同。对未成年犯罪人矫正个案的制定和措施的落实，必须和不同类型的未成年犯罪人的法律特征相协调。在教育、监督、奖惩措施中，要认真区别未成年犯罪人的权利义务，对未成年犯罪人依法享有的各种权利要保护，监督其履行法定义务。

总之，应完善未成年犯罪人社区矫正的立法，在《社区矫正法》中应做到法律措施的统一，制度的统一，执行机构的统一，减免、易科条件的统一。对积极改造、表现突出的，应当给予奖励，符合条件的给予减刑；对有不良行为的应当严格惩处，对其犯罪行为必须承担相应的刑事责任。并且在该法中应根据未成年社区矫正对象的自身特点，设置一系列的社会化的刑事法律制度。

（一）对未成年犯广泛适用缓刑

缓刑是对未成年罪犯实行非监禁刑的有效形式。我国没有对于未成年犯的专门性规定。为此，我们可以进行以下制度设计：第一，确立缓刑的适用标准。人民法院在处理未成年人犯罪案件时，应当将监禁刑作为一种不得已的选择。目前，由于缓刑的标准不好掌握，为防止未成年犯再次危害社会的行为发生，短期监禁刑的适用比例比较大。因此，我们建议，只要不是《刑法》第 17 条规定的犯故意杀人、故意伤害致人重伤或者死亡、强奸、抢劫、贩卖毒品、放火、爆炸、投放危险物质罪的未成年犯，就应当考虑可以适用缓刑，而对于过失犯罪的未成年犯一律应当适用缓刑。第二，建立未成年犯缓刑制度。一是将对未成年被告人适用缓刑的实质条件予以放宽。在法律法规中规定对判处五年以下有期徒刑的未成年被告人可宣告缓刑，不但体现了对未成年被告人的处罚从宽原则，同时也有利于对未成年犯多适用缓刑，有利于充分利用社会、家庭的力量教育、感化、挽救失足少年。二是完善家庭帮教制度。刑法虽然未将良好的家庭监护条件作为适用缓

刑的必备条件，但良好的家庭监护条件对未成年被告人适用缓刑及改过自新非常重要。在缓刑制度中，应当明确家庭帮教的主体、内容及法律责任。法院应当指定未成年犯监护人作为帮教人，并将缓刑未成年犯所应遵守行为规范的内容以及撤销缓刑的法定情形明确告知帮教人，强化对他们的不良行为进行管制和约束，消除他们违法犯罪的诱因和机遇。由于家庭帮教是未成年缓刑犯监护人的法定义务，在规定具体义务的同时，还应明确违反法定义务所应承担的法律责任。对帮教人的行为进行必要的制约，促使他们认真履行法定义务。第三，设立未成年犯的观护和考察机制。一是设立限制自由措施，对未成年犯的行为进行限制。大致可以分为以下两种：一种是行为本身违法，如打架斗殴、偷窃、赌博等违法行为，未成年缓刑犯实施这类行为就违反了法律、行政法规而必然会受到法律的制裁；另一种不良行为是其本身并不违法，而是容易诱发违法犯罪行为，如旷课、夜不归宿、进入未成年人不适宜进入的酒吧、营业性歌舞厅等场所、结交有不良行为的朋友等。二是设立义务性措施。在缓刑的义务配置中引入对受害人的赔礼道歉、赔偿、缴纳罚金、支付法院费用、接受文化教育和职业训练、接受戒酒、戒毒治疗和精神治疗等。这些规定能够培养未成年犯的社会责任感和社会适应能力，促进其同社会之间的融合。三是建立专门的对未成年缓刑犯监管考察制度。执行机构负责下列事务：对未成年缓刑犯进行考察，处理在执行过程中遇到的问题，监督其遵守法定的义务，预防未成年缓刑犯在缓刑期间再次犯罪；结合道德法制教育、文化知识学习、生活技能、职业技能培训等，帮助缓刑犯适应社会生活；帮助介绍职业，给予必要的经济资助等，帮助未成年犯解决实际生活中的问题，避免他们因为生活困难而重新犯罪；对出现法定撤销缓刑事由及违反监督考察规定的未成年缓刑犯，及时向法院汇报，并建议撤销缓刑。对确有突出悔改表现的未成年缓刑犯，建议减轻其刑罚，缩短缓刑考验期限。①

（二）假释制度的完善

在对未成年犯适用假释的规定上，司法部于 1999 年 12 月 18 日发布实施的《未成年犯管教所管理规定》第 57 条第 1 款规定："对未成年犯的减刑、假释，可以比照成年犯依法适度放宽。"2017 年施行最高人民法院《关于办理减刑、假释案件具体应用法律的规定》第 26 条中规定，"对下列罪犯适用假释时可以依法从宽掌握：（三）犯罪时未满十八周岁的罪犯……罪犯既符合法定减刑条件，又符合法定假释条件的，可以优先适用假释"。但在对未成年犯的假释上怎样依法适度放宽都没有明确、具体的规定。使对未成年罪犯适用假释可以比照成年罪

① 张素英、裴维奇：《我国未成年人犯缓刑制度的改革与完善》，载《贵州民族学院学报》（哲学社会科学版）2005 年第 1 期。

犯依法适度放宽的规定难以操作执行，未成年犯的假释率难以提高。适合未成年犯的假释制度可以作如下改革：

第一，建立假释委员会。根据现行法律，假释决定权由人民法院行使，监狱只享有提请报批的权利。假释权从本质看并不属于审判权，因为假释并不改变原判决，而只是刑罚执行方式的变更。我国可借鉴国外的经验，建立一个相对独立的假释委员会来行使假释决定权。这种模式应是我国假释决定体制改革的方向。在假释委员会成员的组成上，除了给社区矫正官员分配一定的名额之外，应吸收一定数量的心理学家、医学工作者等专家及社区代表参加，以体现假释决定系统的开放性和专业性，强化假释决定权的社会化色彩。①

第二，放宽未成年犯假释的条件。监狱对那些主观恶性较小、人身危险性较低的未成年犯在监禁一定时间后，根据其矫正效果，通过假释委员会的批转，转由社区对其进行矫正，既有利于合理配置未成年犯行刑资源，又能够将监禁刑对未成年犯带来的负面影响减少到最小。具体而言，被判处有期徒刑的未成年犯在实际执行原判刑期 1/3 时，如果符合假释其他条件，可以适用假释，假释后的考验期限为原判刑期的 1/3 左右，根据矫正效果处理。

三、完善未成年犯社区矫正的调查评估制度

未成年犯在实施社区矫正前要求对其进行调查评估，在前面我们已经对矫正审前调查制度进行了论述。在此，只是针对未成年犯社区矫正的调查评估进行探究。

判决前的调查评估制度，是指在法院判决前，由专门机构对未成年被告人的犯罪背景、一贯表现等进行专门的调查并对其人身危险性和再犯可能性进行系统评估，然后将评估报告提交法院，供法院在量刑时参考的一种制度，有人也将其称为人格调查制度。对未成年犯社区矫正的调查评估可以降低社区矫正适用的风险。社区矫正既是一种刑事执行活动，又是监督管理、矫正教育、危机干预、社会救助的活动，更重要的是通过这种开放的刑罚执行来矫正未成年犯的不良心理和行为，促使其成为守法公民。因此，社区矫正重在矫正，切实提高矫正质量是社区矫正工作的核心，也是检验社区矫正工作的重要标准。而要提高矫正质量的关键，是积极实践分类矫正、个性化矫正、心理矫正等有针对性的矫正项目，不断增强矫正方法的实用性、科学性和有效性。而所有这些都是以全面掌握社区矫正对象的性格、心理特征、家庭与社会环境等各方面信息为

① 冯卫国：《行刑社会化研究——开放社会中的刑罚趋向》，北京大学出版社 2003 年版，第 194 页。

基础。而判决前调查评估可以为矫正工作提供这方面的信息，因为判决前调查评估不仅仅是为社区矫正的适用提供参考意见，而且也能为判决后的矫正和帮教工作提供有益的参考资料，从而极大地增强社区矫正的可操作性，其积极意义是十分明显的。根据《社区矫正法》第18条的规定，人民法院、监狱管理机关、公安机关对拟适用社区矫正的对象，需要调查其对所居住社区影响的，可以委托县级社区矫正机构或有关社会组织进行调查评估。这些规定同样适用于未成年犯。

在设计判决前调查评估方案时，必须对调查评估的机构、调查人员的资格与选任及其权利义务、调查的内容、调查的程序、调查的手段、调查报告的制作及法庭宣读等都应作出明确的规定。

首先，调查评估的实施机关。根据《社区矫正法》的规定，人民法院、监狱管理机关、公安机关既可以委托县级社区矫正机构或有关社会组织进行调查评估。从法理上讲，未成年犯是否适合社区矫正，社区应该最有发言权，社区的意见应当有表达的渠道。基于上述原因，我们认为由县级社区矫正机构进行调查评估比较合适。因为县级社区矫正机构及其工作人员植根于社区，在调查的开展上有着其他机构不具备的诸多便利。

其次，在调查评估的方式上，可分为书面调查和实地调查。对于案情较为简单、被调查人的情况较为清楚的，可采用书面调查，要求被调查人填写被调查人情况调查表，被调查人家长填写被调查人家庭情况调查表即可；对于案情复杂，通过书面调查难以全面反映被告人详细情况，而这些情况可能影响定罪量刑的，或者主审法官认为有必要的，则由调查人员到被告人家庭、学校、工作单位、所在社区等单位进行实地深入调查。当然，在实际操作中也可以采用书面调查和实际调查相结合的办法开展调查评估工作。

最后，调查评估的内容主要是未成年犯罪人的犯罪人格，即由未成年犯罪人的性格、心理特征、家庭与社会环境等各方面的因素共同决定的犯罪倾向。因此，调查评估的内容应包括以下几点：其一，个人因素。即被调查人的性格特点、精神状态、文化程度、成长经历以及犯罪原因、犯罪类型、危害程度、悔罪表现等。其二，家庭因素。即被调查人的家庭经济状况、父母子女情况、父母子女关系等。其三，社会因素。这里所讲的“社会因素”主要是指狭义的社会因素，即未成年犯的社会交往、生活环境、生活变故等。

县级社区矫正机构通过对未成年犯罪人的人格调查，进而对其人身危险性和再犯可能性进行系统的评估，然后将调查与评估报告提交委托机关，供对未成年犯罪人适用社区矫正时参考。

四、完善未成年犯社区矫正机制

（一）制定针对性的矫正方案

发达国家和地区对未成年犯进行社区矫正的时间比较长，已有了比较成熟的经验，在决定社区矫正前都要进行调查评估，详细了解未成年犯的情况，为社区矫正奠定基础。当社区矫正机关接受了社区矫正对象后，还要对其进行危险性评估、需要结构评估等。危险性评估是根据未成年犯各种变量因素来进行综合打分，如未成年犯的犯罪性质、犯罪的历史、个人特点、家庭状况及环境等；需要结构的评估包括个人生理、心理以及受教育、工作等方面的需要，从而确定对未成年罪犯的监管、矫正计划及实施方案。因此，我们对未成年社区矫正对象的社区矫正可以借鉴这些成熟的经验，在对未成年犯调查评估的基础上，制定出有针对性的矫正方案。

（二）编制适合未成年社区矫正对象特点的矫正项目

通过制定科学的矫正项目，达到我们预期的矫正目的。正如美国学者 David Altschuler 和 Troy Armstrong 所言，遵循以下五个原则的社区矫正项目，才能对未成年犯发挥最大的功效和帮助：（1）能够逐步帮助未成年犯提高责任感，并相应地提高他们在社会上的生存能力；（2）能够帮助未成年犯融入社会，同时也使社会与他们形成互动；（3）能够充分发挥未成年犯家庭、社区、同龄人、学校和雇主的作用，共同努力为未成年犯成功完成项目提供必要的帮助；（4）能够开发新的资源，寻求必要的帮助；（5）能够促进和监测未成年犯与社区的互动能力。①

在实施社区矫正的国家中，未成年社区矫正对象始终是社区矫正的重点对象之一。而根据我国《社区矫正法》的规定，未成年社区矫正对象也是社区矫正的主要对象。但是，因为我国的未成年社区矫正工作还处在摸索阶段，社区矫正体系建立起来的时间还不久，在矫正主体、矫正项目、矫正方法上还存在很多缺陷。而理论界对此也是众说纷纭，据掌握的现有资料看，介绍国外的理论和方法比较多，而论证其在中国社会的本土化使用则比较少。因此，完善我国未成年社区矫正对象社区矫正体系是十分必要的。

目前，我国各地未成年犯社区矫正实践中也有一些专门的项目，主要包括公益活动、思想教育、法制教育、社会公德教育、技能培训、心理矫正以及就业指导、生活指导等。但是，这些项目都比较散乱，随意性比较大，针对性差，不能

① 肖建国：《中国大陆少年刑事司法制度发展战略探索》，载《青少年犯罪研究》2001 年第 3 期。

够对未成年社区矫正对象形成综合性的影响力。所以，我们有必要对未成年社区矫正对象的社区矫正项目进行深入而系统的研究，制定出适合未成年社区矫正对象特点的矫正项目指标体系。王顺安教授通过对国外未成年犯社区矫正项目的分析指出，未成年犯社区矫正项目应当包含以下内容：（1）服从父母或者监护人以及矫正机构的监管；（2）遵守各种社会制度，如工作单位和学校的规章制度；（3）参加经社区矫正机构工作人员认可的工作项目，接受职业和就业的培训；（4）遵循社区矫正机构工作人员作出的指令；（5）在指定的时间向社区矫正机构或其工作人员作出报告；（6）参加心理矫正项目；（7）参加毒品和酒精的防治；（8）参与各种个人、集体以及家庭项目；（9）参与由社区矫正机构提供的教育项目。[①] 同时认为，可以在发挥我国传统未成年犯矫正体系优点的基础上，建立一个梯形结构的社区矫正项目体系。[②]

1. 第一阶梯

适用于那些初次犯罪、罪行显著轻微的未成年犯，目的在于对他们的犯罪行为作出警告，并让他们认识到再犯将可能遭受到更为严厉的惩罚。这一类的社区矫正项目可以包含以下内容：

（1）训诫。由社区矫正机构以口头的方式对未成年社区矫正对象进行公开谴责。

（2）具结悔过。由社区矫正机构责令未成年社区矫正对象用书面方式保证悔改，以后不再重新犯罪。

（3）赔礼道歉。由社区矫正机构责令未成年社区矫正对象公开向被害人当面承认错误，表示歉意。

（4）赔偿。由社区矫正机构责令未成年社区矫正对象，根据其犯罪行为给被害人造成的经济损失的大小，赔偿被害人一定数额金钱。

（5）公益劳动。由社区矫正机构责令未成年社区矫正对象提供一定时间的社区公益服务。

（6）父母管教。由社区矫正机构责令未成年社区矫正对象父母或者监护人对其严加管教。

2. 第二阶梯

我们可以考虑设立包含以下内容的未成年社区矫正项目：

---

① 王顺安、甄宏：《试论我国未成年犯社区矫正项目体系之构建》，载《青少年犯罪问题》2005 年第 1 期。

② 王顺安、甄宏：《试论我国未成年犯社区矫正项目体系之构建》，载《青少年犯罪问题》2005 年第 1 期。以下三个阶梯依据该文整理，用语有所调整。

（1）定期报告。要求未成年社区矫正对象通过电话或邮件定期向社区矫正机构工作人员报告，或者在指定的时间前往社区矫正机构与矫正工作人员会面。

（2）遵守管制、缓刑、假释、暂予监外执行的有关规定。例如，遵守法律、行政法规和社区矫正有关规定，服从监督管理；遵守关于会客的规定；离开居住的市、县或者迁居，应当报告司法所，并经县级社区矫正机构批准等。

（3）参与酒精、毒品滥用的防治与检测。为未成年社区矫正对象设立专门的酒精、毒品滥用防治与检测项目。

（4）参加各种类型的学习、生活和工作技能的培训。这是由社区矫正机构组织的、致力于为未成年社区矫正对象提供可发展的在社会中依法生活所必需的基本技能与知识的社区矫正项目。

（5）寄养之家项目。如果未成年社区矫正对象的亲生父母被认为不适合再抚养孩子，或者未成年犯是孤儿或者被其父母抛弃，那么社区矫正机构可以将他们安置到一个替代的养育家庭。当然，社区矫正机构需要对这些愿意接受未成年社区矫正对象的寄养家庭进行调查，以判定这些家庭是否适合从事这项工作。对于那些犯罪情节不是非常严重的未成年人来说，一个家庭的环境，尤其是一个稳定的家庭，也许就是对其最好的矫治。

（6）心理矫正项目。仅从外部环境上对未成年社区矫正对象加以拘束只是治标的方法，要从根本上去除其犯罪人格离不开心理矫正项目，这一项目所针对的对象不应仅限于未成年社区矫正对象，其亲属（尤其是父母）、朋友也应共同参与，毕竟未成年社区矫正对象的犯罪是多方面因素共同作用的结果。

（7）集体活动项目。未成年社区矫正对象最担心的是被同龄人所抛弃，因而由社区矫正机构组织未成年社区矫正对象之间，未成年社区矫正对象与普通同龄人之间的集体活动，加强未成年社区矫正对象与其他未成年人之间的交流，有助于未成年社区矫正对象重新树立生活的信心，端正对自己的认识，改造自己的世界观。

（8）促进就学和就业项目。这一项目通过为未成年社区矫正对象安排就学的地方或者为他们提供职业培训、就业咨询服务和安置工作，促进他们重归社会，从而减少他们的重新犯罪率。

3. 第三阶梯

对于那些犯罪情节严重（尤其是暴力性犯罪）或者多次犯罪的未成年社区矫正对象来说，一般的社区矫正项目已无法起到防止其重新犯罪、实现对其矫治的作用。这就需要设置一些强度较大的、限制人身自由的监管性社区矫正项目对他们进行有效的监管和矫正。这些社区矫正项目的共同特点是在一定时间内限制乃至剥夺未成年社区矫正对象的人身自由。结合国内外的先进经验，可以构建以下的未成年社区矫正对象社区矫正项目：

（1）家中监禁和电子监控。家中监禁是社区矫正机构要求未成年社区矫正对象在特定的期间内将自己限制于家中不得外出，社区矫正工作人员通过电话或家访的形式对当事人进行不定期的检查。社区矫正机构还可以对未成年社区矫正对象同时适用电子监控作为家庭监禁的补充。电子监控是让未成年社区矫正对象在身上（如手腕、脚腕）带上一个不能移动的电子装置，这个装置能发出电脑可以接收的信号，社区矫正机构可以据此来确定未成年社区矫正对象是否离开其所指定的处所。

（2）宵禁。社区矫正机构也可以责令未成年社区矫正对象在晚上指定的时间段里，必须待在特定的地方，如家里或学校，在此期间内不得进入酒吧、舞厅等特定场所。电子监控也可以作为宵禁的补充，以帮助社区矫正机构确定未成年社区矫正对象所在的场所。

（3）参加特定的职业技术学校。这一项目强制性地要求未成年社区矫正对象在一定时间（如周一至周五或者以学期为单位）参加特定职业技术学校的学习，在此期间不得离开学校。这一项目的设立一方面是为了实现对这些未成年社区矫正对象的监管，更重要的也是为了实现对他们的矫治，为他们提供重返社会所必需的生存技能。在学校中，未成年社区矫正对象可以学习木工技术、泥瓦工技术、绘画、电子设备的维修、饮食服务、汽车维修、制图以及计算机技术。他们还将接受个人或集体的心理咨询，学习如何防治酒精、毒品的滥用等。

（4）军事化的矫正训练营。在美国，作为一个军事项目，军事训练营原本是用来训练新兵的，但美国的矫正机构将其作为一种社区矫正项目，使参与这一项目的未成年犯体验到一次严格的军队生活。这个为期数月的军事化、规范化的项目足以使未成年犯养成良好的生活习惯，提高他们的自尊与自信，端正他们的自我认识，从而使他们放弃重新犯罪的念头，重返社会。在这一项目中，未成年犯要参加基本的军事训练和严格的矫正治疗项目。他们还必须参加职业技术和知识的学习。在条件成熟时，军训项目完全可以在未成年社区矫正对象的社区矫正中适用。

（5）震慑性的监禁项目。这一项目源于西方国家的“震惊”监禁项目，它是在对未成年犯适用正式的社区矫正项目前或者在未成年犯不遵守社区矫正规定时，将其在监所中关押一定的时间，使其体会到监禁所带来的痛苦，从而放弃重新犯罪、认真接受社区矫正。

这一阶梯式的未成年社区矫正对象社区矫正项目体系是根据未成年社区矫正对象罪行的轻重和社会危险性并考虑他们各自的特点而设立的，但这种阶梯式的社区矫正项目的划分不是绝对的，在实践中，我们可以根据未成年犯的特点和具体情况对其适用各个阶梯的社区矫正项目。

此外，这种阶梯式的设计也是出于给社区矫正中违规的未成年社区矫正对象一个有层次性的制裁选择。如果适用第一阶梯社区矫正项目的未成年犯有违规行为，可以对其适用第二阶段、第三阶梯强度较大的社区矫正项目，直至撤销对其适用社区矫正，将其送入监狱。

（三）建立学校参与机制

学校在对学生的制约与保护，对学生劣迹行为的矫治，对学生的自我管理与教育以及培养良好的品德和新型的人际关系等方面，都起着教育的“杠杆”作用。让未成年社区矫正对象能够继续在学校学习，接受健全的学校教育，有助于其健全人格的塑造，有助于其认真悔过思改，从而有利于其更好地复归社会。

学校参与对未成年社区矫正对象的矫正可从以下三个方面做起：一是为未成年社区矫正对象创建融洽的学习环境，良好的集体、良好的风气对他们改正不良行为习惯至关重要。因此，对于能够继续读书的未成年社区矫正对象，学校应该以宽容的心态来对待他们，给他们更多的温暖和关怀。二是进行及时有效的沟通，发掘未成年社区矫正对象自身的优点。沟通的目的不是让他们简单地知道有错必罚，而是让他们明白为什么错了，错在哪儿，以后不能再犯同样的错误。三是进行必要的法制教育，应重点学习宪法、预防未成年人犯罪法、未成年人保护法等，还可以开展形式多样、富有感染力的法制教育活动，如模拟法庭、以案说法等。①

（四）完善多元化的监管教育措施

按照《联合国少年司法最低限度标准规则（北京规则）》规定，对未成年犯实施社区矫正的措施包括：（1）照管、监护和监督的裁决；（2）缓刑；（3）社区服务的裁决；（4）罚款、补偿和赔偿；（5）中间待遇和其他待遇的裁决；（6）参加集体辅导和类似活动的裁决；（7）有关寄养、生活区或其他教育设施的裁决；（8）其他有关裁决。② 社区矫正工作综合性强，涉及层面广泛，因此，对未成年社区矫正对象实施矫正，需要有关部门相互配合，相互支持，切实发挥职能部门整体协调一致的优势，需要家庭、学校和全社会共同建立起挽救未成年矫正对象的配套体系，并推动社区矫正工作向纵深发展。

（五）建立未成年犯的监督考评机制

为了确保未成年社区矫正对象社区矫正的成效性，必须建立相应的监督考评

---

① 何友汉、任庆堂：《论未成年犯社区矫正模式的构建》，载广州市社区矫正网，最后访问时间：2010 年 6 月 10 日。

② 参见《北京规则》第 18 条第 2 款。

机制，以此检验矫正工作的情况和质量。监督考评工作组应由未成年社区矫正对象社区矫正委员会领导小组成员、刑事司法机关的代表及有关专家组成。制定监督考评的制度、监督考评的标准、监督考评方法。通过考评对未成年社区矫正对象进行全面的、持续的、质与量相结合的、客观的考核，总结未成年社区矫正对象社区矫正的成败得失，不断加强矫正工作，提高矫正质量，巩固矫正成果。根据考察的情况，从中找出已经出现或可能出现的问题，随时调整矫正的方案和内容。①

延伸阅读

德国的青少年保护制度

一、独特的司法体系

德国十分重视青少年保护工作，为防止青少年犯罪，采取了大量的预防性措施，即使青少年犯了罪，也尽量避免科以自由刑，更多的是给予非刑罚意义的教育帮助或惩戒措施。形成了以《少年扶助法》和《少年刑法》为法律依据，一般性保护和犯罪救济并重的双轨制青少年工作体系。

《少年扶助法》是预防性的法律，规定了政府、学校、家庭和社会对青少年的一些义务，如禁止向18岁以下的人贩卖酒精饮料；禁止向16岁以下青少年售卖烟草；政府的青少年局要定期与学校沟通，教育青少年远离酒精和毒品等；青少年生活或教育确有困难，需提供相应帮助等。

《少年刑法》在德国早有渊源，“一战”后德国便制定了单独的少年刑法，迄今已有80多年的历史。现行《少年刑法》于1974年12月颁布，2000年12月修正，也称《德意志联邦共和国少年法院法》，是一部集实体和程序为一体的法律。对青少年的教育理念贯穿该法始终。教育的目的有两个：一是使青少年顺利适应社会，二是使其不再犯罪。其适用对象为实施犯罪行为时已满14岁不满18岁的少年，以及实施犯罪行为时已满18岁不满21岁的未成年青年。为体现对犯罪青少年的保护，该法第32条规定：审理数个犯罪行为时，其一部分适用少年刑法，另一部分适用普通刑法的，一律适用少年刑法。

不同于针对成年人犯罪的司法体系，审理少年犯罪设有专门的少年法庭、少

① 何友汉、任庆堂：《论未成年犯社区矫正模式的构建》，载广州市社区矫正网，最后访问时间：2010年6月10日。

年法官、少年检察官和少年刑事诉讼程序。

二、少年犯的阶梯式处遇

德国对少年犯采用阶梯式处遇：

——教育处分。法官可以对犯罪的青少年规定调整其生活的各项要求和指令，如命令其参加培训或劳动，将其置于特定人的照料和监督之下，命令其参加社会训练，努力与被害人达成和解，不与特定人交往或不得涉足酒馆、娱乐场所等，目的在于促进对犯罪青少年的教育。

——惩戒措施。比教育处分要严厉一些，但不属刑罚性质。主要包括：(1) 警告；(2) 规定其履行一定义务，如尽力补救其行为造成的损害、亲自向被害人道歉、向公益机构支付一定数额的金钱等；(3) 少年禁闭，将少年送到少年拘留所进行禁闭，最长禁闭期可达4周。

——少年刑罚。当上述措施都不足以实现教育目的，或罪责较大必须科处刑罚的，法官才会科处少年刑罚。刑期为6个月至5年，最高不得超过10年。

针对少年刑罚还设有缓刑、缓科和余刑缓刑制度。

——少年刑罚缓刑。被判处1年以下刑罚的青少年，可以适用缓刑。在综合考虑青少年的具体情况后，也可以对判处1年以上2年以下刑罚的对象适用缓刑。缓刑期间由法官决定，不得高于3年或低于2年。根据情况可于事后缩短至1年或者延长至4年。

缓刑期间内，法官可以将青少年置于专职缓刑帮助者的监督指导之下，最长时间不超过2年。在此期间，缓刑帮助者应当对缓刑少年提供帮助和照顾。征得法官同意后，对指示、规定的义务进行监督。缓刑帮助者执行公务时，有权进入该少年的住所，可以向该少年的监护人、学校、职业培训的师傅了解其生活方面的有关情况。缓刑帮助者有向法官报告该少年有关情况的义务。

——少年刑罚缓科。是指法官先确定犯罪少年的罪责，对其刑罚予以缓科，并规定一定的考验期限。缓科期限不得高于2年或低于1年。少年在缓科期间接受缓刑帮助者的监督和指导，其内容与少年刑罚缓刑基本一致。若少年在缓科期间表现不良，有判处少年刑罚之必要的，法官可科处少年刑罚。否则，缓科期间届满，有罪判决即告消灭。

——少年刑罚余刑缓刑。少年刑罚的执行不满6个月，在具备特别重要的原因时，其余刑可以缓刑。少年刑罚的期限超过1年的，被判刑人至少要执行刑期的1/3以上，方可余刑缓刑。余刑缓刑交付考验，其内容与刑罚缓刑基本一致。

——2005年司法部社区矫正业务培训团
赴德国培训交流成果之一《德国社区矫正概览》整理

第十二章

社区矫正风险管控技术

社区矫正风险具有显著的不确定性，因而社区矫正风险管控是一个典型的“决策于未知之中”的领域。从社区矫正的实务操作层面看，社区矫正风险管控的维度包括正式的控制和非正式的管控两个方面。正式的管控包括依据现有的法律法规、行政规章、决定、命令、规范性文件等的刚性规定，实施强制性的风险管控；非正式的管控主要是指运用社区矫正的工作准则、社会文化、道德规范等柔性规范，通过外在的潜移默化的影响和自我约束来实现风险管控。

第一节　风险管控理论及其模式

经过四十多年的改革开放，我国社会形态和社会结构发生了质的变化，伴随着经济的发展，社会问题也日益复杂化。正如学界所言，我国已经进入了风险社会时期。由此，以风险管控为主导思想的社区矫正新思潮进入了人们的视野。《社区矫正法》和《社区矫正法实施办法》对于社区矫正的风险管控规定了调查评估、禁止令执行、电子定位、训诫、警告、提请公安机关予以治安管理处罚，依法提请撤销缓刑、撤销假释、对暂予监外执行的收监执行、提请逮捕、突发事件处置、逃跑处理等行政管理和刑事执行措施。

一、风险管控理论和新刑罚学理论

建立在风险社会理论基础上的新刑罚学理论是美国学者费莱与西蒙 20 世纪末提出的具有实证基础的理论。而风险社会理论认为，在现代社会里，各种社会风险占据主导地位，对人们的生存和发展存在严重的威胁，因此，社会良性运行的目标是对社会风险的管理、控制和预防。社会犯罪现象是社会治理必须面对的极端人为风险。在此基础上，以风险管控为核心的风险管控主义成为应对犯罪风险的理论流派。在我国，主要以中央司法警官学院的翟中东教授和东南大学的李川教授为代表，竭力倡导社区矫正价值追求的风险管控主义。

（一）新刑罚学的主张

翟中东教授认为，新刑罚学主张者认为："根据'少数犯罪分子对多数犯罪负责'的现象，即占全部犯罪分子比例中很小部分的犯罪分子实施了全部犯罪中的大部分犯罪，特别是犯罪危害结果严重、犯罪手段恶劣的犯罪。这些犯罪分子是全社会中的高度危险犯罪分子（简称'高危犯'）。犯罪控制应当指向这些高危犯。犯罪控制指向高危犯可以产生事半功倍的效果。刑罚的主要目的在于对源于罪犯的危险进行管理，即危险评估与危险控制，而不是惩罚威慑罪犯，或者矫正罪犯。"①

（二）风险刑罚学的主张

李川教授在《基于风险管控的社区矫正制度研究》一书中，先后使用了"风险管控刑罚学""风险刑罚学""风险管控新刑罚学""新刑罚学""风险管理刑罚学"② 等概念，认为风险社会理论是研究当前社会问题的一种新范式，社区矫正应立足风险管控的理念，来建构我国的社区矫正制度。"放眼世界社区矫正的发展趋势，其制度理念早在风险社会时代特征和风险控制刑事政策新趋向的影响下，走向了风险管控统摄下兼顾救济、矫治和管理的多元架构。"③ 认为社区矫正的风险管控是新的行刑目标。

在社区矫正制度建构理论上，"新刑罚学通过考察当时的时代特征，提出了以风险管控为核心的新的刑罚视角和观点预设，认为刑罚既不是为了惩罚也不是为了改造，而是为了分辨与管控社会的具体风险，防范犯罪人风险向实害的转换"④。"刑罚并非如传统理论所认识的那样是针对个人的惩罚或改造，而是通过对犯罪风险的抽象评估归纳出依据犯罪风险类型和程度而采取的对危险人口的集中管理和控制措施。"⑤ 因此，"风险管控"的新刑罚理念要求从量刑到行刑的整个过程都必须围绕着对犯罪人的风险管理为核心展开，犯罪风险管理和控制成为

---

① 翟中东：《社区性刑罚的崛起与社区矫正的新模式——国际的视角》，中国政法大学出版社 2013 年版，第 47 ~48 页。

② 李川：《基于风险管控的社区矫正制度研究》，东南大学出版社 2017 年版，第 4、11、56、57 页。

③ 李川：《基于风险管控的社区矫正制度研究》，东南大学出版社 2017 年版，第 2 页。

④ 李川：《基于风险管控的社区矫正制度研究》，东南大学出版社 2017 年版，第 57 页。

⑤ 李川：《基于风险管控的社区矫正制度研究》，东南大学出版社 2017 年版，第 4 页。

新的社区矫正目标，对社区矫正对象采取处处设防、处处监督的质疑态度，通过对社区矫正对象的提前预防和严格管理，控制不可预测的犯罪风险的发生。

在社区矫正制度建构实践上，社区矫正制度从风险管控的逻辑出发，对传统社区矫正制度以风险管控为核心进行设计和升级再造，社区矫正中风险评估、矫正模式、行刑措施都要以风险管控为标准进行分析检视，形成符合风险管控理念的系统性社区矫正新制度。使现有的社区矫正模式转换为风险控制模式。

在社区矫正制度建设的内涵上，体现在社区矫正过程的三个方面："受管理主义决定之风险控制的即时预防内涵、受效益主义决定之风险控制的精算司法内涵以及受修复主义决定之风险控制的秩序恢复内涵。"① 在这里，即时预防、精算司法、秩序恢复，是针对社区矫正中的现实风险、直接风险和社会撕裂风险而采取的不同风险层次的管理和控制。

李川教授主张，风险管控作为社区矫正逻辑展开的前提，"风险管理刑罚学首先设计和发展出了一套风险分析和评价理论，用于明确风险判断以在这种风险判断的基础上进一步风险的预防。这种风险的分析评价体系是建立在'少数人犯了大多数的罪'和风险'大数法则'基础之上，通过参考保险学和会计精算学中风险管理评估的方式，在刑罚体系内设立标准化和规范化的犯罪人风险评估机制来确立犯罪的具体风险。这样风险管控的刑罚理论就实现了从传统人身危险为核心的概念体系向社会风险为核心的概念体系的转换：将原本依靠主观个别判断的人身危险性通过风险这一因素抽象标准化为可以科学判断区分的社会风险评估指标体系，以在此基础上设立科学合理的管控措施"②。

综上所述，风险管控主义认为，在风险管控框架下，社区矫正中的刑罚惩罚只是风险管控的合法性依据，没有法律对社区矫正对象犯罪事实的认定和法院的依法判决，任何权力部门都不能对任何人作出社会危险成员的价值判断，更谈不上张贴"危险分子"的标签和据以实施风险管控。而矫正教育只是实现风险管控的手段或者途径。在这里有一个理论假设：社区矫正对象存在危害社会的风险，是社会成员中实施重新犯罪的高危人群，是社会安全的重点防控对象。

二、社区矫正风险管控的模式

翟中东教授认为，社区矫正的风险管控模式是"危险管理 + 项目矫正 + 恢

① 李川：《基于风险管控的社区矫正制度研究》，东南大学出版社 2017 年版，第 10 页。
② 李川：《基于风险管控的社区矫正制度研究》，东南大学出版社 2017 年版，第 57 页。

复性司法”[①] 的有机融合。李川教授认为，社区矫正的风险管控模式包括了监督管控、规范矫治和正义修复。社区矫正的监督管控是对应于社区矫正对象所存在的现实风险而设置的；社区矫正的规范矫治要控制社区矫正对象的直接风险；社区矫正的正义修复理念是防范犯罪行为所带来的社会秩序的撕裂风险。依照社区矫正所面对的风险类别和性质，将社区矫正所存在的风险分为潜在风险、现实风险和未来风险三大类，由此，社区矫正的风险管控模式也由三个阶段构成。

（一）潜在风险评估

这是社区矫正的前置程序。核心在于通过社区矫正对象的“已然之罪”，挖掘、做实社区矫正对象仍处在“活跃期”的犯因性因素，为社区矫正的现实风险管控提供科学的依据。

从社区矫正层面，是对社区矫正对象“已然之罪”基础上所存在的社会风险因素的客观判断和主观推理。潜在风险管控的依据是什么？就是充分应用现代社会科学的评估手段，对社区矫正对象的各项指标体系进行定性定量的综合的测量和研判，准确地定位社区矫正对象所存在的犯因性因素，并对这些犯因性因素进行评估，依据其在社区矫正对象身上的“活跃度”，分层次地排列出主次位序，作为潜在风险管控的指标体系。

从社区矫正对象层面，在于使社区矫正对象对社会价值观念的重新领悟。实践证明，在社会化过程中，大多社区矫正对象都存在着社会化的缺陷或者社会化不完全，特别是在社会观念的认知上，出现了严重的问题，导致其违背社会规范和法律规范，成为社会的违规者，或者说是法律上的犯罪者，受到了社会谴责和法律的惩罚。但是有一点必须说明，在每一个社区矫正对象身上良好的社会品性和劣质的犯因性因素是并存的，并不因为受到法律的惩罚，良好的社会品性和劣质的犯因性因素就消失殆尽。这就要求我们，在社区矫正之前要进行科学的规范的评估，使良好的社会品性发扬光大，成为人性起航的基点；而劣质的犯因性因素必须被挖掘和充分认知，这是对社区矫正对象自身潜在风险管控的基础。没有充分的认知和领悟，就不能有效地管理和控制。

从社区矫正所揭示的逻辑结构看，风险管控主义主导下的社区矫正已经产生了哲学转型。“社区矫正开始着重风险的评估与直接管控，处遇技术逻辑从个人责任追究与人身危险矫治转变为犯罪人风险标定与分级监管。这标志着集体主义和管理主义的新刑罚学的诞生”[②]。

---

① 翟中东：《中国社区矫正制度的建构与立法问题》，中国人民公安大学出版社 2017 年版，第 79 页。

② 李川：《基于风险管控的社区矫正制度研究》，东南大学出版社 2017 年版，第 11 页。

（二）现实风险管控

社会公众对社会安全的需求和担忧，要求在社区矫正过程中对社区矫正对象的现实风险控制。一方面通过监督、干预、扶助等手段，使社区矫正对象危害社会的意识、行为泯灭于未然之中。另一方面通过社区矫正对象自我行为的改变，使其社会合规性、法律规范性固化和升华。按照翟中东教授的观点，现实风险控制的实现主要是由三个模块构成“认罪悔罪 + 危险管理 + 项目矫正”①，从而形成了社区矫正的现代模式框架“危险管理 + 项目矫正 + 恢复性司法”②。这一风险控制模式，使社区矫正的整个架构设计都处于风险管控的主导思想之下，无论惩罚还是矫正，都成为风险管控之下的次级举措，这就规避了社区矫正是执行刑罚还是矫正教育的属性之争。同时，使社区矫正既满足了社会公众对社会安全的需求，也彰显了法律的公平正义，更在安全的控制环境中，实现社区矫正对象的矫正教育。正如有学者所认为的“出于对风险社会中犯罪风险的不确定性和高发性的防范，管理主义要求风险控制必须满足尽可能早和尽可能快的需求，对犯罪人矫正中的当下犯罪需求实行前置控制和过程控制”③。社区矫正的风险控制理应成为犯罪治理的重要手段。

（三）未来风险预测

在李川教授的风险控制视域中，引入了风险控制的效益主义观点：“出于对风险进行有效管理的需求，风险控制被要求特别注重采纳那些可以尽可能少的花费成本就能够实现良好风险管控的矫正手段，以最小的成本实现最大化的风险管控，体现效益主义的属性”④。在这里，无论是现实风险管控，还是未来风险管控，都不需考量预防犯罪的社会效果和控制效益之间的科学的平衡。一方面，坚信风险与效益是相互关联的，犯罪风险是可以理性分析和预测的。“犯罪行为变为可以根据日常生活中的输入变量进行风险与效益计算的输出结果，因此，犯罪不再是反常的、偶然的，犯罪风险成为可以理性分析和预测的对象，包括刑罚处遇在内的犯罪治理重点不应再是道德报应、公平正义或罪犯矫正，而是犯罪风险的管理控制”⑤。另一方面，李川教授引入了“精算司法”理念，“将保险学和管理学意义上的精算方法引入司法矫正领域：依据经济学的基本原理，运用现代数

① 翟中东：《中国社区矫正制度的建构与立法问题》，中国人民公安大学出版社 2017 年版，第 6 页。

② 翟中东：《中国社区矫正制度的建构与立法问题》，中国人民公安大学出版社 2017 年版，第 79 页。

③ 李川：《基于风险管控的社区矫正制度研究》，东南大学出版社 2017 年版，第 68 页。

④ 李川：《基于风险管控的社区矫正制度研究》，东南大学出版社 2017 年版，第 69 页。

⑤ 李川：《基于风险管控的社区矫正制度研究》，东南大学出版社 2017 年版，第 11 页。

学、统计学、金融学及法学等各种科学有效的方法，对各种矫正中未来的风险进行分析、评估和管理，从而对各种矫正方法和手段的风险控制能力和成本进行综合科学统计和分析，从中选择形成最能有效节约成本且能控制即时风险的矫正方案组合。矫正本身成为一门可以计算的科学，也只有通过精算司法矫正才能符合风险控制的要求"①。因此，对未来风险的预测是基于现实风险管控下，通过技术手段对社区矫正对象的现实表现的测量，考核犯因性因素在社区矫正对象思维体系中的地位，对其回归社会后的"未然之罪"被激活的概率进行"精细计算"，进而跟踪管控，实现社会安全的目的。一方面警示社区矫正对象对自我犯因性因素的有效自控和抑制。另一方面重新建构社区矫正对象的价值体系和社会关系，使社区矫正对象有可能发生的"未然之罪"的犯因性因素"冬眠"于深层次意识之中，甚至通过矫正的技术手段使之"永不唤醒"或激活。

三、风险评估的二元机制

风险管控框架下的社区矫正，为追求社会风险有效管控的目的，在风险管控实现的途径上采取了风险评估的二元机制：一是防控型风险评估，即基于监督管理机能的风险评估，"评估出发点是集体主义视野下的社会风险标定需求"②；二是矫治型风险评估，即基于规范矫正机能的风险评估，"风险评估出发点是个体视角下的人格可矫正性判断"③。防控型风险评估和矫治型风险评估在社区矫正中具有完全不同的定位。

从风险评估性质上来看，防控型风险评估考量的是社区矫正对象所存在的社会侵害风险，试图通过对社区矫正对象的隔离来管控即时风险，实现风险安全管理机能；矫治型风险评估则是出于对社区矫正对象未来的个体再犯风险的认知，通过对社区矫正对象人身危险性评估，激活对社区矫正对象的矫治教育机能，实现长远风险管控。

从风险评估目的来看，防控型风险评估是针对社会风险安全管理，试图通过评估，强化对社区矫正对象的外在控制；而矫治型风险评估是针对社区矫正对象的人身危险性评估，试图通过评估，强化对社区矫正对象的矫正教育机能，这是对社区矫正对象的内在改造过程。

从风险评估的内涵上来看，防控型风险评估"其所强调的服务目标不再是内在矫正犯罪人，而是通过评估犯罪人的社会危险等级用以确定外在对其恰当的

① 李川：《基于风险管控的社区矫正制度研究》，东南大学出版社2017年版，第70页。
② 李川：《基于风险管控的社区矫正制度研究》，东南大学出版社2017年版，第134～135页。
③ 李川：《基于风险管控的社区矫正制度研究》，东南大学出版社2017年版，第135页。

防范控制手段，因此，这种风险评估是一种确保对罪犯有效监督管制以维护社会安全的防控性风险评估。”① 奉行的是隔离主义的刑罚目的观，以社会安全为出发点，核心在于通过对社区矫正对象的外在社会危险性判断，表征出社区矫正对象外在社会风险性的等级，实现对社区矫正对象的外在控制，其理论基础是风险社会学和社会统计学形成机制。

矫治型风险评估，“其所认知的风险评估是一种着眼于罪犯改善成效和长远风险防控的矫治型风险评估”②。奉行的是矫治主义刑罚目的观，以规范矫治为出发点，核心在于通过对社区矫正对象的人身可矫性判断，剖析认知社区矫正对象的内在犯罪人格，通过合理的矫正教育措施，实现对社区矫正对象危险人格的内在改造，其理论基础是认知科学和心理学形成机制。

第二节 社区矫正风险管理与控制技术

一、社区矫正中的风险

（一）风险的概念

社区矫正中的风险通常特指社区矫正对象在社区矫正过程中实施新的违法犯罪行为的可能性。在社区矫正执行中控制社区矫正对象可能发生的风险，尽可能地避免他们对社会和他人造成新的损害，这是社区矫正管理的基本任务。

（二）危险的一般特征

1. 复合性。复合性是社区矫正风险的显著特征。社区矫正风险是由多种因素复合而成的，从风险的来源形式看，是社会风险和人为风险并存的。社区矫正的社会风险是由社会政治、经济、文化、科技和社会生活等所引发的风险。而人为风险主要是指社区矫正风险是由社区矫正对象的外在行为所引发的风险。从引发风险的因素结构看，某种事件的实际危险取决于可能会增加风险的那些因素。在某种情况下出现的风险因素越多，那么，这种事件的风险就越大。

2. 不确定性。主要表现在三个方面：一是社区矫正风险源的不确定性，对社区矫正风险难以精确预估风险源的等级和优先顺序；二是社区矫正风险兑现不确定性，难以准确把控何时何地、以何种形式出现突发危机事件；三是社区矫正风险危害的不确定性，难以量化评估社区矫正风险的危害范围和损害程度。目

① 李川：《基于风险管控的社区矫正制度研究》，东南大学出版社 2017 年版，第 141 页。

② 李川：《基于风险管控的社区矫正制度研究》，东南大学出版社 2017 年版，第 138 页。

前，社区矫正风险测评结论不尽可靠。有关社区矫正对象危险程度的确立是对个人危险的一种估计，由于危险是一种可能性而不是必然性，加之危险测评手段的有限性，因此，危险测评不可避免地会发生错误。在检测评估中确认为危险性大的社区矫正对象不一定进行危险行为，而危险性小的社区矫正对象也有可能发生危险行为。在社区矫正领域进行危险测评，就是确定特定社区矫正对象实施新的犯罪行为的可能性，并根据这种可能性将其划分到不同小组中进行管理。具体而言，就是要识别特定社区矫正对象所具有的危险因素，根据危险因素的情况划分为不同小组，然后根据社区矫正对象所属的危险小组，设计对社区矫正对象的管理方案。

3. 可控性。社区矫正风险无论是社会风险还是人为风险，都是以“人”为核心而产生的风险，那么，通过危险评估、危险预测等技术，就可以有效地控制风险。比如，危险评估就是依据一定的标准，通过设定、使用、分析一系列检测表来评估有关社区矫正对象的危险程度。由于危险因素的多样性和复杂性，因此，危险测评就成为一项控制危险的专门化的工作。

二、社区矫正风险管理技术

（一）社区矫正风险管理概述

社区矫正中的风险管理就是根据社区矫正对象的危险程度分配矫正资源、落实管理措施的活动。

为了提高风险管理的成效，避免社区矫正对象的风险对社会秩序和公民安全构成威胁，首先，要有针对性地、合理地配置矫正管理资源。对于危险性高的社区矫正对象配置更多的矫正资源，对于危险性小的社区矫正对象配置相对少的矫正资源。当然，有关机构和人员在判决、裁定或决定适用社区矫正之前就要加强对犯罪人或罪犯的危险性测评（检测和评估），要控制那些危险性程度较高的犯罪人或罪犯进入社区，使社区矫正机构和社区矫正工作人员所管理的高危险性社区矫正对象数量尽量少一些，以更好地保障社区安全。其次，要同时在行为控制和思想观念的转变上落实管理措施，逐步实现风险控制从强制到自制的转变。对高风险社区矫正对象要强化监管措施，限制其行动，使其难以进行犯罪行为的活动。但监督管理的功能是有限的，所以，要从根本上控制社区矫正对象的风险必须充分发挥社区矫正功能，通过助人自助的理念和方法，帮助社区矫正对象解决其存在的各种问题，恢复其社会功能，逐步消除引发社区矫正对象犯罪的诱因。

（二）社区矫正风险管理的措施

根据我国社区矫正的实践和国外社区矫正风险管理的经验，社区矫正风险管理的措施可以归纳为以下几个方面：

1. 分类管理

行刑个别化是现代刑事执行的重要原则。社区矫正的分类管理是这一原则的重要体现，其核心是实行区别对待、个性处遇，集中体现了个别预防的思想。

为了提高对社区矫正对象风险管理的针对性和有效性，在进行社区矫正之前，首先要对社区矫正对象的危险性进行测评，根据测评结果划分危险等级，再按照危险等级落实相应的监督管理措施。社区矫正机构和工作人员对不同危险等级的社区矫正对象落实不同的监督强度、接触形式、汇报次数等管理措施，使社区矫正对象所具有的危险性与监管措施的严格性相适应，实行分级分类管理。

应当说明的是，实践中，我国对社区矫正对象危险程度的测评，有的是套用监狱的计分考核办法，有的是移植国外的做法，有的甚至还采用那种基于直觉、猜测的测评方法。因此，我国迫切需要建立一套适合我国国情的社区矫正对象危险程度测评的科学手段和机制。

我国有必要借鉴国外关于犯罪性需要的研究，结合司法实践中常见的需求类型，建议将社区矫正对象分为以下几类。①

第一，认知行为类矫正需求者。这类社区矫正对象往往存在一定程度的心理障碍，存在认知及行为上的问题，因此要强调从心理上对其进行矫治。通过群体或一对一的心理咨询，关注社区矫正对象的积极行为和自尊，逐步促进社区矫正对象改变认知，促进其思维更为理性，人格更为健全，进而改变行为方式，顺利回归社会。

第二，社会交往技能类矫正需求者。这类社区矫正对象往往社会交往观念偏差、社会交往能力差，所以在人际交往、社会关系处理上存在问题。要通过专业的训练帮助社区矫正对象提高社会交往能力，以使其在社会上生存发展，降低重新犯罪率等。

第三，情绪控制类矫正需求者。这类矫正需求者往往是暴力犯罪者。应当通过专业辅导、心理测量与矫正，关注心理缺陷，引导社区矫正对象提升自我控制能力。

第四，家庭沟通类矫正需求者。这类矫正需求者重点是青少年社区矫正对象。青少年犯罪背后，往往存在家庭问题。因此，要通过改变家庭内的相互关系，让青少年社区矫正对象感受到家庭的温暖，进而改变青少年社区矫正对象的行为问题。

第五，生活能力帮助类矫正需求者。这类矫正需求者往往又可分为以下几

① 谢燕：《社区矫正危险控制新论》，暨南大学 2015 年硕士学位论文。

类：一是基本生存需求。比如，在假释的社区矫正对象，年龄偏大，没有家庭或家庭关系不好，自身无一技之长。社区矫正机构应采取多种方法解决其生存问题，比如协助其申请最低生活保障、申领失业保险金、申请公租房、廉租房等保障性住房等。而对于患有艾滋病的社区矫正对象，则要协调疾病防控机构提供其基本的医疗条件等。二是就业促进需求。此类社区矫正对象受教育程度较低，缺乏自身生活技能，职场竞争力差。因此，社区矫正机构要协调人力资源和社会保障部门对其进行就业指导，组织其参加职业技能培训，帮助其提高就业能力等。三是教育发展需求。此类社区矫正对象可继续细分为基本教育需求和特殊教育需求等。对该类社区矫正对象则需要与教育部门沟通，协助未成年人完成9年制义务教育、协助聋哑人社区矫正对象学习哑语等基本沟通手段等。四是其他需求者。如戒除毒品或酒精控制类需求者。

总之，只要是真实存在的社区矫正对象的需求，在有利于防控危险发生的原则下，都可以通过分类管理的方式，以社区矫正机构安排“必选”矫正项目+社区矫正对象“自选”矫正项目的形式进行，为每位社区矫正对象量身定制矫正“套餐”，真正实现社区矫正对象的个性化矫治，最终达到协助其回归社会的目的。

2. 跟进管理

跟进管理，是指在对社区矫正对象进行风险管理的过程中，社区矫正工作者必须对社区矫正对象进行阶段性的随访，并对随访期间出现风险程度的变动情况作出一定程度的处理和回应的活动。如果发现社区矫正对象在某一危险等级之下顺利地度过了一定的监管时间，并且在此期间完全遵守了监管规定，那么，经过一定时间之后，就应该把监管等级降低一个级别，同时修改矫正方案、调整矫正措施，以鼓励社区矫正对象向更好的方向转变。反之，如果发现社区矫正对象在某一危险等级之下违反了监管条件，那么，就应该把监管等级增加一个级别。对社区矫正对象实施更加严格的监督控制，同时要修正矫正方案、完善矫正措施。通过跟进管理可以把危险管理的阶段性和过程性有效地统一起来，形成一种灵活的反应机制，以便针对社区矫正对象不同程度的违规行为采取相应的反应措施，帮助社区矫正对象得到更合适和更有效的矫正监管和服务，以不断促进和巩固矫正所获得的效果。

3. 个案管理

从国外社区多年的实践来看，要想高效地进行危险管理，必须重视对社区中社区矫正对象实行个案管理。

个案管理的第一步要求对社区矫正对象进行危险或需要测评。首先，根据社区矫正对象具有的危险因素，评估其危险程度，对社区矫正对象进行风险等级分类，为落实分类管理做准备。其次，社区矫正工作人员在开展社区矫正工作之前就要通过开展调查研究、资料收集等手段来考察社区矫正对象静态和动态的风险因素，诸如自然风俗和历史遗传、反社会的态度、周围的坏朋友、性格、前科、家庭、教育背景和工作情况等，从中识别出一些犯罪需要的因素，并对每个社区矫正对象的需要因素进行评估，从而对社区矫正对象进行需要分类。在综合考察社区矫正对象的危险性和需要情况的基础上，对社区矫正对象作出准确的风险、需要分类，这样可以保证对社区矫正对象给予有针对性的、相适宜的监管和帮助。总之，通过对风险、需求、敏感度以及专业性的判断，是我们对社区矫正对象进行科学分类的基础性工作，是降低风险因素的关键策略。

个案管理的第二步要求制定监管个案。根据对社区矫正对象的风险或需要分类，因人而异地设计监管个案，设定科学的矫正项目、分别采用不同的监管策略。这是进行风险管理的重要环节。在监管个案中，不仅要写明社区矫正对象的风险、需要等级，而且要写明对社区矫正对象实施的监管等级、种类、内容以及监管目标等内容，以赋予监管个案个性化的特征。同时，随着社区矫正进程的不断推进，还要视社区矫正对象的变化发展情况适时调整监管个案，以不断提高风险管理的实效性。

个案管理的第三步要求科学设定矫正工作量。监管个案的制定贯彻了区别对待、因人施教（管）的原则。那么如何设定矫正工作者的监管工作量呢？随着社区矫正规模的扩大，案件的危险差别也会增大，相应的监管不同个案所付出的时间和精力肯定会存在较大的差异，如果再采取过去社区矫正试行期间的方法来确定工作量就有失合理性。因此，在个案监管中，我们应借鉴国外的经验，以对社区矫正对象的分类结果为基础，综合考虑社区矫正对象的风险程度、矫正时间以及社区矫正工作者的监管能力等因素，根据在每个不同类型的社区矫正对象身上花费的时间数量为基础来确定每个社区矫正工作人员的案件数量。

以上三个步骤作为个案管理的准备阶段，可以将特定社区矫正机构中所有工作人员的监管工作标准化。在此之后，才进入个案管理的实施阶段。应当注意的是，个案管理的实施过程是一个静态和动态相结合的过程，一个监管方案不可能一成不变，在社区矫正过程中应跟随社区矫正对象自身变化发展的情况适时对监管计划进行调整，才能使个案管理得到不断地优化。

4. 强化奖惩①

为了通过奖励先进、惩罚后进的行为来达到激励社区矫正对象接受矫正、维护社会安全的目的，对社区矫正对象的奖惩是十分必要的，也是实施监督管理，进行危险控制的重要手段。

---

① 谢燕：《社区矫正危险控制新论》，暨南大学 2015 年硕士学位论文。

从总体上看，我国对社区矫正领域实行奖惩制度是不合理的，损害了社区矫正对象的矫正积极性，更损害了刑事执行的权威性和统一性，因此，建议进一步完善现行奖惩制度。

一方面，要建立奖励制度。根据心理学的研究表明，奖励的效果要优于惩罚。应当设计必要的奖励制度，使尽可能多的社区矫正对象受到肯定和表扬，激发他们遵纪守法、服从管理、主动接受矫正的积极性。目前，《社区矫正法》规定的奖励为表扬、减刑。前者属于行政奖励，后者属于刑事奖励。但由于社区矫正本身就已体现了从宽处理的精神，因此，社区矫正期间的减刑是严格控制的。另一方面，要设立多层次的惩罚措施。在惩罚制度的设计上，既不应当太过草率，也不应该太过保守。我国《社区矫正法》将惩罚的种类设立为训诫、警告、提请公安机关予以治安管理处罚，或者依法提请撤销缓刑、撤销假释、对暂予监外执行的收监执行等，使惩罚的层次更为分明，更具震慑力。

三、社区矫正的风险控制技术

（一）社区矫正风险控制概述

关于风险控制理论的概念很多，如风险预测、风险评估、风险管理等。将“风险预测”“风险评估”与“风险管理”“风险控制”相比较，“预测”与“评估”的外延较窄，其本身就属于管理或控制的一部分，“管理”和“控制”不仅将社区矫正过程前后，发生危险的各种结果和可能性涵盖，并且还包括一系列的对策和处置措施，内涵更为丰富。再将“管理”和“控制”相较，《现代汉语词典》对于“管理”一词的解释为，“负责某项工作使顺利进行；保管和料理；照管并约束（人和事物）”。对于“控制”一词的解释为，“掌握住对象不使任意活动或超出范围；或使其按控制者的意愿活动”。“管理”侧重于前期工作和日常行为，“控制”则侧重与对风险的预警与具体对策及行动。二者都体现社区矫正的刑事执行性特征，有利于区分刑事执行与一般社会管理，区分对社区矫正对象和一般社会成员的不同约束。但风险管理更侧重于日常的常规工作和常规措施，风险控制侧重于对风险的针对性工作与应对行措施。

（二）社区矫正风险控制的措施

1. 建立健全风险预测制度

风险预测是指按照法定条件，通过审前社会调查，确定拟被社区矫正的矫正对象、拟假释或被暂予监外执行的罪犯的各种信息，综合分析后对其人身危险性进行预测，进而决定是否对被告人、罪犯适用社区矫正的制度。① 审前社会调查

① 谢燕：《社区矫正危险控制新论》，暨南大学2015年硕士学位论文。

是风险预测制度的核心，是指“对罪犯的人身危险性和再犯可能性以及是否具备有效的矫正条件进行综合评估”①。我国现行的风险预测制度集中体现于对审前调查的规定。主要是2012年《刑法修正案（八）》第11、16条，《社区矫正法》第18条，《社区矫正法实施办法》第13、14条。《刑法修正案（八）》首次确立了审前社会调查的法律地位。《社区矫正法》和《社区矫正法实施办法》将审前调查制度具体化，进一步明确了审前社会调查的主体、程序和内容。

在司法实践中，审前社会调查在立法、制度设计方面存在一些问题，影响了风险预测制度效果的发挥。一是调查内容不全面，仅仅停留在个人信息和社区意见的层次上，关注的是社区矫正对象的现实表现和个案本身，缺乏对社区矫正对象的人格特征、矫正难度和人身危险性的预测，对制定个性化的矫正措施缺乏指导意义，起不到刑事执行个别化的效果。二是调查程序不明确。现行审前调查程序并未明确规定调查的时限，也并未明确其是否计入审限。在司法实践中，可能被判处缓刑的案件往往适用简易程序，留给审前社会调查的时间较为仓促，难以达到应有的效果。三是调查范围不合理。现行的审前调查程序只是规定了对拟适用社区矫正的被告人、罪犯，需要调查其所居住社区影响的，可以进行调查。由此看出，审前调查的范围完全由各地委托机关依据自己的主观经验来判断，自由裁量空间较大，容易导致对该罪犯社区矫正执行困难。四是调查结论的法律地位模糊。根据现行法律规定，在拟适用社区矫正时，有关决定机关尽管可以委托县级社区矫正机关进行调查评估，但对于提交委托机关的调查结论，并没有规定其法律地位。

总之，我国的审前调查制度在司法实践中并未起到应有的作用，很好的达到对拟适用社区矫正对象进行危险预测的目的，必须从制度上加以改进完善。

2. 建立健全风险评估制度

风险评估，有学者称为“危险评估”②，是指在社区矫正过程中，通过一定的技术手段，针对社区矫正对象的基本情况、社会关系、矫治环境等各方面的信息进行调查研究，对评估罪犯重新犯罪或实施其他犯罪的可能性进行评估（包括实施暴力、脱逃的可能）。风险评估是进行风险管理的基础。

风险评估在危险控制体系中占有举足轻重的地位，其评估的准确程度直接影响危险控制的效果。构建我国的风险评估制度，应做好以下几点：一是以统计学为基础建立量化的风险评估方法。世界各国多采用统计性评估方法，通过设计信度效度较高的风险评估工具达到量化风险的目的。我国应尽快明确采用以统计学

① 周文庆：《社区矫正审前社会调查制度研究》，上海交通大学2012年硕士学位论文。

② 冯卫国、于阳：《论社区矫正风险评估》，载《山东警官学院学报》2012年第2期。

为基础的量化风险评估方法。二是应尽快研发全国统一的危险评估工具和平台。可以借鉴国外的先进经验，对国外使用较为成熟、信度效度较高的风险评估工具结合我国社区矫正近年来的发展成果进行本土化改造，尽快研发设计一套全国统一的风险评估工具，在保持较高信度与效度的前提下，提高风险评估工具的可操作性。

3. 统筹规范社区矫正工作信息化建设

我国从开展社区矫正试点以来，各地社区矫正机构相继研发了“社区矫正工作信息管理系统”，利用电子信息远程传递、GPS 收集定位、工作统计数据填报自动生成等信息化手段，实现了省级与各市县区社区矫正机构及基层司法所之间的社区矫正联网办公，传统的社区矫正工作管理方式正在逐渐发生变化，社区矫正工作信息化建设取得了很大的成绩。但这一变化在当前形势下是远远不够的，在具体操作中还存在许多问题，例如，监管力度不强；基础信息不全；公安机关、检察机关、审判机关、司法行政机关、民政部门等缺乏信息共享；信息化建设碎片化、分散化，缺乏顶层设计和统筹规划等。

近年来社区矫正对象数量不断增加，基层社区矫正管理部门人员不足、工作量骤增，工作压力变大。随着我国城市建设的发展，流动人口和人户分离现象日益突出。社区矫正执行过程中的监管很难实现真正意义上的动态管理，资料衔接不及时、脱管漏管带来的风险不断加大。风险控制对于信息化建设的渴求不是紧跟时代的亦步亦趋，而是来自现实问题的步步紧逼。统筹规划信息化建设是实现风险控制的必由之路。

一是要树立与时俱进的思想观念。社区矫正信息化建设是一个长期、持续、动态的过程，必须紧跟科技创新的步伐，在使用中不断优化完善，坚决克服一劳永逸的思想。二是要加强统筹规划和顶层设计。省直及中央国家机关要加强顶层设计，及时将基层司法实践中的先进做法加以总结推广，避免重复浪费和多头建设，体现法律执行的统一性。三是要加强信息化管理平台建设，如矫正管理与监控平台、重新犯罪信息平台等。平台建设应当对公安机关、检察机关、审判机关、社区矫正机构等部门共享，实现矫正工作关键信息网上互联互通。

4. 专业化建设是危险控制质量的重要保障

专业化建设则决定着危险控制的质量好坏。社区矫正作为刑事执行方式的发展趋势，日益得到人们的认可，但目前队伍的专业化需求却没有在思想上引起足够的重视。社区矫正工作人员、社会工作者、社区矫正志愿者是当前常见的社区矫正人力资源配置模式。但在实践中，往往存在社区矫正工作人员压力过大，专业水平不够，社会组织和志愿者介入不足的现象。

社区矫正的风险控制本身是个社会性的系统工程。不仅涉及法学、社会学、统计学、心理学等多个学科，还涉及教育、就业、社会保障等多个机构。因此，走专业化建设之路是提高矫正质量、减少风险的必由之路。建立与市场经济相适应的开放式思维方式，向市场购买对社区矫正对象的劳动技能培训服务，向心理咨询机构购买心理健康服务，向社工机构购买社工服务机构，将专业化贯穿于社区矫正的各个环节。由社区矫正机构统筹各种社会资源，走出一条真正的专业化之路。

第三节　社区矫正突发性事件处置技术

《社区矫正法实施办法》第 52 条规定，社区矫正机构应当建立突发事件处置机制，发现社区矫正对象非正常死亡、实施犯罪、参与群体性事件的，应当立即与公安机关等有关部门协调联动、妥善处置，并将有关情况及时报告上级司法行政机关和人民检察院。社区矫正对象作为社会的特殊人群，是治安突发性事件的高危人群，易发人群。社区矫正突发性事件是指突然发生，造成或者可能造成社会危害，需要采取应急处置措施予以应对的涉及社区矫正对象的事件。充分认识社区矫正突发事件的突发性、复杂性、紧迫性和严重性，研究社区矫正突发性事件的规律，科学制定预案，有利于社区矫正工作的顺利开展，有利于社会的安全稳定。

一、社区矫正突发事件产生的主要原因

社区矫正突发事件是指已经或可能发生社区矫正对象脱管失控、非正常死亡、实施犯罪、参与群体性事件，正在或可能发生行凶、闹事、纵火、抢劫、绑架等严重危及人身、财产安全暴力犯罪的，以要挟或制造重大社会影响为目的而实施或准备实施自杀、自焚、自残等行为的，挟持人质或对他人实施暴力行为的，严重扰乱公共秩序、妨碍公务以及其他违法犯罪活动等突发事件。

社区矫正突发性事件的发生既有偶然性，又有必然性。其导火索往往是偶然的，某些矛盾长期积累而导致“井喷效应”则是必然的。社区矫正突发事件主要有以下原因：

（一）社会客观因素容易诱发突发事件

社会转型、社会变迁给人们带来的价值观念、思维方式、行为习惯、心理、情感等方面的变化，使社区矫正对象因无所适从而显得茫然无助，最终心理失

衡、行为失范；当地治安状况差，原先的犯罪诱因依然存在，造成社区矫正对象犯罪人格未得到根本的改变，极易故态复萌；家庭和社会关爱不力，帮教工作相对滞后，社会偏见长期存在，社区矫正对象精神无依、生活窘迫、就业困难，弃旧图新的愿望难以实现，等社会客观因素增加了群体性、突发性事件的诱发因素。

（二）社区矫正对象个人主观因素容易诱发突发事件

社区矫正对象个人的生活期望值过高，又无技术特长，缺乏谋生手段，很难找到合适的工作和拥有稳定的经济收入。在入不敷出的情形下，个人期望不能实现时，容易导致心理失衡，行为失控。社区矫正对象之所以违法犯罪，个人主要原因在于文化素质低、法律意识淡薄、自身综合素质差、头脑较简单，他们对社会好的方面不容易发现和接受，对不良社会现象却很敏感且容易接纳，讲江湖义气，为所谓的朋友两肋插刀，一旦有社会违法犯罪人员引诱、威逼，就可能导致治安突发事件。个别社区矫正对象缺乏家庭关爱，在遭受社会歧视时，容易刺激个人性格中恶的一面，往往失去理智、一时冲动，产生突发事件。

（三）重大自然灾害等容易诱发突发事件

因不可抗力、其他重大突发事件的处置、重大自然灾害的发生和其他重大突发事件等情况的发生，导致社区矫正对象生产生活发生重大变故，思想产生重大波动，往往也能诱发社区矫正突发事件。

二、处理突发性事件中存在的主要问题

（一）社区矫正工作人员短缺

社区矫正人手严重不足，对突发事件的信息收集、处理和突发事件的平息、处置的工作人手短缺，造成了突发事件处置不得力或不到位，加大了突发事件的处理难度，更加剧了突发事件的不可控性。

（二）处理突发事件工作经费短缺

社区矫正突发事件处置没有专项经费是一个普遍存在的现象。各级社区矫正机构作为社区矫正突发事件一线指挥部，因经费短缺，导致缺乏必要处理突发事件的交通工具和设施、设备，从而造成突发事件因经费短缺而无法正常进行处置。

（三）法律法规和强制性措施缺失

我国相关的工作依据仅是《社区矫正法实施办法》和《社区矫正法》。同时，司法行政部门作为社区矫正突发事件处置一线，法律法规没有赋予其强制执法权。社区矫正工作既已定位是刑事执行活动，但是，在实践中执行的一些制度、规定却缺失最重要的强制措施，造成了突发事件处置手段和方法的缺失。由于社区矫正突发事件处置没有法律的保障且缺失强制措施，加大了突发事件处置难度。

三、社区矫正突发事件应急处置技术

社区矫正机构应当建立突发事件处置机制，发现社区矫正对象非正常死亡、实施犯罪、参与群体性事件的，应当立即与公安机关等有关部门协调联动、妥善处置，并将有关情况及时报告上级司法行政机关和有关部门。

（一）建立健全组织机构，完善应急预案

在社区矫正突发事件处置中，要加强领导，落实人员。应成立社区矫正突发事件领导小组和领导小组办公室，把政府、公安机关、检察机关、审判机关、司法行政机关、社区干部等相关部门人员纳入进来，协同应对、联合处置。其主要职责为：一是对突发事件应急处置工作实施统一领导、统一协调；二是确定应对突发事件重大决策和指导意见；三是组织编制、修改突发事件应急预案；四是开展突发事件处置工作的组织指挥；五是当突发事件超出处置能力时，依程序请求上级支援并根据需要提请上级启动更高层次的应急预案；六是决定和部署应急工作重大事项；七是分析总结突发事件应对工作。

应急预案是处置突发事件的预先方案或者说是指导性文件，关系到整个突发事件处理能否顺利进行和有效开展，而突发事件的不确定性、风险性又决定了预案不是总是一成不变的。所以应对突发事件就要在充分收集基础信息和资料的基础上，适时调整充实预案，组织有关人员认真学习，熟悉突发事件的处置程序和对策，组织演练，总结应急反应经验，不断提高社区矫正工作人员处置突发事件的能力。

（二）加强信息收集研判，完善预警机制

平时应加强对社区矫正对象工作、生活、家庭、社交等相关方面信息收集，完善社区矫正对象档案、资料，“做到见人见档、一人一档、人档相符”的原则逐一建档立卡，在突发事件处理时，才能够做好处突决策，做到有的放矢。

加强对社区基层的指导，及时收集社区矫正对象动态信息，掌握社区矫正对象的思想动态和行为动向，建立完善家庭、社区、公安、司法四位一体的预警机制：一是建立风险预警机制，对社区矫正工作突发事件发生的可能性、条件等进行分析评估，提出预防对策，加强信息收集研判工作，对可能引发的突发事件及时发出预警。二是建立信息排查机制，对重点社区矫正对象、重点区域和敏感时段可能出现的问题进行分析排查。三是建立应急处置机制，严格落实值班制度，畅通信息渠道，确保发生突发事件及时赶到现场，开展应急处置工作。

（三）强化部门协调配合，规范处置程序

由公安机关、检察机关、审判机关、司法行政机关、社区联合组成一线处突指挥部，强化部门协调配合，对社区矫正突发事件依法、快速、高效处置。一是公安局作为社区矫正处突的执法主体的身份不变，在处突过程中会同司法、社区

工作人员对突发事件进行现场管控，控制现场态势，对社区矫正对象触犯矫正管理规定的，依法及时处理。二是司法行政部门负责社区矫正突发事件现场的组织协调和信息提供。要全面了解突发事件的发展状况，加强公安机关、检察机关、审判机关、社区矫正机构、社区等职能部门的联系，负责应急信息的接收和核实，指挥、协调应急事件的处置。要会同法院对突发性事件中社区矫正对象有违反法律规定，构成重新犯罪的公安机关依法处理提供法律保障。三是人民法院应依法加快对突发事件中违法社区矫正对象快速进行审判，快速平息事态。四是人民检察院应正确行使法律监督职能，加强执法监督，完善监督程序，发现社区矫正突发事件工作中不符合法律，政策规定的问题，及时提出检察建议。五是社区部门要在处理社区矫正突发事件中发挥主力军作用，充分利用对所属区域熟习的先天优势，积极配合公安机关、检察机关、审判机关、社区矫正机构各部门处置突发事件，为处突提供情报、信息支持，提出处置建议，提供后勤保障。

（四）提升执法人员素质，强化处置能力

社区矫正突发事件处置，是一门专业、复杂、系统的工程，处置好突发事件对执法人员提出了很高的要求，只有不断提高执法人员自身素质，强化各种处突能力，才能做好社区矫正处突工作。一是要通过开展各类学习、培训，强化法律意识、服务意识和责任意识，要抓好行政执法人员的法律知识和业务知识的培训，提高严格执法、规范执法、文明执法的能力和水平。二是要抓好行政执法人员职业道德纪律教育，使之牢固树立依法行政、热情服务理念，不缺位、不越位、不错位，履职尽责，文明执法。三是要对处突中遇到的难点、热点问题，组织执法人员进行专题培训和专题讨论、分析，通过有针对性的“分类分批分层次”业务知识培训，努力提高队伍的专业素质。

（五）加强社会资源利用，灵活处置方法

社区矫正突发事件要充分运用社会力量进行解决，加强与社区、家庭、社区矫正对象人际关系的联系，在处突过程中强化与他们沟通，采纳意见，做好决策，灵活运用处置手段。一是摸清社区矫正对象社会关系网。只有在平时厘清社区矫正对象的人际交网、社交圈子、社会关系，才会在突发事件处置找到解决办法、突破口。二是加大对社区矫正对象人际关系的普法宣传。司法部门要结合每年普法宣传，邀请对社区矫正对象有影响力的人参加到法律宣传中，强化他们知法、守法观念、意识，邀请他们协助司法部门做好社区矫正对象日常思想稳控和矫正帮扶工作。三是突发事件发生时做好与社区矫正对象人际关系的沟通协调。社区矫正对象人际关系中的很多人是社区矫正对象家人、朋友，对社区矫正对象有很大影响力，加强与他们沟通协调，邀请他们参与到社区矫正对象突发事件处置工作中，可使处置手段更加灵活、高效。

延伸阅读

风险管理理论

一、客观实体学派的风险管理理论

在传统社会中，风险虽然具有一定的不确定性，但由于各种自然灾害或意外事故等大多数风险由于是经常发生的，其中也有一定的规律可循，因此可以根据历史的经验记载或统计数据，推算出风险发生的概率和损失规模，也就是说，风险还是能够量化和预测的。所以，传统的有关风险的研究中，多数学者的学术思想与分析普遍从“客观”或“实体”观念出发，以实证思维为指导思想，运用工程、物理、技术等理论、工具与方法，通过对风险及其管理问题进行分析，形成风险管理的相关理论。

实证论是相对于形而上学而建立，以能否用分析或实证方法作为认识事物本质的渠道，以感知作为测试真伪的方法。由于传统的风险管理理论认为风险是客观的不确定性，是客观存在的实体，是可以预测和计算的，这些观点与实证论的观点一致，故称该理论为客观实体论。

二、主观建构学派的风险管理理论

随着现代化的不断推进，出现了大量新的风险类型，这些风险很多都是由人为因素导致的，是人类以前从未遭遇过的。由于人类行为的复杂性以及人类根本没有应付这类风险的经验，也就谈不上根据概率对风险进行精确计算。面对新类型的风险，传统的风险管理哲学面临着挑战。部分学者试图从主体和客体的互动视角解决问题。就是说在风险管理中，风险作为管理的客体，并不是被动存在的，它会在主体的作用下发生方向和程度上的变化。在此背景下，出现了从“主观”或“建构”观念出发，以后实证思维为指导思想，运用社会、文化、人类文化等理论、工具与方法，对风险及其管理问题进行主观或建构性的分析，形成了有关风险管理的“主观”或“建构”的风险管理理论。

风险建构理论的哲学基础是后实证论（或相对论），主观建构学派理论认为风险具有建构性、社会与团体性、不确定性与不可测性。主观建构理论主要来源于心理学、社会学和文化学的一些理论。其中，心理学仍保留实证论的思维，注重对个人行为的分析。社会学、文化学与哲学则强调后实证论的思维，注重对社会风险与文化风险的分析。

第十三章

个案矫正技术

个案矫正是社区矫正的主要手段，也是社区矫正的优势和特色，突出表现在有其针对性的矫治方案和矫正项目。为此，个案矫正是矫正教育工作的主要形式之一。《社区矫正法》第 24 条规定了对社区矫正对象的矫正教育，要制定有针对性的矫正方案，实施个别化矫正；第 36 条规定了对社区矫正对象的矫正教育，要根据其个体特征，因人施教。这些规定都体现了个案矫正的立法精神。

第一节　个案矫正概述

一、个案矫正的特点

“矫正”一词为正曲使直、匡正和纠正之意，在《汉书 · 严安传》中就有“矫箭控弦”之说。在西方国家，矫正（correction）一般是指适应、装备、配备、训练、教育和治疗等意。对社区矫正对象个案矫正，是指基于刑事个别化原则，社区矫正机构依据社区矫正对象产生犯罪的不同犯因性问题，采用有针对性的治疗、调适、干预和教育等技术，达到特定矫正目的的专门活动。具体说来，个案矫正是指社区矫正机构以社区为依托，由社区矫正工作者对被判处管制、缓刑、假释和暂予监外执行的社区矫正对象，根据他们存在的不同的引发犯罪的或可能引发再次犯罪的生物生理、心理和环境问题，所制定的有针对性的治疗、干预、调适和教育等方案和把方案付诸实施的活动。它具有以下特点：

（一）个案矫正的环境是社区

社区是和一定区域相联系的社会生活的共同体。它的核心要素是有一套相互配合的、适应社区生活的制度和相应管理机构；一套相对完备的生活服务设施；

基于一定的经济、社会发展水平和历史文化传统的社区文化、生活方式，以及与之相连的社区成员对所属社区在情感上和心理上的认同感和归属感。[①] 目前我国社区矫正中的社区，在城市是以由若干个居民委员会构成的街道为基本社区；农村是以若干个村民委员会构成的乡镇为基本社区。个案矫正即是将社区矫正对象置于社区，对其人身自由进行一定程度的限制的前提下进行的。

（二）个案矫正关系向自愿建立发展

目前，我国社区矫正仍是在一定强制的前提下建立的非自愿与服务的关系。从社区矫正的性质和西方国家社区矫正的实践看，对社区矫正对象进行评估和社区矫正对象愿意接受社区矫正，是社区矫正关系建立的基础。自我国社区矫正试点开始以后，一些试点省市也开始试行法院对犯罪人进行危险性评估，犯罪人自愿接受社区矫正，由此决定犯罪人是否进入社区进行矫正的模式。犯罪人是否有人身危险性和是否愿意接受社区矫正，是社区矫正关系建立的前提条件和基础性条件，缺一不可。自我性的矫正，是犯罪人接受矫正的动力源。只有在社区矫正关系中，使社区矫正对象具有自我性，才能使其积极参与、配合和实践。“只有当人从灵魂深处真正爱上了另一个人，并且同时非常敬仰和崇拜他的时候，才能够把他的文化传统变成自己的。”[②] 而“向人类灌输一种错误的、只受操纵者欢迎的价值观是危险的……人性的发展的确受到了阻碍”[③]。同样，在以权力压力为唯一动力源下的社区矫正，也是危险的，亦会使人性发展受到阻碍。“必须让囚犯提高自己的自信，让他们相信自己能够重新获得外界的尊重，以上述情感激发他们弃旧图新的愿望；如果不对上述情感加以疏导，它们可能会使这些人变得更坏。”[④] 一种缺乏自我性的矫正，其弊端是不言而喻的。以自愿为基础建立个案矫正关系，将是我国社区矫正发展的方向。

（三）个案矫正具有非刑罚化处遇的特性

社区矫正的外在表征是将社区矫正对象置于社区进行矫正，通过必要的监督限制社区矫正对象人身自由；是基本属性作为监禁的替代措施和非监禁刑的非刑罚化处遇。目前，我国《社区矫正法》把社区矫正定位于刑事执行方式。但随着我国社区矫正理论研究的深入和积极的实践探求，以及相关法律的构建和完善，作为监禁的替代措施和非监禁刑的非刑罚化处遇，亦将是我国社区矫正的合

---

① 鲁洁主编：《教育社会学》，人民教育出版社 2001 年版，第 329 ~ 330 页。

② ［奥］康拉德·洛伦茨：《文明人类的八大罪孽》，徐筱春译，安徽文艺出版社 2000 年版，第 159 页。

③ ［奥］康拉德·洛伦茨：《文明人类的八大罪孽》，徐筱春译，安徽文艺出版社 2000 年版，第 190 页。

④ ［意］切萨雷·龙勃罗梭：《犯罪人论》，黄风译，中国法制出版社 2000 年版，第 352 页。

理定性。

（四）个案矫正主体具有专门性和特定性

社区矫正工作者是社区矫正机构中的主导力量。接受矫正的主体，即社区矫正对象是被依法判处管制、缓刑以及假释、暂予监外执行的罪犯。显然，目前我国社区矫正尚未构建起专门的社区矫正机构，未形成一支专门的职业化的矫正工作者队伍，社区矫正对象范围相对较小，矫正项目也比较简单。但随着我国刑罚制度的日趋现代化，行刑理念的变革，司法体制改革的加快，社区矫正必然要通过法律设置专门的社区矫正机构，扩大社区矫正对象，完善社区矫正项目，这将是我国社会主义法律制度和体系改革与发展的一项重要任务。主体的专门性和特定性，亦将是社区矫正对象个案矫正的特点之一。

二、个案矫正的性质

个案矫正属社会工作的范畴。从其性质上说，应属于个案社会工作方法。个案社会工作是社会工作三大方法之一，是由专业社会工作者通过直接的、面对面的沟通方式，运用有关人员和社会工作专业知识和技术，对个人或家庭提供心理调适和环境改善等方面的支持和服务。其目的在于协助个人和家庭充分认识自身拥有的资源和潜能，完善人格和自我，增进其适应和解决困难的能力，从而达到个人或家庭的良好状态。

以个案社会工作方法为社区矫正对象个案矫正的模式，是建立在社区矫正机构矫正工作属社会工作范畴的假设。个案矫正是以社会工作的基本理论为基础，吸取心理学技术的一种特定的以人为对象的活动。因而，社区矫正对象个案矫正与个案社会工作方法一样，同样具有服务、救助、帮助等基本属性。把社区矫正对象的个案矫正工作归为社会工作的范畴，其理由在于：

（一）认识对象的相同性

有效的矫正必须是认识到社区矫正对象为什么会实施犯罪行为，在什么样的情景下实施的犯罪。“社会工作者必须对如下这一点有清晰的认识，即他们应该如何系统地去评估、测量或者描述案主的特征及其各种各样的生活问题。”① 矫正工作和社会工作一样，都是以人的行为为研究基础，通过对人的行为分析、解释和概念化，寻求影响人的行为问题，并以此为基础，进行回应式的活动。

（二）目标的相同性

“处遇上的个别化是以犯罪人重返社会为目的的，这里的重返社会就是再社

① ［美］乔斯·B. 阿什福德、克雷格·温斯顿·雷克劳尔、凯西·L. 洛蒂：《人类行为与社会环境：生物学、心理学与社会学视角》，王宏亮、李艳红、林虹译，中国人民大学出版社2005年版，第13页。

会化。”① “再社会化是指改变原已习得的价值标准和行为规范，建立新的价值标准和行为规范，确立新的生活目标的过程。”② 再社会化同样属人的社会化过程，“其目标是人的改造，而不是人的形成。”③ 社区矫正对象的再社会化，实质上就是社区矫正对象在多样化的背景中，能有效地回应生物、心理和社会需要。“社会功能是社会工作者在人类发展取向上的一个主要侧重点。社会功能采用个人——环境视角，该视角认为要使社会中的个体有效发挥功能，人类共同的需求必须被满足。” “社会工作中的人类行为通常被视为人们对资源和环境的适应。”人类行为是人类满足生物、心理和社会需要的有效反应。这种反应的能力即适应。社会工作 “即着重使那些包括社会功能在内的问题有所好转。”④ 显然，完善人类的社会功能，促使人类生长和发展，是社会工作的目的之一。

（三）任务相同性

预防是社区矫正工作的重要任务。它包括在社区矫正中对社区矫正对象刚出现的某种苗头性问题或影响安全和秩序的行为倾向前的预防；对社区矫正对象因矫正中的各种变量影响，已产生某种可能导致其行凶、自杀或其他严重违规行为的问题，且问题已相当严重前的预防；对已知的社区矫正对象所产生犯罪的问题，且该问题可能导致重新犯罪进行预防。“预防科学正成为社会工作实践中一个关键的组成部分。许多社会工作者参与初级预防、二级预防和三级预防……初级预防指的是在问题或情况刚刚出现的时候就采取行为。它包括在一个心理的或社会的失调、疾病或问题产生之前所运用的各种干预方法……二级预防的目标是在问题变得严重或无药可救之前尽早地进行预防。三级预防指的是根据预防障碍或者伤害——已知问题的已知后果——来减少问题的负面后果或者降低复杂性。”⑤ 显然，他们的预防任务具有相当的一致性。

（四）属性的相同性

社区矫正机构作为国家机构之一，具有“公共用品” 的天然属性。公共用品的属性，即指它的服务具有公共性，为社会也为社区矫正对象提供服务。社区矫正对象的矫正工作具有国家福利性，表现为社区矫正机构的行政福利性。这种

① 陈兴良：《刑法的价值构造》，中国人民大学出版社 1998 年版，第 482 页。

② 周晓虹：《现代社会心理学》，上海人民出版社 1997 年版，第 161 页。

③ 周晓虹：《现代社会心理学》，上海人民出版社 1997 年版，第 161 页。

④ ［美］乔斯 · B. 阿什福德、克雷格 · 温斯顿 · 雷克劳尔、凯西 · L. 洛蒂：《人类行为与社会环境：生物学、心理学与社会学视角》，王宏亮、李艳红、林虹译，中国人民大学出版社 2005 年版，第 3 页。

⑤ ［美］乔斯 · B. 阿什福德、克雷格 · 温斯顿 · 雷克劳尔、凯西 · L. 洛蒂：《人类行为与社会环境：生物学、心理学与社会学视角》，王宏亮、李艳红、林虹译，中国人民大学出版社 2005 年版，第 31 ~ 32 页。

福利性的内容，既包括为公众提供安全和秩序的福利，也包括为社区矫正对象提供各种资源，帮助社区矫正对象改恶向善。社区矫正对象矫正教育的福利性表现为社区矫正机构用知识对社区矫正对象实施矫正教育，使社区矫正机构由单纯的惩罚管理转为矫正人的专门场所。矫正的福利性，使社区矫正工作成为现代社区矫正机构的基本职能和责任。而社会工作起源于个人的慈善事业，发展为一种由政府或私人社团举办的服务事业。福利和服务，可以说是社会工作的基本属性和特点。这已成为社会工作理论和实践的共识。

（五）方法的相同性

个别化矫正的产生和发展，表明了以多维的系统视角认识社区矫正对象的犯罪原因，并以开放的系统选择与个性化的犯罪原因相对应的一种或数种理论和技术，对社区矫正对象进行矫正教育，即综合矫正模式。这已成为现代矫正机构实施矫正的发展总趋势。同样，现代社会工作在认识人类行为和社会环境时，也广泛采用多维的系统视角和个案的方法对人的行为进行干预。“为了理解一个人的总体功能，社会工作者应对人的生活和经历的所有方面作出评价。对各个主要的维度及其潜在功能采取一种假设方法会有所裨益……当你选择一种假设作为解释个人行为的途径时，那么假设也应帮助你选择一种恰当的干预方法。”①

在我国，影响人们把个案矫正工作纳入社会工作领域的主要因素，是基于矫正关系的建立。基于犯罪是阶级对立关系的哲学上的本质认识和矫正在刑事执行中的嵌入，认为强制是矫正关系的本质属性。社会工作尤其是个案社会工作关系的建立，是基于工作对象的自愿为前提和基础的。仅有压力源，是无法获得有效矫正的。这是因为，人类行为总是在其动机的驱动下进行的。无论社区矫正对象基于自由、物质、精神还是其他需要的满足，只有其形成矫正的内驱力，才能自觉地接受矫正和达到有效矫正。据报道，上海市在社区矫正工作中，试行社区矫正机构提出矫正意见、社区矫正对象自愿接受矫正和法院在此基础上作出相应刑事判决的模式。刑事和解亦在我国刑事司法实践中开始试用。这无疑突破了人们传统司法理念，为建立以“信任”和“自我”为基础的矫正关系，提供了实践支撑。

---

① ［美］乔斯·B. 阿什福德、克雷格·温斯顿·雷克劳尔、凯西·L. 洛蒂：《人类行为与社会环境：生物学、心理学与社会学视角》，王宏亮、李艳红、林虹译，中国人民大学出版社2005年版，第35~39页。

三、个案矫正的基本要求

（一）自助与助人相结合

自助与助人相结合是由个案矫正的本质和功能决定的。个案矫正不是社区矫正机构及其社区矫正工作者、志愿者等直接替社区矫正对象解决引发或可能引发犯罪的犯因性问题，而是通过和社区矫正对象一起寻求改善或消除问题的途径和方法，使社区矫正对象自主决定并按矫正方案进行自觉行动，促进其身心健康，增强社会适应能力，改变不良行为。自助是社区矫正对象个案矫正的本质特征之一。引发或可能引发社区矫正对象犯罪的犯因性问题，是社区矫正对象在生命历程和社会生活中的各种变量引起的，受个人情感和心理因素的支配，具有个性主体化的特征，因而不能由别人包办替代。社区矫正机构直接解决引发社区矫正对象犯罪的犯因性问题，但是无法从根本上消除引发犯罪的犯因性问题。强制矫正是必要的，但自决和自觉接受矫正，则是实现社区矫正对象成为守法公民这一目标的重要内在因素。同样，只有在社区矫正对象自决和自觉的前提下，社区矫正机构通过帮助，才能激发社区矫正对象的内在的解决问题的潜能，从根本上消除其引发或可能引发犯罪的犯因性问题。正如美国宾州大学教授奥多雷恩克所主张的，人的行为受个人意志的影响，一个人如果有了坚强的意志，他就可以控制和组织他的行为。[①] 自助是获得社区矫正对象个案矫正效果必备的条件。

助人是社区矫正对象个案矫正的另一重要本质特征，也是个案矫正的重要功能之一。社区矫正对象之所以会犯罪，往往是因为其在社会生活中，生理生物、心理或环境等方面存在先天或后天的疾病、心理失调或对环境的不适等问题。因此，社区矫正机构应当通过建立起专业的职业化矫正工作者队伍，建立相应的制度、物质、精神等支持系统，在社区矫正对象自决自愿的前提和基础上，通过提供相应的资源、方法和技术，治疗其疾病，矫正其心理，改善其生活环境，从而改变他们生活态度、行为方式或心理动机，强化社会生活适应能力，促进再社会化。目前，有些社区矫正机构建立了帮助社区矫正对象解决家庭困难的帮扶解困基金，开展帮助社区矫正对象解决家庭困难的活动等，实践表明，这些措施和活动只能一时缓解社区矫正对象引发犯罪的问题，或仅能缓解社区矫正对象社区矫正期间一时的心理危机。如果将社区矫正对象的心理危机，转化为提高自身认知水平和增强自身社会生活能力的愿望，进而进行相应的能动行动，无疑将有助于社区矫正对象从根本上解决心理危机，并由此达到消除引发其犯罪的犯因性问题，预防其产生新的可能引发犯罪的犯因性问题。社区矫正对象个案矫正是一项

① 翟进、张曙编著：《个案社会工作》，社会科学文献出版社 2001 年版，第 13 页。

“授人以渔”而不是“授人以鱼”的活动。

（二）专业化与社会化相结合

个案矫正是一项专业化工作。这种专业化首先是由社区矫正对象个案矫正的科学性和技术性决定的。社区矫正对象个案矫正是以法学、犯罪学、监狱学、社区矫正理论、心理学、教育学、伦理学、社会学和社会工作方法理论等学科知识以及技术、方法为基础的一项开放性活动。这就要求社区矫正机构必须建立起一支专门的受过良好专业教育和培训的专业化社区矫正工作者队伍。只有建立起一支专业化和职业化的社区矫正工作者队伍，才能使社区矫正工作者在特有的职业道德的规范下，运用专业知识和技术，以社区矫正对象为中心，为社区矫正对象提供专业的矫正服务工作，实现矫正的目标。其次是由社区矫正机构职能决定的。社区矫正机构是矫治社区矫正对象的专门机构。个案矫正工作者不仅是社区矫正机构的代表，更是依法履行矫正职能的工作者，在社区矫正工作中具有特定的角色和职责。这决定了个案矫正工作者具有特定的职业性。最后是由个案矫正关系决定的。个案矫正关系不是一种私人关系，而是一种专业关系。个案矫正工作者与社区矫正对象之间的矫正关系，是为达到使社区矫正对象成为守法公民这一特定目标而结成的专业关系。这种专业关系体现在关系的建立只是实现目标的手段而不是目的，一旦目标达到且社区矫正对象解矫，关系即告结束。同时，社区矫正对象个案矫正关系，也不同于其他个案工作关系，它尽管也强调社区矫正对象的自愿是建立关系的基础，但社区矫正的法律关系，决定了这一个案矫正关系具有特定的法律性特征。因此，建立起一支专业化和职业化的社区矫正工作者队伍，是实现矫正目标的保障。

社区矫正机构矫正资源的有限性和法治要求下的权力边界的有限性，客观要求社区矫正对象个案矫正还必须重视社会化。要提高社区矫正对象个案矫正的有效性，必须建立起有效的社会支持系统，为社区矫正机构的个案矫正提供必要的资源。受社区矫正机构权力边界的限制，社区矫正机构不能直接改变社区矫正对象个案矫正的外部环境，因而需要一定的国家福利机关、社会福利机构或团体给予必要的支持。社区矫正机构不能直接在宏观方面改变社会的大环境，就必须要有国家的专门机关通过立法加以改变，为社区矫正对象个案矫正创造良好的制度环境支持。在个案矫正中，社区矫正对象家庭支持也是不可少的，社区矫正对象家庭的情感、接纳和精神支持，对社区矫正对象自愿和自觉接受矫正具有积极的促进意义。建立一支个案矫正志愿者队伍，为社区矫正对象个案矫正提供必要的人员支持，是拓展矫正资源的重要途径，也是社会宽容、接纳和保护社区矫正对象以及社会对现行刑事法律认同的重要表征，更是反映国家政治文明尤其是刑事法律制度文明的重要参照点。

社区矫正对象个案矫正的专业化是社区矫正机构为社会提供有效公共服务的重要表现，体现了国家福利性。个案矫正的社会化，是司法开放和司法权向社会回归，实现社会资源网络为国家司法的可调用性、支持性和认同性。社区矫正对象个案矫正既重视专业化，又重视社会化，实现专业化和社会化的有机结合，是现代刑事法律制度和矫正制度发展的总趋势。

（三）信任和尊重并重

个案矫正，往往在社区矫正工作之初，社区矫正对象并非一个自愿接受矫正服务的主体。因为，社区矫正机构的矫正活动，总是以社区矫正对象放弃为主要内容的，诸如，放弃原有的行为习惯、放弃原有的价值观等。但是，自愿是建立良好个案矫正关系的基础。因此，社区矫正对象的信任是建立良好的矫正关系的必要条件。没有社区矫正对象的信任，是不可能有社区矫正对象的自愿。信任是建立良好矫正关系和获得有效矫正的重要策略之一。

在现实中，许多社区矫正机构的社区矫正工作者，常抱怨为社区矫正对象做了很多有利其向善的事，可他们总不领情，似乎矫正关系的对立性成为内在的不可克服的本质属性。对立的矫正关系是难以产生有效的矫正效果的。假如社区矫正对象是一名生病的病人，如果病人不信任医生而不愿接受治疗的话，那么任何治疗都难以保证其疗效。信任是社区矫正对象对社区矫正机构以及社区矫正工作者的矫正能力、矫正目的、矫正效果、矫正意义和矫正的社会价值，有明晰的了解认识，并对矫正效果的未来前景充满积极的期待。要让社区矫正对象信任，就要求社区矫正机构的社区矫正工作者，在矫正关系建立前，向社区矫正对象客观解释矫正的目的、效果、意义和价值，并对矫正效果充满自信。在分析沟通中，保持价值中立，用相关理论客观概括社区矫正对象存在的引发或可能引发犯罪的犯因性问题；对了解到的社区矫正对象的隐私进行保密，并作为职业操守向社区矫正对象予以说明。社区矫正工作者在矫正过程中应做一个指导、帮助、督促、激励和效果的客观评价者，而不是裁判员。概括地说，最大限度地防止矫正关系的权力游戏化，才能让社区矫正对象信任，从而建立起以自愿为基础的良好的矫正关系，获得有效的矫正效果。

尊重社区矫正对象，也是建立良好矫正关系和获得有效矫正的一项重要策略之一。尊重社区矫正对象，就是在矫正过程中尊重社区矫正对象的人格，保障和维护社区矫正对象的权利；在关系建立时要尊重社区矫正对象的自主自决性；在分析沟通中要注重社区矫正对象个人对问题的看法和感受；在矫正技术和方法的确定中，要让社区矫正对象参与讨论和选择；在矫正方案的制定中，不仅要让社区矫正对象参与，而且要让社区矫正对象自主决定阶段性矫正作业和阶段性矫正目标；矫正过程中，要用激励的策略激发社区矫正对象的主观能动性。

尊重社区矫正对象，总是与社区矫正对象的信任密切联系在一起的。没有社区矫正工作者对社区矫正对象的尊重，就不可能有社区矫正对象的信任。因此，在个案矫正活动中，必须既注重社区矫正对象的信任，也要重视对社区矫正对象的尊重。

（四）个别与综合并重

个案矫正是行刑个别化原则的具体体现。在个案矫正中，必须承认社区矫正对象的个体差异性，即承认社区矫正对象生命历程、社会生活经历、犯罪史和引发犯罪的犯因性问题等方面的差异，基于差异性为社区矫正对象选择适当的矫正技术和方法，进行量体裁衣地制定和实施矫正方案。

"行为是个人与环境之间互动的结果，一个人的生物构成会以一定的形式限制他对环境的反应能力。不能仅靠单个因素来解释一个行为反应的原因。多种因素在复杂的系统中通过互动产生了特定的行为。"① 因此，在承认和注重差异性的同时，还必须注重社区矫正对象个案矫正的综合性。这要求在沟通分析中，要全面了解社区矫正对象的生命历程、社会生活经历和犯罪史等，以多维度的综合分析视角认识引发或可能引发社区矫正对象犯罪的问题及其产生问题的各种因素；在矫正方案的制定、实施和效果评价时，必须立足人的全面发展的视野，满足社区矫正对象的全面素质的提高和发展。这是实现社区矫正对象成为守法公民矫正目标的最可靠的保证。

个案矫正注重差异性，不是一种"头痛医头、脚痛医脚"式的矫正，而是建立在综合分析、治疗、调适、干预、教育和评价基础上的个别化活动。在个案矫正中，既注重个别又注重综合，是矫正工作科学化的客观要求和外在表征。

第二节　个案矫正技术

个案矫正技术的种类很多，依照不同的标准，可分为不同的技术。在这里，主要介绍分类技术、沟通技术、情感介入技术、认知介入技术、干预介入技术、跟进技术等。

---

① ［美］乔斯·B. 阿什福德、克雷格·温斯顿·雷克劳尔、凯西·L. 洛蒂：《人类行为与社会环境：生物学、心理学与社会学视角》，王宏亮、李艳红、林虹译，中国人民大学出版社2005年版，第34页。

一、分类技术

（一）分类的概念和目的

分类有不同的定义。1950 年荷兰海牙国际刑法及监狱会议决议，对分类定义为：“分类这一用语，在欧洲语言中，意味着首先按年龄、性别、前科、精神状态等因素的不同将犯罪人分别集中关押在特殊的监狱内，然后再在各监狱内将犯人细分成各种小组。”[①] 美国矫正协会对分类定义为：是一种给予社区矫正对象不同的矫正活动分配，以提供最有效的、适应社区矫正对象需要的矫正活动的方式。这里我们对分类定义为：是指依据一定的标准和目的，对社区矫正对象进行划分归类，给予相应执行刑罚、监督管理、矫正教育、危机干预和社会救助的活动。

分类本身既是一种矫正活动，也是一种处遇方式，其目的是通过科学的分类，维护社区的安全和秩序，合理配置监督管理资源和矫正教育资源，节约刑事执行和矫正成本，提高刑事执行和矫正工作效率，最大限度地维护监管和社会的安全、秩序及稳定。

（二）分类标准

分类标准是分类的核心，决定着分类的科学性，也是分类的关键技术性问题。从分类的历史发展来看，由于理论的不同，分类标准也不同。

现代分类制度经历了一个由创立、探索和发展的不同阶段。在不同的阶段有许多不同的分类观点和理论，也提出了不同的分类标准。不同阶段中的有代表性的分类标准，旨在说明不同的矫正思想有不同的分类标准。分类标准作为现代分类制度的重要内容，大体上经历了由简单到多样化、由定性到定量、由一维的单一分类到综合多元分类体系的发展过程。

（三）定性分类技术

这种方法是按预设的主观标准对社区矫正对象所进行的分类。常见的社区矫正对象定性分类，诸如按社区矫正对象的年龄、性别所进行的分类，按罪行的性质进行的分类，也包括由社区矫正机构的社区矫正工作者对社区矫正对象的主观评价所进行的分类等。

（四）定量分类技术

这主要是指采用可量化的客观分类工具，诸如心理量表、人身危险性评分表等，通过对社区矫正对象进行检测或评分，依据检测的结果，对社区矫正对象所进行的分类。定量分类方法的主要步骤是：首先解决分类变量的范围问题，即选

---

① 张金桑、于广胜主编：《中国监狱现代分类制度理论与实践研究》，金城出版社 2001 年版，第 50 页。

择分类变量的范围。这一步必须明确分类理论原则和分类目标、排除无关变量的范围、剔除无效变量和防止使用过多的分类变量。其次是建构分类。注意选择适当的分类方法、选择类型相似的系数。再次是分类的内在实用性检验。内容包括分类类型的内在同类质性、分类技术，可靠性和内在一致性，材料的运用等。最后是分类体系的外在实用性检验。[①] 定量分类方法中，比较典型的如美国赫伯特·C. 奎伊创立的成年犯内部管理体系中的分类方法。他采用基本分类工具——矫正适应量表和生活史量表，对社区矫正对象进行量化分类。通过量表的分值把社区矫正对象分出侵略——心理病态型；情境反应类型；不适——隶属类型；依赖型和精神病患者—焦虑类型，并对每一类型社区矫正对象的行为特征进行描述。

（五）定量与定性结合的分类技术

社区矫正对象分类是一个多目的、多标准的分类体系，因而仅采用定性或定量的分类方法，不能满足对社区矫正对象的关押、管理和矫正的需要。因而，必须依据不同的目的、标准，采用定性和定量相结合的分类方法。诸如按社区矫正对象的年龄、性别，在对社区矫正对象进行定性分类的基础上，同时采用人身危险性评分表进行定量分类；在管理上可采用按罪行的性质对社区矫正对象进行定性分类管理的同时，采用赫伯特·C. 奎伊的量化分类方法，对社区矫正对象做进一步的分类。在矫正分类中，可对社区矫正对象的现实表现进行计分量化分类，同时由社区矫正工作者对社区矫正对象的矫正效果作出定性评价分类。一个科学的分类体系必须要采用定性与定量相结合的分类方法，才能充分发挥分类的功能，达到分类的不同目的。

（六）活力分类的技术

1. 评议。主要由具有心理学、社会工作理论、教育学、犯罪学等不同知识的社区矫正工作者，分别采用不同的专业知识，对社区矫正对象的犯罪情况、人身危险性、矫正难易情况、矫正效果等进行主观分析、评价和讨论，决定给予社区矫正对象不同的管理级别和处遇等级，并据此进行管理和处遇分类。

2. 检测。这主要是采用明尼苏达多相人格量表、艾森克人格量表、人身危险性检测表、矫正难易评价表、高危行为评价表、自杀检测表等，对社区矫正对象进行检测评价，对社区矫正对象进行管理和处遇分类。

3. 观察记载。社区矫正工作者对社区矫正对象在社区矫正期间的行为表现进行观察和记载，概括其行为的相同或相似性，即行为特征，据此进行管理分类，同时按行为特征给予不同的行为矫正和处遇，或通过对社区矫正对象一定时

---

① 张金桑、于广胜主编：《中国监狱现代分类类制度理论与实践研究》，金城出版社 2001 年版，第 77 页。

间的现实表现进行观察和记载，进行主观分析评价，依据评价结论进行分类和给予社区矫正对象不同的处遇。

4. 调查。调查的方法主要用于管理分类。一般通过对社区矫正对象的犯罪状态、违法犯罪史、社会化情况等进行走访、函调、面谈、阅档等具体方法，收集相关资料，进行主观分析，撰写出具有管理分类结论性的调查报告，对社区矫正对象进行管理分类。

5. 综合。这主要是通过主观与客观相结合、定性与定量相结合的综合分析评价的方法，对社区矫正对象进行管理和处遇分类。在管理分类中，一般采用相关心理量表、矫正适应量表和生活史量表、人身危险性和矫正难易程度检测表、或自杀、高危行为评价表等，对社区矫正对象进行测量或检测，并结合分类调查的情况，对社区矫正对象进行综合分析评价和分类。在处遇分类中，对社区矫正对象进行心理量表测量、专家主观评议和观察记载等方法，对社区矫正对象的矫正效果进行综合分析评价后给予相应的分类。

二、沟通技术

（一）沟通的概念

沟通原指开沟使两水相通，引申为是双方能够通连。沟通是人际交往中必不可少的一种方式和手段，是相互交往中的信息传递和交流的过程。沟通有很多种方式，从沟通的方式而言包括：一对一的沟通（个别谈话）、一对多的沟通（集体教育）、多对一的沟通（帮助会），多人相互之间的沟通（座谈会、讨论会等）；从沟通的载体而言，有口头、书面、肢体语言；就沟通的途径而言，包括面对面的、电话、网络、电视、广播等各种途径。个案矫正中的沟通是指社区矫正工作者与社区矫正对象之间的信息、情感、需要、态度、价值观等要素的传递、反馈、交流、相互影响的一个互动过程。

（二）建立沟通关系的技术

有效的矫正必须要有一个良好的矫正关系，而良好的矫正关系是建立在一个具有良好的沟通关系的基础上的。同样，一个有效的沟通必须有一个良好的关系，只有在良好的沟通关系氛围中，沟通的双方才有沟通的愿望、兴趣，才能较好地表述、传递和相互交流，才能心平气和地理解、认同和接受彼此的情感、态度、思想和相关信息。否则，没有良好的沟通关系，甚至关系紧张、冲突、矛盾，彼此反感、戒备、抵触和敌对，沟通的双方就会筛选、误解沟通中的各种信息。同样的信息在不同的沟通关系中，会有根本不同的理解，带来完全相反的效果，甚至导致矫正不能。所以建立良好的沟通关系是一项十分重要的沟通技术。建立沟通关系的技术具体包括承认接纳、尊重、共情技术。

1. 承认接纳

社区矫正对象个案矫正关系与其他个案社会工作关系的一个重要区别就是非自愿性。这种非自愿意性主要表现为社区矫正对象是在法律强制要求下接受社区矫正机构的矫正服务的；同时矫正服务往往又是以社区矫正对象必须放弃为内容的。因此，社区矫正工作者在初次与社区矫正对象接触和面谈时，往往遇到的是一个充满敌意、对立、怨恨等情绪的社区矫正对象。社区矫正工作者要和他们建立起良好的沟通关系，进而形成良好的矫正关系，促使他们积极改变，是一个非常艰巨的任务。对社区矫正对象进行矫正教育是社区矫正机构和社区矫正工作者的职能和责任。社区矫正工作者面对非自愿的社区矫正对象，要建立良好的沟通关系，就必须要接近社区矫正对象，只有接近了社区矫正对象，才能形成沟通关系，进而建立起良好的矫正关系。社区矫正工作者首次与社区矫正对象接触和面谈时，就应采用承认接纳的技术。

承认接纳是指社区矫正工作者把社区矫正对象作为一个有独立意志和权利、受到尊重的人来接受，承认其有独特的个性、气质、观念、态度等。当然，承认接纳不是要求矫正工作者赞同。“赞同是一种价值判断，而接纳是中性的，既不表示同意，也不表示反对。”① 承认接纳实际上就是社区矫正工作者要持一种包容的态度，去包容社区矫正对象的感受、想法、优缺点、积极和消极的情绪、建设性和破坏性的态度和行为等。社区矫正工作者承认接纳的态度可以创造一种和谐的、自由的和轻松的气氛，缓解社区矫正对象的敌意、对立、抵触、紧张等情绪，使社区矫正对象能畅所欲言，坦诚地披露个人的观点和看法，说出问题。

承认接纳是社区矫正工作者的一种价值中立的态度。但这种态度往往需要社区矫正工作者的行动来表明和证明，从而达到接近社区矫正对象，建立起良好的沟通关系的目的。

2. 尊重

一名合格的医生不会歧视自己的病人，不会对病人的各种病症厌弃，不因病人的地位、身份、学识、财产状况开处方。同样，作为社区矫正工作者，面对社区矫正对象，面对其人性中的消极、阴暗、龌龊、扭曲、丑陋和危机；面对其背离主流文化和道德的各种价值观、人生观、世界观等，尽管社区矫正工作者不认同、不同意，甚至还会特别反感、厌恶。但是，社区矫正工作者反感厌恶的不应该是社区矫正对象本人，同时还要深刻认识到：许许多多的负面的东西，在社区矫正对象身上发生应该有其必然的规律，有其自然的轨迹，在他们身上发生是正常的，是完全可以理解的。尊重社区矫正对象的意义在于可以给社区矫正对象创

① 翟进、张曙编著：《个案社会工作》，社会科学文献出版社 2001 年版，第 121 页。

造一个安全、温暖的氛围。这样的氛围使其可以最大限度地开放自己，可以使他们感受到自己被尊重，被接纳，获得一种自我价值感。尊重意味着把社区矫正对象作为有思想感情、有内心体验、生活追求和独特性与自主性的活生生的人去对待。美国著名的心理学家卡尔·罗杰斯认为：使人格产生建设性改变的关键性条件之一是无条件地尊重。沟通中双方一般根据对对方了解的程度决定是否透露自己的情感和要求。社区矫正工作者与社区矫正对象在沟通的过程中，使社区矫正对象感到社区矫正工作者要居高临下地矫正他们，大多数的情况下社区矫正对象因感到压力而会拒绝与社区矫正工作者深入地交流。

社区矫正工作者要做到对社区矫正对象恰到好处地尊重，第一，要转变观念。社区矫正工作者要真正在实际的工作中和日常的行动中，践行现代行刑的矫正理念，坚持改造人的根本宗旨不动摇，始终以人为本，实行人性化管理和矫正。第二，对社区矫正对象要以礼相待。社区矫正工作者要严格规范自己的行为和语言，在与社区矫正对象的接触中，不歧视、不羞辱、不嘲笑、不迁怒、不贬损，严格按照国家和社区矫正机构规定的职业规范操作，“言必中矩，行不离仪”，以职业规范操守严格约束自己。第三，尊重要以真诚和客观为基础。“精诚所至，金石为开”，社区矫正工作者要对社区矫正对象有真诚的态度，并要通过各种方式让社区矫正对象感受到这种真诚。这是对社区矫正对象尊重的一个非常重要的内容。对社区矫正对象的尊重从某种程度上也是对社区矫正工作者自己的尊重。但是，尊重并不是对社区矫正对象没有原则，没有是非，姑息迁就，养虎遗患。对社区矫正对象的各种不正确思想、言语、行为、不健康的心理等，对此表示理解，只是说明承认这种事实，认识到这种现象存在的事实逻辑，并不表示认同，更不能回避和掩饰，否则，就失去了社区矫正工作者最起码的原则和立场。对社区矫正对象消极的、负面的、错误的各种言行，一旦发现，社区矫正工作者都不能听之任之，都要以真诚的态度、恰当的方式予以指出，并帮助社区矫正对象分析原因，促使其予以全面改正。

3. 共情

共情是指社区矫正工作者运用沟通技巧，准确全面地理解、感受、体验、把握并反馈社区矫正对象内心的感受、体验、情绪、情感等心理和思想的一种技能。它包括三个方面的含义：一是社区矫正工作者借助社区矫正对象在沟通中反馈来的各种信息，深入对方内心去体验他们的情感、思维；二是借助知识、经验，把握社区矫正对象的体验与他的经历和其违法犯罪之间的联系，更好地理解社区矫正对象的心理特点、人格特质、行为倾向、思维模式，更好地把握其违法犯罪的渐变过程、发展轨迹、恶习程度、思想趋向等；三是利用沟通技巧，把自己对他的理解、情感、体验、想法反馈给社区矫正对象，以影响对方并取得反馈。共情在社区矫正工作者与社区矫正对象的沟通中是必要的，有着非常重要的意义。能够使社区矫正对象感到自己被理解，被接受、关心和关注，可以有效地解除社区矫正对象的观望、怀疑、防御、戒备等各种有碍于沟通的心理障碍；能够在最短的时间内，缩短与社区矫正工作者的心理距离；能够取得社区矫正对象的信任、信赖和心理归属，从而为建立良好的沟通关系奠定坚实的基础。如果在沟通交流中缺乏共情，就会使沟通变得困难重重。这主要表现为以下几点：一是社区矫正对象感到失望，认为社区矫正工作者对自己不了解，不关心，从而社区对矫正工作者、对社区矫正机构产生冷漠、隔膜、敌意等各种负面消极情绪，由此封闭、隐蔽自己的思想情感，减少甚至停止自我表达。二是会使社区矫正对象感到受伤害，由于缺乏共情，社区矫正工作者没有进入社区矫正对象的参照框架，过多地立足于自己，过于自我中心，在沟通中面对社区矫正对象的千头万绪、错综繁复、问题，必然会表现为不耐烦，反感甚至批评和指责，使社区矫正对象感到受伤害，影响社区矫正对象接受矫正的信心。三是自我悔悟、自我探索是社区矫正对象成长、进步的必要步骤，缺乏共情，对社区矫正对象的体验、感悟、探索不加注意，就会影响社区矫正对象的自我探索。缺乏共情，社区矫正工作者就不能真正了解和掌握社区矫正对象的问题和需要，因而作出的反应也常常缺乏针对性，影响对社区矫正对象的矫正。

4. 积极关注

积极关注是对社区矫正对象的言语和行动的积极面给予关注、指出、强化，从而使其拥有正向的价值观。积极关注往往能帮助社区矫正对象走出自己的阴暗心理和负面评价，全面地认识自己和周围，看到自己的长处、光明面和对未来的希望，从而树立矫正信心，消除迷茫。这涉及对人的基本认识和基本情感。毛泽东认为："人是可以改造的。"人本主义心理学也一贯强调人是可以改变的。社区矫正工作者必须牢固树立一种观念，即社区矫正对象是可以改变的，每名社区矫正对象身上也有这样或那样的长处和优点，都有潜力存在，都存在一种积极向上的成长动力，通过自己的努力、外界的帮助，都可以比现在更好。

三、介入技术

（一）情感介入技术

处理社区矫正对象的情感是社区矫正工作者在矫正服务中所面临的重要问题。处理好社区矫正对象的情感，有助于社区矫正对象形成正确的价值观、人生观、道德观，形成良好的健康心理，增强矫正信心，提高解决犯因性问题的能力，促进社区矫正目标的实现。在社区矫正对象情感介入上，主要采用两种技术：一是建立宣泄室，让社区矫正对象在矫正中所遇到的不良情感有一个合适的宣泄场所和宣泄对象，并学会采用宣泄的方法处理个人的情感；二是倾诉，社区矫正工作者要营造一个良好的、安全的和开放的氛围，引导社区矫正对象诉说他过去的经历以及内心的情感，帮助其学会处理情感问题。

（二）认知介入技术

大多数社区矫正对象犯罪的一个重要原因，是由于其认知水平低下，认知结构错误，自我对话扭曲。提高社区矫正对象的认知水平，重构其认知结构和改善其自我对话，使其不良行为发生内在的根本性改变，是个案矫正的重要任务，也是实现社区矫正根本目标所必要的。社区矫正工作者在对社区矫正对象进行认知介入服务时，必须首先让社区矫正对象明了其低下的认知水平、错误的认知结构和扭曲的自我对话，对他的犯罪所产生的作用和影响。其次，要帮助社区矫正对象认识到他的犯罪是由那些错误的人生观、价值观、道德观等内在信念以及相应的思维模式下的必然结果，并指明这些错误的内在信念的思维模式给他带来了哪些危害，提高他的认知水平，重构认知结构和思维模式，将给他带来哪些积极的意义。再次是帮助社区矫正对象改善自我对话。最后是社区帮助矫正对象在他的认知方面有所改变、改善时，学会不断地自我表扬，激发信心和勇气。

（三）干预介入技术

社区矫正对象在社区矫正期间，也会突遇各种困难、困惑的困境，使其处于危机状态。如果社区矫正工作者不及时对社区矫正对象所面临的危机进行必要的干预介入，将会影响社区矫正工作的顺利进行和社区的安全和秩序，给社区矫正对象自己、他人和社会造成不应有的危害。在社区矫正对象面临危机时，社区矫正工作者应将危机干预置于当前优先的矫正服务。危机干预的步骤是：确定问题；保证安全、给予支持、提出并验证可变通的应对方式；制订计划；得到承诺，采取积极的应对方式。[①] 在危机干预中，评估社区矫正对象及其危机境遇是关键。检查的方面主要包括：评估危机的严重程度、社区矫正对象思维方式、情感、情绪体验和行为方式，危机的持续时间和死亡的可能性，了解社区矫正对象的背景资料及其能动性，评价社区矫正对象的自身能力、应付机制，以及有关的支持系统。倾听是危机干预的基本技术，具体包括积极参与、同情、关心、理解和接纳等。干预技术包括非指导性、安全性和指导性策略，要考虑个体差异与安全性，与处于危机的社区矫正对象共同找出和验证可供选择的变通应付方式，帮助其计划和保证付诸行动，合理地利用有关其他帮助机构。[②]

① ［美］Richard K. James，Buri　E. Gilliland：《危机干预策略》，肖水源、周亮等译校，中国轻工业出版社 2000 年版，第 35 页。

② ［美］Richard K. James，Buri　E. Gilliland：《危机干预策略》，肖水源、周亮等译校，中国轻工业出版社 2000 年版，第二章。

四、跟进技术

社区矫正对象个案矫正的跟进，是指结案后为巩固矫正效果和维持社区矫正对象的自我矫正，而对社区矫正对象所进行的后继性回访服务。社区矫正对象个案矫正跟进是结案后的矫正服务工作，是社区矫正工作的继续，也是社会综合治理的重要组成部分，其目标依然是使社区矫正对象成为守法公民。

（一）跟进的方式

社区矫正工作者介入方式的不当，往往会引起社区矫正对象和他们的家庭反感，而拒绝跟进服务。因此，社区矫正工作者必须选择适当的跟进服务方式。社区矫正工作者在采用具体的跟进服务方式时，必须遵循因人而异和因时、因事、因情景而异的原则。一般的跟进方式主要有：

1. 回访。回访是社区矫正工作者按预先约定的时间，与正在矫正的或已解除社区矫正的社区矫正对象，在约定的地点或他们的家中，进行面谈。

2. 电话。对于已解除社区矫正的社区矫正对象，如果有条件，社区矫正工作者可按约定的时间与他们进行电话交谈。

3. 走访。对于已解除社区矫正的社区矫正对象，为了更全面了解他们的情况，检查矫正效果的巩固状况，整合跟进服务所需要的支持性社会资源，社区矫正工作者可以到政府有关机关、基层组织、社会团体或个人进行走访。

（二）跟进服务的策略

1. 约定。社区矫正工作者在制定矫正方案时，应就结案后的跟进问题与社区矫正对象进行讨论和协商，达成共识。在讨论时，应向社区矫正对象说明跟进的原因，让社区矫正对象充分了解和认识到跟进服务的作用和意义，在心理上有所准备，不至于将来结案后产生抗拒心理，从而自愿接受跟进服务，并使跟进服务成为矫正的自然组成部分。在结案时，社区矫正工作者应再次向社区矫正对象说明，并就跟进服务的时间、方式等和社区矫正对象进行详细明确的约定。

2. 适时。跟进服务在次数上不宜过频，时间不宜过长。次数过多过频容易使社区矫正对象厌烦而产生抗拒，同时会增加工作量而影响其他矫正工作。跟进时间过长，则会使社区矫正工作失去主次之分，失去原有的作用和意义。跟进的时间应集中在结案后的6个月内，最长在1年之内；在次数上，应以1个月1次为宜。在结案的初期可适当增加跟进的次数。因为这一时期是检验和巩固矫正效果和评价矫正效果的最佳时间。

3. 适宜。跟进服务的方式和内容要适宜。如果是采用回访、电话或信件的方式进行跟进服务，在面谈或交流时不必过于正式，应创造一个轻松的面谈氛围或话题。面谈或交流的话题应主要围绕他们的学习、生活和工作的现状进行，也可以就矫正前和矫正后的对比为话题。在面谈或交流时，要表现出社区矫正工作者的真诚关怀态度，对他们遇到的困难要给予积极的帮助、指导和建议反应，并能获得明显的成效。对超越社区矫正机构和社区矫正工作者权力和责任范围的要求或困难，可以采用转介的方式解决。

4. 协调。对结案后仍在社区矫正机构接受矫正的社区矫正对象，应把跟进服务与社区矫正机构的管理、教育、处遇制度和激励机制结合起来。通过有效的管理、教育、处遇制度和激励机制，促进跟进服务的品质，进一步巩固矫正的效果。结案后，如果社区矫正对象已解除了社区矫正，跟进服务应与社会支持系统相协调，与安置帮教工作相结合，更应纳入社会综合治理工作，发挥社会支持系统、安置帮教和社会综合治理工作，对跟进服务的促进作用，达到进一步巩固矫正效果和预防犯罪的目的。

延伸阅读

个案矫正项目

一、矫正项目的概念与价值

（一）矫正项目的概念

1. 概念

矫正项目（Correctional Programs）是指监狱系统向罪犯提供的专门用来实现罪犯某一矫正目标的系统化、程序化、规范化、可操作性的干预课程。如罪犯扫盲教育项目。

矫正目标：

总目标（宏观目标）：成为守法公民。

纲目标（中观目标）：认罪悔罪、有遵纪守法观念、服从管教、心理健康人格、有一定的文化程度，掌握一技之长、具备一定的社会适应能力等。

子目标（微观目标）：略。

2. 类型

根据不同的标准，矫正项目可划分为不同类型的矫正项目。如根据实现的矫正目标的不同，可划分为文化教育项目、军事化管理项目（队列与内务训练）、药物滥用矫治项目、暴力预防项目和生活技能项目等；根据时间跨度的不同，可划分为速成项目和中长期项目；根据适用对象的特殊性，可划分为性犯罪罪犯矫治项目、妇女家庭暴力受害综合征矫治项目、少数民族项目等。

（二）矫正项目的价值

矫正项目在罪犯矫正中扮演着十分重要的角色。在很大程度上，可以说监狱系统正是依靠这些矫正项目来直接影响和矫正罪犯的。通常，矫正项目是一个矫正方案中的核心内容。如果将矫正方案看作医院的一张“处方”的话，那么矫正项目就是处方上那一副副“良药”。显然，矫正方案这张“处方”即使开得再好，如果没有矫正项目这些“良药”的话，罪犯个体的矫正也是无法实现的。

二、矫正项目的基本原理

矫正项目最基本、最核心的原理就是，遵循实现矫正目标的客观规律。这是矫正项目真正有效的根本保证。

三、矫正项目的组成要素

矫正项目的组成要素一般包括：

设计目标；

适用对象；

工作原理；

干预方式；

进度安排；

预期效果；

考核方法；

备注说明。

四、矫正项目的设计编制

（一）矫正项目立项，明确项目的目的；

（二）对矫正项目各组成要素进行设计编制；

（三）矫正项目临床实验；

（四）矫正项目修订完善；

（五）矫正项目标准化。

五、矫正项目的实施

按照资源配置优化的“课程（必修课和选修课）”形式提供；

需由专业人员（项目矫正官员、心理学家等）主持；

实施前需进行培训；

具体实施需严格按设计程序规范进行。

——以上内容根据司法部周勇博士的部分授课内容整理

第十四章

心理矫治技术

对罪犯实施心理矫治既是人类行刑理念的改革，更能促进罪犯教育改造向科学化、文明化、人道化方向的转变，还是促进罪犯再社会化目标实现的重要手段。社区矫正作为刑罚执行文明化、进步化、人道化的标志，自然不可缺少这种以人为本、体现人性化理念的新型的、独特的矫正手段。

司法实践表明，社区矫正对象也是心理问题发生的高危人群。他们无论是在犯罪前还是在犯罪后，都或多或少的存在各种各样的心理问题，有的甚至犯罪的主要原因就是心理问题造成的。比如，心胸狭隘、暴躁易怒、情绪不稳、自控自制能力差、自卑、嫉妒、焦虑、人际关系紧张、贪婪、懒惰、认知错误、偏激、片面、不遵守规章制度，喜欢挑战权威、无道德感或道德观念差等。这些人格上的缺陷很可能使他们在为人处事或面对困难和挫折时采取不适当的行为方式来解决，从而走上了违法犯罪的道路。也有一些社区矫正对象在矫正期间因为地位、身份的变化很可能会产生一些新的心理问题，影响他们的改造，阻碍他们顺利回归社会。

随着社区矫正工作的深入开展，全国各地社区矫正机构的心理矫治工作也逐步由初期的试点探索走上了现在的大面积推广使用，各地都开展了内容、形式、水平不等的心理矫治工作，比如，为社区矫正对象建立了心理档案，开展了心理健康教育、心理咨询和心理治疗、心理危机干预等工作。心理矫治工作的开展，使社区矫正机构对社区矫正对象的矫正更加精准，效果更好。

《社区矫正法》第 24 条规定，社区矫正机构应当根据裁判内容和社区矫正对象的性别、年龄、心理特点、健康状况、犯罪原因、犯罪类型、犯罪情节、悔罪表现等情况，制定有针对性的矫正方案，实现分类管理、个别化矫正。矫正方案应当根据社区矫正对象的表现等情况相应调整。第 40 条第 1 款规定，社区矫正机构可以通过公开择优购买社区矫正社会工作服务或者其他社会服务，为社区矫正对象在教育、心理辅导、职业技能培训、社会关系改善等方面提供必要的帮扶。

第一节　心理健康教育

心理健康教育一般是面向全体社区矫正对象，主要是让社区矫正对象了解心理健康的相关知识以及心理健康对人的重要作用。

一、心理健康教育的基本概念

（一）心理健康

1. 健康

传统观点认为：健康是指人体生理机能正常，没有缺陷和疾病。1998 年世界卫生组织对健康给出了新的定义，即“健康不仅是没有疾病，而且包括躯体健康、心理健康、社会适应良好和道德健康。”可见，衡量一个人是否健康，必须从生理、心理、行为等因素进行分析：躯体健康，是指生理平衡，没有器质性或功能性异常——没有身体疾病；心理健康，是指心理是稳定的，没有主观不适感——没有心理障碍；社会适应良好，是指社会成熟度较高，具有社会适应能力——没有社会公认的不健康行为；道德健康，是指具有良好的道德品质——没有不良的道德问题。

2. 心理健康

心理健康是相对于生理健康而言的。心理健康也叫心理卫生，其含义主要包括两个方面：一是指心理健康的状态，即没有心理疾病，心理功能良好。就是说能以正常稳定的心理状态和积极有效的心理活动，面对现实的、发展变化着的自然环境、社会环境和自身内在的心理环境，具有良好的调控能力、适应能力，保持切实有效的功能状态。二是指维护心理的健康状态，亦即有目的、有意识、积极自觉地按照个体不同年龄阶段身心发展的规律和特点，遵循相应的原则，有针对性地采取各种有效的方法和措施，营造良好的家庭环境、学校环境和社会环境，通过各种形式的宣传、教育和训练，以求预防心理疾病，提高心理素质，维护和促进心理活动的这种良好的功能状态。上述两个方面即构成了心理健康这一概念的基本内涵。

世界卫生组织把心理健康定义为：心理健康是指个体对环境的高效而满意的适应，在这种状态下，人的生命具有活力，人的潜能得到开发，人的价值能够实现。

心理健康的人，能保持平静的情绪、敏锐的智能、适应社会环境的行为和气质。

3. 心理健康的标准

1992年，世界卫生组织提出关于心理健康的七个标准：(1) 智力正常；(2) 情绪协调，心境良好；(3) 具备一定的意志品质；(4) 人际关系和谐；(5) 能动地适应环境；(6) 保持人格完整；(7) 行为符合年龄特征。

美国的心理学家马斯洛和米（密）特尔曼对心理健康提出了十个标准：(1) 有足够的自我安全感；(2) 能充分地了解自己，并能对自己的能力作出适当的评价；(3) 生活理想切合实际；(4) 不脱离周围实际环境；(5) 能保持人格的完整和谐；(6) 具有从经验中学习的能力；(7) 能保持良好的人际关系；(8) 能适度地发泄情绪和控制情绪；(9) 在符合集体要求的前提下，能较好地发挥个性；(10) 在不违背社会规范的前提下，能恰当地满足个人的基本需求。

我国著名心理学家林崇德认为："心理健康标准的核心是：凡对一切有益于心理健康的事件或活动作出积极反应的人，其心理便是健康的。"他认为心理健康主要有以下十条标准：(1) 了解自我，对自己有充分的认识和了解，并能恰当地评价自己的能力；(2) 信任自我，对自己有充分的信任感，能克服困难，面对挫折能坦然处之，并能正确地评价自己的失败；(3) 悦纳自我，对自己的外形特征、人格、智力、能力等都能愉快地接纳认同；(4) 控制自我，能适度地表达和控制自己的情绪和行为；(5) 调节自我，对自己不切实际的行为目标、心理不平衡状态、与环境的不适应性，能作出及时的反馈、修正、选择、变革和调整；(6) 完善自我，能不断地完善自己，保持人格的完整与和谐；(7) 发展自我，具备从经验中学习的能力，充分发展自己的智力，能根据自身的特点，在集体允许的前提下，发展自己的人格；(8) 调适自我，对环境有充分的安全感，能与环境保持良好的接触，理解他人，悦纳他人，能保持良好的人际关系；(9) 设计自我，有自己的生活理想，理想与目标能切合实际；(10) 满足自我，在社会规范的范围内，适度地满足个人的基本需求。①

4. 心理健康对人的作用

心理健康与否，对人的工作、生活、学习、身体都会产生巨大的影响。一个心理健康的人，其身心是和谐的；是适应环境的；在人际关系中是彼此能谦让的；是有幸福感的；在职业工作中，是能充分发挥自己的能力，过着有效率的生活的。所以，心理健康的人能正确处理生活中的各种问题，即使对自己的缺点与

① 俞国良主编：《心理健康教育（教师用书）》，高等教育出版社2005年版，第4～7页。

不足也能正确对待。而心理不健康的人则正好与之相反。一个心理不健康的人会出现各种心理问题，甚至是严重的精神疾病，并影响身体健康。

由于社区矫正对象都或多或少存在一些心理健康问题，所以在社区矫正期间对他们开展心理健康教育是消除其犯罪心理和不良行为，顺利回归社会的重要矫正手段。

（二）心理健康教育

心理健康教育是根据个体生理和心理发展的规律和特点，运用心理学的教育方法和手段，培养其良好的心理素质，促进其整体素质全面提高的教育。其目的是用积极有益的教育和措施，提高个体心理素质、充分开发其潜能，培养乐观向上的心理品质，促进其人格的健全发展，保持良好的心理状态，以适应当前和发展的社会。

对社区矫正对象的心理健康教育是面向全体社区矫正对象，根据他们的心理和生理特点，运用心理学的教育方法和手段，培养其良好的心理素质，促进其整体素质全面提高的教育。心理健康教育注重社区矫正对象健全的人格和健康的心理品质的培养，体现的是以人为本，对人的可持续发展负责的基本精神。其目的是通过用积极有益的教育和措施，提高社区矫正对象心理素质、充分开发其潜能，培养乐观向上的心理品质，促进其人格的健全发展，保持良好的心理状态，以使其适应当前和发展的社会。

二、心理健康教育的主要内容

心理健康的主要内容包括普及心理健康基本知识、树立心理健康意识，了解简单的心理调节方法，认识心理异常现象以及初步掌握心理保健常识，其重点是学会调控情绪、正确面对现实，学会人际交往、升学择业以及生活和社会适应等方面的常识，把握自己的命运，争取美好的生活。对社区矫正对象的心理健康教育内容可根据社区矫正对象实际存在的心理问题选取相应的内容。一般来讲，可从以下几个方面进行：

（一）健康情绪教育

情绪是伴随认知和意识过程产生的对外界事物态度的体验，是人脑对客观外界事物与主体需求之间关系的反应，是以个体需要为中介的一种心理活动。

情绪可以被分类为与生俱来的“基本情绪”和后天学习到的“复杂情绪”。情绪常和心情、性格、脾气、目的等因素相互作用，也受到荷尔蒙和神经递质的影响，无论正面还是负面的情绪，都会引发人们行动的动机。尽管一些情绪引发的行为看上去没有经过思考，但实际上意识是产生情绪重要的一环。情绪具有动力功能，它既能激发一个好的行为，也能促生一个破坏性的行为。情绪对身体健康有着非常重要的影响，健康情绪有益身体健康，消极情绪容易导致生理疾病。健康情绪教育是心理健康教育的重要内容。情绪取决于当事人所遭遇的事件，好事自然令人开心，倒霉事谁也高兴不起来。社区矫正对象虽然在社区实施矫正教育，免去了牢狱之灾，但不管怎样，其罪犯的身份没有改变。在社区矫正期间会出现各种各样的情绪问题，如抵触对立、焦虑抑郁、自卑、痛苦、愤怒、无助、迷茫等，所以需要社区矫正机构及时对他们开展健康情绪的教育，以帮助他们安全度过矫正期，顺利回归社会。

1. 健康情绪教育的内容和要求

健康情绪教育的内容和要求主要是，使社区矫正对象的情绪变化做到目标适宜、方式适当、反应适度，并以积极情绪为主。情绪教育不是设法压抑、消除社区矫正对象的情绪，而是使社区矫正对象学会正确表达情绪，合理宣泄情绪，有效调控情绪，保持愉悦的情绪主旋律。

健康的情绪生活要符合以下两点要求：（1）特定情境中的情绪正常。情绪总是产生于特定的情境之中，此时的情绪，不管是高兴还是愤怒，只要符合下面3个条件，都是正常的。第一，情绪与刺激事件同质。即满足个体需要的刺激导致其愉快情绪；阻碍个体需要满足的刺激导致其哀怒情绪。第二，情绪的强度与刺激的强度相称。情绪的强弱程度与刺激的强弱程度相对应，而不是情绪过敏或体验肤浅。第三，情绪的持续时间与刺激作用的时间相宜。当刺激消失后，情绪会随之平息，而不会长久被其影响。（2）心境以愉悦为主导背景。一个人难免有不高兴的时候，愤怒、忧伤和失望等情绪固然会使人不快，有时却也具有十分积极的意义。但一个人在大多数的时候，应该是愉悦的、有幸福体验的。

2. 健康情绪教育的操作要点

在对社区矫正对象进行健康情绪教育时，应注意以下几个问题：

（1）引导社区矫正对象合理宣泄情绪。过分压抑情绪是有害的，它不仅会造成生理健康问题，而且不良情绪的累积会造成情绪泄洪，出现连当事者都难以理解的冲动行为。所以要引导社区矫正对象采取合理方式将不良情绪宣泄出去。

①转移注意力法，也叫回避法，时间推移法。这种方法就是淡化或转移不良情绪。常言道，“眼不见心不烦，耳不闻心不乱”，这是人们在陷入心理困境时，最先也最容易采取的简单可行的自我解脱方式，也是解压、解除困惑的良方。把令人不愉快的一些人、一些事情的关注点转移到令自己愉快、高兴的事情上面去。比如遇到烦恼的琐事，采取“惹不起躲得起”的战术，离开不愉快的环境，听音乐、看电影、玩游戏、游公园、逛商场、写字、画画、唱歌、运功等。

②改变认知法，也叫转视法。并不是任何客观现实都可以逃避或回避的，但是同样一件事从不同的角度去理解就可以有不同的认识，不同的意向和结果，

“横看成岭侧成峰，远近高低各不同”“凡事就看你怎么想、怎么看了”，包括“换位思维”，往往容易得到更多的理解和沟通。通过调整看问题的角度，从积极的方面出发，多看光明和主流，避免“一叶障目”，避免以偏概全。

③宣泄法。俗话说得好，“大雨过后有彩虹”，心理重压只有宣泄出来，才能赢得心理上的一片彩虹。愤怒如果强行压制，就会像一颗定时炸弹时刻有毁灭自己和他人的危险。悲痛如果不及时地宣泄出来，必然会危害身心健康。所以，在适当的场合，用适当的方法，释放和排解心理压力，求得心理平衡，才是最佳途径。

④自我激励法。寻求“合理化”的理由，达到维护心理平衡，实现心理自拔、心理自助的功效，用这种精神胜利法宽慰自己、承认现实，比垂头丧气、痛不欲生不知要好多少倍，它不仅可以减轻因为动机冲突或失败挫折产生的紧张、焦虑、抑郁，而且还能维护个人自尊。俗话说，“比上不足，比下有余”，人生不能过多攀比，“天外有天”“人外有人”，人要控制好自己永远无法满足的欲望，“知足常乐”（不是消极地满足），知足的人就不会总抱怨社会对自己的不公平，知足的人不会埋怨自己没有机遇，对社会、对家庭、对自己知足，无忧无虑过日子，自然心情愉快。

⑤低调法，或叫保持一颗平常心。每个人都有两个自我，一个是理想的我，另一个是现实的我。理想、目标、期望值，这是每个人前进的一种心理驱动力。但是，很多事情是不以人的意志为转移的，常常是期望值越高越容易引起较大的心理冲突，有一颗平常心反而更让人快乐，所以，保持一颗平常心就会告别心理困境。天上只有一个太阳，地上只有一个珠峰。群星虽然没有太阳耀眼，同样闪烁光辉；群山虽然没有珠峰高大，同样勃勃挺拔。

⑥升华法。困难和挫折，绝非人们所求，但也是不能回避的，升华是一种力量。善于自我调整、把压抑和焦虑等不良情绪，升华为一种力量，引向对自己、对他人、对社会都有利的方向，寻找具有延续性的崇高目标。与此同时，可以消除心理压抑和焦虑，还能达到动态的积极的心理平衡，例如，我们常说“失败是成功之母”“化悲痛为力量”等，都是升华的一种表现，化挫折、失败为动力，从心理困境中奋起，做生活的强者。

⑦创造欢乐法。情绪不佳时，更是积极创造快乐、酿造笑容。笑，能瞬间击溃所有的烦恼，调节精神，促进身体健康。所以才有“笑一笑，十年少”的俗语，或者到景色宜人的大自然中走一走，能有效调解人的心理状态。

⑧求助他人法。培根曾经说过：“如果把你的烦恼与朋友分担，你就剩下一半的苦恼了”。在很多情况下，一个人对问题的认识往往是有限的，甚至是模糊的，如果把烦恼吐露出来，寻求亲朋好友或者专业人员的理解、关心、指点和支

持，将得到心理上的极大安慰。

（2）教会社区矫正对象正确表达情绪。养成表达情绪的习惯，学会正确表达情绪的技能。积极表达关爱、欣赏、感激、歉意等令他人愉悦的情绪，学会无伤害地表达愤怒和不满。例如，如何表达愤怒呢？第一，愤怒应指向人的某一特定行为，而不是人本身。也就是说，你可以批评他的行为，但不要指责他的才智；第二，不要赘述过去的事，指责仅仅指向眼前的情境；第三，指责永远不要涉及他人的家庭、种族、信仰、社会地位、外貌或说话方式等；第四，不要限制别人发火，因为你向别人发怒时，对方也有回敬的权利；第五，如果你在其他人面前不公正地对一个人发火，那么，你必须当着那些人的面向他道歉；第六，发火对象要恰当，不可找替罪羊，迁怒于他人；第七，在发怒前，一定要确认对方过失的客观存在；第八，让别人明确知道，你为什么发怒，最好具体清楚地告知他；第九，尽可能给对方留后路。如果对方向你道歉，你应该立刻终止发怒。

（3）教会社区矫正对象运用情绪的力量激发建设性的行为。情绪会带来生理反应，形成一股能量。不良情绪容易产生破坏性行为，压抑这股能量，不如利用它，使之激发出建设性的行为。例如，愤怒通常会导致某些社区矫正对象攻击行为的发生，此时，应让他们明白，把怒气发到别人身上，只会恶化外部环境，使自己更生气，不如把这股能量变为促使自己改变的力量，通过实施“争气”的具体行动，使自己变得更好更强大。这不仅促进了个人的发展，也从根本上优化了自己的情绪。

（4）注重纠正社区矫正对象对事物的非理性认识。美国心理学家艾利斯认为，人的情绪不是由他所遭遇的事件引起的，而是由当事人对这一事件的看法、认识所决定的。对事物的理性认识导致当事人的健康情绪，而非理性认识常常使当事人陷入消极情绪，难以自拔。例如，对于社区矫正机构的严格管理行为，一个宣告缓刑的社区矫正对象认为，这是存心跟他过不去，自然就产生了抵触、对立情绪。而另一个宣告缓刑的社区矫正对象则认为，这是为了他好，是在督促他改正错误，尽快融入社会，过上正常人的生活。所以，情绪教育不能就情绪而情绪，要发现他情绪背后的非理性认识，通过对非理性认识的纠正，树立起理性认识。

（5）帮助社区矫正对象体验生活、工作幸福快乐的能力。正如有人所言，生活不是缺少美，而是缺少发现美的能力。一样的生活、工作环境，有人视为磨难，有人自得其乐。这其中的差别就在于每个人体验快乐、幸福的能力不同。善于从生活、工作中获得乐趣的能力是人的一种很重要的心理能力，它关系着个体一生的生活质量。善于从生活、工作中发现幸福、快乐的人总是以敬畏、志趣和愉快的心情体验生活、工作中的每一个事件，他们总能从生活经验中获得巨大的鼓舞。

（二）人际关系教育

拿破仑．希尔曾经说过："我们怎样对待生活，生活就会怎样对待我们；我们怎样对待别人，别人就会怎样对待我们。"

人际关系是个人发展的重要资源。这不仅是因为良好的人际关系使个人拥有更多的发展机遇，也是因为良好的人际关系能满足个人多种心理需要，构成了个人心理健康发展的支持系统。人际关系不良通常导致个人产生各种心理问题。

人在人际关系中成长。良好人际关系的构建过程，人际冲突的妥善处理过程，就是当事人优良心理品质的形成过程。所以，人际关系教育历来被心理健康教育所重视。在社区矫正中，社区矫正对象的人际关系教育也应成为重点教育的内容。

1. 人际关系教育的内容和要求

社区矫正对象人际关系教育的内容和要求主要是：使社区矫正对象正确认识他人，学会推己及人，为他人着想，接纳他人与自己的不同之处，建立正常的人际关系，培养社交活动的兴趣，掌握人际沟通的技术，敢于表达自己的正当要求和不同意见，妥善处理人际冲突。对于社区矫正对象而言，健康人际关系的基本要求是：

（1）有益个人发展。构建有益于自己发展的人际交往圈子。学会交益友，并不断增进与他们的友谊，与"玩友"保持适当的距离，并能在必要的时候跟他们说不。有时候，选择了一个错误的朋友，就选择了一个错误的人生。

（2）交往要学会适度适宜。交往要适度，既不能自我封闭，也不能过度交往。交往的方式要适宜。社区矫正对象的人际交往重在沟通思想，相互学习，彼此促进。

（3）交往要学会适应多种交往。对社区矫正对象而言，与家人、亲子、邻居、矫正工作人员的交往尤其重要。在交往中要学会尊重、诚实、赞美、微笑等交往秘诀，构建和谐的人际关系。

2. 人际关系教育的操作要点

在对社区矫正对象进行人际关系教育时，要注意以下问题：

（1）培养社区矫正对象人际交往的主动性。主动、热情是人际关系建构的前提。社区矫正对象由于身份、地位的变化，在人际交往中可能会出现被动、自卑、恐惧等不良心理，所以，要让他们学会对他人主动打招呼，热情相待，笑脸相迎。

（2）帮助社区矫正对象学会同理心和技能。善于理解他人，是个人形成良好人际关系的重要特质。对他人的理解来自个人的同理心和技能。所谓同理心就是设身处地地体验别人的内心世界。很多情况下，人际冲突的产生，并不是什么原则性的问题，而是因为不注重站在对方的角度去看问题，不了解对方的需要和感受。特别是在与家人之间的交流更容易出现这样的问题。如夫妻之间、父母与子女之间，因为缺乏同理心，导致家庭内部的人际关系紧张，并影响社区矫正对象的矫正活动。

(3) 强化社区矫正对象的沟通意识，提高沟通能力。沟通是人际交往的关键技能。通过沟通能增进彼此的了解，深化情谊，消除误解，避免冲突。在与他人的交往中，社区矫正对象首先要了解交往对象，掌握一些与人交谈的技巧，如聆听的技巧，赞美别人的技巧，感谢别人的技巧等。其次，要学会大胆策略地表达自己的观点，妥善地拒绝他人不合理的要求。最后，要学会善于吸纳别人的合理意见，优化自己的思想和行为。

(4) 养成助人为乐的品性。乐于助人的人一定拥有良好的人际关系，自私必然会恶化自己的外部环境。要让社区矫正对象明白，助人就是助己，自私不会自利。给予总是比索取有价值，它既结了人缘，又使自己在助人过程中获得了快乐与能力的发展，越想占有，得到的越少，越想紧紧地攥在手里，从手中溜出的越多。

(三) 自我意识教育

自我意识也叫自我概念，是一个人对自己存在状况的觉察和认识，包括对自己生理状态（如身高、体重、体型等）、心理状态（如兴趣爱好、能力、个性等）、人际关系（如自己在集体中的位置，自己与周围人的关系等）及社会角色的认识。

弗洛伊德曾经说过："对于每一个个人而言，它生活的一项重要使命就是：充分地了解自己。"自我意识教育包括自我认识、自我体验和自我调节，是隐藏在个体内心深处的心理结构。自我意识是人的意识发展的高级阶段，是人的自我调控系统。个体正是通过自我意识来认识、调节自己，在环境中获得动态平衡，求得其独特发展的。

心理健康教育强调自我意识教育，为社区矫正对象的自主和谐发展，提供更科学、更全面、更有效的指导。

1. 自我意识教育的内容和要求

自我意识教育的内容和要求主要是：教育社区矫正对象正确认识自己，悦纳自己，学会管理自己，在积极地符合自身实际的目标导引下，调动身心能量，实现自己最好的发展。

(1) 对自己的认识客观全面。"认识你自己"是镌刻在古希腊神庙金顶上的警世箴言。古老的“斯芬克斯之谜”警示我们，人类或个人若不认识自己，就会遭到灭顶之灾。但实际上，认识自己比认识他人更难，正所谓“不识庐山真面目，只缘身在此山中”。如果对自己的认识主观、片面，就谈不上自我完善和发展。

在对自己的认识客观全面方面，对社区矫正对象还有一个非常重要的教育内容，即身份意识教育。身份，通俗地说就是一个人在社会上或法律上的地位。身份意识，也就是个体对自己身份的一种认同感。它可以促使社区矫正对象摆正自身在社会中所处的位置，更好地适应社会对他的要求。社区矫正对象同样是一种身份，明确表明了他在社会中所处的位置是接受法律惩罚和监督管理的社会地位。社区矫正对象必须有罪犯的身份意识，这是适应监督管理环境的需要，更是成为守法公民的必由之路。

（2）愉快地接受自己。个人既要学会处理与他人的关系，也要学会处理与自己的关系。既要接受、喜欢别人，也要接受和喜欢自己。常人大多认为喜欢自己是再自然不过的事，其实喜欢自己比喜欢别人有时要难得多。因为别人的缺陷，只要不伤害自己，我们大多可以不去计较它，甚至因为别人的缺点而衬托出我们自己的优点和完美，我们便乐于接纳它。个人对自己则不同，我们都不满足于现状，都有更趋完美的倾向，人对自己的缺陷容易耿耿于怀。而现实是，我们每个人都有缺陷和不足，正所谓“人无完人，金无足赤”，任何一个被大众羡慕的人，都有着许多自己不满意的地方。所以，不悦纳自己，是一个普遍存在的问题。社区矫正对象更容易出现这样的情况，特别是那些初犯或偶犯，自我否定，自卑、自弃心理比较明显，这必将严重影响他们积极接受矫正。所以要对他们进行悦纳自己的心理健康教育。悦纳自己是心理健康的必要条件，不能接受自己、跟自己过不去是许多心理问题的根源。悦纳自己的要求是：对于自己无法弥补的缺陷，坦然接受；对于通过努力可以克服的缺点，要积极采取措施去改变；对于个人已尽全力但由于主观意志之外的原因未能达到预定目标时，也不自我折磨，而是能正确对待。

（3）善于自我管理。心理健康的人一定是一个自我发动、自控自制的人。自我管理包括自我控制和自我发动，自我控制是必要的，但有时是消极的；自我发动则更积极，更有价值。善于自我管理的人，能根据自身情况确定有意义的、可实现的目标，调动全身的能量，抵御外界各种不良诱惑，追求目标的达成。

2. 自我意识教育的操作要点

（1）培养社区矫正对象正确的归因模式。人们都有探究行为结果原因的倾向，心理学称之为归因。大量研究发现，人们在归因时存在个别差异和稳定倾向，有人习惯于把成败的原因归咎于外部，如任务的难易、运气的好坏等，有人习惯于把成败的原因归咎于自身，如能力的高低、努力的程度等，这种个人带有倾向性的归因方式这被称为归因模式。社区矫正对象的归因模式会影响到他的矫正活动。正确的归因模式能帮助社区矫正对象找到其犯罪发生的真正原因，发现自身存在的问题，通过自我完善来优化行为结果；不良的归因模式会使社区矫正对象只会指责他人的错误和命运的不公，这样只会使自身行为和周围的环境更加恶化，从而影响其顺利接受矫正。要教育社区矫正对象归因时做到具体问题具体分析，注重从自身找原因，这样有利于自己的成长。

（2）引导社区矫正对象学会有益比较。通过与他人比较来认识自己，是个体自我认识的有效途径。引导社区矫正对象与品德高尚的人比，与为社会作出贡献的人比，与回头浪子比，与勤劳肯干的人比，通过比较，让自己更有进取之心，更有理想和目标。

（3）引导社区矫正对象确立适宜的自我要求。人应当有高于现实的目标，目标是行为的动力。目标过低，会放松自我要求，即使实现了，也起不到激励的作用；但目标也不能定得太高，脱离实际的自我要求，会使个人不断累积失败感，导致不能悦纳自己。要引导社区矫正对象根据自身实际，确立适宜的自我要求，克服过分追求完美的倾向。

（4）引导社区矫正对象从消极的自我体验中解脱出来。一个人如果总是沉湎于消极的自我体验中，就会使自己脱离现实，有自我孤立的危险。要引导这样的社区矫正对象多参加集体活动，从封闭狭小的自我中走出来。

（5）培养社区矫正对象管理自己需要的能力。需要能驱动行为，但人要学会管理自己的需要。合理的需要应当满足，但当某些需要不能满足时，要学会自我控制，抵御诱惑，否则，就可能悔恨终生。

总之，通过自我意识教育使社区矫正对象能够正确的实现自知自爱。

三、心理健康教育的模式

心理健康教育模式是指针对目前中国实际的现实状况，进行心理健康教育的方式。[①] 对社区矫正对象进行心理健康教育，也必须针对他们的现实状况而进行，采取实用、简便、有效的教育模式，切实起到培养社区矫正对象良好的心理素质、促进其人格的健全发展，保持良好的心理状态，以适应当前和发展的社会的最终目的。

社区矫正既是刑事执行的方式，又是社会管理模式的创新，它需要社会力量

---

① 朱韶辉、马前锋：《我国心理健康教育思想与模式综述》，载《青海师范大学学报》（哲学社会科学版）2016 年第 6 期，总第 119 期。

的广泛参与（包括政府机构、部门、社会组织、社会团体，个人、家庭等）才能完成。据此特点以及社区矫正对象常见的心理问题（如自卑、忧郁、悲观、焦虑、敌对、冷漠、多疑、偏执、人际关系紧张、认知错误或认知片面、偏执、人格缺陷等等），对社区矫正对象的心理健康教育模式可从以下几个方面考虑：

（一）“预防—辅导”心理健康教育模式

心理健康教育主要是培养社区矫正对象良好的心理素质。有效地处理生活、工作、学习、交往、适应等方面的问题，恰当地控制好自己的情绪，预防心理问题的产生，促进其心理机能与人格的发展与完善。

预防心理问题发生，促进心理素质提高，对于普遍存在的心理问题或对于存在相同问题的社区矫正对象，可以根据问题的类型，分类进行集体辅导，促进他们共同成长；对于个别社区矫正对象出现的个别问题，应利用其他心理辅导技术进行个别辅导，确保他们能够进行正常的工作、生活、学习、交往；对于存在心理疾患的社区矫正对象应及时向专业的有关部门转介，妥善安排。预防教育与心理辅导相结合，是心理健康教育取得成效的必要保证。

（二）生理—心理—社会教育协调作用的整合模式

该模式以促进积极适应和主动发展为目标。根据已有心理素质水平和发展需要，以指导学会生活、交往、学习、做人，促进智能、个性、社会性和发展性为基本教育内容；运用专题训练、咨询辅导等基本方式，从自我认识—动情晓理—策略导行—反思内化—形成品质等主体心理素质形成过程的五个基本环节，创设适宜的教育干预情境，设计有效的教育策略，最终达到培养健全心理素质，保持心理健康发展的根本目的。

（三）保健预防的心理健康教育模式

面向全体社区矫正对象，以提高社区矫正对象的心理素质为出发点，采取多种有效措施，做好心理健康的保健预防工作，以便减少心理疾病的发生。在心理健康教育过程中，坚持以群体事先心理保健预防为主，以个体障碍事后处理为辅，坚持两者有机结合为“一体”，也是心理健康取得成效的必要条件。

（四）行为表现—认知取向—人格培养模式

该模式从个体心理的培养和外在表现角度提出。行为取向的健康教育设计重视外显行为的改变；认知取向的健康教育设计重视知识的获得，认知的改变；人格取向的健康教育设计重视健全的人格培养。人格领域的目标，如形成乐观、自信等积极心态，对人、对己、对事的正确态度和高尚品格，合作意识、创新精神等。

（五）矫正机构—家庭—社会相结合的模式

社区矫正机构联合家庭与社会的力量，形成矫正机构—家庭—社会相结合的心理健康网络系统，使社区矫正对象的心理健康教育成为全社会都关心、支持的工作，营造一个健康的环境，共同促进心理健康教育的有效开展。

（六）三级预防的心理健康教育模式

初级预防是普及心理卫生知识，开展多种形式的宣传和教育，有效解决那些导致心理异常的问题，以防止和减少心理疾病的发生。二级预防是尽早发现心理疾病患者并提供心理和医学的干预，同时也包括设法缩短病人的病程和降低复发率。三级预防是防止住院病人的精神异常转为慢性疾病，减少其机能障碍的危害和后遗症；尽可能地保留其人际交往及生活能力。三级预防的思想着眼点是"防治疾病"，即从不病、少病或病能迅速得到治疗为目的。

（七）"互联网＋"背景下线上线下相结合的心理健康教育模式

信息化时代的到来，网络技术的发展，使网络的普及达到了一个前所未有的高度，信息化技术成为新时代心理健康教育的新模式、新方法。

第一，通过互联网实现线上线下共同教育。社区矫正机构可通过心理健康教育网站和QQ、微信公众号、微博等平台，为社区矫正对象普及一些心理健康基础知识、心理问题的调适方法、心理健康美文、各种心理问题案例等，让社区矫正对象从电脑、手机客户端查看，让心理健康教育不再受时间、地点的限制，激发其学习的积极性，让被动学习变为主动学习。同时将心理健康教育讲座与网上心理健康教育内容有机结合，实现线上线下共同教育。

第二，开展网络心理咨询辅导。通过互联网络心理咨询平台，针对已出现心理困惑、情绪不佳等问题的社区矫正对象，运用专业的心理咨询技术与方法，可以进行有效的心理援助，帮助社区矫正对象解决心理问题，提高心理健康水平。

四、心理问题的调适方式

（一）心理调适

心理调适，又叫心理调节。是指使用心理科学的方法对认知、情绪、意志、意向等心理活动进行调整，以保持或恢复正常状态的实践活动，目的是维护心理平衡消除心理问题。分自我调适与他人调适两种。①

（二）社区矫正对象常见的心理问题

在社区矫正过程中，社区矫正对象常见的心理问题主要有：②

① 同条"心理调适"，载360百科：https：//baike. so. com/doc/6920630 – 7142574. html.，最后访问时间：2020年5月8日。

② 《探析对社区矫正人员的心理辅导》，载https：//www. docin. com/p – 1386665734. html.，最后访问时间：2020年5月8日。

1. 自卑心理

自卑是一个人对自己的能力、品质等作出偏低的评价，总觉得自己不如他人、悲观失望，丧失信心等，在社交场合中，具有自卑心理的人易被孤立、离群、抑制自信心和荣誉感，当受到周围人们的轻视、嘲笑或侮辱时，这种自卑心理会大大加强，甚至以嫉妒、自欺欺人的方式表现出来。社区矫正对象的自卑心理主要表现为自我评价偏低，自愧无能而丧失自信，并伴有自怨自艾，悲观失望等情绪体验和消极心理倾向。

2. 焦虑恐慌心理

焦虑恐慌心理是个体主观上预测将会有某种不良后果产生或可能造成心理挫折的一种不愉快的心理体验。社区矫正对象的焦虑恐慌心理主要表现为：对生活缺乏信心，心理压抑、恐慌、缺乏生活的勇气和上进心。

3. 抑郁悲观心理

抑郁悲观是个体感到无力应付外界压力而产生的一种消极情绪，常伴有厌恶、痛苦、羞愧、自卑等情绪体验，主要表现为郁郁寡欢、闷闷不乐、沉默萎靡，常给人一种心事重重的感觉。社区矫正对象或因为其身份的特殊，或因为其职业技能的缺乏，或因为其文化层次等问题，就业竞争力较差，所以择业、就业都比较困难。再加上社会整体就业压力不断增加，由于就业岗位少，社会上很多适龄人员都没有工作，社区矫正机构推荐社区矫正对象就业就更加艰难。因此，有部分社区矫正对象一时之间生活无着落，经济无来源，生活陷入极端困难境地，又不知如何改变现状，对生活缺乏信心，抑郁悲观心理严重。

4. 冷漠消极心理

冷漠消极是个体对挫折环境的自我逃避式的退缩性的心理反应，表现为对人对事冷漠、不关心的消极情绪体验。有的社区矫正对象因家庭关系、人际关系淡漠，亲情之间沟通不畅，相互之间互相埋怨、不谅解，其家庭缺乏对他们在思想和生活上的关爱，甚至有的家庭还将其拒之门外。社区矫正对象本人也表现出对任何事情都事不关己，高高挂起，内心痛苦、孤独、压抑。极大地影响了其社区矫正的顺利进行。

5. 敌视心理

敌视心理是在社会交往中对那些曾给自己带来挫折、不愉快的人发泄怨恨、不满的一种情绪，主要表现为与他人心理不相融而敌视、对抗他人的消极心态。特别是周围环境和人的巨大变化，与自己的“一无所有”相比，心理落差很大，情绪浮躁。一旦有条件，很容易转化为强烈的反社会意识，无法自控又走上重新违法犯罪的道路。

（三）社区矫正对象心理问题调适方式

面对上述这些心理问题，社区矫正机构主要采取以下心理调适方式，来帮助矫正对象维护心理平衡、消除心理问题，顺利融入社会。即心理健康教育、心理咨询和治疗、心理危机干预等。

1. 心理健康教育

社区矫正对象的心理健康教育应围绕以下内容进行：普及心理健康基本知识、树立心理健康意识；了解简单的心理调节方法；认识心理异常现象以及初步掌握心理保健常识。其重点是学会调控情绪、正确面对现实，学会人际交往、升学择业以及生活和社会适应等方面的常识，把握自己的命运，争取美好的生活。

心理健康教育可采取线上线下相结合的课堂教育方式开展，也可通过各种实操方式开展，如游戏、拓展活动、心理剧等。心理健康教育既有集体教育（如团体心理辅导）也有个别教育；既有自我教育也有社会教育。

2. 心理咨询和心理治疗

对采用教育的方式解决不了的问题，就需要具有专业知识和专业技能的人员采取更加专业的方法来完成。

对处于正常心理状态而又出现了各种心理问题的社区矫正对象可采取心理咨询的方法来帮助其走出困境，解决心理问题，顺利融入社会。

对于已经发展成心理疾病的社区矫正对象可采取心理治疗的方式来帮助其消除或缓解心理问题或心理障碍，促进其人格向健康、协调的方向发展。

3. 心理危机干预

心理危机干预是指对处于心理危机状态的社区矫正对象，由社区矫正机构给予必要的帮助活动。社区矫正对象在遇到危机时，可能会引起危险的后果，也可能引起积极的变化，当社区矫正对象发生心理危机时，对社区矫正对象进行干预，也是心理调适的一个不可缺少的部分，通过危机干预，可以有效处理社区矫正对象的情绪紊乱和过激行为。①

心理危机主动干预作为社区矫正对象心理危机的急救措施，是社区矫正对象心理调适工作的重要组成部分。相关部门应在准确认识社区矫正对象、及时掌握信息、综合分析判断的基础上，当机立断启动社区矫正对象心理危机主动干预机制，力争早发现、早干预、早解决。

4. 心理调适常用的两种策略

（1）身心放松策略。放松技术是当今被广泛关注的一项作用强大、用途广

① 秦海莲：《社区服刑人员心理矫正理论与实践研究》，载《山西广播电视大学学报》2010 年第 1 期。

泛、方法易行的调适心理健康的技术。放松技术可用于稳定情绪、克服焦虑、消除疲劳。尤其对社区矫正对象消除焦虑、缓解压力具有特殊的作用。

①放松技术的原理。放松技术来自“交互抑制”的原理，个体肌肉放松状态与焦虑情绪状态是对抗的过程，两者互不相容。当人处于放松状态时，紧张状态就会处于抑制，反之亦然。如果我们有意创造舒适、快乐、平和、安宁等放松的情绪，就可以降低焦虑、不安、害怕、痛苦等紧张情绪的发生率，身体状况随之改善；遇到问题时，如果我们能及时采取一些有助于放松的措施，就能较快地从消极情绪中走出，并且较快地恢复处理问题的能力。

②常用放松技术。挑战挫折、自我减压有一些不同的放松方法。比如，肌肉紧张放松训练、头脑想象放松、深呼吸训练、有氧运动以及瑜伽等。

（2）社会支持策略。

①社会支持系统：社会支持是指个体在遭受挫折时所得到的他人的关心、帮助。朋友、家庭、社会团体、社会组织、行政机构、社会支持援助机构与设施等都能够为个体提供有力的社会支持。

社会支持系统就是个人在自己的社会关系网络中所能获得的、来自他人的物质和精神上的帮助和支援。

②社会支持系统的作用：研究表明，一个人的社会支持系统越健全，生活就越有保障，也越有意义。健全的社会支持系统可以增强人生命的活力，增加对挫折的承受力和适应性，使人感到安全、自尊、自信、愉悦。反之，人就会感到焦虑、寂寞、沮丧、挫折、失望、自卑等，造成心理的失落与创伤。

社会支持系统满足了人的被助和助人的双重需要。由于人们的这种相互支持的普遍需要，适时适度向人求助，还会提升人们的亲密程度。要充分发挥社会支持系统的作用，建立、发展并完善强大的社会支持系统，支撑自己、帮助他人，共同抵御生活的风风雨雨。社区矫正对象属于一个特殊的弱势群体，更需要有一个强大的社会支持系统的支持与帮助。[①]

③帮助社区矫正对象学会构建、使用自己的社会支持系统：社会支持系统的建设需要平时的细心呵护。天生的社会关系网络并不等于一个良好的社会支持系统，如果平时不懂得体贴、关心并帮助他人，不懂得与他人分享生活，那就很难维持自己的社会支持系统。

很多时候，一声“谢谢”，一句“要不是你帮我，我当时真不知道该怎么办了”这样简单的话，就会使助人者心里充满了快乐与成就感。

---

① 《调适心理健康的两种常用策略介绍》，载百度文库：https：//wenku. baidu. com/view/3cd09248a21614791611284d. html.，最后访问时间：2020 年 5 月 8 日。

社区矫正对象身边有一个强大的社会支持系统，包括他的家人、朋友、同事、志愿者、社会工作者、矫正机构等，但他必须学会维护并使用这个支持系统，才能真正起到支持的作用。

第二节　社区矫正对象心理矫治技术

社区矫正对象的心理矫治是指将心理学的原理、方法和技术运用于社区矫正工作中，剖析社区矫正对象犯罪心理形成的过程、原因和规律，分析他们在矫正过程中所出现的各种心理问题，然后有针对性地采取心理学技术对其不良心理和不良行为进行矫正和治疗，帮助他们消除心理障碍，解除心理矛盾，促使其心理健康，重塑健全人格和提高适应社会的能力，并最终成为一个适应正常社会生活的人的一种活动。

一、心理矫治基本问题

（一）心理咨询的基本知识

社区矫正对象的心理咨询，是指心理咨询专业人员运用心理学的知识、理论和技术，协助求助的社区矫正对象解决心理问题，从而帮助其自强自立，增进心理健康水平，提高生活质量，使其顺利回归社会，不致再重新犯罪的活动。

1. 社区矫正对象心理咨询的种类

作为社区矫正对象的心理问题，从实践中来看，主要包括两部分：一是原来存在的心理问题；二是进入社区矫正后所产生的各种心理问题，如自卑、忧愁、痛苦、郁闷、自责、内疚、焦虑、紧张、恐惧等。心理咨询的种类主要有以下几种：

（1）发展心理咨询和健康心理咨询。这是社区矫正对象在日常生活中可能产生的困惑或障碍。如择业、升学、社会适应等问题就属于发展性心理咨询。而因各类刺激引起的焦虑、紧张、恐惧、抑郁、痛苦、悲伤、自卑、自责等情绪问题，或者因各种挫折引起的行为问题，而使自己的心理健康遭到破坏时所进行的咨询就属于健康心理咨询。

社区矫正对象在社区矫正期间，因自己身份的变化，必定会产生各种各样的心理困扰，如有的无业可就，生存压力过大而产生痛苦、自卑、焦虑、抑郁等不良情绪；有的因自己的过失而导致犯罪的，自卑、自责情绪强烈；有的与家人关系紧张而产生焦虑、紧张、抑郁、痛苦等不良情绪，有的因害怕他人知道自己的身份而忧愁、紧张、痛苦，既不愿与人交往，更不愿社区矫正工作者到他家来，并因此而产生强烈的对立情绪等。对这些问题的咨询就属于发展性心理咨询和健康性心理咨询。

（2）个性与社会心理问题的咨询。包括需要、动机、兴趣以及认知、情感、意志和性格等个性心理方面的咨询；社会适应、自我意识、人际关系等社会心理层面的咨询。这是针对个体一般心理活动的划分。

（3）实际问题的咨询。如家庭婚姻方面的问题、再社会化方面的问题、教育矫正问题等。

2. 社区矫正对象心理咨询的程序（过程）

心理咨询不是随便谈话或聊天，它是按照一定的程序进行的。一般来讲，社区矫正心理咨询的程序主要包括：资料的搜集与整理阶段；心理诊断、明确问题阶段；咨询目标的确定阶段；咨询方案的制定与实施阶段；咨询结束与巩固阶段。

（1）资料的收集与整理阶段。

第一，资料的搜集。临床资料，是咨询人员进行心理咨询工作的基本依据。没有它或资料不完整，心理咨询就会陷入盲目或无从下手。所以，第一步必须先广泛和深入地搜集与求助者情况有关的资料，只有如此才能帮助社区矫正对象制定合理的、有针对性的咨询目标和方案。

搜集资料的途径包括：摄入性会谈与记录；观察与记录；访谈与记录；心理测量、问卷调查；实验室记录（心理、生理）。

资料的内容包括：人口学资料；个人成长史与个人健康史（含生理、心理、社会适应）；家族健康史（含生理、心理、社会适应）；个人生活方式、个人受教育情况；对自己家庭及成员的看法；社会交往情况（与亲戚、朋友、同学、同事、邻里的关系）；目前生活、学习、工作状况；自我心理评估（优缺点、习惯、兴趣爱好、对社会、家庭、婚姻以及目前所从事的工作的看法、对被判处刑罚的看法、对个人能力和生存价值的评估等）；近期生活中的变化（或遭遇）；求助的目的与愿望；社区矫正对象的言谈、举止、情绪状态、理解能力等；有无精神症状、自制力如何；自身心理问题发生的时间、痛苦程度、持续的时间以及对生活与工作的影响；心理冲突的性质和强烈程度；与心理问题相应的测量、实验结果。

在收集社区矫正对象的资料时，既要注意其本人所反映的主要问题，还要十分注意以下几个方面：回答问题时无意透露的信息；社区矫正对象有意回避或拒绝回答的问题；交谈中的口误；交谈中出现频率最高的询问；社区矫正对象的表情和行为等非语言信息。以便准确把握社区矫正对象的有关信息，发现重要的关键性的问题。

第二，资料的整理。对搜集到的资料必须有条理的进行整理后才能进行逻辑的分析，并对各种与临床表现有关的资料加以综合，最后才能作为诊断的依据。在整理资料时可按如下步骤进行。

其一，整理归纳社区矫正对象的一般资料：一是人口学资料：姓名、性别、年龄、出生地、出生日期；职业、收入、经济状况、受教育情况；宗教、民族、婚姻状况（已婚、未婚、离异）；现住址、邻里关系、社区文化状况、联系方式；刑罚种类、刑期、犯罪经历、刑罚执行变更情况。二是生活状况资料：居住条件；日常活动内容、活动场所；生活方式和习惯；近期生活方式有无重大改变。三是婚姻家庭状况资料：一般婚姻状况（自由恋爱、他人介绍、包办、买卖婚姻），婚姻关系的满意度（性生活、心理相容度）；婚姻中有无重大事件发生，事件原因中有无道德和文化因素；家庭组成成员，对家庭各成员的看法，家庭成员在日常生活中的分工，自己在家庭中所起的作用、自己是否被家庭成员接纳；家庭中发生的重要事件和原因，原因中有无道德因素、文化因素。四是工作状况资料：有无工作；对工作的满意度、兴趣、态度；是否改变过职业，理由何在。五是社会交往资料：社交网以及社交兴趣和社交活动的主要内容；与自己交往最密切的、最多的人有几个；能给予求助者帮助的人和求助者帮助过的人有几个；举例说明社交中的相互影响；社交中互相在道德和法律方面的责任感；参加社区集体活动的兴趣如何。六是娱乐活动资料：最令求助者感到愉快的活动；求助者对愉快情绪体验的描述是否恰当。七是自我描述资料：描述自己的长处、优点时的言词、表情、语言、语调是否夸张或缩小；描述自己缺点时的言词、表情、语言、语调是否夸张或缩小。八是个人内在世界的资料：想象力；创造性；人生观、价值观；世界观；理想；对未来的看法（希望明年发生什么事、希望5~10年内发生什么事、对未来事件发生的理由和判断的依据、对现实状况能否捕捉住重点）。

其二，整理归纳社区矫正对象个人成长史资料：一是婴幼儿期的生活资料：围产期、出生时的情况，包括母亲身体状况、服药情况、是否顺产等；开始说话的时间。二是童年期的生活资料：童年期有无重大事件发生，现在对当时情景的回忆是否完整；童年期的身体情况，是否患过严重疾病；童年家庭生活、父母情感是否和谐；童年家庭教育方式、学校教育情况；有无退缩或攻击行为发生。三是少年期的生活资料：少年期家庭教育、学校教育、社会教育中有无挫折发生；少年期最值得骄傲的事和深感羞耻的事是什么；少年期性萌动时的体验和对待；少年期有无严重疾病发生；少年期在成人的关系中，有无不愉快的事件发生，有无仇视、忌恨的人或事；少年期的兴趣何在，有无充足的时间做游戏，与同伴关系如何。四是青年期的生活资料：青年期最崇拜的人是谁；爱情生活状况（有无失恋等）；最喜欢读的书籍、最喜欢做的事情；学习（包括升学）有无挫折；就业有无挫折；婚姻是否受过挫折；有无最要好的朋友，朋友的状况如何（包括职业、道德行为、法律意识等）。五是个人成长中的重大转化以及现在对它的评价资料：生活中发生了什么事（包括事件发生的细节、发生的时间、原因等）；何时被捕、并被判刑、如何看待；对现在的身份及生活状况如何评价。

其三，整理归纳社区矫正对象目前的精神状态、身体和社会工作与社会交往状态资料：一是精神状态资料：感知觉、注意品质、记忆、思维状态；情绪、情感表现；意志行为（自控自制能力、言行一致性等）；需要、动机；人格完整性、相对稳定性。二是身体状态资料：有无躯体异常感觉；社区矫正对象近期体检报告。三是社会交往与社会工作状况资料：工作动机和考勤状态；社会交往状况（社会接触是否良好）。

其四，按资料的性质进行分类。在收集资料时，各类资料可能是互相交错的，如环境条件、个人情绪、表现、个人的看法等，可能混杂在一起。所以，应按资料的性质加以分类，也可以按与心理问题有关的3个方面即个体情况、环境情况和临床专业初步评价进行整理。

（2）心理诊断、明确问题阶段。

此阶段的主要任务是根据收集到的资料，结合心理学的有关知识，对社区矫正对象的问题进行分析和诊断，辨明社区矫正对象的问题类型、性质和严重程度等，以便确立咨询的目标，选择帮助的方法。

首先，判断社区矫正对象心理问题的类型和严重程度。根据所收集到的资料，按照从重到轻、由粗到细的顺序筛选出社区矫正对象存在的心理问题及严重程度。如果是属于精神障碍则应及时转入精神专科医院治疗；如果是属于某些神经症症状，如焦虑症、恐惧症、强迫症、忧郁症等，则应运用心理咨询和心理治疗的方法；如果属于一般性的心里问题如学习、工作中的问题、生活中的问题等、严重心理问题、神经症性心理问题则属于心理咨询的范畴。在这里社区矫正咨询机构尤其要注意的是社区矫正对象中存在的危机事件（自杀、伤人、危害社会等），要及时予以干预。咨询人员正确判断社区矫正对象心理问题的性质和严重程度具有重要意义，它可以帮助咨询人员作出下一步决断。例如，确定哪些问题是可以通过面谈咨询逐步解决的，哪些问题是需要借助其他力量进行直接干预的；哪些问题是需要与有关方面配合完成的等。

其次，弄清楚求助者问题产生的原因。社区矫正对象问题产生的原因可能有很多种，可能与个人发展、人格特征、人生观、价值观、世界观等内部特征有关，也可能与外部环境、家庭教育、家庭成员的关系及生活条件有关。咨询人员要充分了解社区矫正对象问题发生发展的来龙去脉及影响因素，了解求助者的生活、家庭、社区、社会支持系统等背景材料，了解社区矫正对象的认知模式以及应付困难和挫折的方式方法，通过仔细分析来寻找问题的主要原因。

最后，结合心理测验作出诊断。可根据需要借助各种心理测试，帮助社区矫正对象分析问题类型、严重程度（轻、中、重）和可能的原因，以作出进一步的判断和诊断。当然，心理测验既不能滥用也不能作为心理诊断的主要依据，因为它只能提供人格特征、智力水平、心理健康程度等方面的参考信息。所以心理测验所获得的信息必须与其他渠道获得的信息结合起来使用。

（3）咨询目标的确定阶段。

这一阶段的主要任务是根据社区矫正对象心理问题的性质和程度，通过双方协商，确立双方共同接受的、有效的咨询目标。所谓有效的咨询目标应具备以下几个特征：第一，具体性。目标不具体，就难以操作和判断，目标越具体，就越容易见到效果。第二，可行性。咨询目标必须可行，不能超出社区矫正对象的可能水平，否则难以达到，必然会影响咨询的效果。第三，积极性。目标的积极性是指所制定的目标是符合人们发展需要的。第四，双方可接受性。一般来说，咨询目标应该由双方共同商定。无论是社区矫正对象提出还是咨询人员确定的咨询目标，最好是双方都可接受的。若双方的目标有差异，则应通过双方交流来修正。若无法协调，应以社区矫正对象的要求为主。若咨询人员无法认可，也可终止咨询关系或转介给别的咨询人员。第五，心理学性质。对于不牵涉心理问题的来访，一般不属于心理咨询范围。心理咨询主要涉及心理障碍问题、心理适应问题、心里发展问题。第六，可以评估性。目标无法评估，则不称其为目标。及时评估，有助于看到进步，鼓舞双方信心，可发现不足，及时调整目标或措施。咨询目标的达成，有的可直接表现为行动，有的可用心理测验量表来评定，比如观念的转变、情感的调节等。第七，多层次统一性。咨询目标应是多层次的，既有长远目标，又有眼前目标；既有特殊目标，又有一般目标；既有局部目标，又有整体目标；既有终极目标、中间目标，又有直接目标。多层次协调统一。例如，某社区矫正对象，在社区矫正期间，与之恋爱五年的对象分手，求助者感到难以接受，心里既怨恨又自卑，觉得女朋友不讲义气，自已没出息，感到生活没有意义，谁都不可相信。因而情绪低落，行为消极退缩，干什么都毫无兴趣，甚至有轻生的念头。对这位社区矫正对象，经双方协商制定的咨询目标是：直接目标——不良情绪、“我没出息”等消极认知的改变，自尊心的重建和消极退缩行为的改变；中间目标——正确认识自我、接纳自我、欣赏自我，重建一个健康自我的形象；终极目标——消除人生的自我失败感，过有理性的生活。

不同的心理咨询流派有不同的咨询目标。人本主义学派把自我实现作为咨询的目标；行为主义学派期望帮助社区矫正对象学习建设性的行为以改变、消除适应不良的行为；精神分析学派的目标是将潜意识意识化，重组基本的人格，帮助社区矫正对象重新体验早年的经验，并处理压抑的冲突，作理智的觉察；完形学派的目标在于帮助社区矫正对象觉察此时此刻的经验，激励他们承担责任，以内在的支持来对抗对外在支持的依赖；理性情绪学派的目标是消除社区矫正对象对人生的自我失败感，帮助他们更能容忍与更能过有理性的生活；交互分析学派希望帮助社区矫正对象能成为自主性的人，能选择达到他们想要成为的人，帮助他们检验早年的决定，并能在觉察的基础上作新的决定。①

（4）咨询方案的制定与实施阶段。

根据求助者心理问题的性质和程度、个人条件、环境条件，咨询人员使用的咨询方法和技术储备，结合已制定的咨询目标，制定求助者的心理咨询方案，为最终进行心理帮助与指导做准备。

咨询方案应由双方在相互尊重、平等的气氛中共同商定。一般来说，包括以下内容：通过咨询期望达到的目标和结果；双方各自特定的权利和义务；咨询的次数与时间安排；咨询的具体方法、过程和原理；咨询的效果及评价手段；其他问题及有关说明。

商定的心理咨询方案不是固定不变的，它可以随着咨询的进程而有所调整。比如，随着咨询的深入，又发现了社区矫正对象更深层的问题，或社区矫正对象出现了强烈的阻抗现象，咨询人员或求社区矫正对象需要调整咨询时间等，这就需要作必要的方案变动，但也应该双方协商完成。

方案制定之后就进入了心理咨询的核心阶段：方案实施阶段，也就是心理帮助阶段。此阶段的主要任务是咨询人员应用心理学的方法和技术来帮助当事人消除心理障碍，缓解心理矛盾，摆脱心理困扰，改变或矫正问题行为，促进心理健康。

帮助和改变阶段是心理咨询的关键阶段，它直接关系着心理咨询的效果如何。此阶段是咨询人员利用自己丰富的知识和对人性的深刻领悟，利用各种心理咨询的方法和技术，在对社区矫正对象心情和处境充分理解的基础上，积极地正面引导、启发和教育，帮助其分析自己问题的性质，寻找问题的根源，树立战胜困难的信心，商讨解决问题的对策，建立新的认知结构，从而以积极的态度调整情绪，面对现实。

这里应该注意的是，咨询人员对社区矫正对象的问题解决，不要越俎代庖，

---

① 郭念锋主编：《国家职业资格培训教程：心理咨询师》（三级），民族出版社 2005 年版，第 71～72 页。

不要硬性规定求助者干什么或不干什么，而应始终与社区矫正对象商讨，帮助社区矫正对象进行分析，为其提供指导意见，最终靠社区矫正对象自身的努力，通过改变他们的认知结构和行为方式来恢复心理的平衡。

(5) 咨询结束与巩固阶段。

每进行一次咨询，都要搞好总结，并做好下一次的咨询准备，包括布置作业，商定下一次咨询的主题和咨询的时间等。咨询进行一段时间，逐步达到咨询目标后，便可进入最后结束阶段。咨询结束前，咨询人员要综合所有资料，结合咨询目标和实施方案，与社区矫正对象进行一次全面的总结，帮助社区矫正对象回顾整个会谈的基本情况，强调咨询要点，使社区矫正对象对自己有一个更清醒的认识，进一步了解自己问题的前因后果，明确今后努力的方向。同时还可要求社区矫正对象复述咨询中的要点，使社区矫正对象开动脑筋，加深理解和印象。为巩固咨询成果，咨询人员对社区矫正对象的积极表现，应给予积极的鼓励和表扬，强化社区矫正对象的正确思维和积极行动，帮助社区矫正对象获得独立返回社会生活的自信与能力，引导社区矫正对象以独立、自主、积极的角色和方式，运用咨询中接受的知识和态度来分析、处理生活中的问题。

整个咨询结束后，还要做好追踪考察。其目的在于：了解社区矫正对象是否用已形成的行为模式和应付环境的方法来解决社区矫正过程中出现的新问题，以此来确定咨询人员对社区矫正对象的帮助是否真正取得了成效；通过追踪考察，咨询人员也可以总结经验教训，改进方式方法，提高咨询水平；通过追踪考察，咨询人员还可帮助社区矫正对象巩固咨询效果，预防旧病复发。

总之，心理咨询是一个过程，是由不同的步骤、阶段形成的。各阶段之间互相交叉衔接，互相关联，形成一个完整的统一体。各阶段又各有不同的侧重点，但最终都是为了达到咨询的目的，解决求助者的心理困扰，促进心理健康。

3. 社区矫正对象心理咨询的形式

社区矫正对象心理咨询的形式多种多样。根据咨询的规模，可分为个体咨询和团体咨询；根据咨询采用的方式，可分为门诊咨询、电话咨询、书信咨询、网络咨询；根据咨询的时程，可分为短程咨询、中程咨询和长程咨询；根据咨询是否有中转媒介，可分为直接咨询和间接咨询。

(1) 个体咨询。个体咨询是咨询人员与社区矫正对象建立一对一的咨询关系，是心理咨询的主要形式。这种咨询活动与社区矫正对象所处的社会、集体、家庭无直接的关系。在内容上，着重帮助社区矫正对象解决个人的心理问题。个别咨询既可以采用面谈的方式，也可以通过电话、信函、互联网等其他途径来进行。由于这种咨询没有其他人在场，咨询对象一般顾虑较少，可以毫无保留地表达自己的真实思想，倾吐内心的秘密，所以它是心理咨询中最常用的形式。

（2）团体咨询。团体咨询是根据社区矫正对象求助的共同心理问题，在团体情境中，向他们提供心理帮助和指导。它是通过团体内人际关系交互作用，促使个体在交往中观察、学习、体验，认识自我、探讨自我、接纳自我、调整和改善自我与他人的交往、学习新的态度与行为模式，以促进个人的、发展良好的、生活适应的助人过程。

团体咨询的规模一般以十人左右为宜。团体咨询的程序有以下几步：第一步是由咨询者根据社区矫正对象所提出的问题，以及他们的年龄、性别、文化等个别差异，把他们分成小组；第二步是由咨询者通过讲解、交流、探明团体内和成员个人的心理问题，再通过放录像、参观、商讨、指导等形式，使他们对自身的问题有一个总体上的认识；第三步是开展团体活动，通过问题讨论及角色扮演等形式，共同寻求解决问题的方法，作出正确决定并付诸实施。最后是总结与评价工作。

（3）门诊咨询。它是指在社区矫正机构专门设置的咨询机构中进行的咨询。是心理咨询中最典型的咨询形式。它既可用于个别咨询，也可用于团体咨询。门诊咨询有很多优越性：首先，面谈咨询的形式，使社区矫正对象可以充分、详尽地倾诉。他（她）可将自己的烦恼、焦虑、不安、痛苦和困惑等都直接地告知咨询人员，咨询人员在耐心倾听的基础上，可与来访者进行面对面的磋商、讨论、分析和询问。这种面谈的形式与书信咨询和电话咨询等其他形式相比，更为直接和自然。其次，门诊咨询可使咨询人员对社区矫正对象进行直接观察，有助于对社区矫正对象的个性、心理健康状况、心理问题的严重程度和心态进行观察、了解和评估。最后，门诊咨询的时间一般为 40～50 分钟，比较宽裕，加上没有别人在场，所以比较令来访者信任和接受。

总之，门诊咨询有助于咨询者在合适的环境中，对社区矫正对象的心理作出正确、全面的诊断，制订和实施周密的咨询计划，循序渐进，通过深入的会谈等方式，帮助来访者打开心灵的窗户，重新与正确认识自我，改变或发展自我。

（4）电话咨询。它是利用电话对社区矫正对象进行劝告、安慰和引导的咨询方式。电话咨询具有方便、及时、迅速、匿名的特点。在社区矫正对象产生心理问题但不能很快求助于门诊咨询时；在社区矫正对象心理问题不是很严重，只要通过电话咨询就能得以释放或得到点拨时；在社区矫正对象对面对面的咨询不了解，心存顾虑或戒备时；在社区矫正对象产生心理危机，苦恼至极痛不欲生时；在社区矫正对象由于一时冲动而准备采取某种冒险行为时，电话咨询架起了心理沟通的桥梁。此时如果拨通了心理咨询的电话，就可能得到意想不到的关怀和温暖，在心理上得到开导和慰藉，甚至能把他从死神手中拯救出来。在一些发达国家，电话咨询已通行多年，它在防止由于心理危机而酝酿的自杀与犯罪方面起到了良好的作用。因而人们把他们称为“希望线”或“生命线”。在社区矫正工作中，我们应很好地利用这一咨询的形式，充分发挥它的作用，为社区矫正对象服务。

（5）网络咨询。互联网心理咨询是咨询人员通过互联网来帮助社区矫正对象。互联网咨询除了可以突破地域限制外，还可以凭借行之有效的软件程序，进行心理问题的评估与测量，可以将咨询过程全程记录，便于深入分析社区矫正对象的问题以及进行案例讨论。同时互联网咨询既可以解除面对面交谈的尴尬和顾虑，还可以避免书信往来的长周期。是既省时又方便的一种方式。如果愿意与咨询人员见面的话，也可以通过视频系统，有如见面一样，进行面对面的交谈。所以，互联网咨询发展得非常快。随着社区矫正制度的推广和社区矫正心理咨询工作的开展，这种心理咨询的方式必将大受欢迎。

（二）心理治疗的基本知识

社区矫正对象心理治疗是指由受过专业训练的心理咨询（或治疗）师以心理学理论为指导，运用心理治疗的有关理论和技术，对社区矫正对象的心理与行为问题进行矫治，以消除或缓解社区矫正对象的心理或行为问题，促进其人格向健康、协调的方向发展，促进社区矫正对象重新社会化的过程。

1. 心理治疗的适应证

心理治疗在不同理论学派的影响下，方法各异，适应对象也有所不同。但一般来讲，常用心理治疗的适应范围包括：第一，社会心理应激引起的各种适应性心理障碍。诸如因人际关系未处理好等原因，而表现为心境低落、自责自卑、悲观失望等，常常需要进行心理治疗，如支持性心理治疗和环境安置等。遭受突然的生活事件刺激表现急性心理障碍时也可使用心理治疗。第二，心身疾病。常见的心身疾病如冠心病、原发性高血压、心律失常、支气管哮喘、消化性溃疡、溃疡性结肠炎、心因性肥胖症和偏头痛以及风湿性关节炎等，均可使用心理治疗的方法。第三，神经症性障碍。如神经衰弱、强迫症、焦虑症、抑郁症、恐怖症、癔症等。第四，部分人格障碍。第五，性心理障碍。第六，精神障碍的恢复期。第七，酒精中毒和药物依赖。第八，其他精神科问题。如神经性厌食症、神经性贪食症、精神发育不全等。第九，其他问题。

2. 心理治疗的范围

社区矫正对象心理治疗的范围主要是：社会心理应激引起的各种适应性心理障碍；心身疾病；神经症性障碍；各种人格障碍；性心理障碍；酒精中毒和药物依赖等。

由于这些心理障碍严重影响着社区矫正对象的教育改造，所以有针对性地对他们施以心理治疗，可以帮助他们尽快消除各种心理障碍，提高心理健康水平，轻松愉快地接受改造，并顺利回归社会。所以对社区矫正对象开展心理治疗意义重大。

3. 心理治疗过程的特征

第一，自主性。心理治疗的关键是帮助社区矫正对象自己改变自己。在心理治疗过程中的医患关系，不是传统意义上的关系，而是一种合作努力的行为，是一种伙伴或同盟的关系。社区矫正对象从一开始就承担主动的作用。通过治疗，社区矫正对象变得越来越具有自主性和自我导向能力，对自己的情感和行为更负责任。

第二，学习性。心理治疗的过程就是一个学习的过程。心理治疗的一个基本假设就是，个体的情感、认知以及行为都是个体过去生活经历的产物，它们是"学习"而来的。因此心理治疗需要具备三个条件：一是社区矫正对象自愿主动，参加治疗的社区矫正对象应有强烈的动机；二是环境允许他的改变，即有一个可能提供转变的外环境；三是能克服学习的内部阻碍，这需要转变其防御机制，与治疗师密切配合。

第三，实效性。心理治疗是一项有实效的工作，它是有效的、有益的而且是人道的。

（三）心理矫治的基本要素

1. 心理矫治的原则

心理矫治是一项科学性、实践性很强的工作，做好这项工作应当遵循以下原则：

第一，目标明确原则。以社区矫正对象的再社会化为最终目标，结合社区矫正的整体工作开展。

第二，针对性原则。在全面了解社区矫正对象的基础上，根据他们的心理特征和发展规律，根据他们的个别特征和发展需要，有针对性地实施心理矫治。

第三，综合性原则。心理健康教育与心理咨询、心理治疗有机结合，将心理矫治贯穿社区矫正的全过程，积极主动地开展心理教育与心理辅导，同时关注出现心理障碍的社区矫正对象，积极能动地实施心理咨询与心理治疗。

第四，主导性原则。心理矫治的主导作用与社区矫正对象的积极参与有机结合。内因是变化的根据，外因是变化的条件，社区矫正对象的认知、情绪和行为的改变，尽管离不开矫正者的专业工作，但是心理矫治者的作用只是"授之以渔"，而不是"授之以鱼"，所以，在矫正关系中，矫正者只起着"助动者"的角色，而社区矫正对象才是改变自己的真正主宰。因此，应充分调动和启发社区矫正对象的主动性和自觉性，提高他们自我矫正、自我发展的思想观念与能力。

第五，平等原则。心理矫治要遵循相互尊重、平等的理念，这是进行心理矫治的基础。心理矫治人员要与社区矫正对象一起分析他们存在的心理问题，制定心理矫治目标，确定心理矫治方案等。

2. 心理矫治的对象和目的

第一，心理咨询对象。心理咨询解决的是社区矫正对象心理或精神方面存在的问题，而不是帮助他们处理生活中的具体问题。所以，心理咨询的对象是精神正常而又出现各种心理问题的社区矫正对象。心理治疗对象主要是精神疾病和某些躯体疾病的患者。

第二，心理咨询与治疗的目的。就是通过心理矫治，激发改善动力、探究问题根源、提高适应能力、转变行为观念、改变行为习惯、增强自我控制等。

3. 心理矫治的场所

社区矫正机构应建立专门的心理咨询和治疗场所，如心理咨询室。心理咨询室作为专业工作平台，可以充分发挥其在心理矫治中的协调、指导与心理咨询、治疗、测量等方面的专业优势。开设心理咨询工作室，一般应具备以下几个条件：第一，选址方面，应建在环境安静优雅、具备保密性和隐私性之地。第二，配置与心理咨询、心理测试、心理治疗相关的设施、设备，物品摆设、室内环境应符合心理咨询专业要求。第三，有一名以上国家执业心理咨询师或心理治疗师作为诊疗室专职工作人员。第四，建立规范有效的心理咨询室工作制度。其包括工作职责、管理制度、心理督导、心理咨询个案记录、心理档案制度等。

二、建立咨访关系的技术

咨访关系是贯穿心理咨询和治疗始终的重要内容。良好的咨访关系不仅能给求助的社区矫正对象提供一种安全感、温暖感，而且也能促进他们对咨询者的信任，减少其防御心理，向咨询者敞开心扉，在咨询者的帮助下认真地进行自我探索，进而提高自尊心和自信心。达到成长的目的。因此，良好的咨访关系是心理咨询和治疗能否顺利进行的重要保证。在建立良好的咨访关系的过程中，咨询人员的态度和技术起着至关重要的作用。

（一）搞好初诊接待，建立初步关系

咨询人员与求助的社区矫正对象第一次接触，应态度平和、诚恳，使用礼貌语言，语气要轻柔。如与求助的社区矫正对象握手、寒暄，用“请坐”“欢迎您前来，谢谢对我们的信任，我很愿意向您提供心理学帮助”等语言，以消除求助对象紧张情绪，同时给对方留下一个良好的印象。在进行询问时，要使用间接询问法，不可直接逼问。如“我很希望知道，我在哪方面能给您提供帮助?”而不能说：“您有什么问题，说吧!”或“怎么啦，有什么问题，说吧!”等。同时，在会谈过程中，很自然地让社区矫正对象明白咨询的性质、原则和任务，说

明双方的权利、义务。初步了解社区矫正对象的问题，双方协商确定使用什么样的咨询方式。在初次接触时，咨询者还要注意衣着要整洁、坐姿要自然、放松，不可直视对方，可扫视对方的眼神或表情，以避免对方的拘谨。咨询室环境的布置要温和、宁静，椅子舒适。总而言之，要给社区矫正对象安全感，信任感。

（二）建立深入的咨访关系

要想建立深入的咨访关系，咨询者对社区矫正对象必须做到尊重、热情、真诚、共情和积极关注。

1. 尊重

尊重意味着把社区矫正对象作为有思想感情、内心体验、生活追求和独特性与自主性的活生生的人去对待。[①] 在社区矫正对象因其身份、地位的变化，或多或少的心存自卑与顾虑，他们非常渴望获得尊重、接纳、信任。咨询人员对他们的尊重，会给他们创造一个安全、温暖的氛围，使其最大限度地表达自己；可使他们获得一种自我价值感，还可唤起他们的自尊心和自信心，起到开发潜能的作用。这是咨询或治疗成功的开端。尊重社区矫正对象，具体体现在：第一，尊重意味着完整的接纳社区矫正对象；第二，尊重意味着以礼待人；第三，尊重意味着信任对方；第四，尊重意味着保护隐私；第五，尊重意味着真诚。

2. 热情

尊重富有理性色彩，而热情则充满了浓厚的感情色彩。只有两者结合，才能情理交融，感人至深。否则会有公事公办的嫌疑。热情应体现在咨询的全过程，从社区矫正对象进门到出门，都应热情、周到，要让社区矫正对象感到自己受到了最友好的接待。咨询者的热情应体现在以下几个方面：第一，社区矫正对象初次来访时适当询问，表达关切；第二，注意倾听社区矫正对象的叙述；第三，咨询时耐心，认真，不厌其烦；第四，咨询结束时，使社区矫正对象感受到温暖。

3. 真诚

真诚是指在咨询过程中，咨询者应该以“真正的我”出现，而不是让自己隐藏在专业身份的后面，扮演十全十美的咨询者角色，也不是带着假面具在例行公事。相反，他应该是很开放、很自然、很真诚地投入到咨询过程中，具体来说，真诚的表现就是咨询者开诚布公地与求助者交谈，直截了当地表达自己的想法，而不是让社区矫正对象去猜测、去想象谈话中的真实意思。真诚在咨询活动中可以为社区矫正对象提供一个安全自由的氛围，能让他知道可以袒露自己的软

① 国家职业资格培训教程：《心理咨询师》（基础知识），中国社会劳动保障出版社 2017 年版，第 53 页。

弱、失败、过错、隐私等而无须顾忌，使社区矫正对象切实感到自己被接纳、被信任、被保护；同时，咨询者的真诚坦白为社区矫正对象提供了一个良好的榜样，社区矫正对象可以因此而受到鼓励，以真实的自我和咨询者交流，坦然地表露自己的喜怒哀乐，宣泄情感，也可能因而发现和认识真正的自己，并在咨询者的帮助下，促进其相应改变，而这种改变会减少面谈过程中的混淆和模糊，使双方的沟通更加清晰和准确。当然咨询者的真诚表露也要恰如其分，那些有害于社区矫正对象的言语，哪怕是真诚的也不能轻易说出来，以避免给社区矫正对象造成伤害，从而影响咨询关系。

4. 共情

共情是指在咨询过程中反映咨询者认识、体会并能理解社区矫正对象内心世界的能力。"感受求助者的私人世界，就好像那是你自己的世界一样，但又绝未失去'好像'这一品质，这就是共情。"在咨询过程中，共情可以使咨询者能设身处地地理解社区矫正对象，从而更准确地把握材料；共情可以使社区矫正对象感到自己被理解、悦纳、从而感到愉快、满足；共情可以促进社区矫正对象的自我表达、自我探索，从而达到更多的自我了解和咨询双方更深入的交流；共情可以使那些迫切需要获得理解、关怀和情感倾诉的社区矫正对象，有更明显的咨询效果。

5. 积极关注

积极关注是对社区矫正对象的言语和行为的积极面予以关注，从而使社区矫正对象拥有正向的价值观。积极关注在咨询过程中对咨询效率以及良好的咨访关系的建立与发展显得至关重要。当有些社区矫正对象带着一种敏感而又混乱的情感态度前来寻求帮助时，咨询者以肯定的态度接纳和关怀他，不仅能打开双方心与心沟通的大门，有助于社区矫正对象自由顺畅地进行情感表达，同时咨询者有选择地注意并突出他的积极方面，还会促进他更全面地认识自己，增强战胜困难的勇气和信心。

三、参与性技术

参与性技术包括倾听、开放式询问与封闭式询问、鼓励和重复技术、内容反应、情感反应、具体化、参与性概述和非言语行为的理解与把握。

（一）倾听

倾听是心理咨询的第一步，它既可以表达对社区矫正对象的尊重，同时也能使对方在比较宽松和信任的氛围下诉说自己的烦恼。倾听意味着咨询者要认真地、不带偏见地、有兴趣地且设身处地地听，并表示理解。但不做任何价值评判。倾听时，不仅要听懂社区矫正对象表达的意思，还要听出弦外之音、潜台词或隐含的意思，甚至是社区矫正对象自己都不知道的心理倾向。咨询者对社区矫正对象讲的任何内容都不能表现出惊讶、厌恶、奇怪或非常激动、气愤等神态，而是予以无条件地尊重和接纳，但可以适当地通过言语和非言语的方式对社区矫正对象的倾诉作出反应，如用“噢”“嗯”“是的”“然后呢”等以及用“点头”“目光注视”“微笑”等来作出反应，以鼓励求助者叙述。

（二）提问

开放式询问与封闭式询问：开放式询问与封闭式询问是心理咨询的第二步，开放式询问通常使用“什么”“如何”“为什么”“能不能”“愿不愿意”等词来发问，让社区矫正对象就有关问题、思想、情感给予详细的说明。

一般来说，带“什么”的询问往往能获得一些事实、资料。如：“你为解决家庭关系问题做了什么呢?”带“如何”的询问往往牵涉某一件事的过程、次序或情绪性的事物，例如：“你是如何看待这件事的?”带“为什么”的询问则可引出一些对原因的探讨，如：“为什么你说别人看不起你?”带“能不能”“愿不愿意”的询问可以促进社区矫正对象的自我剖析，如“你能不能告诉我什么事令你这样烦恼?”不同的询问用词可导致不同的结果。

封闭式询问通常使用“是不是”“对不对”“要不要”“有没有”等词，而回答也是“是”或“否”式的简单答案。这种询问常用来收集资料、澄清事实、缩小讨论范围。也可用来帮助咨询者把社区矫正对象偏离主题的话题引导到主题上来。例如：“我们要不要就刚才的话题再讨论讨论?”“你现在心情很沉重，是吗?”

在咨询过程中，开放式询问与封闭式询问最好结合使用。

（三）鼓励和重复

即直接地重复社区矫正对象的话或以某些词语如“嗯”“讲下去”“还有吗”等，来强化社区矫正对象叙述的内容并鼓励其进一步讲下去。鼓励除促进会谈继续以外，还可表明咨询者对社区矫正对象所说的话中关键词语的注意，以便引导社区矫正对象的谈话向纵深方向进行。

（四）内容反应

也称释义或说明，是指咨询者把社区矫正对象的主要言谈、思想加以综合整理后，再反馈给求助者。这种反馈是咨询者用自己的语言把社区矫正对象用过的最敏感、最有代表性、最重要的词语，即社区矫正对象所表达的实质性内容表达出来。如“我的人际关系不好，我觉得很难融入社区生活中，它们都不喜欢我”。咨询者可释义为“你说你的人际关系不好，别人都不喜欢你，你很难融入社区生活，是这样吗?”释义的作用有两个：一是检查咨询者是否准确理解了社区矫正对象所说的话；二是传递给社区矫正对象这样的信息——我正认真听你的谈话，我的思想一直跟着你。通过释义，让社区矫正对象感到自己被理解了，有助于其深化所谈话题的内容，从而找出问题的实质。

（五）情感反应

情感反应技术和释义有很多共同之处，但又有区别。释义着重于对社区矫正对象所谈内容的反馈，情感反应则着重于对社区矫正对象的情绪反应，也就是咨询者用词句来表达社区矫正对象所谈到、所体验到的感受。这些感受是社区矫正对象虽感受到却不曾清楚地意识到或未曾留意的。情感反应的基本作用是引导社区矫正对象注意和探索自己的感受和情绪体验，或把这些感受和与之伴随的情景、事实联系起来，达到对自己的整体性的体认。如对具有愤怒和敌意的社区矫正对象，咨询者可以这样反应："看起来，你好像气得不得了。""听起来，你好像恨死他了。""你似乎对这件事情的安排非常不满意。"等等。情感反应有助于社区矫正对象对自己情绪的觉察和了解，也体现着咨询过程中的人情味。

（六）具体化

是指在咨询过程中，咨询者协助社区矫正对象清楚准确地表述他们的观点、所用的概念、所体验到的情感以及所经历的事件。一般来说，社区矫正对象前来咨询时，多数抱着一种烦乱、痛苦的心理状态，以至于他们在表达时显得言语含混不清、辞不达意，或矛盾、混乱，从而加重他们内心的困惑感；而具体性的晤谈方式则有助于理清他们真正的一些观念、事实、感受、态度和欲望，引发他们对自己的问题产生新的思考和领悟。对咨询者来说，面对社区矫正对象的混乱状态，其任务就是要清楚他们所要表达的真正意图，澄清具体的、重要的事实与情感。如当社区矫正对象思维混乱时，可用"你能举个例子吗?"来进一步澄清事实。具体化使咨询者可以有针对性地开展工作。

（七）参与性概述

是指咨询者对社区矫正对象的言语和非言语行为包括情感等进行分析、综合并以概括的形式表述出来。参与性概述可以使社区矫正对象再一次回顾自己的所述，并使面谈有一个暂停喘息的机会。它既可以在一次面谈结束前使用，也可以在一阶段完成时使用，也可在会谈中随时使用。只要判定对方所说的某件事情的有关内容已基本清楚就可以作小结性概述。如"从前面所说的情况来看，你的痛苦主要与家人不接纳有关。是吗?"

（八）非言语行为的理解与把握

正确把握非言语行为并妥善运用，是一个优秀咨询者的基本功。非言语行为能提供许多言语不能直接提供的信息，甚至是社区矫正对象想要回避、隐藏、作假的内容，借助于社区矫正对象的非言语行为，咨询者可以全面了解社区矫正对象的心理活动，也可以更好地表达自己对社区矫正对象的支持和理解。因此，咨询者应特别注意全面观察求助者的非言语行为。

四、影响性技术

影响性技术包括面质、解释、指导、情感表达、内容表达、自我开放、影响性概述技术等。

（一）面质

也叫对质、对抗、对峙等。是指咨询者在建立了良好咨询关系的基础上，对社区矫正对象言行中的矛盾、歪曲、逃避、口误、前后不一致、掩饰行为、言语与非言语行为的不协调、静默等部分，通过询问技术，向其发出提问，协助社区矫正对象觉察自己的感觉、态度、信念和行为不一致或欠缺协调的地方。使社区矫正对象实现言语与行动的一致，理想我与现实我的一致；明了自己所具有而又被自己掩盖的能力、优势，即自己的资源，并加以利用，以便将来自己有能力去面对他人或者自己。

（二）解释

是指运用某种理论在充分理解社区矫正对象的基础上来描述社区矫正对象的思想、情感和行为的原因、过程、实质等。解释使社区矫正对象从一个全新的角度来重新面对困扰、周围环境及自己，并借助于新的观念和思想来加深了解自身的行为、思想和情感，产生领悟，提高认识，促进变化。

（三）指导

是咨询者直接地指示社区矫正对象做什么和说什么，或者如何做和如何说。指导的本质在于直接造成行为的改变，它明白地指示改变什么、学习什么，以及如何改变、如何学习。所以指导可能是影响力最强的技巧之一。它利用各种心理学原理和技术来帮助社区矫正对象改变自己。

（四）情感表达

是指咨询者对社区矫正对象表明自己的情绪、情感。它既可以针对社区矫正对象，如“我觉得你说了真心话”，也可以是针对自己，如“对不起我没听清你刚才说的话”，还可以是针对其他事物的，如“我喜欢与各种人交朋友”等。正确使用情感表达既可以体现对社区矫正对象的理解，又能表达自己的感受，同时还为求助者做了示范，有利于促进社区矫正对象的自我表达。

（五）内容表达

是指咨询者表达自己的意见，直接对社区矫正对象施加影响。主要是用于传递信息、提出建议、提供忠告、反馈等。

（六）自我开放

也称自我暴露。是咨询者把自己的情感、思想、经验与社区矫正对象共同分享。它与情感表达和内容表达十分相似，是二者的一种特殊组合。这一过程有助于与社区矫正对象建立相互信任和开诚布公的良好关系，也有助于社区矫正对象更多的自我开放。

自我开放一般有两种形式，一种是咨询者把自己对社区矫正对象言行问题的体验、感受告知求助者；另一种是咨询者暴露与社区矫正对象所谈内容有关的个人经验。

（七）影响性概述

是指咨询者把自己所阐述的观点、意见、主题经组织整理后，以简明扼要的形式表达给社区矫正对象。它既可以在面谈中间使用，也可在结束时使用。

影响性概述要求做到两点：条理分明和重点突出。一次面谈可能涉及很多问题、资料、观点、方案，信息量比较大。如果最后不能分门别类地清理一番，社区矫正对象会感到混乱，不知所措。突出重点应体现在主题、原因、目标及达到的可能性、改变措施及行动方案上。

五、心理危机干预技术

心理危机干预技术是一短程的帮助具有情绪危机者的心理救助过程，是对处于困境或遭受挫折的社区矫正对象予以关怀和帮助的一种方式，因此，国外有时亦称为情绪急救。危机干预技术非常强调以下几个方面：第一，干预时间的紧迫性；第二，干预的效果；第三，尽可能在短时间内帮助求助者恢复已失去的平衡心理状态水平；第四，应该经常肯定社区矫正对象已经采用过的有效应对技巧；第五，危机干预工作者应该帮助他们寻找社会支持系统；第六，明确干预目标。

（一）危机干预技术的适应证

在心理危机阶段，社区矫正对象是较为开放的，很少是保守的。他们往往乐于且易于接受他人的干预和帮助，甚至会主动求助。因此，危机干预适用于人格稳定和面临暂时困境或挫折的社区矫正对象，以及家庭问题、婚姻问题、儿童问题、蓄意自伤、自杀或意外伤害等急诊情况。可以这样说，危机干预无绝对的禁忌证。一般认为以下四类矫正对象是危机干预的首选：第一，目前的心理失平衡状态直接与某种特殊生活事件相关的社区矫正对象。第二，急性极度的焦虑、紧张、抑郁和失望等情绪反应或有自杀危险的社区矫正对象。第三，近期暂时性丧失解决或处理问题能力的社区矫正对象。第四，求助动机明确并有潜在改善能力的社区矫正对象。

（二）心理危机干预的原则

心理危机干预应遵守以下原则：第一，迅速确定要干预的问题，强调以目前的问题为主，并立即采取相应措施。第二，必须有其家人或朋友参加危机干预。第三，鼓励自信，不要让社区矫正对象产生依赖心理。第四，把心理危机作为心理问题处理，而不要作为疾病进行处理。第五，及时引导社区矫正对象接受有效的帮助，使他们痛苦的情绪得到宣泄，而具备摆脱危机的良好开端。第六，帮助社区矫正对象有所作为的对待危机，提供建设性的指导意见，采取合适的、行之有效的应付行动。第七，向社区矫正对象提供必要的信息，共同分析事件，合理地安排处置计划。

在危机干预的过程中，一定不能怂恿社区矫正对象将危机发生的原因归咎于他人，否则社区矫正对象会采取消极或回避的方式，甚至伤及他人。

（三）心理危机干预的步骤

危机干预开始，危机干预工作人员首先应该思考和询问如下问题：社区矫正对象当前遇到的挫折或问题是什么？他或她为什么此时此刻来寻求帮助？我能给予的帮助是什么？然后按照下面的危机干预步骤进行：

1. 确定问题

即从社区矫正对象的角度，确定和理解社区矫正对象本人所认识的问题。在整个危机干预过程中，工作人员应该围绕所确定的问题来把握倾听和应用有关技术。为了帮助确定危机问题，推荐在干预开始时，使用核心倾听技术：同情、理解、真诚、接纳以及尊重。

2. 保证社区矫正对象安全

在危机干预过程中，危机干预工作者应将保证社区矫正对象安全作为首要目标。简单来说，就是对自我和他人的生理和心理危险性降低到最小可能性。

3. 给予支持

危机干预的第三步是强调与社区矫正对象沟通与交流，使社区矫正对象知道工作人员是能够给予其关心帮助的人。工作人员不要去评价社区矫正对象的经历与感受是否值得称赞，或是不是心甘情愿的，而是应该提供这样一种机会，让社区矫正对象相信“这里有一个人确实很关心我！”

4. 提出并验证可变通的应对方式

这一步侧重于社区矫正对象与工作人员常会忽略的一面：有许多适当的方法或途径可供社区矫正对象选择。因为多数情况下，社区矫正对象处于思维不灵活的状态，不能恰当地判断什么是最佳的选择，有些处于危机的社区矫正对象甚至认为无路可走了。

在这一步中，工作者有效的工作能帮助社区矫正对象认识到，有许多可变通的应对方式可供选择，其中有些选择比别的选择更为适宜。应该从多种不同途径思考变通的方式：（1）环境支持。这是提供帮助的最佳资源，社区矫正对象知道有哪些人现在或过去能关心自己；（2）应对机制，即社区矫正对象可以用来战胜目前危机的行动、行为或环境资源；（3）积极的、建设性的思维方式，可用来改变自己对问题的看法并减轻应激与焦虑水平。如果能从这几个方面客观地评价各种可变通的应对方式，危机干预工作者就能够给感到绝望和走投无路的社区矫正对象以极大的支持。

虽然危机干预工作者可以考虑有许多可变通的方式来应对社区矫正对象的危机，但只需与社区矫正对象讨论其中的几种。因为处于危机之中的社区矫正对象不需要太多的选择，他们需要的是能现实处理其境遇的适当选择。

5. 制订计划

危机干预的第五步是制订计划，这是从第四步逻辑地、直接地发展而来的。危机干预工作者要与求助者共同制订行动步骤来矫正其情绪的失衡状态。计划应该：（1）确定有另外的个人、组织团体和有关机构能够提供及时的支持；（2）提供应付机制：社区矫正对象现在能够采用的、积极的应付机制。确定社区矫正对象能够理解和把握的行动步骤。根据社区矫正对象的应付能力，计划应注重切实可行和系统地帮助社区矫正对象解决问题，可以包括社区矫正对象与危机干预工作者的共同配合。如使用放松技术。

计划的制订应该与社区矫正对象合作，让其感到这是他自己的计划，这一点很重要。制订计划的关键在于让社区矫正对象感到没有剥夺他们的权力、独立性和自尊。有些社区矫正对象可能并不会反对帮助者决定他们应该做什么，但此时这些社区矫正对象往往过分地关注于自己的危机而忽略自己的能力，他们甚至会认为将计划强加给他们是应该的。让受情绪困扰的求助者接受一个善意强加给他们的计划往往很容易。因此在计划制订过程中的主要问题是社区矫正对象的控制性和自主性，让社区矫正对象将计划付诸实施的目的是恢复他们的自制能力和保证他们不依赖于支持者，如危机干预工作者。

6. 得到承诺

第六步得到承诺紧接在第五步之后，同样，控制性和自主性问题也存在于得到恰当的保证这一过程中。如果制订计划这一步完成得较好的话，则保证这一步就比较容易。多数情况下，保证这一步比较简单，让社区矫正对象复述一下计划：“现在我们已经商讨了你计划要做什么，下一步将看你如何向他或她表达自己的愤怒情绪。请跟我讲一下你将采取哪些行动，以保证你不会大发脾气，避免危机的升级。”在这一步中，危机干预工作者要明确，在实施计划时是否达成同意合作的协议。

在第六步中，危机干预工作者不要忘记其他帮助的步骤和诸如评估、保证安全和给予支持的技术。在结束危机干预前，工作者应该从求助者那里得到诚实、直接和适当的承诺。然后，在检查、核实社区矫正对象的过程中用理解、同情和支持的方式来进行询问。也就是说，核心的倾听技术在这一步中也很重要，与在确定问题或其他步骤中一样。

（四）心理危机干预技术

1. 沟通技术

危机干预技术首先要运用沟通技术，建立良好关系，如果不能与危机社区矫正对象建立良好的沟通和合作关系，干预技术较难执行和贯彻，从而就不会起到干预的最佳效果。因此，建立和保持双方的良好沟通和相互信任，有利于当事者恢复自信和减少对生活的绝望感，保持心理稳定和有条不紊地生活，以及改善人际关系。

影响人际沟通的因素有许多，一般来说，危机干预工作人员应该注意以下几项：（1）消除内部的干扰，以免影响双方诚恳沟通，提高表达能力；（2）避免双重和矛盾的信息交流，如工作人员口头上对当事者表示关切和理解，但在态度和举止上却并不给予专心的注意或体贴；（3）避免给予过多的保证，因为一个人的能力是有限的；（4）避免应用专业性或技术性难懂的语言，多用通俗易懂的言语交谈；（5）具备必要的自信，利用可能的机会改善病人的自我内省和感知。

2. 心理支持技术

危机干预工作人员应该给予社区矫正对象以心理支持，而不是支持社区矫正对象的认知错误或行为，这类技术的应用旨在尽可能地解决目前的心理危机，使社区矫正对象的情绪得以稳定。可以应用暗示、保证、疏泄、环境改变、镇静的药物等方法，如果有必要，可考虑短期的住院治疗。有关指导、解释、说服主要应集中在放弃自杀、自伤等观念上，而不是对自杀、自伤原因的反复评价和解释。同时，在干预过程中需注意，不应带有教育的目的。心理教育虽说是心理医生的任务，但应是危机解除以后和康复过程中的工作重点。

3. 解决问题的技术

解决问题的干预技术是以改变社区矫正对象的认知为前提，一般可以先采取以下方法：（1）会谈，疏泄被压抑的情感。（2）认识和理解危机发展的过程及与诱因的关系。（3）学习问题的解决技巧和应对方式。（4）帮助社区矫正对象建立新的社交天地，尤其是人际交往关系。同时鼓励他们积极面对现实和注意社会支持系统的作用。

六、其他技术

（一）精神分析疗法

精神分析疗法来源于弗洛伊德的精神分析理论。弗洛伊德认为，人类的行为是由许多非理性的、潜意识的、生物和本能驱动力所决定的。尤其存在于人的潜意识中的早期经验，对人的现实行为影响很大。罪犯之所以犯罪有一部分是因为其潜意识活动，当这些潜意识的东西存在于社区矫正对象的内心深处产生动机与冲突时，就会导致非理性（违法犯罪行为）行为的发生，也即弗洛伊德所说的当本我与超我发生冲突时所引起的罪恶。

精神分析疗法的目的就是促使社区矫正对象之潜意识经验出现于意识层面，帮助社区矫正对象发现、了解和处理其内在的动机与冲突，倾泻其潜意识的东西，使其行为朝着意识化、理智化方向发展，从而达到改变犯罪人格与行为的目的。精神分析的具体方法有自由联想、释梦、阐释、移情、迁移、宣泄等。

（二）行为主义疗法

行为主义疗法与精神分析疗法不同，它不认为人的行为推动力源于内部心理，而是源于外部环境。要改变人的行为就必须改变外部环境。这实际上是用认识与行为的关系原理及学习原理，帮助社区矫正对象改变不当行为并在所处的环境中学习新的行为。

在心理咨询和心理治疗中，常用的行为矫正方法主要有：系统脱敏法、行为契约法、代币法、厌恶疗法、模仿法、角色扮演法、行为训练法（包括自信训练、敢于自我表达训练、果敢训练等）、强化法等。

（三）个人中心疗法

个人中心疗法又叫求助者中心疗法。来源于人本主义理论，建立在人本主义的哲学基础上。首创者是卡尔·罗杰斯。目前已成为心理咨询和心理治疗中的主要流派之一。罗杰斯认为人有理解自己、不断趋向成熟、产生积极的建设性的巨大潜力，因而心理咨询与治疗的任务在于启发和鼓励这种潜能的发挥，促进其成熟、发展。所以，他强调咨询者在咨询过程中更多的是创造一个帮助求助者了解自身的气氛和环境，减轻其面对自我概念与自我经验出现矛盾时的焦虑。个人中心疗法的主要技术有3种：一是真诚、统一。在咨询或治疗过程中，咨询者是一个真实的、统一的人。他必须是他本人，没有任何刻意的伪装，真诚的感受自己，如果情况允许，也可以真诚地表达自己。二是无条件积极看待。无论社区服刑求助者表现何种行为、何种情绪，咨询者都会对其投入积极关注的情感，不做评价地、无条件地接纳他，令社区矫正对象体验到一种尊重、安全、自由，从而他们可以无所顾忌地思考与行动，不必再受以前的观念限制，达到扩展自我经验的目的。三是同理心地了解。咨询者对社区矫正对象的各种体验能够感同身受，并且能够让自己把这种感受反馈给他。可以让社区矫正对象感到被理解、被接纳，愿意深入地探讨自己的问题，同时也利于社区矫正对象了解自己的真实情感，更深入地剖析自我，能够触及真正的自我。这三种技术都是围绕着与社区矫正对象建立开放、信任的相互关系而进行的，目的是帮助社区矫正对象达到自我了解和促进自我成长。使他们不仅能解决眼前的问题，更重要的是能更好地解决将来面临的问题。

（四）认知行为疗法

认知行为疗法是一组通过改变思维和行为的方法改变社区矫正对象不良认知，达到消除不良情绪和行为的心理咨询和治疗的方法。其中有代表性的是阿尔伯特·艾利斯的合理情绪疗法（REBT），阿伦·T. 贝克和雷米的认知疗法（CT）以及唐纳德·梅肯鲍姆的认知行为疗法。

认知行为疗法具有以下特点：第一，求助者和咨询者是合作关系；第二，假设心理痛苦在很大程度上是认知过程发生机能障碍的结果；第三，强调改变认知，从而产生情感与行为方面的改变；第四，通常是一种针对具体的和结构性的目标问题的短期和教育性治疗。所有认知行为疗法都建立在一种结构性的心理教育模型之上，强调家庭作业的作用，赋予求助者更多的责任，让他们在治疗之中和治疗外都承担一种主动的角色，同时注意吸收各种认知和行为策略来达到改变的目的。

（五）现实疗法

现实疗法是由美国精神病学者威廉·格拉塞于20世纪60年代创立的，他强调受治疗者不应缅怀过去，而应面对现实，要认清自己并对自己的行为负责。因此在治疗过程中，要求社区服刑求助者用现实的、负责的和正当的行为来满足自己的需要。其目标是培养社区服刑求助者的责任感，将其行为纳入社会规范所许可的轨道上，并能从过去的不当行为中吸取教训，使其行为符合客观现实。

延伸阅读

思维阻断法

一、什么是思维阻断法

思维阻断法又称思维停止疗法、思维控制疗法。它是一种治疗强迫性思维等症状的技术。是在求治罪犯想象其强迫症状的思维过程中，通过外部控制的手段，人为地控制并中断其思维，经过多次重复促使不良症状消失的一种心理治疗方法。

二、思维阻断疗法的原理

思维阻断方法的理论假设是：如果人的外在行为能通过抑制来加以阻止，那么，内隐的行为也能通过抑制来阻止甚至消除。

三、思维阻断疗法的方法步骤

思维阻断疗法，可按下列方法与步骤进行。第一阶段的过程是：

1. 治疗干部先让来访罪犯进入放松状态。

2. 让来访罪犯思考、回想那些使其烦恼的想法、念头或思维活动。

3. 告诉来访罪犯，当治疗干部让其“停止”，来访罪犯也同时大声命令自己“停止”，并停止思考或回想那些东西。

4. 让来访罪犯在自己有清楚的想象活动时，就抬起食指示意。

5. 在来访罪犯抬起食指时，治疗干部大喝一声“停止”，来访罪犯也随同治疗干部大声命令自己“停止”。治疗干部在进行这一步时，可以用一些辅助手段，如用方木猛击桌子，发出强烈的响声，这种意外的刺激能将来访罪犯从自己的强迫性思维观念中拉出来。

6. 重复进行。思维阻断法可分为几个阶段进行。上述过程是治疗的第一阶段，在此阶段，治疗的进展可根据来访罪犯进入想象的潜伏期的增加来评定。如果治疗有效果，潜伏期应该增长。第一阶段的阻断次数，根据这种潜伏期的变化来确定。在治疗干部发现潜伏期变长时，并且来访罪犯觉得思考或回想那些东西有困难时，可进入第二阶段。

第二阶段的治疗过程与第一阶段的程序大体相同，只是在第五步中，治疗干部不要使用任何辅助手段产生响声刺激，仅是大喝一声“停止”。如果这一阶段的治疗也有了效果，治疗可进入第三阶段。在第三阶段中，治疗干部不再大喝一声“停止”，但是，来访罪犯仍然大声命令自己“停止”。在第四阶段中，治疗干部让来访罪犯改用小声命令自己“停止”。在最后的第五阶段中，当思维意象清楚时，来访罪犯在心里对自己下命令“停止”。

在每一个阶段的实际操作中，由于某次“阻断”的效果可能传递到下一次，因此，最好进行20次阻断，从而保证治疗所产生的效果。

我们在使用思维阻断技术时，可根据监狱内的实际情况，对有些手段加以改变。例如，用电警棍的电击代替治疗干部的大喝一声“停止”，在每一次阻断方式之间让来访罪犯想象愉快情境帮助来访罪犯放松。实践也证明，用电击代替治疗干部大喝一声“停止”的程序，与通常的思维阻断法相比，似乎有更大的治疗效果。当然，如果使用电击，就很难说治疗效果不是由于呈现厌恶刺激而产生的了。

使用思维阻断技术曾成功地治疗过一名患强迫思维的来访罪犯。罪犯王某，男，26岁，高中毕业，曾从事过美术工作。强迫思维的症状是：思考颜色的名称、数数、在想象中绘画。对颜色的强迫思维是主导症状，平均每日出现100多次。

在治疗中，治疗干部将涂着不同颜色的图片放在来访罪犯面前，让来访罪犯看着它们，不要试图压制那些进入大脑里的强迫观念。治疗干部告诉他，如果有强迫念头进入大脑，就抬一下指头示意。在来访罪犯抬起指头时，治疗干部就大喝一声“停止”，同时用电警棍击一下来访罪犯，也让来访罪犯跟着治疗干部说“停止”。如此反复，在进行了四五次之后，来访罪犯的强迫思维减少了大约80%。在治疗了十七次之后，来访罪犯的强迫思维降低到大约每日五次，来访罪犯能通过在心里暗暗地命令自己“停止”来轻而易举地中断自己的强迫思维。治疗后，大约过了1个月的时间，来访罪犯对颜色的强迫思维完全不存在了，其他症状也基本消失。

在治疗的整个过程中，治疗干部从一开始就要求来访罪犯对每日出现的强迫思维的次数做自我观察并记录下来，随着治疗的进展，来访罪犯记录下来的次数逐日减少，这就充分反映出了治疗所产生的效果。我们也可以要求来访罪犯自己练习“阻断”强迫观念。

——摘自连春亮、张峰：《人文关怀下的罪犯心理矫治》，群众出版社2006年版，第332~334页

第十五章

社区矫正评估技术

在社区矫正的社会实践中，需要我们对不同的社区矫正对象、不同的矫正措施作出评价，并根据这些评价作出相应的结论或决策，或者对社区矫正的工作步骤作出调整，同时，社区矫正评估本身也对社区矫正的矫正效果、矫正过程进行思考，提供正确且有效的服务依据。本章借鉴一般的评估理论，结合我国社区矫正评估的实际，探讨社区矫正评估的有关问题。

第一节　社区矫正评估概述

一、社区矫正评估的含义

（一）社区矫正评估

社区矫正评估，是指在社区矫正机关的统一组织和管理下，根据既定的指标体系，对社区矫正的风险、需要、能力和效果等进行测量和评价，并将测评结果用于指导社区矫正实践的专门活动。

（二）测量与评定

评估活动包括测量和评定两个主要方面。评估源于人们理性的认识与自身相关事物的欲望，其目的是更有效地实现自己的目标。在当代社会，评估已经成为一个行业，发生于人类生活的各种领域。

测量是利用合适的工具，确定某个给定对象在某个给定属性上的量的程序或过程。作为测量结果的量通常用数值表示。该数值是在一个给定的量纲或尺度系统下，由属性的量和测量单位的比值决定的。

评定是在实践活动中根据一定的标准对特定对象进行估价的过程，是在测量基础上作出的，因而是一种主观的判断。

通过评估，能够把事物的客观属性和人们的主观判断联系起来，使人们更科学地认识事物，更有效地实现人类既定的发展目标。

（三）社区矫正评估的实质

社区矫正评估是整个矫正过程的重要阶段，是一种将科学研究方法运用于社区矫正工作实务，并以有效推进社区矫正工作实践为目的的科学研究活动。虽然社区矫正评估研究包含了一些理论性研究，但就总体而言它基本上属于应用性研究。因此，对社区矫正评估的实质属性，可以从两个方面加以剖析。①

1. 社区矫正评估是科学的研究活动

相对于一般的社区矫正工作实务，社区矫正评估是一种科学研究。所谓科学研究是指研究人员运用科学方法去收集资料、分析资料，并发现事物之间内在联系的过程。科学研究旨在发现规律和有效地运用规律。在科学研究中，研究人员以科学的态度，运用学术共同体公认的、经过实践检验行之有效的方法去搜集和分析相关资料，从而得出对研究对象的真理性认识。社区矫正评估也是如此。社区矫正工作是科学的矫正活动，其科学性首先来自对社区矫正对象需求的客观细致地了解和矫正方法的科学选择。在选定了社区矫正的方式以后，就要科学的制定矫正方案。社区矫正工作者必须全面考虑开展社区矫正工作所涉及的重要因素，考虑和确定开展社区矫正所需的各种资源，并合理配置资源，以保证实现社区矫正工作的目标。

可以说，不管是社区矫正对象的选定，对社区矫正对象需求的了解，还是对矫正方案的设计及对矫正效果的客观评价，都是社区矫正工作者和相关研究人员以一定的科学知识为基础、运用科学方法进行的科学研究。没有科学的评估研究，就难以理性而有效地开展社区矫正工作。

2. 社区矫正评估是社区矫正实践的有机组成部分

社区矫正评估以促进良好的社区矫正工作为目的，它也是做好社区矫正工作的有机组成部分。其包含两层基本含义：第一，诚如前言，社区矫正评估基本上是应用取向的，科学的社区矫正评估会对社区矫正工作实践产生正确的指导作用。第二，社区矫正评估与社区矫正工作实务密切地联系和交织在一起，以致难以清楚地将它们划清界限和分离。社区矫正工作者和社区矫正工作机构的科学而有效的社区矫正工作是针对社区矫正对象的需求，是以对社区矫正对象的问题的科学诊断为基础的。社区矫正工作者与社区矫正对象的合作与互动，外部环境的变化都可能会对现实既定目标的矫治活动提出新的要求，要继续进行有效的矫治

① 顾冬辉主编：《社会工作评估》，高等教育出版社2009年版，第5页。

活动就要研究当前的新情况，并作出新应对，这就要进行评估。这种持续矫治和持续评估的交织，使在社区矫正工作实践中很难将评估和矫治活动分开。我们很难想象没有经过对社区矫正对象状况及需求的科学评估而能制定良好的矫治策略，并选择科学的方法去实施有效的矫治活动。同样，没有对社区矫正工作过程的科学评估，我们也难以想象一项复杂的改造人的活动会自然而然地达到预期效果。所以，社区矫正评估，实际上是社区矫正工作的活动，它已成为社区矫正工作实务的有机组成部分。

二、社区矫正评估的类型

关于社区矫正评估的类型，按照不同的分类标准，可以进行不同的分类。事实上，采用何种划分方法基本上取决于学者和实务工作者的个人取向。狄小华教授曾依据社区矫正评估的现状进行了以下分类：①

（一）按评估的目的进行分类

根据目的不同进行划分，社区矫正评估可以分为：风险评估、需要评估、能力评估与效果评估。

1. 社区矫正风险评估

社区矫正风险评估，是指社区矫正机构运用科学的方法，对拟采用非监禁刑而投入社区矫正的社区矫正对象或已经确定进行社区矫正的社区矫正对象，对其人格上存在的实施犯罪行为以及其他严重违法和社会越轨行为的危险倾向的有无及大小所作的评价和预测。

由于这种评估的实质是对社区矫正对象人身危险性的评估，因此，还可以称之为人身危险性评估。人身危险性评估虽然以行为人的犯罪倾向性的人格为基础，但犯罪倾向性人格的形成、具有犯罪倾向性人格的人是否犯罪、何时犯罪以及这种倾向性人格将如何变化，都与其生活的环境密切相关，因此，社区矫正风险评估不仅是对社区矫正对象人格的评估，还需要对影响社区矫正对象再犯的环境因素进行评价。

2. 社区矫正需要评估

需要作为一种短缺的状态，是一个人行为的原动力。准确了解并切实掌握社区矫正对象的需要，才能进行针对性的监督管理与矫正教育。社区矫正需要评估，又称矫正动力评估，是指根据社区矫正工作秩序与安全、监督管理与矫正教育等目标，对社区矫正对象存在的影响社区矫正工作目标实现的内外因素所进行的评价。这里的“需要”既包括社区矫正对象现实存在的需要，也包括通过社

① 狄小华：《社区矫正评估研究》，载《政法学刊》2007 年第 6 期。

区矫正工作让社区矫正对象将矫正的目标要求内化为自己内在的需要。

3. 社区矫正能力评估

社区矫正能力评估是指对社区矫正机构及其工作人员，利用自身的资源，以及组织、动员社会资源，对社区矫正对象进行角度管理、矫正教育，以控制、降低社区矫正对象人身风险，并促进社区矫正对象适应正常社会生活能力进行的评价。社区矫正能力关系到对社区矫正对象人身风险的控制能力，因此，也构成风险评估的因素。

4. 社区矫正效果评估

矫正风险评估，需要评估服务于社区矫正工作的针对性和有效性，而矫正效果本身同样需要进行科学的评价。社区矫正效果评估，又称社区矫正质量评估，是指根据社区矫正需要评估，对社区矫正对象采取的监督管理、矫正教育措施产生的实际效果所作的评价。矫正效果其实就是矫正能力满足矫正需要的结果。矫正效果评估既涉及对具体矫正措施有效性的评价，又涉及社区矫正对象改善状况的评估，还涉及对矫正机构及矫正工作人员工作成效的评价。既可以是阶段性的效果评估，也可以是对社区矫正对象矫正期满总的矫正效果的评估。

社区矫正风险评估、需要评估、能力评估和效果评估，相互区别，相互联系，共同构成了社区矫正完整的评估体系。风险评估首先起着帮助确定对象是否适宜进行社区矫正的作用，因而是基础的评估环节。对适宜进行社区矫正的对象，风险评估也具有通过区分风险等级，进一步帮助确定矫正需要的作用。而矫正需要评估、能力评估的结果，也常构成风险评估的依据。当然，矫正需要的评估还包括对社区矫正对象恶习深浅、自身求变动力等更广泛的内容。对社区矫正能力的评估，通常以满足矫正需要的能力为依据。社区矫正机构及其工作人员满足矫正需要的能力越强，则矫正的效果就越好。在这一体系中，每一种评估都具有独立性，即每一种评估都可以单独使用，并服务一定的目的，但社区矫正评估综合目的的实现，必须综合应用这一评估体系。

风险评估虽然可以预测社区矫正对象人身风险的大小，但是并不能仅仅以此决定社区矫正对象是否可以进入社区矫正，还需要考虑社区矫正的能力大小等因素。同样，单纯以对象的人身风险大小而将其区分为不同管理等级，并不能完全解决监督管理、教育与矫治的针对性问题，还需要对其进行需要评估。

（二）按评估的时间进行分类

按评估时间的不同，社区矫正评估可以分为：诊断性评估、阶段性评估和总结性评估。

1. 诊断性评估

诊断性评估，是指在社区矫正活动开始之前，对社区矫正对象的人格特征、成长经历、家庭背景、社会关系、犯罪行为等状况进行的评价和预测。诊断性评估是进行社区矫正效果评估的参照标准。社区矫正效果如何，不能完全按照统一的标准，而要与其最初的状况相比较。同时，诊断性评估也是最初制定社区矫正方案的依据。

2. 阶段性评估

阶段性评估，是指社区矫正活动开始之后至结束之前，对社区矫正的相关因素进行的评估。对阶段性评估的评价要参照诊断性评估的结果，这样才能更充分地显示出社区矫正活动的效果。同时，阶段性评估也是修正社区矫正方案的依据。

3. 总结性评估

总结性评估，是指社区矫正活动结束之前，对社区矫正的相关因素进行的评价和预测。总结性评估既是对个体社区矫正活动的总结性评价，又对其他社区矫正对象的矫正活动具有指导性。同时，总结性评估也是判断对社区矫正对象解除社区矫正后，是否需要采取其他措施的依据。

三、社区矫正评估的特征

（一）综合性

社区矫正评估的目标与社区矫正的目标具有同一性，并具体体现在完成社区矫正任务与社区矫正方法的实施过程中。因此，要根据社区矫正的最终目标、阶段目标以及各项矫正任务和各种矫正方法的具体目标确定评估的指标。可以说，所谓评估指标，也就是对矫正目标进行分化、细化和具体化，使之成为看得见、摸得清、可以测量的行为化的结果。它提供了评估的标准，同时也就规范了矫正的标准。评估的进展过程，也就是促使社区矫正对象朝矫正目标转化或发展的过程。

（二）统一性与个别性

社区矫正有一个统一的目标，即将社区矫正对象改造或矫正成为守法的、具有良好社会适应性的公民。社区矫正评估也就有一个相应的统一性指标。但围绕着守法与否，社区矫正对象的犯罪动机、价值观念、个性心理特征及社会适应水平有着很大的差异，加上每个社区矫正对象有着不同的情况，社区矫正的起点、进程和终末的具体标准也就各不相同。因此，社区矫正评估应当具有针对这些差异的分类和分层的指标，并且采用定量和定性相结合的方法，具体到某一个社区矫正对象。从这一意义来说，社区矫正评估与矫正本身相一致，都有一个个别化的要求与过程。

（三）动态性

社区矫正评估是一个动态的连续发展与循环递进的过程。评估对社区矫正对象来说不是“算账”，更不是“算总账”；不能看作是一种“了结”，更不能

"一次性了结"。它是一种"前瞻性"活动，着眼于扬长抑短，随着社区矫正的始终，依赖于对社区矫正对象每一天、每一项活动的观察和了解。必须对社区矫正对象作全方位、追踪式的动态评估，使评估成为一种连续发展和循环进展的过程，直至社区矫正目标的实现。

（四）共同参与性

社区矫正对象在社区矫正及评估中往往处于被动地位，尤其是社区矫正与评估的最初阶段，这种状况难以避免。但从评估的本意或从评估的目的和功能来说，评估是评估者与被评估者相互作用的过程，只有社区矫正对象从被动到主动，积极参与评估，由被动地接受评估到积极主动地配合评估，从单纯地接受评估到在接受评估的同时也作自我评估并评估他人，才构成了评估的整体，才能发挥评估对于社区矫正的激励作用。一个能够正确地观察与评价自己或他人的人，才是一个真正社会化的人。

（五）科学性

评估针对社区矫正对象的整体，也根据需要评估社区矫正对象的某一方面，是整体与个别方面的有机结合。评估一般是对社区矫正对象的行为反应进行测量，但要对社区矫正对象的思想、心理作出正确评定，还需通过定量与定性相结合的手段进行全面、深入的分析与研究。分析、解释评估结果也就格外地重要，仅仅用几句简单的文字或单纯地依靠数字加以评定不足以说明评估的结果，尤其是不能正确地分析造成结果的原因。所以，对社区矫正对象评估结果的解释具有全面、深入、公正的客观性和科学性。

四、社区矫正评估的原则、功能、目的和作用

（一）社区矫正评估的原则

社区矫正评估的效果是社区矫正绩效的表现形式，关系到社区矫正方案的制定、社区矫正措施的修订，以及社区矫正工作的社会效益和评价。所以，在评估过程中必须制定科学的方案，遵循严格的程序，执行统一的标准和方法，以确保评估的客观性和科学性。因此，在实施矫正评估的过程中，必须把握以下原则：①

1. 客观性原则

社区矫正评估必须在坚持客观性的前提下进行。不能为了评估而评估，为了效果而评估，更不能因人、因地而异，因评估者的好恶而异。这些现象只能带来

① 前三个原则来自张昱、费梅苹：《社区矫正实务过程分析》，华东理工大学出版社2008年版，第258～259页；第四个原则来自吴宗宪主编：《社区矫正导论》，中国人民大学出版社2011年版，第391～392页。

人们对评估不负责任的态度，导致评估的形式化，达不到评估应有的目的。因此，在评估过程中，无论是社区工作者还是社区矫正评估机构都必须坚持客观、公正、公平的原则，实事求是地完成评估工作。

2. 系统性原则

系统论的观点认为，每一事物都是一个有机的系统，其中每一要素的变化都可能带来系统整体的变化。这就要求我们把矫正项目及其实施过程视为一个系统，在矫正实施的全过程中，从一个过程中各个环节、各个要素之间的关系全面认识矫正项目及其实施，认真对待系统中每一要素的变化，并从中预测系统可能的变化。

3. 科学性原则

在已有的研究中，人们往往把评估视为一个运用社会研究的程序和方法，系统调查社会干预项目绩效的过程。也就是说，评估不是主观随意的过程，而是有其科学基础的过程，因此，它有自己特有的程序和科学的方法。矫正评估是对社区矫正的过程和效果进行调查、评价和总结的过程，也有自己的科学基础，有一套完整的评估程序和科学的方法。无论是社区矫正工作者，还是研究者或各类机构，在实施评估时，都应按照矫正评估特有的程序和方法进行评估，否则，将会直接影响到矫正评估的效果。

4. 标准化原则

标准化原则，是指运用标准的程序和方法进行评估工作的原则。标准化是科学化的具体体现，其目的是最大限度地控制评估过程中可能产生的误差，保证评估结果的信度和效度。标准化原则的内容包括以下几方面：评估体系的标准化，即根据统一、标准的效果评估量表进行检验和调研；评估方法的标准化，即评估时间、方法以及场景具有统一性；评估结果解释的标准化，即评估结果应当与统一的常模进行比较，对相应的评价标准，作出矫正效果或实际状态的评价。

5. 定量与定性相结合的原则

在社区矫正评估中，对信息资料既要进行定量分析，又要进行定性分析，把二者有机结合起来。定量分析就是把由测验或其他途径得到的具有一定数量指标的资料，运用一定的数学方法加以统计处理，以使评估的结论更具有可靠性和精确性。定性分析是对信息资料的质的方面进行分析，找出这些资料中隐藏的规律性。只有进行定量和定性相结合的分析，我们才能全面认识被评估社区矫正对象特征及其发展规律。

（二）社区矫正评估的功能

1. 促进功能

社区矫正的价值追求是社区矫正对象良好的改造效果。在开放的社区条件下进行社区矫正活动，这就要求社区矫正工作必须针对复杂化的、不断变化的情境和任务开展工作。要有效地进行社区矫正工作，从社区矫正对象的确定开始就要进行科学的评估，并选择和确定进一步开展社区矫正的内容、方法和步骤。可以毫不夸张地说，在现实的社区矫正工作过程中，想当然地、经验主义地去应对复杂的、变动的社区矫正需求，绝不可能取得令人满意的矫正效果。实际上，社区矫正评估是一项贯穿于社区矫正活动全程的活动，科学的评估会积极地促进社区矫正工作的开展，进而在总体上增进社区矫正工作的效果。

2. 社会交代功能

随着管理主义思潮的蔓延，20 世纪 90 年代以来公共服务和社会服务已进入“交代的时代”。社区矫正工作是一项严肃的非监禁刑事执行活动，它必须向有关方面证明自己的效果和效率，社区矫正工作要用事实来说明自己在改造罪犯、预防犯罪方面的社会贡献。作为社会资源的使用者和分配者，社区矫正工作要对工作的有效性和效率作出说明。而这些必须以对矫正效果、“投入—产出”的效益作为事实根据，其方法就是社区矫正工作评估。

3. 导向功能

所谓导向，就是指导社区矫正工作朝着社区矫正目标所规定的方向发展。社区矫正评估的标准是社区矫正目标的具体化。运用这些标准评估社区矫正对象，就可以使社区矫正工作者明了社区矫正工作目标的差异，适当地设置具体的社区矫正目标与阶梯，制约与引导社区矫正工作进程，逐步地实现社区矫正目标。

4. 发展功能

社区矫正工作需要不断发展和创新，社区矫正工作者也需要不断成长，这是由社区矫正任务的复杂性、变动性和不断发展的社区矫正需求所决定的。社区矫正工作者要增强自己的工作能力有多种渠道和方法，如继续教育、经验交流、强化实践等。然而，要有自知之明并有针对性地学习和改进工作，一个有效措施就是进行社区矫正工作评估。

社区矫正工作评估以客观态度和科学方法为基础。科学的评估能理性地展示和分析社区矫正工作，发现其不足，社区矫正工作者就能从中不断完善自己。当评估结果指出社区矫正工作的成绩时，社区矫正工作者则会将以往的工作经验上升为理论，进而增进自信心和自豪感，这也会促进社区矫正工作者的自我发展。总之，社区矫正评估以其科学性、客观性、理性和反思性而有利于社区矫正工作者的成长发展。

（三）社区矫正评估的目的和作用

社区矫正评估作为社区矫正实践的有机组成部分，其目的是指导社区矫正实践，具有以下作用：

1. 增强社区矫正的安全性

在社区接受矫正的对象，之所以仍然可以生活在原来的社区，是因为他们不具有人身危险性，或虽然具有一定的人身危险性，但社区矫正机构有能力通过风险控制，确保他们不再继续危害社会。社区矫正对象如果在社区接受矫正期间重新犯罪，不仅面临接受法律惩罚和入狱服刑的风险，更为重要的是社区将因为司法机关适用或执行刑罚方式不当而再次遭受危害。因此，人们必须采取措施尽可能地降低社区矫正对象的重新犯罪风险，以确保刑罚功能的实现。那么，怎样才能降低社区矫正的安全风险呢？途径主要有两条，即增强风险评估能力与风险管理能力，而高效的风险管理必须以科学的风险评估为前提，因此，建立科学的社区矫正评估也就成了增强社区矫正安全性的基础性环节。

2. 增强矫治工作的实效性

就社区矫正对象的情况来看，虽然他们的法定身份是罪犯，但由于他们的生活经历、犯罪经历等也各不相同，因此，矫治的方案也有很大的差异。就矫治的目标来看，对社区矫正对象的矫治，既可能是疾病趋向的，也可能是问题趋向的，还可能是发展趋向的。人们习惯将社区矫正对象看作有这样或那样问题的人，对他们的矫治，如同医生看病，关键在于准确及时地作出科学的评估，然后才能对症下药，取得良好的矫治效果。那么，怎样才能对社区矫正对象作出科学的评估呢？我们认为必须运用现代科学技术成果，建立适合社区矫正对象的评估体系。而评估指标体系综合运用测验、预测量表和面谈等综合评估措施，可以对社区矫正对象的问题、问题的类型、问题的严重程度等及时作出比较准确的评估，而在此评估基础上制定的针对性矫治措施，促进矫治工作的针对性，提高矫治工作的实际效果。

3. 增强奖惩考核的激励性

社区矫正对象的个体情况及所处的环境都处于不断的变化之中，因此，并非一次评估就可以一劳永逸，评估应当是动态性的，不仅每次评估要充分考虑各种因素的相互作用关系，而且一个社区矫正对象可以根据变化了的情况进行多次评估。前后评估结论的比较，不仅可以及时发现问题和已经变化了的情况，并适时调整矫治方案与矫治措施，而且可以较为准确地评价矫治工作效果与社区矫正对象发生的变化，并根据这些科学的评估结论，及时实施奖励与惩罚，以激发社区矫正工作者的工作积极性和矫正对象接受社区矫正的主动性。

社区矫正评估是科学认识社区矫正对象，正确确定社区矫正对象的必经途径，是理性处理社区矫正对象问题，科学矫治社区矫正对象的必要前提，是人道对待社区矫正对象，这是进行人性化管理与矫治的必要保证。

第二节 社区矫正评估的内容、形式和方法

一、社区矫正评估的内容

（一）社区矫正评估方案的基本内容

1. 评估主体

社区矫正评估是人们对于社区矫正实践活动的了解、测度和评价活动，从事社区矫正评估的人或机构是社区矫正评估的主体。在社区矫正评估实践中，评估的主体主要有社区矫正机关、专家学者、社区组织、社区志愿者、社区居民以及社区矫正对象。

社区矫正机关是整个评估活动的组织者和管理者。具体负责组织、聘请专家学者，组织动员社区组织及人员，审查评估方案，管理及公布评估结果等。

专家学者是评估活动的主要实施者。专家学者不仅有丰富而系统的科学理论知识，而且掌握着最新的科技方法。由专家学者制订评估方案，可以最大限度地保证整个评估过程的科学性和可行性。

社区组织、社区志愿者、社区居民、社区矫正对象的亲友等是社区矫正评估活动的重要参与者。他们对社区矫正对象的心理、行为及转化情况有更为深刻和细致的了解。因此，只有积极吸收他们参与社区矫正评估，才能使评估结果最大限度地反映真实情况。

社区矫正评估活动主要是围绕社区矫正对象本人的思想、心理和行为表现进行的，因此，社区矫正对象本身就是社区矫正评估的主体。

当然，除上述人员以外，社区矫正评估的主体应该还包括相关上级机关和第三方或专业机构。

相关上级机关的评估主要是指对社区矫正工作有管理权、检查权的政府部门对社区矫正工作进行的评估。

第三方或专业机构评估是由与社区矫正工作无关的机构对社区矫正进行评估。这种评估一般由专门评估机构或专门组成的专家组实施，具有相对独立、科学和客观的特点，并具有较强的公信力。专门评估机构是在该行业中有资质的比较专业的调查、研究和评估机构。特别组成的专家组则受特定的委托开展评估，有时评估组相对独立成为第三方评估，有时被委托的代表色彩明显。

2. 评估对象

社区矫正评估的对象主要包括社区矫正对象、社区矫正活动、社区矫正工作者和社区矫正机构。

对社区矫正对象进行的评估，主要围绕社区矫正对象的人身风险、矫正需要等进行。

社区矫正活动的评估包括矫正方案的选择评估、矫正措施的效果评估、矫正过程的评估等。

社区矫正工作者和社区矫正机构也可以成为评估的对象。对社区矫正工作者的评估可以是资质、能力评估，如受教育及专业训练背景、拥有的专业资格以及以往的工作经验等，也可以是对其现行工作的评估。对社区矫正工作机构进行评估，主要是评估其岗位设置的合理性和必要性、人员配备、硬件设施等的情况。

3. 评估目标

评估目标应该包括三个方面的内容：首先是结果目标，即通过评估要解决什么问题？解决到什么程度？只是要了解一般情况，还是要探究因果关系？是做学术性探讨，还是要提出对策性建议？等等。其次是结果形式目标，即评估结果用什么形式表现出来？是撰写单一的评估报告，还是与其他内容一起汇集成册？再次是社会作用目标，即这次评估究竟起什么样的社会作用？是供有关方面做决策参考，还是要影响社会舆论？等等。

4. 评估方法

没有科学的、与评估对象相适应的评估方法，就不可能有科学的评估结果。不能进行科学评估就会使评估失去意义，更严重者会误导社区矫正工作，甚至将其引入歧途。

评估方法由信息载体和信息内容组成。评估首先要获得有关评估对象的信息，信息载体是指用什么形式去获取信息，如问卷、访谈、观察等。信息内容指上述言语、符合包含的评估所需的意义。社区矫正评估要选择能获得丰富内容的信息载体去搜集信息，以保证评估的科学性和有效性。

5. 评估工作安排

评估工作安排，主要包括评估任务、时间、步骤、经费预算等内容。

（二）社区矫正评估的基本内容

社区矫正评估是一项复杂的系统工程，它包含社区矫正工作的方方面面。刘强教授曾对社区矫正的重点内容归纳为以下七个方面：[①]

① 刘强主编：《社区矫正制度研究》，法律出版社2007年版，第446～453页。

1. 重新犯罪率

重新犯罪率可作为社区矫正工作有效性的指标之一。在我国，重新犯罪的界定一般是指被重新认定为犯罪。

2. 刑罚成本

社区矫正的重要目的之一是降低刑罚成本。刑罚成本的降低包括两方面的内容：一是行刑成本资源投入的最小化，二是行刑收益的最大化。可见，刑罚成本是与刑罚投入和结果产出两者直接相关的，在评估时不能只考虑投入。具体内容包括：社区矫正的基本设施的费用计算、矫正项目的费用计算、工作人员的工资及补贴、社区矫正管理的相关费用。

3. 社区居民对社区矫正的感受

社区矫正是我国刑罚制度的改革，社区矫正的推进，获得社区居民的认可和支持具有重要意义。作为我国社区矫正工作的推行者，需要通过评估来把握公众的态度，一方面改进我们的工作，另一方面对公众的模糊认识给予解释、澄清和引导。否则，没有公众的认可和支持，就不利于社区矫正的发展和推进。

4. 对犯罪受害人的调查

社区矫正的一个重要功能是恢复由犯罪造成的对社区诚信关系的破坏。通过社区矫正工作，使犯罪受害人对犯罪分子能给予谅解和宽容。直接犯罪被害人对社区矫正对象的评价，也可以说是对社区矫正工作的评价。

5. 对社区矫正对象感受的调查

社区矫正对象在社区矫正中的感受，可以从一个侧面较好地体现出社区矫正所设定的预期目标是否能实现的问题，同时也可以反映出社区矫正管理机构和工作人员的工作质量以及社区居民对社区矫正对象的态度。因此，通过对社区矫正对象的感受的评估，可以作为改进和完善社区矫正制度的一个重要途径。

6. 矫正项目的有效性

在社区矫正工作中，需要设立不同的矫正项目，每一个矫正项目的设定都是为了服务于社区矫正的任务。因此，社区矫正项目有效性的评估对于提高工作效率，减少和避免形式化的东西具有重要意义。矫正项目包括：监督管理、教育改造项目、对社区矫正对象的帮助和服务等。

7. 社区矫正的机构设置和人员配备

《社区矫正法》规定，县级以上地方人民政府根据需要设置社区矫正机构，负责社区矫正工作的具体实施。司法所根据社区矫正机构的委托，承担社区矫正相关工作。社区矫正机构应当配备具有法律等专业知识的专门国家工作人员履行监督管理、教育帮扶等执法职责。社区矫正机构根据需要，组织具有法律、教育、心理、社会工作等专业知识或者实践经验的社会工作者开展社区矫正相关工作。

因此，对社区矫正的机构设置和人员配备的评估内容包括：我国应设置何种类型的社区矫正管理机构，社区矫正管理机构的权力如何配置，目前社区矫正机构的效率如何，如何确定社区矫正工作者的准入资格，目前社区矫正工作者的绩效如何，社区矫正工作者的准确定位是什么，等等。

（三）社区矫正评估的指标体系

社区矫正评估的指标体系指的是若干个相互联系的统计指标所组成的有机体。一个完整的指标体系，除了有系统的项目指标外，还必须科学地确定每一项目指标在体系中所占的比重。①

社区矫正是一个非常复杂的系统，涉及面广，在社区矫正评估时不能孤立地对某个方面的因素来进行研究，特别是在进行诊断性、评判性分析时，需要综合考虑各方面的相关因素，否则评估结论的可信度难以保证。因此，社区矫正评估应建立严密的指标体系，这也是开展社区矫正评估的基础性工作。有人认为，在我国社区矫正评估指标体系中，形成了几个相对成熟的项目指标。②

1. 对社区矫正项目的评估

（1）日常管理。具体内容有建立台账、外出请示、定期行动汇报等项目。

（2）公益活动。首先要明确公益活动是一项同时关注产出和结果的项目，既要求社区矫正对象认真地进行活动，将良好的服务带给社区群众，同时又要求社区矫正对象在活动中养成为他人服务的品质，并且树立起“不劳动者不得食”的思想，为将来通过正当方式谋生做好准备。

（3）教育学习。该项目内容繁多，形式多样。总的来看，教育内容以形势政策教育、法制教育、公民道德教育、心理健康教育和技能培训为主；形式上采用集体教育和个别教育两种。教育学习的评估类型包括影响评估、效率评估、过程评估和需求评估。由于教育的效果与教育过程有关，因此必须考察教育的过程中是否存在瑕疵。

（4）为社区矫正对象帮困解难。根据规定，社区矫正工作需要帮助社区矫正对象解决在就业、生活、法律、心理等方面遇到的困难和问题。在帮困解难中，就业问题是社区矫正对象最为关注的社会生存问题。

2. 对社区矫正对象的风险评估

风险评估在社区矫正中分为三个部分：第一部分是社区矫正对象进入社区矫

① 刘诗嘉：《社区矫正评估对象的选择——一种刑事司法评估方法的运用》，载《中国刑事法杂志》2005年第3期。

② 具体指标体系参见刘诗嘉：《社区矫正评估对象的选择——一种刑事司法评估方法的运用》，载《中国刑事法杂志》2005年第3期。

正时的风险评估，第二部分是在社区矫正期间的阶段性风险评估，第三部分是社区矫正完毕，即将离开社区矫正时的风险评估。在不同部分，风险评估具有不同的目的，从而就具有了不同的内涵。

（1）社区矫正对象进入社区矫正时的风险评估。该项评估的主要目的是对社区矫正对象在社区矫正期间危害监管安全的可能性、危害他人和社会的可能性作出预测，同时为采取何种矫正项目提供参考，另外，该项评估也是矫正前调查的内容。在这一目的的指引下，我们需要评估的内容包括：

社区矫正对象基本情况（居住状况、婚姻状况、家庭经济状况、受教育状况、身体健康状况、就业经历、人员交往、劳动技能的掌握）。

社区矫正对象的不良爱好情况（赌博、酗酒、吸毒或贩毒）。

社区矫正对象的犯罪史。

社区矫正对象本次犯罪的情况（本次被判刑的年龄、犯罪类型、罪名、刑种刑期、共同犯罪或者黑恶势力与否）。

社区矫正对象的心理情况。（对环境的适应心理、自杀心理产生情况）

心理、认知和行为特性评估。该项目主要依据心理学知识，制定详细的量表进行评估。

（2）社区矫正对象矫正期间的阶段性风险评估。阶段性评估的目的主要是研究社区矫正过程对社区矫正对象人身危险性变化的作用，为个别化的调整已有矫正项目提供依据。评估的工具仍然是前述心理、认知和行为特性量表，通过对比量表测评结果在各个阶段的变化来了解矫正的效果。

（3）社区矫正对象矫正完毕的风险评估。此时风险评估主要是用于预测社区矫正对象未来重新犯罪可能性。评估内容由三部分组成：

心理、认知、行为特性量表最后一次评测。

社区矫正心理体验评测（该项目类似于刑罚心理体验评测）。

对社区矫正对象可能具有的消极面设立问卷，该项评测会用到前两项评测的结果。

3. 对社区矫正对象的需要评估

需要评估是对社区矫正对象的某些生活因素进行评估，了解他们的优势和弱势，从而有针对性地开展矫正活动。需要评估也分为三个阶段，与风险评估配套进行。需要评估在各个阶段具有不同的目的：对于刚刚进入社区矫正的社区矫正对象而言，需要评估为社区矫正对象的分类以及个别化矫正方案的制定提供依据；在社区矫正过程中的需要评估用于了解社区矫正对象在需要上的变化，并且相应地调整个别矫正方案；在矫正结束时的需要评估则可以为将来可能的接续帮助提供资料。

就需要评估的评估内容来看，各个阶段基本没有变化。主要包括以下内容：受教育程度、就业情况、职业技能、经济情况、婚姻家庭关系、交友情况、个人技术、情绪稳定性、对酒精和麻醉品的依赖程度、健康福利、心理健康。

4. 对社区矫正能力的评估

（1）社区居民（含受害人）对社区矫正的支持和理解程度。

（2）社区居民（含受害人）对某一社区矫正对象的接受程度。

（3）社区矫正对象对社区矫正的感受。

（4）社区矫正机构的设置、软硬件设施。

（5）社区矫正工作者的配备和能力。

5. 对社区矫正对象的重犯率统计

社区矫正是一项用再社会化方式来改造罪犯、预防犯罪的制度，它关注社区矫正对象的日常行为，因此某些重要的日常行为的误差会反映出矫正措施没有对社区矫正对象的思想产生积极影响，此时从社区矫正对象没有成功接受应有的教育和改造的意义上说，社区矫正对象构成了重犯。所以，此处的“重犯率”不同于“重新犯罪率”。

重犯的外延囊括实质的犯罪行为和非犯罪行为两种。其中非犯罪行为包括：（1）恶习重返（麻醉品、酗酒、赌博等）；（2）达到记过程度的处分；（3）违法行为；（4）假释、缓刑以及监外执行非因犯罪原因被撤销；（5）发生脱管情况。

在统计时，应该将实质的犯罪行为和非犯罪行为分开统计。

二、社区矫正评估的形式

（一）个体评估（个案分析）

个体评估是指针对某一个社区矫正对象的个体矫正活动进行的评估，又称为个案分析或者个案调查。它是对某一社区矫正对象的社区矫正风险、矫正需要、社区矫正能力、社区矫正效果进行的评估。

（二）阶段评估

阶段评估是指社区矫正活动开始之后至结束之前，对社区矫正对象的社区矫正风险、矫正需要、社区矫正能力、社区矫正效果进行的评估。

（三）群体评估

群体评估是针对某一类或者某个社区的所有社区矫正对象的整体矫正活动进行的评估。评估结果主要用于宏观方面的决策参考。

（四）过程评估

社区矫正的过程评估也称为项目监测。社区矫正项目是否正在按计划得到实施，以及那些和社区矫正如何运作相关的问题，都需要过程评估来解决。包括社区矫正与其目的之间的一致程度、社区矫正相关项目的流程运作、资源使用、社区矫正管理状况以及其他类似情况。

此外，过程评估在某种程度上也可作为社区矫正的过程监测或执行监测。在社区矫正实践中，需要不断地定期提供相关项目、职能执行的情况资料，过程评估就成为社区矫正管理者监督和管理社区矫正实行的途径，从而确保社区矫正日复一日地运作过程正确、有效。过程评估提供的信息可以使社区矫正管理达到更高的水平。

（五）社区矫正机构评估

社区矫正机构评估是由社区矫正机构为主体进行的社区矫正评估。其主要是针对社区矫正工作的进度、社区矫正项目的效果等进行的评估。

（六）社区矫正工作者评估

社区矫正工作者是具体实施社区矫正的主体，因此，人们往往把矫正评估直接理解为对社区矫正工作者的评估，这从一个方面折射了社区矫正工作者的工作在矫正评估中的重要性。

通常，对社区矫正工作者工作的评估应由矫正机构实施。这由社区矫正工作者的隶属关系所决定。比如，在上海市社区矫正的制度安排中，社区矫正工作者既不是国家公务员，也不是国家事业单位的工作人员，而是属于社区矫正机构聘任的专业工作者，因此，对社区矫正工作者的评估就只能由社区矫正机构进行。需要指出的是，由专业机构开展评估并不意味着对社区矫正工作者的评估只有矫正机构才能参与。在对社区矫正工作者的评估中，应特别注意吸收社区矫正对象、专家系统及相关人员的参与。

（七）专题（项）评估

专题评估是指对社区矫正工作的某一方面是否取得预期效果进行的评估。其主要目的是通过对社区矫正工作效果的评估，重点反映和解决社区矫正工作过程中存在的某一方面的问题。

三、社区矫正评估的方法

对社区矫正的评估需要运用科学的方法，对现有的工作进行全面的和客观的分析。这种实证方法包括定性和定量的方法，定量是指通过计算和测量，运用统计上的技术对研究对象的数据中的变量与变量之间的关系进行分析，从而发现一些特定的模式、规律和特点，进而上升到理论的高度进行研究。定性一般不是通过数字统计的方法，而是应用直觉的、观察的、历史的、比较的方法来说明和解释研究对象，进而进行理论的分析。

在实际的评估操作中，需要结合不同的评估对象和评估目标采取适当的评估方法。下面介绍在社区矫正评估实践中较常采用的四种方法。

（一）资料法

资料法是指利用各种渠道查阅资料，并对资料进行合理的收集与应用以获得研究对象了解的一种间接的研究方法。作为社区矫正评估的方法之一，通常使用的资料有社区矫正对象的审理案卷、人事档案、社区矫正档案等。

资料法分析成本较低，工作效率较高，能够为进一步工作分析提供基础资料、信息，但是资料法收集的信息一般不够全面，且一般不能单独使用，要与其他方法结合起来进行。

（二）观察法

观察法是指评估者根据一定的研究目的、研究提纲或观察表，用自己的感官和辅助工具去直接观察社区矫正对象，从而获得资料的一种方法。科学的观察具有目的性和计划性、系统性和可重复性。观察一般利用眼睛、耳朵等感觉器官去感知社区矫正对象。由于人的感觉器官具有一定的局限性，评估者往往要借助各种现代化的仪器和手段，如照相机、录音机、显微录像机等来辅助观察。观察法主要有下列几种：

1. 自然观察法

这是指评估者在一个自然环境中观察社区矫正对象的行为和举止，并对这些行为和举止进行定性和定量分析的方法。

2. 设计观察法

这是指评估机构事先设计模拟一种场景，评估者在一个已经设计好的并接近自然的环境中观察社区矫正对象的行为和举止。所设置的场景越接近自然，社区矫正对象的行为就越接近真实。

3. 掩饰观察法

众所周知，如果社区矫正对象知道自己被观察，其行为可能会有所不同，观察的结果也就不同，调查所获得的数据也会出现偏差。掩饰观察法就是在不为社区矫正对象、物、或者事件所知的情况下监视社区矫正对象的行为过程。

4. 机器观察法

在某些情况下，用机器观察取代人员观察是可能的甚至是所希望的。在一些特定的环境中，机器可能比人员更便宜、更精确和更容易完成工作。

观察法的主要优点：一是它能通过观察直接获得资料，无须其他中间环节。因此，观察的资料比较真实。二是在自然状态下的观察，能获得生动的资料。三是观察具有及时性的优点，它能捕捉到正在发生的现象。四是能观察搜集到一些无法言表的材料。

观察法的主要缺点：一是受时间的限制，某些事件的发生是有一定时间限制的，过了这段时间就不会再发生。二是受社区矫正对象限制。三是受评估者本身限制。一方面，人的感官都有生理限制，超出这个限度就很难直接观察。另一方面，观察结果也会受到主观意识的影响。四是评估者只能观察外表现象和某些物质结构，不能直接观察到事物的本质和人们的思想意识。五是观察法不适应于大面积调查。

（三）问卷法

问卷法也称问卷调查法，它是调查者运用统一设计的问卷向被选取的调查对象了解情况或征询意见的调查方法。

问卷法的类型很多，根据要求被调查者回答问题形式的不同，主要有六种类型。(1) 自由叙述式：不给被调查者提供任何答案让其按自己的思想用文字自由地回答。(2) 多重选择式：让被调查者从提供的互不矛盾的答案中选择出一个或几个答案来。(3) 是否式：让被调查者以“是”或“否”二择一的方法回答提供的答案。(4) 评定量表法：让被调查者按规定的一个标准尺度对提供的答案进行评价。(5) 确定顺序式：让被调查者对提供的几种答案按一定的标准（好恶或赞同与否等）作出顺序排列。(6) 对偶比较式：把调查项目组成两个一组，让被调查者按一定的标准进行比较。这六种类型的问卷各有其优点和缺点，要根据研究的目的、任务和被调查者的特点选择使用。研究者通常将几种类型并用。

问卷法的主要优点是能在短时间内调查很多研究对象，取得大量的资料，能对资料进行数量化处理，经济省时。其主要缺点是被调查者由于各种原因（如自我防卫、理解和记忆错误等）可能对问题作出虚假或错误的回答；在许多场合对于这种回答要想加以确证又几乎是不可能的。因此，要做好问卷设计并对取得的结果作出合理的解释，必须具备丰富的心理学知识和敏锐的洞察力。

（四）访谈法

访谈，就是研究性交谈，是以口头形式，根据被询问者的答复搜集客观的、不带偏见的事实材料，以准确地说明样本所要代表的总体的一种方式。尤其是在研究比较复杂的问题时需要向不同类型的人了解不同类型的材料。

在访谈过程中，尽管谈话者和受访者的角色经常在交换，但归根结底访谈人是听话者，受访人是谈话者。访谈以一人对一人为主，但也可以在集体中进行。

访谈法可分为结构型访谈和非结构型访谈，前者的特点是按定向的标准程序进行，通常是采用问卷或调查表；后者指没有定向标准化程序的自由交谈。根据访谈人掌握主导性的程度，可分为指导性访谈和非指导性访谈。根据受访人的多少，可分为个人访谈和团体访谈。根据访谈内容的作用方向，可分为导出访谈

(从受访人那里引导出情况或意见)、注入访谈（访谈人把情况和意见告知受访人）以及既有导出又有注入的商讨访谈。在商讨访谈中所商讨的内容以受访人为中心时，称为当事人本位访谈；以问题事件为中心时，称为问题本位访谈。

访谈时，我们要注意掌握一些基本技巧：

（1）谈话要遵循共同的标准程序，避免只凭主观印象，或谈话者和调查对象之间毫无目的、漫无边际的交谈。关键是要准备好谈话计划，包括关键问题的准确措辞以及对谈话对象所做回答的分类方法。也就是说要事先做好如下准备：①谈话进行的方式；②提问的措辞及其说明；③必要时的备用方案；④规定对调查对象所做回答的记录和分类方法。

（2）访谈前尽可能收集有关被访者的材料，对其经历、个性、地位、职业、专长、兴趣等有所了解；要分析被访者能否提供有价值的材料；要考虑如何取得被访者的信任和合作。另外，在访谈时要掌握好发问的技术，善于洞察被访者的心理变化，善于随机应变，巧妙使用直接法、间接法等。

（3）关于访谈所提问题，要简单明白，易于回答；提问的方式、用词的选择、问题的范围要适合被访者的知识水平和习惯；谈话内容要及时记录。记录也可以用表格整理谈话材料。

（4）研究者要做好访谈过程中的心理调查。如为了使被访者留下良好的印象，要善于沟通，消除误会隔阂，形成互相信任融洽的合作关系。研究者还要注意自己的行为举止，其中关键是以诚相待，热情、谦虚、有礼貌。有时访谈的失败正是在于沟通不够。

实训项目

对不同阶段社区矫正对象的需要评估

一、实训目的

通过典型案例分析使学生了解需要评估的含义及进行需要评估的意义，掌握需要评估的一般规律和方法，并对不同阶段的社区矫正对象的需要进行对比。

二、实训要求

选取案例要典型，有关知识要讲透，充分调动学生的参与积极性。

三、实训内容

提高学生对社区矫正对象需要评估的能力。

四、实训方法与步骤

1. 训前指导：（1）布置实训工作任务；（2）由教师介绍案例内容。

2. 简单讲解需要的内容和进行需要评估的意义，主要是调动起学生的参与热情。

3. 将学生分组，每小组3～5人，学生们根据案例对社区矫正对象进行社区矫正需要分析，制作需要分析表，根据分析结论对社区矫正对象的需要进行初步定位，对比不同阶段社区矫正对象需要的异同，最后讨论如何使用评估结果。

4. 教师总结，每组学生根据教师的总结找差距。

五、实训作业

训后每名学生写出《实训总结》。

图书在版编目(CIP)数据

社区矫正理论与实务/连春亮主编. --2版. --北京:法律出版社,2020(2021.12重印)
ISBN 978-7-5197-4491-5

Ⅰ.①社… Ⅱ.①连… Ⅲ.①社区-监督改造-中国-教材 Ⅳ.①D926.7

中国版本图书馆CIP数据核字(2020)第075356号

社区矫正理论与实务(第二版)
SHEQU JIAOZHENG LILUN YU SHIWU(DI-ER BAN)

连春亮 主编

责任编辑 李 群 陈 熙
装帧设计 贾丹丹

出版发行 法律出版社
编辑统筹 法规出版分社
责任校对 张红蕊
责任印制 张建伟
经　　销 新华书店

开本 710毫米×1000毫米 1/16
印张 24.5　**字数** 461千
版本 2020年7月第2版
印次 2021年12月第2次印刷
印刷 永清县金鑫印刷有限公司

地址:北京市丰台区莲花池西里7号(100073)
网址:www.lawpress.com.cn
投稿邮箱:info@lawpress.com.cn
举报盗版邮箱:jbwq@lawpress.com.cn

销售电话:010-83938349
客服电话:010-83938350
咨询电话:010-63939796

书号:ISBN 978-7-5197-4491-5　**定价:**48.00元

凡购买本社图书,如有印装错误,我社负责退换。电话:010-83938349